一本書讀懂史記故事

讀書人一定要讀　　劉曼麗/著

Chinese story

一目了然，給記憶一個重要的位址

最短的時間領悟文化精髓

中國人不可不讀的文化寶典

前言

　　《史記》是我國歷史上第一部紀傳體通史，它敘述了上起黃帝，下終漢武帝元狩元年（西元前122年）三千多年的歷史，是中國古代最著名的古典典籍之一，被列為二十四史之首。

　　《史記》的獨特，不僅僅在於其歷史性，更在於其思想性，全書包含著進取精神、憫世情懷、人道主義和自強不息的意志。梁啟超曾為十大名篇的人物定性，如《項羽本紀》被定為「大江東去，楚王流芳」，《廉頗藺相如列傳》被定為「文武雙雄，英風偉概」，《魯仲連鄒陽列傳》被定為「功成不居，不屈權貴」，《李將軍列傳》被定為「戎馬一生，終難封侯」，等等。這些定性，雖然是一家之言，卻也中肯。

　　本書以人物為主線，以故事情節作貫穿，雖然重再寫史，但有很強的故事性。全書可分成兩個部分：一是對人物的生平描述，著重記述人物幾個代表性的事件；二是作者的評論或感想。由於書中人物形象就貫穿於字裡行間，故事精彩，個性鮮明，因此有很多廣為流傳的小故事，如重耳流亡、指鹿為馬、鴻門宴、紙上談兵、破釜沉舟等，為後世小說、戲曲提供了豐富的創作源泉，其構思情節和塑造人物的手法也因此為後世小說家們所效仿。典型的如馮夢龍的《東周列國志》、孫皓暉的《大秦帝國》和寒川子的《戰國縱橫》，都是以《史記》為取材之源。

還有中國傳統的傳記小說，習慣以時間順序展開關於人物的故事事件，最後再加上簡單的評論，這個特徵就出自於《史記》。

《史記》的作者司馬遷之所以被稱作「史聖」，就在於他開創了這種史傳文學的傳統，首先用以人載事、始終敘述一個人生平事蹟的記史方法。因此，他雖在寫史，但更是在記述人的複雜性；雖然客觀記述歷史，但作者個人的愛憎態度卻從字裡行間流露出來。如劉邦和項羽這兩個人，有人說司馬遷「冷看劉邦惜項羽」，前者雖然稱帝，也比較英明，但司馬遷卻處處表現出這個人人格品質的無賴，無法令人敬重；後者雖然兵敗自殺，司馬遷也沒有一味地貶低他，反而讚賞他的驍勇，但又對項羽的胸無大志、殘暴自恃作出批評。因此，《史記》不僅僅是一部歷史經典，還是一部集個人傾向性於一體的傳記故事。

本書就是基於《史記》這些特點而編撰的。《史記》的體例分為本紀、世家、列傳、書、表五種，其中「書」記述了歷代朝章國典、制度沿革，主要寫歷代禮樂制度、天文兵律、社會經濟、河渠地理等各方面內容，學術性較強，本書未加收錄；「表」是用表格來簡列世系、人物和史事，為純粹的歷史沿革，本書也未收錄。

魯迅曾對《史記》的評價堪稱經典：史家之絕唱，無韻之《離騷》。本書所收錄的內容，就是魯迅所說的「絕唱」和「無韻」部分，即《史記》的精華──本紀、世家、列傳。這三種體例是純粹記述人物及其歷史事蹟的，集歷史性、文學性、思想性於一體，《史記》的獨特之處，也正在於此。由於本書篇幅所限，《史記》中有一些內容本書未加以選編，但經典篇目盡收入其中，不至於影響讀者進行賞析和閱讀。願本書為您帶來愉悅的閱讀享受！

目 錄

一次讀完二十五史故事

目錄

一次讀完二十五史 故事

目
錄

五帝本紀

▌ 華夏始祖黃帝

　　黃帝本姓公孫，名字叫做軒轅，是少典部族的子孫。他出生還不到一百天的時候就會說話了，在年紀很小的時候就表現出了敏捷的思維和出眾的口才，等到他長大以後更是聰明堅毅，敦厚能幹，很快就成了當地部落首領。

　　黃帝做部落首領的時候，其發明農耕和醫藥的炎帝神農氏的部落已經衰落了，而各個部落的酋長們為了權勢互相攻伐，戰亂不斷，百姓深受戰爭之苦，人們都希望能出

現一位能安定天下的君主。由於黃帝的英明才幹，讓他所帶領的部落逐漸強大起來，於是黃帝就理所當然擔負起安定天下的重任。

　　黃帝先是在阪泉之戰中戰勝炎帝神農氏，統一了華夏民族，開始了中華民族第一次大統一的步伐；後又在涿鹿之戰戰勝東夷的蚩尤，奪取了中原，引領古代華夏民族由野蠻時代走向文明時代。黃帝帶著軍隊南征北戰，東奔西走，哪裡有征戰，他的軍隊就會在哪裡出

現，因此他沒有固定的住處。他帶兵征戰到哪裡，就在哪裡搭個帳篷住下。他率領他的部落採用戰爭手段，鎮壓了那些不守規矩的部落，使得各個部落紛紛前來歸附。

黃帝統治的那個時期，領土範圍東到東海之濱，西到昆侖山下，南到長江天險，北到廣袤的草原。每到一個地方他都要登山祭祀，向上天表達自己安定天下的理想和夙願。他登過的高山有丸山（今山東省濰坊市臨朐縣）、泰山（今山東省泰安市）、雞頭山（今甘肅省慶陽市鎮原縣）、熊山（今湖北省保康縣與重慶市巫山縣）、湘山（今湖南省岳陽市）。黃帝不僅祭祀山川和鬼神的次數多，而且場面宏大。

最後在向北驅逐了葷粥部族的勢力後，終於天下太平，黃帝也被各方諸侯一致擁戴為天下共主。然後，黃帝帶領著天下諸侯一起來到釜山（位於河南省靈寶市）檢閱了軍隊，並且設立了指揮軍隊的符契，建立了國家的規章制度。接著就在山下的廣闊平地上建起了都邑，讓百姓居住。

黃帝建立了國家的最基本的體制，他把全國一共分成了九個州，每州又分成了十個師，一個師分成了十個都，每個都又分成了十個邑，每個邑分成五個里，每里再分成三個朋，每個朋再分成三個鄰，每一鄰又分成三個井，每一井有八家；並且在荊山（今陝西中部）鑄造了九個大鼎，然後設置了各級官員，這樣透過州、師、都、邑、里、朋、鄰、井等組織，就能對天下的百姓進行有效的管理。黃帝任用風後、力牧、常先、大鴻等賢能的大臣幫助他一起治理民眾；他還設置了左右大監，派他們去督察各諸侯國。從那以後，天下安定，各諸侯部落之間也能夠和睦相處，友好往來。

黃帝統治的時期，社會經濟有了很大的發展，石製生產工具磨製得更加精細，出現了專門的挖土的工具木耒，還出現了石鉞和三角犁形器、穿孔石刀、石鐮、蚌鐮等收割工具。生產工具的改進大大提高了生產能力，表明農業生產已經具有一定規模，收穫量有所增加。

黃帝在位時國勢強盛，政治

安定，文化進步，有許多發明和製作。黃帝讓大臣隸首創造了算盤和算數，制定了度量衡制度。後來算盤不斷得到改進，成為今天的「珠算」。

黃帝時代所封的官職都用雲來命名，比如軍隊在那個時候就叫作雲師。黃帝還和他的大臣風後一起發明了弓箭，制定了作戰的陣法。因為黃帝在作戰中講究排兵佈陣，應用弓箭等先進的戰爭手段，所以更能充分發揮軍隊的戰鬥力，達到克敵制勝的效果。

黃帝是中國遠古時代的一位代表人物，應該說他是當時集體智慧的代表。他的大臣倉頡創造了文字，改進了古代結繩記事的方法，使華夏民族走向有文字的文明。另一個大臣伶倫用竹子做成了簫管，發明了音樂，制定了五音十二律。後來人們又用陶土、石材、玉料、木材等材質製作樂器，逐步發展成為現代音樂的基礎。黃帝與另一個大臣岐伯一起討論了人們生老病死的現象，創作了《黃帝內經》，形成了岐黃之術，古老的中醫學就是在這個基礎上建立起來的。

當時人們的衣著也由獸皮演進為植物纖維，黃帝的正妃嫘祖還發明了養蠶，並且用蠶絲製作成衣服，使得絲綢成為古老中國的文明象徵和代表符號。此外，黃帝還鼓勵農業生產，幫助人們擺脫自然的束縛，這為增強部落的整體實力奠定了物質基礎，也形成了建立在農業文明基礎上的獨特的中華文明。

黃帝做天子時的祥瑞徵兆為土德，所以叫黃土帝，又稱軒轅黃帝。黃帝治五氣，藝五種，訓化野獸，任用風後、力牧、常先等賢臣治理民眾的行為，成為中華文明承前啟後的先祖。

黃帝死後葬在橋山（今陝甘交界）。他的孫子高陽即位，就是顓頊帝。顓頊死了以後，黃帝的曾孫子高辛即位，就是帝嚳。嚳死之後，他的兒子放勛即位，就是堯。堯死以後，舜即位，舜是顓頊的六世孫。後世將黃帝、顓頊、帝嚳、堯、舜合稱為五帝，黃帝就是五帝之首，是華夏民族的共同祖先。由於他代表了中華文明從野蠻走向文明的發展歷程，後人因而將黃帝奉為人文始祖。

聖明的唐堯

黃帝的正妻是西陵氏之女嫘祖，嫘祖給黃帝生了兩個兒子：一個叫玄囂，另一個叫昌意。昌意娶了蜀山氏之女昌僕，生下高陽，黃帝死後帝位傳給高陽，高陽就是顓頊帝。玄囂生兒子蟜極，蟜極生兒子高辛，高辛後來接替了高陽登上帝位，高辛就是帝嚳。

帝嚳繼承了黃帝和顓頊帝的事業，進一步探索大自然的規律，做出的貢獻有：明確了四季和二十四節氣，教導百姓按照二十四節氣從事農業和畜牧業生產活動。這兩大貢獻對當時的生活做了極大的改善，百姓因此都稱讚帝嚳的聖明。

帝嚳先娶娵訾氏之女，生下兒子摯。帝嚳後來又娶陳鋒氏的女兒，生下兒子放勛。帝嚳死後，摯接替了他的帝位，但摯能力有限，未能做出先祖那樣的功業，於是他將帝位讓給放勛。放勛就是後來的堯帝，因為他曾被帝嚳封在唐地，所以人們也稱他為「唐堯」。

堯帝是一位有作為的君主，他處理國家大事井井有條，善於聽從大臣的建議。他在位期間，天下曾經爆發過洪災。堯帝聽從四岳的建議，派鯀去治水。鯀治水九年，也沒有取得成效。堯帝後來聽說大禹是一個有才能的人，就派他去治水，這次治水成功了。

堯帝在位期間，曾任命羲氏與和氏一起制定了曆法。曆法把一年分為三百六十六天，用春分、夏至、秋分、冬至來區分春、夏、秋、冬四季。這樣劃分四季有一定的漏洞，於是堯帝就設置了閏月。閏月的使用，方便了人們的生產和生活，曆法就這樣產生了。

由於堯帝善於運用賢能，又肯聽從大家的建議，民間各項事業就這樣得到發展，人民的生活逐漸安定下來，天下逐漸太平。

堯帝在位七十年，後來他覺得自己老了，就準備選擇繼任的賢人，於是就讓大臣們為自己推薦一個繼承人。大臣放齊推薦了他的兒子丹朱，說丹朱通達事理，可以繼

承帝位。堯帝生氣地說：「我是很瞭解丹朱這個人的，他生性愚頑、凶惡，我不會讓他接任的。你們再想一想，看看還有誰可以。」大臣驩兜說：「共工這個人身邊聚集了很多的民眾，也做出了很大的業績，您看他可不可以用。」堯帝想都沒想就說：「共工這個人好講大話，他用心不正，表面上看起來對人很恭敬，其實都是騙人的，他也不行。」後來堯帝就想把帝位讓給當時很有名望的四岳，可是四岳都不願意接受。堯帝只好讓大臣們繼續推舉有賢德的人，最後大家一致推舉了舜。

堯帝有兩個女兒，娥皇和女英。堯帝把這兩個女兒嫁給了舜，想透過兩個女兒來試看一下舜的人品和德行。舜與娥皇和女英結婚以後，帶著她們一起住在媯河邊的家裡，並教導她們摒棄尊貴之心，遵守為婦之道。

堯帝從女兒那裡知道舜的為人之後，認為舜這樣做很好，於是就讓舜擔任了司徒，幫助百姓建立和睦相處的關係。舜制定了父、母、兄、弟、子、妻、友、鄰等之

間應該遵守的道義，獲得百姓的好評，百姓都以舜為榜樣約束自己的行為。堯帝又讓舜參與對官員的管理工作，舜對百官劃定了明確的職責，官員們的工作從此變得有條理起來。堯帝又讓舜負責接待上訪的工作。舜為人處世很得體，自從他做了這份工作之後，告狀的百姓少了，諸侯之間也能彼此和諧相處了，遠方的諸侯來朝拜的時候也恭敬許多。堯帝又派舜進入山野、叢林、大川、草澤開荒闢土地，舜到了這裡之後既沒有迷路，也沒有耽誤事情，把一切工作都做得很好。

堯帝對舜的表現很滿意，認為他是一個德才兼備的人，於是就對他說：「我考察你三年了，你做事周密，言行一致，現在你可以登臨天子位了。」舜以自己的德行還不夠為由推讓，不願接受帝位。堯帝沒辦法，但因為自己年紀太大了，只好先讓舜代理政事。

舜登上代理政事一職之後，先舉行臨時的儀式祭告了上帝，然後又遙祭了遠方的名山大川，接著祭祀了各路神祇之後，才開始代理政事。舜首先向諸侯們講述治理國家

一次讀完史記故事

的道理，並且根據諸侯們的業績對他們進行考察，然後根據功勞的大小把諸侯分成公、侯、伯、子、男五個等級，賜給不同的等級和數量的車馬衣服。

從前堯負責政事的時候，大臣驩兜舉薦過共工做了工師，結果共工放縱自己作惡，給天下造成了很大的災難。四岳推舉鯀去治理洪水，儘管堯帝認為鯀不行，然而四岳硬說要讓鯀去試試看，結果治水果然失敗了，所以百官怨聲載道，都認為鯀不適宜做治水的工作。當時還有三苗在江淮流域和荊州一帶多次作亂。這些問題都是舜擔任代理政事之後出行天下的時候才發現的。他回來之後將這些情況上報給堯帝，並且請求把共工流放到幽陵以便改變北狄的風俗，把驩兜流放到崇山以便改變南蠻的風俗，把三苗遷徙到三危山以便改變西戎的風俗，把鯀流放到羽山以便改變東夷的風俗。堯帝聽從了舜的建議，懲辦了這四個罪人，天下的老百姓和朝廷的大臣們因此都服了舜。

這個時候，由於人口的數量得到了很大的增長，舜把天下重新劃分為十二個州，重新為各州配備官員。然後製桓圭、信圭、躬圭、谷璧、蒲璧五種玉製符信，召集四岳和各州州牧，將這些玉製符信發給他們作為上任的憑證。

在召見諸侯的時候，舜還重新統一了四時的節氣，統一了音律和長度、容量、重量的標準，統一了吉、凶、賓、軍、嘉五種禮儀，還要求諸侯們在朝見帝的時候，要統一送上五種圭璧、三種綵繒作為禮物；規定卿大夫朝見帝的時候，統一送上羊羔、大雁二種動物作為禮物；規定士大夫朝見帝的時候，要統一送上雉作為禮物。大家送五種圭璧只限於朝見典禮時，朝見典禮結束，帝還會將五種圭璧還給諸侯，以便他們下次朝見的時候再用。

堯稱帝七十年以後，得到了舜這麼賢能的人才，將他培養了二十年以後，才讓舜代理國家的政務，並且在他逝世後，把天下傳給了舜。三年喪期結束，舜又把帝位讓給了堯帝的兒子丹朱，自己回到了老家耕作。但是，諸侯前來朝覲的時候都不到丹朱那裡去，卻到舜

這裡來；百姓有訴訟官司也不去找丹朱評理，反而來找舜。天下人莫不歌頌舜的功德，舜不得已才說：「這是上天的意思啊！」最後才回到京都，正式登上天子之位，成為舜帝。

賢德的虞舜

舜的名字叫作仲華，他是顓頊帝的第六代孫，從顓頊為帝之後一直到舜帝，這個家族的地位都很低微，舜是從田畝之間崛起稱帝的。因為他曾經擔任有虞氏的部落首領，所以又稱「虞舜」。

舜自幼生活在一個小農村。他出生的時候，頭又大又圓，腦門很大，眉骨隆起，有些突出，每個眼睛裡都有兩個瞳子。更奇特的是，他的掌心紋路像個「褒」字，方臉面黑，嘴巴大得可以放下一個拳頭，他的父親給他取名叫作「舜」，他的號就叫「華」，由於排行老二，所以又叫仲華。

舜的父親瞽叟是位盲人，舜的母親去世很早。後來瞽叟續弦之妻生了個兒子，起名叫象。瞽叟對後妻言聽計從，很喜歡小兒子象，舜的苦日子也隨之而來。舜若不小心犯錯，瞽叟就重罰他。但無論父親和繼母怎樣虐待自己，舜都很恭順地侍奉他們。

舜的大孝很快就傳遍了天下，以至於他30歲就出名了。這時候堯帝剛好尋找繼承人，大家都知道舜是一個德才兼備的人，就一致推薦了舜。堯為了考察舜，將自己的兩個女兒嫁給了舜。在此期間，舜教導堯的兩個女兒明白為婦之道，教導她們禮貌地對待親屬和朋友、鄰居，堯帝知道這些之後，很高興。堯帝的兩個女兒還告訴堯帝，他的幾個兒子和舜在一起做事以後也更加忠厚誠實，並提升了他們的處事能力。後來，舜到曆山去耕作，曆山的老百姓都能夠互相謙讓，也沒有發生過爭地的事件；舜在雷澤那裡捕魚的時候，雷澤的老百姓也沒有發生過爭搶的事情；舜在黃河岸

邊製作陶器的時候，不光自己做的沒有出現次品，那裡的老百姓在他的幫助下也不再有次品出現了。知道了這些情況以後，堯帝賜給舜很多好衣服，還了給他一張琴，為他建造了倉庫，還賜給他許多的牛和羊。

堯帝對舜的賞賜，激起了舜家人的嫉妒和仇恨，瞽叟甚至在繼母和弟弟的慫恿下，想要殺掉舜。

一天，瞽叟讓舜去修補穀倉，在舜登到高處的時候，他從下面放火焚燒穀倉。幸好舜機敏，及時用兩個斗笠保護著自己跳了下來，這才倖免於難。

一計不成，又生一計，瞽叟又想出了害死舜的新方法。他讓舜去挖井，準備將舜埋在井裡。舜知道父親又想害死自己，於是在挖井的時候，在井的側壁鑿出一條通向外邊的暗道。舜挖到一定深度的時候，瞽叟就叫象一起往井裡倒土，舜很快就被埋到井底。瞽叟和象以為舜死了，高興地商量瓜分舜的財產。象說：「這個方法是我想出來的，我應該多分一點，舜的兩個妻子就歸我了，堯帝賜給他的琴也

應該歸我，牛羊和穀倉都歸你們吧。」他們卻不知道，此時的舜已經通過暗道逃了出去，因此當象去舜房間拿琴的時候，看見還舜活著，嚇了一跳。象只好裝模作樣地問：「我正想著哥哥，你就回來了。」說完就趕緊溜走了。

即使發生了這些事，舜還是像以前一樣恭順地對待家人，對父母孝順，對弟弟疼愛有加，從來也不違背自己作為兒子和兄長應該承擔的道義。

堯透過考查，瞭解了舜的人品、德行和才能以後，決定把天下傳給舜，於是先讓舜代行天子政務，到四方去巡視。舜巡行天下的時候，瞭解到高陽氏的後代裡有八個有才有德的子孫，人們尊敬他們，稱之為「八愷」；高辛氏的後代裡也有八個有才有德的子孫，人們稱他們為「八元」。這十六個家族的後人，好幾代人都能保持他們先人的美德，沒有敗壞他們先人的名聲。舜就向堯推舉了八愷和八元的後代，使他們得到堯的重用。八愷擔任掌管土地的官職，他們任職以後處理的各種事務，都辦得有條

有理。八元負責教化人民，傳播倫理道德。很快，天下臣民各司其職，各守道義，父慈母愛，兄善弟恭，子女孝順，家庭和睦，鄰里之間也都能真誠相待。他們的功勞都與舜的推薦是分不開的。

舜一方面重用八愷和八元，另一方面，他又幫助百姓懲治了「四凶」。「四凶」分別是「渾沌」、「窮奇」、「檮杌」、「饕餮」。其中「渾沌」是黃帝後代中一個不成材的人，他不講仁義，專好行凶作惡，百姓都認為他野蠻，沒有開化。「窮奇」是堯帝的哥哥帝摯的其中一個後代，他不講道理，言語惡毒，百姓都認為他無比的怪異。「檮杌」是顓頊帝的一個後代，他不知好歹，不辨是非，百姓都認為他是凶頑極致的人。「饕餮」是三苗的一個後代，他好吃懶做，貪得無厭，百姓也很討厭他。舜將這些情況反映給堯帝，並將他們及其家族流放到很遠的地方抵禦害人的妖魔。

舜繼位之後，任用了堯帝時代很多大臣。

他任命皋陶掌管監獄，負責天下的刑罰制度。皋陶不負所望，執法公正，贏得了人們的愛戴。

他任用伯夷主持禮儀，伯夷也不負所望，諸侯、臣民、百姓在他的管理下能夠和睦相處。

他任命垂主管百工，垂也不負所望，百工在他的管理下都能做好自己的工作。

他任命益主管山澤，益也不負所望，在他的管理下，山林湖澤都得到開發。

他任命棄主管農業，棄也不負所望，在他的管理下，老百姓的收成得到了很大的提高。

他任命契擔任司徒，契也不負所望，在他的管理下，百姓都得到了教化。

他任命龍接待賓客，龍也不負所望，很多遠方的諸侯也都來朝貢了。

除了以上幾位官員，舜尤其重用了大禹。在這些人當中，以大禹的功勞最大。他不但成功地治理好了水患，還開鑿大山，修築道路，治理湖澤，疏浚河道，勘定了各諸侯的地界和物產，規定了各地應繳納的貢物種類和數量。

由於舜善於重用人才，天下在他的治理下更繁榮。他統治的區域也比以前更大了，東到渤海灣，南至越南，西到崑崙山，北到長白山，當時都是華夏的區域。

舜在位的第四十八年，舜去南巡，最後死在南巡途中的蒼梧，享年一百一十歲。舜在死前就把天下禪讓給了禹。舜死後，禹效仿當年的舜，將帝位傳給舜的兒子商均。但商均也遭遇了當年丹朱一樣的情況，天下人都不服他，只服從禹，於是禹就正式登上天子之位。

本紀

夏本紀

大禹治水

　　禹，名文命，是黃帝的玄孫。禹也與舜一樣，雖然祖先顯赫，但他的父輩不曾登過帝位，只是一般的臣子。

　　禹最大的貢獻是治好了洪水。當時，天下發生了大洪水，山嶽、丘陵、平原都被淹沒，人們生活在水深火熱之中。當時的堯帝尋找治水的能臣，大家都推薦了禹的父親鯀。堯帝雖然覺得鯀的能力不行，但一時之間沒有更好的人選，就只好聽從大家的建議，對鯀委以重任。鯀治水治了九年，也沒能平息天下的水患。這時候，舜成為新的天子，舜覺得鯀的能力不行，直接命人在羽山海邊誅殺了鯀。由於禹從小耳濡目染父親的治水過程，有一定的經驗，於是舜就提拔他繼承鯀的位置，讓他繼續負責治水，並派伯益、后稷協助他平治水土的工作。

　　因為父親治水的失敗，禹很難過，但也因此讓他下定治水的決心。為此，他經常隨身攜帶治水

的工具、測定平直的水準和繩墨。鯀用堵的方法治水，結果失敗了，大禹就吸收父親的教訓，採用疏通河道的方式治理洪水。為了確保治理的效果，他帶領百姓翻山越嶺，在每個經過的地方都按照高低做上標記，為將來規劃山河做準備。為了儘快解決天下水患，禹不顧自己剛剛新婚，整日不知疲倦地工作，為了治水到處奔波，甚至幾次經過自己的家門，都沒有時間回家看一下。

經過大禹和百姓的不懈努力，終於開通了九條山脈的道路，這九條通道分別為：從汧山和岐山開始，經荊山越黃河；從壺口山、雷首山開始，到太嶽山結束；從砥柱山、析城山開始，直到王屋山；從太行山、常山開始，到碣石山，入海與水路接通；從西傾山、朱圉山、鳥鼠山開始，到太華山結束；從熊耳山、外方山、桐柏山開始，到負尾山結束；從嶓塚山開始，到荊山結束；從內方山開始，到大別山結束；從汶山南面開始，經衡山，越九江，最後到達敷淺原山。

開通了九條山脈的道路之後，

大禹又帶領百姓疏導了九條大河，這九條河的路線分別為：把弱水疏導至合黎，使弱水的下游注入流沙；疏導了黑水流入南海；疏導黃河，使之經過洛水入河口，直到大邳；經過降水，向北分為九條河，最後流入大海；疏導漾水，向東流，經漢水、蒼浪水、三澨水到大別山，南折注入長江，再向東流入大海；疏導長江，向東分出支流沱水、醴水，經九江後向東斜行北流，與彭蠡澤之水會合，向東流入大海；疏導沇水，向東流注入黃河，再向東與汶水會合，再向北流入大海；疏導淮水，向東與泗水、沂水會合，再向東流入大海；疏導渭水，往東與灃水、涇水會合，向東經過漆水、沮水，流入黃河；疏導洛水，向東北與澗水、瀍水會合，又向東與伊水會合，再向東北流入黃河。

透過打通山脈，九條山開出了道路，透過疏通河道，九條大河疏通了水源，九個大湖也因此築起了堤防，天下的山川河流都治理好了，從此九州統一，四境之內都可以居住了，天下諸侯擺脫了水患，

從此又可以朝賀天子了。

然後，大禹又治理好了金、木、水、火、土、穀六庫的物資，將天下各個地方的土地評定出等級，根據不同的土壤等級來確定賦稅，最後在九州之內為諸侯分封土地，賜予他們姓氏，天下從此安定下來。大禹又對天下進行了重新規劃，天子國都以外五百里的地區是為天子服田役納穀稅的地區，稱之為「侯服」。要求百里以內的地區交納收割的整個莊稼，一百里至二百里的地區要交納禾穗，二百里至三百里的地區要交納穀粒，三百里至四百里的地區要交納粗米，四百里至五百里的地區要交納精米。

侯服以外五百里的地區是為天子偵察順逆和服侍王命的地區，稱之為「甸服」。緊挨侯服百里以內的甸服地區是卿大夫的采邑，侯服往外三百里以內的地區為侯的封地。甸服以外五百里的地區是受天子安撫並推行禮樂教化的地區，稱為「綏服」。緊挨侯服三百里以內的綏服地區根據具體情況推行禮樂法度、文章教化；再向外二百里以內的地區負責保護天子，擴大天子的威名。

綏服以外五百里的地方是受天子約束服從天子的地區，稱為「要服」。緊挨綏服三百里以內的要服地區要和平相處，遵守教化；往外二百里的地區要遵守王法。

要服以外五百里的地區是為天子守衛遠邊的荒遠地區，稱為「荒服」。緊挨要服三百里以內的荒服地區荒涼，這裡的人來往可以不受限制；往外二百里的地區更加自由，人們可以隨意居住。

大禹對天下重新規劃之後，天子的聲望傳遍了東西南北，四方偏遠的地區也都知道了天子的威望。

大禹用了十三年的時間來治水，在此期間，他未曾踏進家門一步，就連兒子啟出生時他也沒有回去看一眼，以至於後來他回家見到啟的時候，啟已經是13歲的小夥子了。大禹治水的功績以及為天下鞠躬盡瘁的精神，贏得了人們的愛戴。為了表彰大禹的功勞，舜賜給他一塊代表水色的黑色圭玉，以此為證說明治水成功，天下又重新安定下來。

舜帝禪位大禹

大禹治水有功，舜帝就把他留在身邊輔佐朝政。一天，舜帝將大禹、伯夷、皋陶召集到一塊問政。皋陶首先說：「要團結有才能的人，要按照道德準則辦事。」

大禹覺得此話很有道理，就問他怎樣才能做到這一點。

皋陶說：「首先要有長遠的目標，注意自身的修養，平常要注意團結親屬，吸引有才幹的人。從自己身邊做起，然後再由近及遠。」

大禹覺得這話說得也很有道理，就對皋陶行了拜謝禮。

皋陶對大禹說：「你還要瞭解你所重用的人，只有他們踏實辦事了，才能安撫四方百姓。」

大禹回答說：「你這話說得雖然很有道理，不過比較難以做到，恐怕連聖明的堯帝都很難實現啊！瞭解他人需要明智，只有這樣才能將人安排至合適的職位；安撫民眾需要仁德，只有這樣百姓才會擁戴。如果既明智又仁德，那就不用擔心驩兜這樣的壞人了，那也用不

著流放三苗那樣的叛亂者，更不必擔心只懂得花言巧語阿諛諂媚的小人了。」

皋陶贊同說：「的確是這樣。考查一個人行為和言論，要考查他的九種品德。這九種品德分別是：做事威嚴又不乏寬厚，態度堅定又不乏溫和，誠實而又不乏恭敬，有才能而又不乏小心謹慎，善良而又不乏剛毅，正直而又不乏和氣，平易而又不乏稜角，果斷而又講求實效，強有力而又講道理。如果有同時具備這九德的人，他們就是善士呀，就要好好重用。一個人如果每天能有三種品德，就應該賜予他卿大夫的采邑；一個人如果每天能有六種品德，就應該賜予他諸侯的封國；一個人如果每天能有九種品德，就應該賜予他官職。如果他不適合自己的官職，就讓上天用五種刑罰來懲罰他。我講的這些方法，大家覺得能行得通嗎？」

大禹對此表示贊同，他說：「如果按照你說的做，肯定會有不

錯的成績。」

皋陶說：「我才能有限，只是提出一些小小的建議罷了，只是希望對治理國家有所幫助。」舜這時候對大禹說：「你也說說自己有什麼意見吧！」大禹對舜施了一個拜禮，然後說：「我沒有什麼可說的，我只是想每天兢兢業業地為百姓做事而已。」

皋陶就問他：「怎樣才叫『兢兢業業地為百姓做事』？」

大禹說：「當年我治理水患的時候，洪水滔天，高山、丘陵都被洪水包圍了，百姓的生活面臨危險。為了徹底平息水患，我架上車行走在陸地上，乘著船行走在水中，乘著木橇行走在泥沼中，穿著帶齒的鞋行走在山路上，翻山越嶺，終於成功地用木樁在山上做了標誌。然後又統一規劃整個地形，才想出了治水的好方法。我帶領大家疏導了九條河道，將洪水引入大海，將田間溝渠引入河道，這才徹底消除了水患。後來益又幫助我送給百姓稻糧和新鮮的肉食，稷又幫助我將糧食賑濟給災民。當有地區糧食不夠吃的時候，我們又將糧食

從較多的地區調集到糧食不足的地區，或者將災民遷往有糧食的地區居住。這樣，百姓的生活就安定了下來，各諸侯國也因此相安無事。」皋陶讚道：「這些都是你的貢獻啊！」

大禹對舜說：「帝啊！您身處天子之位，做事應該小心謹慎，處理國家大事要認真負責，選拔人才要得當。只有這樣才會得到百姓的擁護，得到上天的庇佑。」

舜帝說：「的確如此啊！你們都是我的股肱之臣，要幫助我治理好天下啊。如果我有哪裡做得不對，你們一定要糾正我。不要當面奉承我，背後又指責我。我對你們這些輔政大臣是敬重的，至於那些喜歡搬弄是非的臣子，我一定會將他們清除出去。」

大禹說：「的確應該如此。明辨是非了，就能成就大事業。」

舜帝對大家說：「你們可不要效仿丹朱，他既驕橫又懶惰，終日做些荒唐的事，聚眾在家裡淫亂。如此惡行，以至於失去了繼成帝位的機會，我是絕對不能任由他這樣胡作非為下去的。」

大禹說：「不付出努力就沒有收穫。我接替治水工作的時候，剛剛娶了塗山氏之女，新婚才三天就離開家，出來治水。後來妻子生下啟，我也沒有養育過他，直到平息水患我才能盡父親的責任。後來我又幫助帝制定了五服制度，又將天下劃分為九州，這樣帝的國土就一直開闢到四方荒遠的邊境，每個地區都設置有諸侯國，每五個諸侯國中有一個首領。所有諸侯國首領都恪盡職守，只有三苗人不肯順服，恐怕將要不利於國家，希望您能注意一下。」

舜說：「我用德來教導他們。教化民眾，這是大家的功勞啊！」

舜敬重大禹治水的功績，於是號召百姓都向大禹學習。如果有誰不遵守法度，就按律處罰。經過努力，諸侯之間都能彼此禮讓、和平共處了，民眾們又學習諸侯，彼此之間也不再發生矛盾，大家都能和平共處，舜的德教因此發揮得很好，舜的威名遠播四海。

後來，舜將帝位禪讓給大禹。17年之後，舜去世，大禹服喪三年之後，將帝位傳給舜的兒子商均，自己躲到陽城隱居了。天下諸侯和百姓不朝拜商均，仍舊朝拜大禹。大禹被迫重新出山，正式繼承了帝位，並建立了國家，國號為夏，國姓姒氏。

夏朝的興衰

大禹繼位之後，曾將皋陶作為帝位的下一個繼承人，但皋陶還沒來得及繼任就死了。後來大禹又將伯益作為帝位的下一個繼承人，並將國政交給他掌管。十年之後，大禹到東方視察工作，並彙聚江南各諸侯，但不幸在苗山逝世，葬在當地。後人就將埋葬禹的苗山改名為會稽山，會稽就是會合考核的意思。

雖然大禹將天下交給了伯益掌管，但伯益輔佐朝政的時間不長，到大禹死的時候，很多人都不服從他。於是大禹的兒子夏啟就號召這

些不服者與伯益展開全力爭鬥，殺死了伯益，夏啟自己繼承了帝位。

夏啟稱帝之後，有扈氏不肯歸屬他，於是夏啟率兵前去征討他，雙方在甘地大戰一場，結果有扈氏被消滅了。其他諸侯國一看反對夏啟沒有好下場，紛紛表示歸附，夏啟這才坐穩帝位。夏啟在位期間，國家安定，天下從此太平。

夏啟晚年的時候，開始疏於朝政，終日飲酒、打獵、歌舞，使得夏王朝內部發生動亂。首先是夏啟的另外五個兒子與太康爭奪帝位，後來又發生了武觀叛亂，國家已經岌岌可危。不久夏啟死去，他的兒子太康就在動亂中繼承了帝位。

太康與晚年的夏啟一樣，也是不管朝政，終日沉湎於酒色之中，夏王朝內部的動亂更嚴重，一些諸侯國趁機搗亂起來。其中有一個東夷族有窮氏，它的首領后羿看到夏王朝正處於一片混亂之中，就趁太康出去狩獵並且100天沒有回朝的時候，攻克了夏朝的國都，掌握了夏朝的政權，自己當了天子。

后羿也不是一個好統治者，他自恃有強大的武力做後盾，仍舊不理朝政，終日狩獵、遊樂，政事傍落到大臣寒浞手中。後來寒浞勾結后羿的家臣，殺死了后羿，獲得了夏朝的統治權。

且說太康失國之後，太康與弟弟仲康逃往東方，不久太康死去，仲康繼承了帝位。仲康兵力弱，當了后羿的傀儡。仲康的兒子相因為不堪迫害，逃到斟灌氏和斟氏那裡，但後來被寒浞所滅。相被殺的時候，他的妻子後緡正懷孕，後緡從牆洞中逃出，逃到母家有仍氏，生下兒子少康。

與父輩們相比，少康是一個比較爭氣的人。他從小聰明過人，長大之後就在有仍氏當了一名牧正，掌管著五百餘人，管轄方圓十里的地盤。少康從來沒有忘記過自己才是夏王朝的正統繼承者，所以借助牧正這一職，在從事農業生產的同時還積極練兵，時刻尋找機會對抗澆（寒浞的兒子，此時寒浞已死），復興夏王朝的政權。

澆知道少康的圖謀，終年四處追殺他。少康後來逃到有虞，有虞的君主虞思將少康任命為庖正，並為他娶了兩個妻子，賜予他封地

綸邑。少康在綸邑重新有了自己的封地和百姓，然後他在此基礎上四處招募夏朝的遺民，不斷壯大自己的力量，為光復夏王朝的政權做準備。

在此期間，少康也不是一味地壯大兵力，他也很關心農業生產，與百姓一起耕耘、狩獵，深受百姓愛戴。他還經常為大家講述先祖夏禹的故事，鼓勵大家光大先祖的功業，號召人們為光復大禹的事業而努力。有些夏朝的官吏和其他受到寒浞父子迫害的夏族人知道少康的作為之後，紛紛前來歸附他。這樣，少康的力量不但越來越大，而且也越來越得民心，他終於決定與寒浞大戰一場了。

少康首先派一名女性將領女艾喬裝打扮潛入澆的統治中心，又派遣兒子季杼率兵攻打澆其中一支軍隊，季杼成功俘獲了這支軍隊的首領戈豷壹並斬首示眾。因為首戰告捷，少康就趁機從綸起兵，對寒浞大舉進攻。大軍順利地攻進了澆的巢穴，澆曾經負隅抵抗，但終不敵夏軍，被少康捉住殺死。少康乘勝追擊澆的殘餘勢力，徹底消滅了有窮氏。

接著，少康稱帝，恢復了夏王朝的統治。少康執政之後，吸取父輩們的教訓，積極施政，採取了很多有利國家社稷的措施，社會得到繁榮發展，形成「少康中興」的大好局面。在對外方面，少康吸取有窮氏的教訓，與東夷搞好關係，避免再度發生外夷篡位的事情。

少康死後，他的兒子帝予繼位，國家太平。帝予死後，帝予的兒子帝槐繼位。後來帝槐傳兒子帝芒，帝芒傳兒子帝泄，帝泄傳兒子帝不降，帝不降傳弟弟帝扃，帝扃傳兒子帝廑，帝廑傳帝不降的兒子帝孔甲。

帝孔甲迷信鬼神，在他統治期間，做了一些淫亂的事，夏王朝的威望逐漸降低，有些諸侯已經背叛了夏朝。這時候上天派兩條神龍下凡，孔甲不知道怎樣餵養這兩條神龍，又沒找到飼養它們的合適人選。此時陶唐氏的一個後代劉累，因為曾跟隨養龍人學習馴龍，便來到孔甲面前侍奉他。孔甲賜給他姓禦龍氏，並將豕韋氏後代的封地賜予他。後來，死了一條龍，劉累就

偷偷將這條龍做成肉醬，進獻給孔甲吃。孔甲覺得很好吃，又派人向劉累要肉醬。劉累害怕了，就遷往魯縣。

孔甲死後，他的兒子帝皋繼位，帝皋傳兒子帝發，帝發傳兒子帝履癸。帝履癸就是夏桀。

夏桀是一位殘暴的君主，對內，他實施殘酷的統治，對外他濫施征伐。他即位後的第三十三年，發兵征討有施氏。有施氏投降，不但送給夏朝很多珠寶，還從民間挑選了許多美女。這眾多美女中，有一個叫做妹喜的女子，非常美麗，夏桀很喜歡她，大喜過望的夏桀立刻班師回朝。

為了討好妹喜，夏桀建造了一座華麗的宮殿，耗費了大量人力物力。為了避免妹喜思念家鄉，夏桀還按照有施國的房屋樣式為妹喜建造了一些民舍。從此，夏桀徹底放下了朝政，終日陪著妹喜玩樂。為了滿足奢華生活的需要，夏桀無休止地狂徵暴斂，百姓對他的暴政怨聲載道。

於是，一個部落首領商湯起兵，討伐夏桀。由於夏桀連年用武，兵力衰退，加上民心背向，夏桀戰敗，他帶領妹喜一起渡江逃到南巢（今安徽省巢縣東南），不久死去。商湯登上了天子之位，建立了商朝，夏朝滅亡。

殷本紀

成湯滅夏

黃帝的曾孫帝嚳管理朝政時，娶了一個次妃簡狄，她是有娀部落的人。一天，簡狄到河邊洗澡，看見正在天空飛翔的燕子突然掉下一個蛋，簡狄就撿了這個蛋吞吃了，沒想到卻因此而懷孕，生下兒子契。

契長大後，正直大禹治水的時候，契因為參與治水有功，被舜重用。舜說：「現在的百姓之間互相都不親愛，五倫的關係也不是很好，我任命你當司徒。你要向大家宣揚和睦相處的好處，讓百姓明白這個道理，讓大家彼此寬容和友善。」契受命之後，盡心盡力做事，取得了不錯的成效，舜很高興，就把商地封賞給了他，並賜予他姓氏「子」。

契在自己的封地，無論是堯統治時期，還是舜或禹統治時期，都為百姓做了很多好事，贏得百姓的愛戴，商地和諧安定。契死後，他的兒子昭明繼承了他的位置，此後代代相傳，直到第十四代傳到成

湯。在此前，商曾八次遷都，到了成湯時，商人才定居於亳，成湯因此著文《帝誥》。此時商也發展成為一方諸侯之長，勢力頗大，被夏王朝受命有權征討鄰近的不守法度的諸侯。

當時的人們很看重祭祀。有一個叫做葛伯的諸侯卻不信這一套，他在自己封地廢除了祭祀禮儀，還將祭祀用的牛羊給吃掉了。成湯認為他不遵守法度，於是就派兵去討伐他。成湯還說：「人在水面前就可以看出自己的樣貌，看一看百姓的反映就知道國家治理的好壞。葛伯不聽從天命，違反法度，我要加倍懲罰他。」成湯的臣子伊尹讚賞道：「你真是一位英明的君主啊。你體諒百姓，肯聽忠言，一定會有德才兼備的人來輔佐你，我們的國家也會越來越強盛。」

成湯的確是一位能服眾的君主。有一次，他外出巡視，在郊野一個樹木茂盛的林子裡看見一個獵人正在東南西北四個方向張掛捕捉飛鳥的網。網已經張掛好了，獵人跪在地上說：「願上天保佑我，願天上飛的、地上跑的、四面八方來的，都到我的網中來吧！」成湯聽了之後，對獵人說：「你這樣子怎麼行呢？禽獸都被消滅完了，別的獵人還怎麼打獵呢？以後我們的子孫後代還能打來什麼呢？」遂命人撤去三面網，說：「想往左邊飛的就往左邊飛，想向右邊逃的就向右邊逃，不肯逃走的，就進網中吧！」然後他對獵人說：「對待鳥獸要有仁愛之心，我們捕殺一部分，不要將它們趕盡殺絕。」成湯「網開三面」的故事很快被其他諸侯知道了，大家都誇他是一個仁德的君主，很欽慕他。

與此同時，夏桀殘暴不堪，寵愛妹喜，不理朝政，百姓非常不滿，諸侯昆吾氏趁機作亂。在這種形勢下，成湯先率兵討伐諸侯昆吾氏，又轉而攻打暴君夏桀。在攻打夏桀之前，為了鼓舞士氣，成湯發表了《湯誓》，一一列舉夏桀的罪行，說夏桀犯了天怒，自己要代表上天去懲罰他。當時人們還沒有攻打君主的膽氣，成湯就鼓舞大家說：「夏桀作惡多端，不體恤百姓，引起眾怒，夏桀的百姓們都說：『他什麼時候才能滅亡呢？我

們願意與他一起滅亡。」百姓對夏桀已經憤恨到這種程度了，由此可見夏王朝已經完全失去了民心。我們現在去討伐他，既是天道，也是在拯救百姓。現在我希望你們與我一起代替上天懲罰他，聽從我命令的人，我會重重獎賞。如果誰違抗了我的旨意，我就會毫不手軟地懲罰他，我說到做到！」一時間軍心大振。成湯認為自己起兵討伐是一種非常勇武的行為，因此自稱武王。

成湯與夏桀在有娀氏部落的廢墟上發生戰爭，夏桀戰敗，倉皇逃跑到南巢（今安徽省巢縣東南）。成湯乘勝追擊，打敗了很多夏桀的諸侯國，獲得了許多珍寶，於是命人寫《典寶》一文，表示這是國家的固定財富。然後讓伊尹公布了自己的戰績，從此天下的諸侯都聽命於他。夏桀逃走後不久去世，成湯取代夏朝，建立殷商。成湯在軍隊返回的途中命大臣中壘宣布廢除了夏的政令，回到國都後制定了《湯誥》，將它作為殷商政令。

《湯誥》曰：「武王我自到東郊向諸侯宣布大事，號召大家建立對百姓有益的事業，每個人都要履行自己的職責，否則我會予以嚴屬地懲罰。從前大禹和皋陶為百姓做事很盡心，因此為大家創造了良好的生活環境，人們才得以安居樂業。他們從前治好了長江、濟河、黃河、淮河四條河，平息了水患，幫助人們安定下來，后稷又教大家播種五穀，民眾從此不再饑餓。這三位賢人因為做了對人們有益的事，人們因此都聽命於他們，他們的後代因此能建立國家。蚩尤和他的臣子們發生暴亂，因此得到不好的下場。因此，誰如果做出不利國家和社稷的事，就不准再回來當諸侯，到時候你們不要怨恨我。」諸侯聽到成湯的告誡之後，不敢有任何越軌的行為。

成湯執政之後，又修改了立法，將夏曆寅月作為歲首的習慣改醜月為歲首，同時宣布白色為器物服飾的尊貴顏色，規定眾大臣每天舉行朝會。大臣伊尹作了《咸有一德》說明君臣之間應該遵守的道德，大臣咎單作了《明居》說明君主之間應該遵守的法則，這些都成為成湯治理天下的依據。

千古名相伊尹

伊尹是輔佐成湯的重臣。他的母親在伊水居住，因此他姓伊，名摯，生於有莘國的空桑澗（今洛陽市嵩縣莘樂溝）。

伊尹從小胸懷大志，無奈家境貧寒，成年後流浪到有莘國，成為有莘國國君的廚師。有莘國國君認為他是一個人才，於是就想提拔他為近臣。無奈伊尹的身分太低微了，只好將伊尹提拔為廚房的官吏。

不久，有莘國的國君要嫁女兒，女婿是商國的國君成湯。伊尹早就聽說了成湯的威望，很想投奔他，於是對有莘國國君表達了自己的意思。有莘國國君知道伊尹是一個賢能的人，自己的國家小，讓他留下來太屈才了，於是就讓他作為公主的陪嫁到商國。

伊尹陪嫁到商國之後，轉眼幾個月過去了，伊尹卻始終沒有找到機會向成湯展示自己的才幹。直到有一天，已經歸為商國王后的有莘氏吩咐伊尹為成湯做一份湯，伊尹知道機會來了。於是他就做了一鍋粥，用鼎盛好，端給成湯喝。成湯喝了幾口之後，感覺這湯的味道很奇怪，於是就問伊尹這是何物。

伊尹回答說：「這是憂國憂民羹。」

成湯大奇：「何謂憂國憂民羹？」

伊尹不慌不忙地回答道：「陛下您請看。這鼎表面上非常堅硬，但實際上它已經存在了八百年之久了，這就好比夏國，這就是『憂國』。此羹用蓮子、紅小豆、紅糖、白醋、辣椒、鹽等物熬製而成，初喝的時候甜，但不久就會覺得苦，再喝會覺得酸甜苦辣。羹中的蓮子在鍋裡翻滾沸騰，就像「民」，民在熱湯裡上下翻滾，民在羹裡沸騰掙扎。蓮心是苦的，這可以稱作『憂民』。因此此羹名曰『憂國憂民羹』。」

成湯聽完伊尹的解說，非常讚賞他，對這樣一個胸懷大志的廚師不禁肅然起敬。於是他趕忙將伊

一次讀完史記故事

尹請上座，對他說：「這也正是我憂慮的事啊，請你坐下來詳細為我解說一下吧，我該怎樣做呢？」伊尹看成湯是一個很有誠意的君主，於是毫不推辭地坐了下來，給成湯講述治理國家的事情。君臣二人從堯舜之禮講到治國之策，從治國之策講到天下局勢，一連講了三天三夜，晚上抵足而眠，不肯休息。成湯這才知道，天底下竟然有這樣的人才，恐怕此後自己能否成就一番大事業就在此人身上了，於是就免去成湯的奴隸身分，升他為右相，時時向他請教治理國家的方法。

伊尹成為右相之後，幫助成湯制定了一系列富國強兵的國策，輔佐成湯發展農業，鑄造兵器，訓練軍隊，商國很快成為諸侯國中的大國。其他鄰國看到商國的強大，紛紛前來擁護他，成湯成為諸侯國中的老大。伊尹感到夏國一天比一天衰弱，認為夏國必亡，於是勸說成湯反夏。

與此同時，夏桀也發現了商國的強大，心中擔憂它會給自己造成威脅，於是聽信佞臣趙梁的詭計，假意將成湯騙到朝堂，扣押了他，將他囚禁在夏台。商國聽到這個消息，舉國上下都很為國君擔憂。伊尹知道夏桀好色，於是派人送去很多的美女和珠寶，並暗中賄賂近臣趙梁為成湯說好話，成湯這才有驚無險地回到了自己的國家。

成湯回來之後，聽從伊尹的建議，首先滅了葛國，趁勢吞併夏國的十幾個小屬國和部落，建立起以亳邑為中心、方圓達數百里的根據地。此時的夏桀仍舊荒淫無道，推行殘暴統治，天下很多諸侯國都不滿他。伊尹覺得時機成熟了，於是就勸說成湯發兵攻打夏國。

夏國早已經衰弱不堪了，因此成湯剛一攻打，夏兵就敗退，還有一些軍隊臨陣嘩變，商軍因此很快逼近夏國的都城，雙方最終在鳴條（今河南開封丘東）展開決戰。夏兵不願為夏桀賣命，在成湯「討伐暴君，為民除害」的旗號下，一擊即潰，夏桀大敗，只好帶著妹喜逃出重圍，一直逃到南巢（今安徽省巢縣東南），不久死在那裡。

成湯取代夏桀，建立了商王朝，伊尹被賜予封地。然後，伊尹輔佐成湯制定了許多國家制度，為

新生國家的穩定立下了汗馬功勞。他尤其勸導成湯要吸取夏朝滅亡的教訓，要發展農業生產，愛護百姓。商朝在伊尹的治理下，政治安定下來，經濟持續發展。

成湯死後，伊尹又先後輔佐成湯的三個後代丙、仲壬、太甲。其中太甲初繼位後，不願聽伊尹關於怎樣當一個好國君的建議，多次一意孤行，做出危害國家的事。伊尹從國家的大局出發，將太甲送到成湯墓附近的桐宮桑林裡面壁思過，自己暫代國政。太甲在桐宮裡反思了三年，終於意識到自己的錯誤，非常慚愧。伊尹聽說太甲已經轉變了，於是又親自帶著天子的王冠到桐宮將太甲迎回商朝國都，再次擁立他登上天子之位。太甲果真徹底轉變，他變得勤政愛民，一切都按照規章制度辦事，不再為所欲為，商朝在他的治理下重新恢復了繁榮，各諸侯國又都來朝拜，天下大治。

伊尹活了一百多歲，任商朝相國二十年，為商王朝的長久繁榮打下了堅實的基礎。

盤庚遷殷與武丁中興

成湯建立商王朝之後，商王朝在歷代君主的手中又經歷了三百多年的風風雨雨，到了第二十位國君、商湯的第九代孫盤庚時，發生了一件大事。

商朝王位的傳承順序是，兄終弟及，即哥哥死了弟弟繼承王位，因此常發生叔叔與侄兒爭奪王位的事。因此，國家雖然大體穩定，但王室時有混亂發生，逐漸導致了商朝國力的衰退，一些諸侯開始不受控制，不再來朝拜天子。

盤庚繼位時，國都在黃河以北的奄地定都。為了改變王朝不穩定的局面，盤庚決定渡過黃河，將都城定在黃河以南的亳，即成湯的故居。

然而從成湯到盤庚，商朝這已經是第五次遷都了，國都一直沒有在某個地方安定下來，因此人們都

很不情願再遷都了。大多數貴族由於貪圖安逸，也不願意再搬遷，他們趁機煽動平民反對遷都，局勢一度混亂起來。

盤庚是一個很有才幹的君主，面對強大的反對勢力，他絲毫沒有退讓，反而耐心地勸說大家遷都。

盤庚對眾大臣說：「從前成湯與你們的祖輩們打天下，我們應該遵守他們傳下來的法則和制度。如果我們不推行他們的制度，怎麼能繼承和光大他們的事業呢？」

仍然有一些頑固貴族不同意搬遷，盤庚就將這些人召集在一起，對他們說：「我們搬遷的目的是為了國家穩定，你們不能體諒我的苦心，還煽動大家鬧事，試圖迫使我放下遷都的決心。我告訴你們，這是不可能的。你們違背天子的命令，你們的祖先也不會再庇佑你們，他們會祈求上天懲罰你們，到時候就別怪我了。」

在盤庚的苦口婆心及軟硬兼施下，反對遷都的貴族最終妥協，盤庚於是帶著商民族，渡過黃河，將國都遷移到殷（今河南安陽小屯村）。定下新國都之後，盤庚整頓吏治，消除不利於穩定的因素，商朝的政治局勢又逐漸好轉起來，商朝重新恢復了興盛，諸侯們又紛紛前來朝拜了。此後兩百多年，商朝國都一直在殷，因此商朝也被稱作「殷商」。

盤庚死後，他的弟弟小辛帝繼位。小辛帝在位時，商朝國勢又有所衰弱，百姓們懷念盤庚在世時的盛況，於是作文《盤庚》三篇。小辛帝死後，小辛帝的弟弟小乙帝繼位，小乙帝後來將王位傳給兒子武丁。

武丁繼位之前，他曾經在民間跟奴隸和平民生活過很長時間，因此對民間疾苦很瞭解，在從事農耕生活的同時，也留心國事，訪賢求才。他曾經在傅岩這個地方參加過勞動，認識了一位叫做「說」的奴隸，從「說」的言談舉止中，武丁認為他是一個很有才能的人。

武丁初繼位時，商朝已經衰落到岌岌可危的地步了。武丁是一個很有抱負的君主，他很想改變這種局面，但一直沒有找到像伊尹那樣有才能的輔政大臣，於是就三年沒說一句話，不肯出來主持朝政。直

到大臣們再三邀請，他才說自己缺乏人才，並說自己夢見先王為自己推薦了一個人，讓重臣按照夢中人的模樣尋找。

人們按照武丁所描述的畫像，在傅岩找到了「說」。當時傅說正在修葺城牆，於是武丁就將傅說請到身邊來拜為宰相。

傅說主持朝政之後，為武丁提出了很多治理國家的良好建議。而武丁在這三年不說話的過程中，冷眼旁觀大臣們的一舉一動，對那些為非作歹、貪污腐敗的事洞若觀火。

現在他決定主持朝政了，就按照傅說的建議，對這些違反法度的人予以懲處，朝綱頓時就變得清明起來。

然後，武丁按照傅說的建議，既發展農業生產，又注意發展冶煉青銅等手工業，天下因此而出現了許多製陶、製骨、鑄銅和加工玉器的手工坊，商朝也出現前所未有的繁榮。

在一次祭祀先祖的時候，一隻野雞飛到祭祀用的大鼎上鳴叫起來，武丁擔心這是兇兆。大臣祖己就對他說：「大王不必擔憂，處理好國家大事再說。」武丁仍舊不放心。

祖己就對他說：「上天賜福還是降罪，所看的是天下的百姓是否遵守道義。人的壽命有長有短，壽短的人不一定是上天降罪；但是沒有道義而又不知道悔改的人，上天肯定會降罪的。現在大王您一心為天下做事，沒有做出違反道義的事，您還擔心什麼呢？」

武丁覺得這些話很有道理，於是不再擔憂，像以往一樣盡心治理國家，商朝更加繁榮。

武丁死後，他的兒子祖庚即位。祖庚帝作文《高宗肜日》和《高宗之訓》讚頌武丁的德政和他重新復興商朝的壯舉，為他立廟，武丁就是「高宗」。

一次讀完史記故事

荒淫殘暴的商紂王

商朝又繼續往下傳承，傳到乙帝的時候，商王朝又出現了新的局面。

乙帝有兩個兒子，長子微子啟和次子辛。微子啟的母親地位低賤，因此他沒有資格繼承帝位；次子辛的母親是正王后，他因此被立為新的繼承人。乙帝去世後，辛繼位，辛帝就是後來赫赫有名的商紂王。

辛帝天資聰明，才智過人，能言善辨，動作敏捷，力大無比，敢赤手空拳與猛獸搏鬥，頗有傑出君主的氣質，因此他不免有些驕傲。他繼位的時候已經三十幾歲了，此時商朝已經開國六百餘年了，國家依舊很繁榮，老百姓安居樂業。面對這麼強盛的國家，加上出色的個人氣質，辛帝很想有一番作為，於是舉國之力向東南方發展，征服了土地肥沃的人方部族（今日的淮河流域）。

後來，他又征服了有蘇部落，商朝的疆域前所未有的廣闊，商朝的國威遠播，辛帝的威名遠揚。

此時的辛帝已經六十多歲了，但征服有蘇部落卻讓他獲得了一個尤物——妲己。自視甚高的辛帝看到美麗的妲己之後，雖然已經垂垂老矣，但覺得自己又重新燃起了青春之火。從此，戎馬一生將商王朝治理到鼎盛的辛帝，開始忘記天子之責，不理朝政，投入聲色犬馬之中。

為了討好妲己，辛帝讓樂師涓製作了新的樂曲，終日遊樂。為了維持奢華的生活，他加重賦稅，將財富都堆擠到鹿臺給妲己玩樂。他還從全國各地搜集糧食、狗馬和新奇的玩物，將它們都堆積到宮室，還擴建沙丘的園林樓臺，捕捉大量飛禽走獸，將自己的宮殿建成一個天然的遊樂場所。他自視甚高，恃才傲物，不再祭拜祖先和鬼神，還荒唐地將酒當做池水，將肉懸掛起來當做樹林，讓很多美女赤身裸體地居住在「酒池肉林」，自己在這裡通宵達旦地玩樂。

商朝雖然強大，但國君現在卻變得荒淫無道起來，百姓都怨恨他，有些膽大的諸侯也不再來朝拜他了。於是辛帝就採取嚴苛的手段懲罰那些不臣服自己、對自己有意見的人。他發明了一種叫做炮烙的酷刑，在銅柱上塗滿油，下面點燃炭火，讓不臣服自己的人在銅柱上爬行，最後爬行的人慘叫著被燒死，辛帝卻為之大樂。辛帝的三公之一九侯，將自己美麗的女兒獻給辛帝，但這個女兒卻討厭做出淫蕩的舉止，辛帝大怒，不但殺了她，還將她的父親九侯剁成肉醬。大臣鄂侯看不慣辛帝的所作所為，就盡力勸諫他，結果也惹怒了他，辛帝將他製成肉乾。

對於辛帝的暴行，一些資深大臣更看不下去了。王叔比干多次勸說他，但辛帝不聽，礙於比干是叔叔，又有才能，因此沒有殺他。丞相商容德高望重，他勸說辛帝，辛帝罷免了他。辛帝的庶兄微子也多次勸諫辛帝，辛帝依舊不聽，微子就逃出了殷國。

人們也勸說比干離開，比干說：「身為臣子，不能不勸導國君走上正道。」仍舊極力勸諫辛帝。辛帝被聒噪得大怒，對比干說：「我聽說賢德的人心有七個孔，王叔既然如此賢德，本王想看看你的心是否如此。」於是命令人剖開比干的胸膛，將他的心挖出來。

辛帝的另一個叔叔箕子看到比干被殘忍地殺害，心中害怕，就假裝瘋了，主動給人當奴隸。辛帝知道後，將箕子幽禁起來。商朝的其他賢臣，如太師、少師看到辛帝對自己的親叔叔都毫不留情，不敢再說什麼，紛紛逃離。

就在辛帝將商朝搞得烏煙瘴氣時，陝西渭水流域的周部落逐漸發展起來。周民族是后稷的後裔，周民族的部落首領一直在慢慢東遷，辛帝統治的時代，正是周民族首領姬昌統治時代。

姬昌是一位賢德的部落首領，他在周民族內實行仁政，部落勢力日漸強盛，臨近的幾個部落都很信服他，如果發生什麼事情，都會找姬昌裁決。周民族的勢力因此不斷東遷，直至將觸角伸向商都朝歌。

姬昌的長子伯邑考前往商都朝覲辛帝時，被妲己的美色所吸引，

一次讀完元史記 故事

竟然膽大包天地追求妲己，因而觸怒辛帝。辛帝將伯邑考剁成肉醬，命人將姬昌囚禁在羑里，將伯邑考的肉醬送給姬昌吃。姬昌被囚禁了數年，周民族的臣子向辛帝行賄，姬昌才被放回周國。從此，周與辛帝結仇。

周的強大是商朝臣子們都知道的事情，辛帝的荒淫無道也有目共睹，於是商朝的臣子們有意無意地將重心放在東南一帶的廣大地區，忽略了西北地方日趨強盛的周民族。姬昌很快便吞併了涇、渭平原上的密須、阮等部落，並越過黃河，征服黎、刊等部落，黃河以南的虞、芮等部落也主動歸附，周人趁機將都城由歧地遷到渭南的豐邑（今陝西鄠縣）。至此，周的勢力已經發展到商朝的中心地區，對商逐漸形成包圍之勢。

周一面發展生產，一面整軍備戰，並大力宣傳辛帝的暴虐，將妲己宣傳成為一個蛇蠍美人、妖孽，將辛帝說成一個不體恤民情、「唯婦言是用」的暴君。周與商王朝的矛盾日趨尖銳。

不久，姬昌去世，他的次子姬發繼位，他的第四個兒子姬旦（周公）輔佐。周人在他們的帶領下，一邊積極備戰，一邊離間商朝君臣，同時又號召天下諸侯起來反對辛帝。為了表明自己是上承天意，姬發自封為周武王，追封死去的父親姬昌為周文王，並將辛帝貶為商紂王，然後列出商紂王（辛帝）的十大罪狀，召集天下諸侯，共同伐商。

商紂王的臣子和將領早已經被殘害殆盡，唯有他的哥哥微子衍還能率領一支軍隊，將周武王的聯軍拒於朝歌以外四十里的牧野（今河南汲縣）。周看到商軍陣容整齊，裝備精良，原本有些擔心，不料這支軍隊是由東南靈人組成，他們一夜之間發生嘩變，周軍不費吹灰之力就打退了這支軍隊，大軍長驅直入，兵臨朝歌城下。商紂王見大勢已去，在鹿臺自焚。

周武王登上商朝的國都，將紂王的人頭砍下示威，又處死了妲己，釋放了被囚禁的微子，修葺了比干的墳墓，此舉贏得商朝遺民的擁護。紂王的兒子武庚，周武王讓他繼續延續商朝的祭祀，並讓他繼

續推行前輩盤庚的德政。殷商遺民對周武王的大度非常感激，承認他的天子地位，於是周代替殷商，成為天下新的統治者。

因為紂王的胡作非為由來已久，所以在周武王貶低他為「紂王」之前，後人都不再稱他為「辛帝」了，而改稱他為「紂王」，意思這是一位殘忍的王。

周本紀

農師后稷

黃帝的曾孫嚳帝有兩個妃子。次妃是簡狄，她生下兒子契，契成了殷的祖先。正妃姜源是有邰部落之女，她生下兒子稷，稷後來成了周民族的祖先。

姜原在生稷之前，在一次外出回來的路上，發現一塊濕地上有一個很大的腳印。她一時玩心頓起，將自己的腳放在這個腳印上，想與這個腳印重合在一起。沒想到她剛將自己的腳印與大腳印重合，就感覺到身體內產生振動。不久，她就發現自己已經懷孕了。

十個月之後，姜原生下一個男孩。大家都覺得這個男孩不吉利，於是就從姜原懷裡將男孩搶走，丟棄在一個小巷中。奇怪的是，路過小巷的牲畜，無論是牛還是馬，都繞著男孩走，不踩他。人們很奇怪，於是又將他拋棄在田野裡，試圖餓死他。沒想到，過往的雌性動物竟主動為這個小男孩哺乳。人們又將他扔到偏遠的森林裡，以為這下孩子一定死了，但剛好一個樵夫

出現救回了他。人們又將這個孩子放在寒冰上，企圖凍死他，結果天上飛來一群鳥，它們用自己的翅膀為小男孩保暖。

人們這才意識到，小男孩不是凡人，有天神庇佑，於是重新將他抱回來送到姜原手中。姜原覺得有神庇佑自己的兒子，也決定好好撫養他，並為他取小名「棄」，表示他曾經遭受過拋棄。

棄從小就有遠大的志向，當他看到人們為了溫飽終日追逐動物、採摘果實時，就立志為大家尋找一種可固定食用的食物。經過反覆觀察、研究，他發現麥子、稻子、大豆、高粱以及各種瓜果每年到了一定的季節就會生長，於是就將這些植物的種子收集起來，種到自己開墾的田地裡。等果實成熟了，棄發現人工種植的比野生的味道好，於是就細心培育，並為此用木頭或石塊製造了簡單的勞動工具。

棄長大成人之後，在農業生產方面已經積累了豐富的經驗，人們都跑來向他學習種莊稼的方法。棄毫無保留地將自己的種植經驗傳授給人們，從此人們逐漸擺脫了狩獵、採集野果等遊獵生活，慢慢開始較為穩定的農耕生活。堯聽說棄的作為後，就聘請他為農師，指導百姓耕種，棄所掌握的知識因此服務了更多的人。

因為對農業方面的突出貢獻，舜執政之後，將棄選拔為農官，並將邰地（今陝西武功）封給他，賜予他姬姓。他從此叫做「后稷」，「后」表示君王諸侯，「稷」是農作物的意思，「后稷」就是指從事農業的農官（也有人說表明棄是百穀的皇帝）。

后稷死後，人們為了紀念他，將他葬都廣之野。這裡不但風景很美，據說天神上下往來的天梯就在附近，而且土地肥沃，各種農作物在這裡都長得很好，到了秋天收穫的季節，這裡還會出現百鳥朝鳳的奇觀。

后稷的兒子不窋後來繼承了后稷的事業，在西北一帶向民眾傳授農業知識。此後，后稷的後人世世代代從事農業生產。

到了夏朝孔甲時期，夏王朝敗落，后稷的後裔在商王朝的逼迫下向北遷徙，吸取了北邊帝族固

有的農耕經驗和夏朝的井田制，創造了區田，農業生產更繁榮，勢力更大，此時他們開始被稱作「周民族」。商朝建立後，后稷的後裔公劉率領周民族人西遷到豳（今陝西旬邑縣西）。商朝後期，公劉的後裔古公亶父率領周民族人遷到岐山南的周原，建立城邑，這個部落正式稱為「周」。

周族的興起

后稷的兒子不窋在晚年遇到夏朝政治腐敗，農師被廢，天子不再鼓勵人們務農。不窋因此失去官職，就流浪到戎狄地區，繼續從事農業生產。他死後，他的孫子公劉成為了周族部落的首領。

公劉是一位非常能幹的首領，他從小就聽從爺爺不窋和父親鞠陶的教誨，牢記先祖后稷的遺訓，讓天下百姓吃飽飯。他繼位之後，繼續號召人民推廣農業生產，周人的農業技術越來越高超，開墾的土地也越來越多，周人的農耕面積也越來越大，周民族的生活也越來越好了。周圍部落的人看周民族生活得這麼好，紛紛前來投靠他，周民族的勢力越來越大。

公劉不僅重視農業生產，而且還帶領人們到秦嶺山區伐取木材，用來建造房屋和其他東西。周人不但不再挨餓，而且生活水準也逐漸提高，更多的人前來歸附他。

公劉晚年的時候，北面的犬戎不斷南侵，居住在邰地的周民族不斷受到騷擾。公劉經過一番考察，發現了一個更好的地方——豳（今陝西省旬邑縣和彬縣的交界處），於是就帶領周民族遷移到這裡，周民族於是安定下來。後來，公劉去世，他的兒子慶節繼位，慶節在豳地建立了國都。

自慶節之後，周民族又傳承了八代，到了古公亶父繼任為部落首領時，周民族受到葷粥戎的侵襲，再次遷徙，到了渭河流域岐山以南的周原地區，周民族再次安定下

來。因地處周原，初具國家雛形，於是定國號為「周」，周民族才首次有了「周」的概念。

周原地區土地肥沃，物產豐富，灌溉條件很好，非常適合農業發展，因此周民族在這裡發展得很快。古公亶父幫助人們建造房屋，建築城池，國力迅速壯大。此時的周民族實力已經接近商朝。為了本民族利益的發展，古公亶父與地處中原的商朝建立起穩定的同盟關係，接受了商朝的禮儀和文化制度。

古公亶父有三個兒子：長子太伯，次子虞仲，小兒子季歷。古公亶父偏愛小兒子，有意立小兒子季歷為繼承人，於是長子、次子根據父親的旨意，逃亡荊蠻地區，紋身斷髮，表明自己不想當首領的志向，後來他們與當地的氏族融和，創造了吳國。

且說季歷繼承王位時，周和殷商的關係已經比較密切，季歷與商聯姻，還被商王文丁封為「牧師」，掌管畜牧。此時的商朝對於周的強大已經有所防範，因此二者雖然是姻親國，但也彼此猜測，互相敵對，甚至征伐。後來，為了維護商王朝的利益，商王文丁殺了季歷，商周就此結仇。

季歷死後，他的兒子姬昌繼位。由於周的國力仍不及殷商強大，所以姬昌依然向殷商稱臣，他被封為西伯侯。但殷商對周依舊不放心，商紂王一度囚禁姬昌，並殺了他的兒子伯邑考做成肉羹，逼迫姬昌吃下。周國人擔憂姬昌，於是四處搜尋珠寶、美女賄賂商紂王（辛帝），姬昌這才被放回來。

姬昌被釋放之後，對殷商警惕更重。他一方面在本國推行農業生產，另一方面制定法度，防止周民族的流徙，並注意加強外交，吸附一些小部落歸附周國，使周民族實力越來越強盛。然後，姬昌東伐黎、孟兩個諸侯國，向南伐崇，將勢力伸到商朝勢力範圍，形成「三分天下有其二」，然後遷都豐（今陝西長安縣灃河西岸），做好了滅商的準備。

一次讀完史記故事

西伯侯姬昌

西伯侯姬昌是季歷的兒子，自幼天資聰明，深得季歷和古公亶父的喜愛。

西伯侯是西方諸侯之長的意思。當初，余吾戎、始呼戎和翳徒戎等諸侯國叛商，季歷帶兵征服，幫助商朝解除了危機，因此贏得商王太丁的讚譽，季歷被封為「西方諸侯之長」，簡稱「西伯」。後來周的勢力不斷壯大，威脅到殷商的統治，太丁便設計殺死了不聽話的季歷。季歷年幼的兒子姬昌繼位。

文丁死後，帝乙繼位。帝乙忙於與東夷作戰，擔心周國趁機叛亂，於是就讓姬昌襲封為西伯，位列「三公」，並將自己的妹妹嫁給姬昌，商周關係暫時緩和，周因為力量尚不能與殷商抗衡就繼續臣服殷商。

姬昌效仿父輩們在周國推行仁政，大力發展農業，制定了更合理的稅收制度和更有人情味的法度。同時。姬昌還禮賢下士，當時有名的能人散宜生、伯夷、叔齊、鬻熊、辛甲、閎夭、太顛等紛紛投奔他，這些人才為周的進一步強大發揮了重要作用。周在姬昌的治理下更加強大。

商紂王繼位後，自視甚高的商紂王對周的強大更不滿，而姬昌對於商紂王殘暴無道、殘殺忠良的行為也很不滿，商周矛盾加劇。佞臣瞭解商紂王的心思，於是在紂王面前進讒言，紂王便將姬昌囚禁在羑里數年。姬昌被囚禁後，沒有表示出任何對紂王不滿的意思，反而在牢裡潛心研究卦象，發明了「文王六十四卦」，創造了《周易》一書。紂王認為姬昌對自己沒有不臣之心，於是打算放了他，但還想再試試他。正在此時，姬昌的大兒子伯邑考來接姬昌回國，紂王就殺了伯邑考，將他的肉做成肉羹給姬昌吃。姬昌透過卜卦已經知道這就是兒子的肉，但強裝鎮定吃下了，吃完還誇肉羹美味。紂王得意地說：「大家都說姬昌是聖人，聖人怎麼可能吃了自己兒子的肉都不知道

呢？我看他根本不是什麼聖人，對商朝也不會有什麼危害。」於是放鬆了對姬昌的監督。周國的臣子趁機為紂王送來了珠寶和美女，紂王很高興，收下美女和珠寶就將姬昌放了回去。姬昌臨走前，紂王還賞給他弓、矢、斧、鉞，授權他討伐其他不聽話的諸侯。

姬昌出獄之後，為了麻痺紂王，他將洛水以西的一大塊地方獻給紂王，只不過讓他廢除炮烙這一酷刑而已。紂王滿口答應了。炮烙之刑原本是紂王用來懲罰不聽話的人而發明的，姬昌提出這個交換條件，不但麻痺了紂王，而且收買了人心，得到很多諸侯國的讚賞和擁護。

商朝曾經殺了姬昌的父親，囚禁了姬昌本人，又殺害了姬昌的長子伯邑考，姬昌怎麼可能就此放下仇恨呢？況且商周如今已經基本形成勢均力敵之勢，到了一爭天下的時候了。不過姬昌是一位講仁義的君主，雖然他已經有了三分之二的土地，但表面上依舊臣服於紂王，贏得天下諸侯的敬佩，很多國家甚至自動歸附周國，諸侯之間鬧矛盾

了，也找姬昌而不找紂王來調和。此後，姬昌又藉著紂王的授權，對一些不聽話的國家，如耆國、邗國征討，將勢力深入到殷商的腹地。而此時的商紂王正過著花天酒地、醉生夢死的生活，完全不顧商王朝只剩下一副空架子，也不再警惕周國的壯大。

後來，姬昌獲得了一個重要的人才──姜太公（呂尚）。姜太公早就聽說姬昌是一個禮賢下士的國君，於是就用一個直鉤懸掛著在渭水釣魚，藉以吸引姬昌。姬昌果然發現了姜太公，與他攀談了很久，發現姜太公是一個文武全通的難得人才，於是將他請回去，立為國師。姜太公為姬昌提供了許多治國良策，為周滅亡殷商起了巨大的作用。

而此時的紂王仍舊花天酒地，倒行逆施，連商王室的樂師大師、少師也不敢在商朝待下去了，轉而投奔岐周。姬昌認為滅亡殷商的時機到了，正準備發動一場大規模的戰役，但卻病逝了。臨終前，他囑託兒子姬發抓住時機發動滅商戰爭，給苟延殘喘的商朝致命一擊。

姬昌死後葬在畢（指陝西長安縣與咸陽之間渭水兩岸）。他雖然沒有直接參與滅商的戰爭，但他在位五十年，為姬發滅商建立周朝做了充分準備，掃清了一切障礙，使得許多諸侯都將姬發看做取代商紂的「受命之君」而臣服於他。姬昌以德興邦、以德安邦的做法也贏得後世人們的推崇，姬昌後來被姬發追封為周文王，他因此成為後代帝王的典範。

▌ 盟津觀兵

姬昌去世後，他的兒子姬發繼位，姬發就是周武王。武王任命姜太公為太師，弟弟周公旦為輔相，召公、畢公等人輔佐，繼續推行文王的德治，繼續沿用文王富國強兵的政策，時刻準備完成父親未盡的事業。

經過一年多的積極備戰，武王覺得周國的軍事實力已經差不多了，於是就與姜子牙商量滅商的事宜。然後，武王來到畢地文王的陵墓前，祭拜自己的父親，並將文王的牌位放到戰車上，親自率領周軍東進，不久就來到黃河南岸的盟津（今洛陽市孟津東北）。

到達盟津之後，武王和姜太公將軍隊帶到盟津渡口，然後將三軍召集起來，準備戰爭動員令。武王對三軍說：「周國的祖先對上天具有無量功德，因此上天命文王滅掉殘暴的殷商，拯救萬民於水火。不幸先王駕崩，自己才臨危受命，負責其滅商的重任。現在大家就要全力協助我共同完成先祖的遺命，上承天命，為國家建立功業！」軍隊檢閱完畢，姜太公發號施令，命眾將士準備好船槳，為渡河做準備。眾將士聽後都異常興奮，紛紛準備渡河。

這時候，四面八方突然熱鬧起來。原來，天下的百姓和各諸侯國聽說周國要討伐殷商了，紛紛前來助威，不約而同趕來的諸侯國竟有八百個之多。武王得知天下人都支

持自己討伐殷商，非常激動，於是當即跟大家定好盟約，約好大家在對紂王的戰鬥中齊心合力，然後大家就一起渡河。

周國舉國之力，加上八百個諸侯國及天下百姓的援助，場面可以想像有多麼壯觀。大軍正浩浩蕩蕩地往前進發，突然，一條白魚跳進了武王所在的船艙，武王奇怪，就殺了白魚來祭天，然後命大軍繼續前進。大家成功渡過黃河之後，武王的房間剛收拾出來，一團火從天上下來，正落在武王的房子上。正當大家嚷嚷著救火的時候，那團火卻變成了一隻紅色的鳥，鳴叫著飛走了。武王說這是兇兆，說明滅亡殷商的最佳時機還未到，命令大軍返回。其他諸侯國雖然失望，但看武王都準備坐船返回了，只好也回去了，「八百諸侯會盟津」就這樣終止了。

原來，這是一場武王特意安排的渡河實戰演習，目的是試探殷商王朝及各諸侯國的實力。現在看來各諸侯國的決心還不是很堅定，而且殷商還有一定的實力，硬打下去，周國即使僥倖取勝，也會有較大的傷亡，所以不敢輕舉妄動。因此就說服諸侯國各自回去了。

盟津觀兵也並非沒有任何意義。周武王透過這次會盟，不期而會「八百諸侯」，這說明天下人已經自發將周武王當成了盟主，願意追隨周。周武王也透過這次機會，建立起強大的軍事力量。盟津觀兵後，周武王一邊加緊練兵，一邊派人去探聽殷商的情況。

此時的殷商，忠臣已經被商紂王迫害得死的死、逃的逃，紂王身邊只剩下奸佞小人。王室的人終日惶惶不安，既不敢勸諫商紂王，也不知該如何應對周軍的攻伐。

武王認為滅商紂王的時機已經到了，於是親率戎車三百乘、虎賁三千人、甲士四萬五千人，向東討伐商紂王。在討伐之前，武王向各諸侯下達討伐殷商盟誓於孟津的通告，然後從鎬京出發，經過渭河，渡過黃河，到達盟津渡口，在那武王召開了第二次盟誓大會，武王宣告了《泰誓》，歷數商紂王之罪惡，號召大家一鼓作氣擊敗商紂王。聯軍眾志成城，直奔殷都朝歌。

牧野之戰

第一次盟津之會後，商紂王終於意識到周國人對自己的嚴重威脅，決定對周用兵。但當他準備討伐周國的時候，東夷族發動叛亂，他不得不調集全國的軍隊進攻東夷，造成西線兵力的極度空虛。而此時的商王朝，比干等重臣被殺，人民越發不滿，連太師、少師都抱樂器奔周，商紂王已經到了眾叛親離的境地。這對武王來說是一個難得的機會，第二次盟津之會就是在這種背景下召開的。

周武王與其他諸侯軍在孟津匯合之後，武王說：「如今商紂王只聽婦人之言，放棄了祭祀祖先，放棄了國家的政權，放棄了自己的親族兄弟，卻對逃犯、小人委以重任，讓他們凌駕於人民的頭上為非作歹。姬發我現在上承天命，要代替上天來懲罰他們了！」群情激昂，人人都高喊著打倒商紂王。

武王先率本部及協同自己作戰的部落軍隊由盟津東進，經汜地渡過黃河後，北上到達百泉（今河南輝縣西北），再向東行，直逼殷商國都朝歌。武王沿途雖然遇到商軍，但商軍人心已經全部歸周，武王一路過來，幾乎沒有遇到什麼抵抗，只用了短短六天時間就到達牧野（今河南新鄉市北部），距離朝歌只有三百餘里。

周軍直逼朝歌的消息傳到商王朝，朝廷上下一片驚慌。此時商軍的主力都在東南地區攻打東夷，無法馬上趕回。商紂王無奈，只得倉促應對，啟用大批奴隸，連同守衛國都的商軍共約十七萬人迎戰。商紂王親自率兵在牧野北面擺開戰線，欲與周軍決一死戰。

此時周軍只有五萬人馬，商紂王以為自己必勝無疑，又開始不在乎起來。可是他卻不知道，武王這五萬軍隊全是經過嚴格訓練的精銳部隊，他那十七萬大軍卻是臨時武裝起來的，更何況奴隸和俘虜平日受夠了商紂王的虐待，對紂王恨之入骨，怎麼可能為他賣命呢？因此，從戰略上講，紂王還沒有戰，

其實已經敗了。

且說武王列隊完畢之後，再次莊嚴誓師以激勵士氣，即牧誓。武王說：「紂王聽信讒言，不祭祀祖先，重用罪人和逃亡的奴隸，殘害百姓，天理不容！眾將士要與我一起消滅這個暴君，還天下太平！」接著，武王又重申了軍隊的紀律，並嚴令大家不准殺害投降的商軍。

牧誓之後，武王就下令向商軍發起總攻，他先命姜太公帶一支精銳突擊部隊挑戰商軍。沒想到的是，紂王雖然糾結起一支龐大的軍隊，但他的士兵沒有一點打仗的心思，都想武王快些攻打進來。姜太公的精銳部隊剛剛向商軍發起挑戰，紂王的軍隊突然掉轉矛頭，倒戈投降，並很快配合周軍攻打商軍，武王趁機發起猛攻，商軍十幾萬大軍瞬間土崩瓦解。紂王大急，轉身就逃，姜太公乘勝追擊，一直將紂王追到朝歌。

紂王逃到朝歌後，眼見朝中無能臣，大勢已去，沒有回天之力。於是命人將所有珍寶都搬到鹿臺，然後在鹿臺放火，自焚而死。朝歌的百姓聽說紂王已死，開心地敲鑼打鼓，將周軍迎接進城。武王手持太白旗指揮諸侯，諸侯都向他行跪拜之禮，武王還禮。武王進入城中，百姓們都在外面等著武王，武王於是讓群臣傳令給百姓：「上天賜福給你們！」百姓們紛紛跪倒拜謝，武王也向他們回拜行禮。

武王來到鹿臺，看到紂王的屍體，對著他連射三箭，然後走下戰車，親手將紂王的頭砍了下來，懸掛在太白旗上。又來到內宮，誅殺了妲己，也砍下她的頭，與紂王的頭一起懸掛在白旗上。紂王身邊的兩個奸佞小人惡來、費仲也被斬首。這些平日為非作歹的人死後，人心大快。最後武王出城，返回自己的軍營。第二天，周軍幫助百姓清理道路，重新修葺祭祀土地的社壇和宮室，然後分兵征討殷商殘餘勢力。

至此，殷商亡國，周王朝取而代之，中原地區的統治秩序從此進入一個新的歷史時代，西周禮樂文明的全面興盛即將到來。

封邦建國

武王推翻殷商後，回到周地。

雖然最大的敵人紂王已被消滅，但武王所面臨的形勢依舊十分嚴峻：統治區域廣，諸侯國眾多，還有相當多的諸侯沒有歸順周，他們跟他一起滅商的諸侯，雖然暫時表示歸順，但都等著論功行賞，如果分配不好，恐怕又會惹出是非。武王本身身體狀況不好，兒子又年幼，因此當下最大的問題是將政局穩定下來。

武王決定用分封土地的方式穩定政局。他將王族、功臣以及先代的貴族分封到各地做諸侯，建立諸侯國。封地上的一切，包括土地和百姓，都屬於諸侯，諸侯有權在自己的封地上徵收賦稅、組織軍隊、設置官員。諸侯在享受權力的同時，還要履行一定的義務：服從周天子的命令，幫助周天子鎮守疆土，向周天子交納貢賦和朝覲述職，跟周天子一起作戰。

封地的大小與地理位置，與諸侯的地位、功勞、親疏有關。對於每個封國，根據情況的不同，武王採取了不同的措施。

對於殷商遺民，武王將他們封給商紂的兒子武庚，國號為宋。在封宋的同時，武王昭告天下，滅商只是為了討伐紂王的罪惡，沒有滅絕殷商祭祀的意思。武王還命人將殷商的普通百姓從牢獄裡解救出來，將鹿臺的錢財、糧食發給貧窮的百姓。然後，他又命南宮括、史佚等人展示殷商的傳國之寶九鼎和寶玉，命令閎夭給比干的墓培土築墳，命令祝官祭祀陣亡將士的亡靈。安頓好殷商遺民，武王撤兵回到西方的周國，東方交給殷商遺民自己打理。因為殷商剛剛平定下來，還沒有穩定，武王就讓自己的弟弟叔鮮、蔡叔度輔佐祿父治理殷國，並在殷的附近設置邶、墉、衛三國，分別分封給叔叔霍叔、管叔、蔡叔，其目的就是監視武庚和殷商遺民。

對於古代聖王的後代，武王依舊很尊重他們，也冊封了這一

部分人。如他將神農氏的後代賜封到焦，將黃帝的後代賜封到祝，將堯帝的後代賜封到薊，將舜帝的後代賜封到陳，將大禹的後代賜封到杞。武王對這些諸侯國進行冊封，是因為武王懷念古代的聖王，因此對他們的後裔給予表彰，鼓勵百姓學習古代聖賢的德行。

武王先後封了七十一個諸侯國，以親屬之國為多，國君多姓姬。這七十多個諸侯國中，第一個受封的姜子牙，他雖然不是姬姓人，但武王信任他，將他封在營丘，國號為齊；接著是武王的弟弟周公旦，將他封在曲阜，國號為魯；叔鮮被封於管；叔度被封於蔡；召公姬奭被封於燕。其中齊、魯、燕三國是周在東方新的領域，這些諸侯國對於周天子來說都是邊遠地區，有促進邊境開發的作用，同時也可牽制殷商遺民，避免發生動亂。

其餘異姓諸侯都是跟武王一起推翻商朝統治的有功之臣，武王根據他們功勞的大小，分給大家大小不等的土地。這七十一個諸侯國，其中以魯、齊、晉、衛、燕等國最為重要。

因為有的諸侯國是原來商朝時候就有的，武王規定：只要他承認周政權，服從武王的領導，承認周天子是天下的共主，那麼他的封國依然可以保留。

武王分封完畢，就將商朝宗廟裡的祭物分給諸侯，讓他們拿回去作為分封的憑證，供奉在祭祀場所。

武王死後，周公輔政，他又對天下進行了更大規模的分封。這次分封，除了分封土地，諸侯國根據親屬關係及功勞的大小，還被賜予不同的爵位。

最高的爵位是公爵，獲得這一榮譽的諸侯國只有三個：宋國、魯國和陳國。宋國是殷商的後代，周朝就是在殷商的基礎上建立的，冊封宋國，既有招撫的意思，又有尊重的意思。魯國是周公旦的封地，周公輔佐武王和成王，制定了《周禮》，平定了叛亂，功勞最大，理應被封為最高的爵位。陳國是舜帝的後代，陳國國君還是武王的姐夫，所以論親疏、論資歷，也應該被封為最高的公爵。

第二高的爵位是侯爵，較大的諸侯國，如齊國、燕國、晉國等，其國君都是侯爵。

第三個等級是伯爵。秦國最初只被封為伯爵，其國君稱之為秦伯。

第四個等級是子爵。子爵的國土小一些，影響力也小，如楚國。

第五個等級是男爵。如許國這個小地方，其國君就是男爵，稱之為「許男」。

另外，周公旦又規定，任何一個諸侯國，其國君死後，按照血緣關係和嫡長繼承制，嫡子中的長子繼承國君的地位。無論一個國家還是一個家族，嫡長子都是大宗，其他旁系稱為小宗，小宗要圍繞著大宗。

與分封制相結合使用的政策是宗法制，即「天子建國，諸侯立家，卿置側室，大夫有貳宗，士有隸子弟」。其中卿大夫的爵位與諸侯國國君一樣，是可以世襲的，由嫡長大宗世襲。不同的大宗之間是可以聯姻的，這樣西周的諸侯、卿大夫之間就形成了龐大的血緣關係網。

這種分封政策確定了周天子天下共主的地位，穩固和擴大了周的統治。與官職結合起來，西周形成了「周王—諸侯—卿、大夫—士」的等級序列。諸侯保衛國君，卿、大夫保衛諸侯和周天子。武王希望這樣等級嚴明而關係複雜的地位，能幫助周天子的基業世世代代傳承下去。

周公攝政

滅商兩年後，武王生病。大臣們非常擔心，都虔誠地占卜。周公還齋戒沐浴向上天祈禱武王的病情快些好轉，並說願意用自己的身體代替武王生病，武王的病果然好了一些。但武王不久還是去世了。

十三歲的太子誦繼承了王位，就是周成王。這時候天下還沒有完全統一，周朝的政權才剛剛穩定下來，所以就急需一位強權人物來穩

固朝政。武王的弟弟、成王的叔叔周公旦，從大局出發，登上「攝政王」的位置，代替成王處理國家大事，掌握了實權。

武王的其他弟弟，以管叔、蔡叔為代表，不服周公旦攝政，於是就聯合大家散布謠言：「成王已經繼位了，周公憑什麼代替天子攝政？難道他想取代成王嗎？」這些謠言很快傳到周公的耳朵裡，周公對太公望和召公奭說：「我不避嫌代替成王處理國家大事，是擔心諸侯國們聽到武王死後就起來反叛，這樣我們就無法向先王太王、王季、文王交代。這三位先王為周民族付出了很多心血，我們今天才勉強成功。武王英年早逝，成王年幼，不能處理國家大事，我這樣做完全是為了穩定周朝大業的緣故。」太公望和召公奭明白他的心意，於是就支持他輔佐成王。

周公因為輔佐成王的緣故，無法前往封地，於是就先讓自己的兒子伯禽代自己到魯國受封。伯禽臨行前，周公對他說：「我身為文王的兒子、武王的弟弟、成王的叔叔，地位已經很高了，但我做事還

是很小心謹慎，禮賢下士，避免失去有才能的人。你到了魯國之後，也要謙虛謹慎呀，千萬不要因為擁有了封地就可以驕縱自己。」伯禽答應，然後到魯國上任去了。

雖然周公的兒子已經去封地了，但管叔、蔡叔等人依然懷疑周公想要篡位，王室內部發生爭執。紂王的兒子武庚認為有機可乘，就聯合管叔、蔡叔等人發生叛亂，藉著討伐周公的名義背叛了周朝。

周公為了維護周朝的天下，得到成王的許可之後，親自率兵討伐。三年之後，周公終於平定叛亂，武庚和管叔兩個人被周公誅殺，他們的追隨者蔡叔也被流放到了邊遠的地方。然後，周公又讓紂王的小兒子開繼承殷朝的後嗣，在宋建立諸侯國；又找到了殷朝的全部遺民，將他們封給武王的小弟弟姬封，讓他建立了衛國，姬封就是衛康叔。在此期間，晉國國君姬虞得到一種二穗同苗的禾穀並獻給成王。成王將這種禾穀贈給遠在軍營中的周公，周公於是教導人們學習耕種。

政局重新穩定之後，周公作

文《大誥》，向天下陳述東征討伐叛逆的大道理；然後又作文《微子之命》，封微子繼續殷後；接著又作文《歸禾》、《嘉禾》，記述成王賜予嘉禾的事蹟並頌揚周天子的英明；後面還作文《康誥》、《酒誥》、《梓材》，記述了衛康叔被封於殷地、周公告誡他戒除嗜酒及為政之道的道理。

七年後，成王長大成人，周公覺得他有能力擔當起周天子的職責了，於是為成王舉行了隆重的成人禮，又舉行了隆重的還政儀式，正式將權力移交給成王。成王臨朝聽政，周公和其他大臣一樣，謹慎地面向北站立，沒有一點居功自傲的樣子。

武王在世的時候，曾經打算在伊水和洛水一帶建立新的都城，目的是為了加強對東部的控制。武王死後，周公忙著平定叛亂、穩定諸侯，這件事就暫時耽擱了。現在周公還政，國事不忙了，於是周公就決定做這件事了。成王派召公再去雒邑測量地形，周公又重新進行占卜，反覆察看地形，最後雒邑才營建。完成後，周公對成王說：「雒邑就是天下的重心，以後無論哪個諸侯國使者向朝廷進貢，經過的路程是一樣的。」

在測量和營建雒邑的過程中，周公作文《詔誥》和《洛誥》，向天下昭告雒邑的建成。然後周公又讓殷商遺民遷徙到雒邑，向他們宣布了成王的命令，這樣，雒邑就成了周朝在東方的國都，象徵天下的九鼎就安放在這裡。

東方的淮夷不服從周王的命令，舉兵叛周。成王命周公擔任太師，召公擔任太保，出兵征討淮夷。淮夷哪抵抗得了周公的大軍，很快被擊潰，淮夷人的奄國被滅，奄國國君被遷徙到薄姑一帶看守。

周公擔心成王年幼，在處理國家大事的時候沒有經驗，又擔心他做出荒唐的事情，於是作文《多士》、《無逸》告誡成王，讓他不要忘記了前輩們經過艱苦奮鬥所創下的基業，不要驕奢淫逸而敗家，否則就會敗掉基業，枉費前人心血。這些，周成王都牢記於心，盡心盡力執政。

周公在攝政的幾年裡，為周王室創立了很多制度，如制定了公、

侯、伯、子、男等爵位的等級制度，制定了禮儀，明確了百官的職責。天下在這些制度的規範下，出現了前所未有的安定，周人從此進入生活穩定、社會繁榮的時代，為「成康之治」打下了良好的基礎。

周穆王制刑

武王之後，周朝又經歷了成王和康王二代。在這兩代國君當政時期，政治清明，經濟繁榮，國家富庶，人民安居樂業，國力達到了最強，這段歷史因此被稱作「成康之治」。康王去世後，昭王繼位，昭王對周王朝制度及文王和武王以來形成的的治國方略沒有很好地執行，周王朝漸漸出現衰落的跡象。昭王繼位的第十九年，他親自率領軍隊進攻楚國，結果全軍覆沒，昭王死於漢水之濱。昭王的兒子滿即位，這就是周穆王。

周穆王繼位的時候已經五十一歲了，他繼位之後首先想到的是報仇，但報仇之前要解決掉潛在的威脅。與父親不同，他清醒地意識到周王朝已經衰落了，周邊的四夷成為國家最大的威脅，尤其是西北部的犬戎。犬戎又稱獫狁，自古以來一直居住在西北陝甘一代，屬於西羌的一支。這個民族與中原地區的人不同，他們天性凶狠殘暴，經常在周的邊境地區作惡，周朝如果不給他們點顏色看看，這個凶狠的民族會趁著周朝不穩的時候南下侵略。於是周穆王繼位之後的第一件事，就是決定攻打犬戎。

然而，當周穆王一說出攻打犬戎時，大臣祭公謀父卻極力反對。祭公謀父寫了一篇《祭公諫征犬戎》，在這篇文章中他對周穆王說：「大王您不能去啊！我們的先王都是以德行來服人，從來不主動靠武力解決問題。軍隊平常的作用是蓄積力量，待到必要時才痛擊，這樣一出動才會有威力。國君如果只知道炫耀武力，反而不容易贏得別人的敬畏。所以人們歌頌周公說：『收起干戈，藏起弓箭，在天

下求賢舉德，讓華夏都傳遍王的威名，王業就能永保全。』先王對待百姓，也是靠端正大家的德行，使人們養成敦厚的性情，幫助他們增加財富，改善他們的作為，讓大家懂得輕重利害。只有心懷德政，人們才會懼怕刑威，我們才能保住並光大先王的事業。從前，我們的先祖世代擔任農師，幫助虞舜、夏禹成就事業。當夏朝衰落的時候，夏朝廢棄了農師這個官職，我們的先王不窋因而失掉官職，流落到戎狄地區。但他依舊沒有荒廢農事，在幫助人們從事農業生產的時候，還宣傳先祖的德行，繼續光大他的事業，早晚謙虛恭順地執行，時刻保持著敦厚篤實的態度，以此來修煉自己的德行。我們繼承了先人的美德，不能玷污他們的美德。到了文王和武王的時候，先人這些美好的功德被我們繼續發揚，又加上了謙恭地祭祀鬼神，保護百姓，因此普天之下沒有不敬畏他們的。因此當紂王對人們施予暴行的時候，百姓不能忍受，都高興地擁戴武王為新的天子，武王這才發動了牧野戰爭，推翻了殘暴的紂王。也就是說，先王一直是不崇尚用武力解決問題的，以勤懇做事、體恤百姓為先，以考察民間疾苦、為民除害為先。先王的制度中說：只懲罰那些不祭祀的，只攻打那些不祭祀的，只征討那些不納貢的，只告諭不來朝見的。法律是用來懲罰的，軍隊是用來攻伐的，有了征討的裝備，再加上嚴厲的譴責和告諭的文辭，如果天子宣布命令之後仍然有人不來進諫，那麼就要再進一步檢查自己的德行，看自己是否哪裡做得不對，而不是一開始就勞民遠征。」

祭公謀父的話雖然有道理，但畢竟過於迂腐。因此，雖然周穆王知道偃武修德的道理，但是父王死在漢水之濱，這個仇遲早是要報的。因此周穆王沒有採納祭公謀父的建議，仍舊堅持討伐犬戎。犬戎看到周王朝的軍隊，雖然還不至於到嚇破膽的地步，但終究不敵周穆王的大軍，犬戎的軍隊大敗。此戰之後，周穆王得到了四條白狼、四頭白鹿，這些東西對犬戎來說是非常寶貴的，他們現在到了周穆王的手中，犬戎徹底喪失了對抗的鬥志，此後一百多年不敢來犯，胡人

連南下牧馬都不敢，周王朝的西北邊境得到了穩定和加強。

掃平犬戎之後，周穆王又對不斷侵襲邊境的東夷以及南蠻部族進行了征伐，都獲得了大勝，一時之間，四夷臣服，天下諸侯國都來朝貢，穆王終於首次實現了全國統一，繼承和光大了祖先的基業。

解除邊患之後，穆王這才根據祭公謀父偃武修德的提議，在全國推行政治法令。周穆王首先改革的是官制，他設立了「太僕」一職。太僕為太御眾僕之長，可幫助周天子加強王朝中樞的管理。

比起官制方面的改革，周穆王在刑律上的改革更有重要意義。周穆王任用甫侯主管法制，重新制定了五種刑法，天下的刑事案件就按照五種刑法來量度。

五刑就是墨、劓、荊、宮、大辟，五種刑。法官在審理案件的時候，根據人們的言語、臉色、氣息、聽話時的表情、看人時的表情等情況綜合考慮應該判處哪種刑罰。如果這五種刑罰對於犯人來說不適合，那就按照用錢贖罪的五種懲罰來判決；如果仍不能得到較好的判決，就按照五種過失來判決。

不過，依照五種過失來判決，如果法官把握不好，可能會產生弊端。如有些犯人的家屬會透過賄賂的方法來干擾法官判決，法官可能會依仗權勢阻礙司法公正。於是又規定，如果出現這種司法不公的情況，那麼法官本人無論身分多麼顯赫，一經查實，都要與犯罪之人承擔相同的懲罰。

法官在判案的時候，如果把握不好五刑的度，那就從輕發落，減一個等級，按照五罰來處理；如果五罰處理也遇到了同樣的問題，那就從輕發落，減一個等級，按五過處理。無論採取哪種懲罰手段，法官務必核查清楚，確保自己所調查的證據與事實是相符的。如果暫時沒有確鑿的證據，那就秉承上天的恩德，不要輕易用刑。

真正需要運用五刑來懲罰時，也要注意從輕發落。當發現刺面的墨刑不太適合時，就減罪一等，罰黃銅六百兩；當發現割鼻的劓刑不太適合時，就減罪一等，罰黃銅一千二百兩；當發現挖掉膝蓋骨的荊刑（又稱為臏或刖）不太適

合時，就減罪一等，罰黃銅三千兩；當發現破壞生殖機能的宮刑不太適合時，就減罪一等，罰黃銅三千六百兩；當發現殺頭之刑大辟不太適合時，就減罪一等，罰黃銅六千兩。無論哪種刑罰，在減罪的時候，都要認真核實，如果發現罪犯的確犯罪了，那就要維持原判。

這五刑的條文，其中墨刑類有一千條，劓刑類有一千條，刖刑類有五百條，宮刑類有三百條，大辟類有二百條。法官在考慮給犯人的刑罰時，都要細細研究各個懲罰的條文，避免誤判。

這一整套刑罰制度是甫侯提出來的，因此又叫做《甫刑》。周穆王頒布《甫刑》後，與夏商的刑罰制度相比，總體來說是減輕了刑罰力度，這是周王室一向重視仁政的結果。

周穆王在位五十五年，享年一百零五歲。他在位期間，為國家做了許多事，也流傳下來很多傳奇的故事。人們對這位富於傳奇色彩的帝王很愛戴，為他編撰了《穆天子傳》。

周厲王毀國

周穆王死後，周王朝又往下傳承了幾代。到了周厲王時代，周王朝更加衰落了。

周厲王姓姬名胡，是周夷王的兒子。周厲王繼位的時候，周王室的勢力已經非常衰弱了。此時外族經常在邊疆騷擾周朝，內部諸侯之間內亂不斷，經濟發展緩慢，國家貢賦銳減，國庫虧空嚴重。這樣一個爛攤子，如果交給一個勤政愛民的國君，尚可能有轉機，但是交到周厲王手中，就不同了。

周厲王是無道君主，他繼位後，不但不整頓吏治，反而變本加厲增加賦稅，巧立名目加重對人民的剝削，甚至冒險剝奪了一些貴族的權力，使周王室的內部矛盾更趨激化。

臣子榮夷公為了討好周厲王，對他說：「山林川澤等物都是國王

的東西，應該收『專利』稅。」周厲王聽後大喜，對山上的藥材、木柴、鳥獸，水裡的魚、蝦、貝等的使用，都要收稅。這種巧取豪奪的行為不但遭到百姓的埋怨，那些被觸犯利益的王公大臣也都反對。但周厲王卻絲毫不以為意，不管百姓與大臣們的反對，堅持在全國推行「專利」稅，致使百姓們的生活更苦，大小貴族互相兼併，很多小貴族淪為平民和奴隸，而有更多的人流離失所。

周厲王時，內部政治混亂腐敗，外部又時時遭受外族的侵擾。尤其是秦仲的族人被殺後，周王朝失去了西方的屏障，外族人屢屢進犯，周厲王不得不連年用兵防禦異族入侵，但屢戰屢敗。內憂外患，周王朝處於前所未有的危機中，人民的生活遭遇了前所未有的困苦。人們對周厲王的統治很不滿，很多因他的壓迫而生活變得更痛苦的平民，紛紛咒罵他、怨恨他，譴責他的人更是不在少數。

周厲王想要享受，但又不想別人對自己有所怨言，於是他派衛巫監視，一旦發現誰對他有所抱怨，立刻抓來殺死，很多議論國政的平民被抓捕殺死，甚至連沒有發表過怨言的人也被誅殺。這樣一來，人們不敢再議論時政了，平常連話也不敢多說，熟人在路上相遇了，彼此之間也不說話，只是互相看對方一眼算是打招呼。由於人們都不說話，整座城變得死氣沉沉，周厲王也聽不到對自己不利的聲音了，他對這種狀況很滿意，得意地說：「看，我有辦法讓百姓們不說我壞話！」

召穆公虎勸諫周厲王道：「這樣是堵住了百姓的嘴巴，但堵的卻是一條河。一旦這個河決口了，就會造成滅頂之災。人們的嘴現在被堵住了，但它帶來的危害比決口的河水還要厲害。治水的人使用疏浚河道的方式讓水流通暢，治國的人也應該讓百姓暢所欲言。聖明的天子治國，百官是可以進諫的，平民也可以將自己的意思透過百官傳達給天子。只有這樣，近臣才可以勸諫天子，同宗族的人才能幫助補察過失，樂師、太史才能順從民意，將大家的想法匯總起來，以便天子制定正確的政策，確保政事的順

利。百姓有嘴巴，就好像大地有山川河流一樣，人們所用的一切都是由山川河流生產出來的，國家所需要的糧食和財富也是取之於民的。如果不讓百姓將自己想說的話說出來，大王怎麼知道哪些事是可以做的，哪些事是不可以做的？」

周厲王不聽從召穆公虎的勸諫，反而說：「我乃堂堂天子，那些無知的愚民只要聽從我的命令就行了，怎麼能隨便議論朝政呢？」他依舊施行專制和暴政。

周厲王的暴政終於激起了民憤。一天，都城的所有百姓都自發地集結，大家拿著木棍和農具，從四面八方湧到王宮，找周厲王算帳。周厲王在王宮裡，聽到憤怒的呼喊聲從四面八方傳來，很害怕，趕緊調集軍隊鎮壓。大臣告訴他說：「我們一直以來都是寓兵於農，農民就是軍隊，軍隊就是農民。現在農民都暴動了，哪裡還有軍隊給大王調集呢？」周厲王這才真正害怕了，他匆匆忙忙喬裝打扮，帶著宮眷逃出都城，一直沿渭水朝東北方向晝夜不停地奔波，直到逃到彘（今山西霍縣），已經離都城很遠了，他才停下來。

周厲王的太子靜藏在召公家裡，百姓們知道了，就拿著農具把召公的家包圍起來，要求召公交出太子。召公苦口婆心地勸說大家：「以前我也多次勸周厲王，可是他聽不進去，這才為大家和自己帶來這場災難，但這一切與太子是沒有關係的。如果說現在太子殺人了，大家會不會因為惱恨太子連帶把國君也殺了呢？侍奉國君的人，即使遇到危險也不該怨恨，即使怨恨也不應該發怒，更何況我們大家是侍奉天子呢？」人們不滿的情緒這才有所平息。然後召公以自己的兒子代替太子受罰，太子終於免遭殺害。人們在召公的極力勸說下，漸漸平息了不滿和怨恨，離開了。

周厲王被平民趕走的事，被成為「國人暴動」。「國人暴動」導致周王室沒有了天子，貴族們推舉召公、周公（周定公）共理朝政，並將重要政務交由六卿合議，形成「共和政體」。歷史上將這一年（西元前841年）稱為共和元年，這一年是中國歷史有確切年代記載的開始。

周厲王逃走之後，曾派臣子凡伯偷偷回都城鎬京打探情況。凡伯看國人暴動已經平息，人們不滿的情緒已經有所遏制，於是就想聯合周公、召公將周厲王迎回來。但人們不許周厲王回來，周公、召公擔心再次激怒人民，引起暴動，於是不予合作。凡伯只好將這個消息稟告給周厲王，周厲王無可奈何，只好在彘定居下來。因為彘在汾水之畔，所以周厲王也被人們稱之為「汾王」。

周厲王在彘的生活非常困難，每年只能從周公、召公派去的人那裡得到一些衣服、日用品，往日天子的威儀與榮華富貴不復存在，僅能維持日常生活。周厲王悶悶不樂，鬱悶了十四年之後在彘病死。

而太子靜則一直寄宿在召公家，他長大之後，召公和周公將他擁立為王，他就是周宣王。周宣王執政前期吸取了父親的教訓，執政還算開明，周王朝出現了「宣王中興」的短暫繁榮。但周宣王晚年開始固執己見，聽不進去不同的政見。他為了顯示自己的威風，在魯國選立繼承人的時候，根據自己喜好逼迫魯國廢長立幼，魯國人不願意，他就興兵討伐。這不但造成了魯國長達二十年的混亂和災難，而且破壞了周朝的嫡長子繼承制度。周天子自己帶頭破壞禮法，各諸侯國也開始破壞禮法，周天子的威信迅速衰退，周王朝的滅亡很快就要來臨了。

烽火戲諸侯

周宣王去世之後，他的兒子宮湦即位，這就是周幽王。

比起祖父周厲王的無道，周幽王似乎有過之而無不及。他不理朝政，而且很好色，大夫越叔勸諫他，他竟然革去了越叔的官職並將他趕出京都。褒國的國君褒響聽說後，千里迢迢來到國都勸諫周幽王，但卻被惱羞成怒的周幽王關進監獄。

褒響在監獄裡被關了三年，褒國臣子想盡辦法營救褒響，最後聽說周幽王好色，就遍尋褒國美女，發現了傾國傾城的褒姒，於是將她送給周幽王。周幽王看到褒姒大喜，立刻將褒響放了。

周幽王對褒姒的喜愛程度超過了以往的任何一個美女，這與褒姒的身世有關。據說，早在夏王朝衰落的時候，上天派了兩條神龍，它們自稱是褒國的兩個先君。當時的天子孔甲不知道怎樣處理這兩條神龍，於是就占卜，但占卜結果卻告訴他，趕跑它們不吉利，留下它們也不吉利，唯一的辦法是留住它們的唾液。於是孔甲擺設祭品，宣讀策文，告知神龍自己的決定，結果神龍留下唾液後就飛走了。孔甲就命人將神龍的唾液搜集在木匣子裡，命人祭拜。夏朝人一直保持著這個習慣，一直到周朝，依舊按時祭祀，沒有誰敢打開那個木匣子，也沒有什麼特別的事發生。

到了周厲王的時候，京都發生「國人暴動」，百姓們亂哄哄地湧進王宮，有人一不小心打翻了木匣，神龍的唾液流在宮殿裡，慢慢變成一隻像黑色的大蜥蜴一樣的怪物，爬進了周厲王的後宮。宮中有一個六、七歲的小宮女，她遇到那隻怪物之後，怪物立刻就不見了，然後，小宮女竟然懷孕了，不久生下一個女兒。這個小宮女才七歲，什麼事都不懂又很害怕，就將這個女兒扔掉了。

周宣王繼位後，民間流傳著一首民謠：「山桑弓，箕木袋，滅亡周國這個禍害。」周宣王聽到這首童謠之後，很擔心。剛好京都裡有一對夫妻，他們分別賣山桑弓和箕木製的箭袋，周宣王就派人誅殺他們。這對夫妻知道消息之後立刻逃跑，在逃跑的路上發現了小宮女扔掉的女嬰，於是就順手收留了這個女嬰，然後繼續往前逃，直到逃到褒國。這個女嬰長大後，非常美麗，因為她自幼生長在褒國，人們就叫她「褒姒」。

褒姒是由怪物幻化而生的，性情與常人大不同，無論周幽王怎樣取悅她，她從來沒有笑過，是個十足的冰山美人。後來，褒姒為周幽王生了一個兒子，叫做伯服。周幽王為了取悅褒姒，廢掉太子宜臼和

他的母親申后，立伯服為太子，立褒姒為王后。但無論周幽王和他的讒臣如何想盡辦法，褒姒依舊終日面無笑意。

一天，周幽王跟褒姒和幾個大臣一起出遊驪山，大臣虢石父看到遠處的烽火臺，突然靈機一動，對周幽王說：「我們的先祖從前為了防止西戎侵犯京都，在這一帶修建了二十多座烽火臺。一旦西戎來犯，我們就命人點燃烽火臺上的烽火，附近諸侯看到這個信號，就會帶兵前來救援。現在天下太平，人們很久都沒有看到烽火了，不如我們現在開個玩笑，將烽火點燃，叫諸侯上當過來。娘娘看到諸侯帶著兵馬跑來跑去，肯定會很開心。」周幽王想像諸侯帶兵跑來跑去的樣子，的確滑稽，於是趕緊命人點燃烽火。

烽火點燃之後，諸侯看到滿天的火光，以為西戎來犯，趕緊手忙腳亂地組織人馬前去救援。大家聽說周幽王在驪山，於是趕緊趕往驪山「勤王」。但大家急急忙忙趕到之後，卻一個敵兵也沒發現，只聽到奏樂和唱歌的聲音，不禁面面相覷，丈二和尚摸不著頭腦。周幽王命人對諸侯傳話：「大家辛苦了，今天沒有敵人，大家各自帶兵回去吧。」諸侯這才知道上當了，憤怒地帶兵回去了。

褒姒看到諸侯帶著兵馬跑來跑去，一會兒緊張，一會兒驚奇，一會兒憤怒，的確很好玩兒，情不自禁笑了起來。這一笑，傾國傾城，周幽王終於見到美女的笑容，大喜，重賞了虢石父。後來，周幽王為了看到褒姒的笑容，又搞了幾次這樣的事情，諸侯每次都是慌慌張張地來，氣憤地離開，大家都發誓說以後再也不相信烽火的信號了。

西戎一直關注著周朝的動靜，當他得知周幽王調戲諸侯而引起眾怒，覺得這是一個進攻的好機會，於是果斷地向周王朝的京都進發。周幽王看到西戎果然來犯，慌忙命人點燃烽火。但諸侯已經上當多次，都以為周幽王又在哄褒姒，都不肯再去救援。京都的兵馬原本就不多，周圍的諸侯國又不肯前來救援，周幽王無奈，倉促之間只能組建了一支「烏合之軍」，但戰鬥力太低，抵擋了一陣子就被打敗。周

幽王和虢石父都被西戎殺死，褒姒被擄走。

周幽王死後，大臣擁立廢太子直臼為天子，這就是周平王。

周王絕祀

周平王繼位之後，為了避免京都再次受到騷擾，就將國都從鎬京遷到東都雒邑。周平王東遷，標誌著周王朝已經衰微到很嚴重的程度，之前的歷史被稱作「西周」，周平王東遷，意味著「東周」的開始。從此，周王朝進入一個諸侯國以強併弱、相互兼併的時代，齊國、楚國、秦國、晉國等大諸侯國凌駕於周天子勢力之上，周王朝名存實亡。

周平王去世之後，由於太子洩父早死，他的孫子林繼位，這就是周桓王。桓王三年（西元前717年），鄭莊公朝見周天子，桓王沒有按照諸侯之禮接待他。鄭國因此惱怒，就找藉口從魯國搶許地。許地是天子用來祭祀泰山的專用田，但此時的周天子已經沒有能力討伐不聽話的諸侯國了，許地從此成為諸侯國的土地，周天子沒有了祭祀的地方。

周桓王之後，周王朝又經歷了莊王佗、釐王胡齊兩代周王，到了西元前651年，勢力最大的齊桓公打著「尊王攘夷」的口號，召集魯、宋、衛、鄭、許、曹等諸侯國國君在葵丘（今河南民權東北）召開諸侯大會，周天子也派代表參加了大會。這次大會確定了齊桓公霸主的地位，雖然名義上規定大家不要擅自封邑給卿大夫而不報告天子，周天子名義上保留著「天下共主」的威嚴，但其實沒有任何實力和權力，中原諸侯國只聽齊桓公的號令，周天子從此成為一個符號，成為諸侯們「挾天子以令諸侯」的工具。

此後，周王室又經歷了惠王閬、襄王鄭、頃王壬臣、匡王班、定王瑜、簡王夷、靈王洩心、景王貴、悼王猛、敬王丐、元王仁、定

王介、哀王去疾、思王叔、考王嵬、威烈王午，但周王室的地位一代不如一代，更不要提號令諸侯了，其國土可能連一個諸侯國的國土面積都不如。

齊桓公之後，楚莊王隨著楚國的強大成為新的霸主，中原各諸侯小國唯楚莊王命是從。西元前606年，楚莊王的大軍來到雒邑的郊外，周定王不得不降下天子之尊，為他舉行慰勞歡迎之禮。楚莊王向周定王詢問九鼎的大小和輕重。而鼎是王權的象徵，楚莊王詢問這件事，野心昭然若揭，說明他連保留懦弱的周王室都已經不耐煩了，想自己取代周王室，成為「天下共主」。

截止到西元前476年，各諸侯國彼此吞併，連年發生戰爭，霸主地位幾經易位，但無論誰稱霸，周天子都沒有任何權力過問，只保留了自己的名號，如果稍微對諸侯國做出「不敬」的事，立刻就會引起諸侯的征討，因而周天子也不敢放縱，老老實實地當傀儡。從周平王東遷開始，這段歷史被稱為「春秋」時期。

西元前403年（威烈王二十三年），混亂的格局被打破，韓、魏、趙三家分晉，諸侯國終於被兼併完畢，天下只剩下齊、魏、趙、韓、秦、楚、燕七國爭雄，中國歷史進入戰國時期。七雄之間的兼併加劇，周天子之位更是形同虛設，周王室又戰戰兢兢地傳承了安王驕、烈王喜、顯王扁三代。

顯王五年（西元前364年），秦獻公稱霸，西邊盡屬秦國，周王室的生存更加艱難。20年之後，秦孝公在周國與諸侯會盟，周顯王被迫將諸侯之長「方伯」這個名稱送給秦孝公。顯王四十四年（西元前325年），秦惠王稱王，從此各諸侯國國君都自稱「王」，周天子連保留王位的權力也不復存在。

周顯王死後，周王室又傳承了慎靚王、赧王兩代，此時東、西周已各自為政，赧王把國都遷到了西周。

後來，秦攻打楚的勢力範圍宜陽，楚國派兵援救。楚國以為周國與秦國是同夥，於是派兵攻打周國。周天子派蘇代質問楚王：「您怎麼知道周國跟秦國是同夥呢？您

說周國幫助秦國，其實是將周國推到秦國去，因此人們把周、秦放在一起說『周秦』啊。周國知道自己無法再強大起來，無力對抗楚國，一定會投向秦國。你們攻打周國就是幫助秦國獲得同夥的最好辦法啊。周天子為秦國出力，楚王就要好好對待他；不為秦國出力，楚王也要以禮相待。這樣周天子才會感激楚國，與秦國的關係漸漸疏遠。周國與秦國絕交了，就一定會投靠楚國。」這番說辭顯然是春秋時期各諸侯國之間的迂迴之術，周已經淪落成為勢力薄弱的諸侯國了。

秦國想要借道攻打韓國，西周王朝不敢得罪，大臣史厭就對周天子說：「你派人對韓國說，只有聯楚才能抗秦。」秦國聽說這個消息之後，就命令周天子去詢問這件事。周天子不願意去，於是對韓國說了秦國想要攻打韓國南陽的消息，韓國趕緊派兵駐守南陽。周天子為了自保，不得不出賣外交資訊，此時的周天子已經徹底喪失了尊嚴。

楚國包圍了韓國的雍氏，韓國向東周借兵，周天子詢問蘇代怎麼辦。蘇代說：「大王您擔心什麼呢？我有辦法既讓韓國借不到東西，又能讓您得到高都。」周天子大喜：「如果你能做到這一點，我就將國家大事全部交給你。」蘇代對韓相國公仲侈說：「楚國包圍雍氏的時候計畫三個月攻下它，但現在已經過去五個月了，還攻不下來。這說明楚兵已經疲憊不堪了。現在韓國向周國借兵，說明韓國也疲憊了。」韓相國公仲侈認同，蘇代就說：「為什麼不把高都送給周呢？」韓相國公仲侈大怒：「周國不借兵就已經很過分了，怎麼還敢索要高都呢？」蘇代說：「周國得到了高都，就會轉而投靠韓國，秦國聽了一定很生氣，就會與周國斷絕往來。韓國用一座城市換來周國的完全投靠，何樂而不為呢？」韓相國公仲侈覺得這個交易不錯，於是就將高都送給周。至此，周國已經成為各大國之間爭權奪利的緩衝地帶，為了生存不得不像一件禮物一樣被送來送去。

隨著秦國的不斷強大，周天子想在戰國七雄中勉強生存的空間也越來越小，不得不追隨其他六國

反對秦國，但距離秦國最近的周國也是最先倒楣的國家。西元前256年，東周與韓、趙、魏三國與秦國相對抗，被秦昭王的軍隊攻破都城，東周全部三十六邑三萬人口盡歸秦國所有，周天子特有的九鼎和其他珍寶器物也被秦國霸佔。此後，周國的土地、百姓一點一點被秦國霸佔，周朝逐漸走向滅亡。

秦本紀

秦的傳承與立國

顓頊帝有一個叫做女脩的孫女。一天，女脩正在織布，天上飛來一隻燕子，燕子在她面前生下了一顆蛋然後飛走了。女修正好也有點餓，把蛋吞吃了，後來竟懷孕了，生下一個兒子。女修想讓兒子長大後能做大事，就給他起名叫作「大業」。大業成人後娶了少典部族的一位名叫女華的姑娘為妻，生下兒子叫「大費」。

大費長大後跟隨大禹治理水患。治水成功後，舜帝賜給禹一塊黑色的玉圭，賜大費一副黑色的旌旗飄帶，並且讓大費馴養禽獸。有許多的鳥獸都被大費馴服了，舜帝認為這是一個很大的功勞，就賜他姓嬴，並且給了他一個新的名字，伯益，還把本族的一個姑娘給他做了妻子。伯益就成了嬴姓的祖先。此後，伯益就在舜的手下擔任虞官，掌管山澤，繁育鳥獸。由於得到舜帝的賞識，並獲得了與舜帝聯姻的殊榮，伯益的政治地位也大大提高。

大禹死之前，原本準備將帝位禪讓給伯益，但大禹死後，大禹的兒子夏啟改變了以前的禪讓制度，自己坐擁天下，伯益只好隱居到大山裡。伯益生有兩個兒子，一個名叫大廉，這就是鳥俗氏的祖先；另一個叫若木，這就是費氏的祖先。

後來，費氏的玄孫費昌依附商湯打敗了夏桀，即夏啟的後代，也算是為祖先報仇了。大廉的玄孫中有一個名叫中衍的，身形很像鳥，但說人話。商朝第九位國王太戊帝聽說中衍的事，想讓中衍給自己駕車，就去占卜一下，結果卦相非常吉利，於是命人把中衍請來駕車，並且為中衍娶了妻子，中衍家族的地位逐漸提高。

從太戊帝以後，中衍的後代子孫一代比一代強，地位也越來越高，最後甚至得到了輔佐殷國高官的權威。到了中衍的玄孫中潏的時候，這個家族已經是鎮守西部邊疆的大將了。中潏的兒子蜚廉、孫子惡來都是當時的名將，他們父子倆都是紂王跟前的大官。

商紂王後來被周武王打敗，惡來被殺，而蜚廉因為被紂王派出去做事，僥倖躲過一劫。蜚廉回來之後，在霍太山為紂王築起祭壇。他在修築祭壇時挖到一口石棺，上面刻著「天帝命令你不參與殷朝的災亂，賜給你一口石棺，以光耀你的氏族」。蜚廉不敢再公然祭拜紂王，將這口石棺埋葬在霍太山上，自己在那裡隱居至死。

蜚廉小兒子季勝所生的兒子孟增，後來受到周成王的寵愛，家族又逐漸繁榮起來。孟增的孫子造父因為善於駕車，得到周繆王的寵幸。一天，造父駕車跟隨周繆王到西方巡視，遇到徐偃王作亂，造父拚死駕車將繆王送到鎬京，又日夜兼程傳達消息，說明繆王平定了叛亂。因為這個功勞，繆王將趙城封給了造父，造父族人從此就以趙為姓。

惡來的後代中，有一個叫做非子的，居住在犬丘，他愛好養馬和其他牲口，善於幫助牲口繁殖。周孝王就封了他官職，讓他專門在汧河、渭河之間管理馬匹。非子將這項工作做得很好，戰馬在他的飼養下果然繁殖很快，周孝王大喜，就將秦地賜給非子作為封邑，並讓他

一次讀完元史記故事

繼續嬴氏的祭祀，這一族人就是秦嬴。

秦嬴往下傳承到四代孫秦仲時，恰逢周厲王當政。周厲王攻打西戎族，西戎族人報復周朝，就將秦嬴後代中的一支族人全殺光了。周宣王繼位之後，就任命秦仲為了國仇家恨去討伐西戎，結果秦仲被西戎人殺死。周宣王又讓秦仲的五個兒子去討伐西戎，他們五個在老大莊公的帶領下終於打敗了西戎。周宣王很高興，就任命莊公為西垂大夫，並將他們的祖先的封地一併賞賜給他們。莊公的大兒子世父說：「西戎殺死祖父秦仲，我不殺死戎王就決不回家。」於是不接替莊公的位置，將王位讓給弟弟襄公，襄公就做了太子，世父繼續率兵攻打西戎。

莊公死後，襄公即位。秦襄公是一位有作為的君主，他意識到秦人是在周朝和西戎的夾縫中生存，很容易被「吃掉」。權衡再三，他將妹妹穆嬴嫁與西周豐王為妻，並將國都從犬丘遷到汧邑（今陝西省隴縣東南）。不久，西戎果然大規模圍剿犬丘，世父率軍抵抗，但不久被俘。由於有姻親關係，襄公得到了西周豐王的援助，又擁有汧邑戰略要地，西戎人知道無法滅掉秦地，不敢輕易誅殺世父，一年之後將世父放回秦地，並與秦建立了相對緩和的關係。這樣，秦國一方面擁有了周王室的支持，另一方面又與西戎保持了相對穩定的關係，從此開始大力發展生產，並積極向東擴展。

襄公七年（西元前771年）春，周幽王因為「烽火戲諸侯」，導致西戎的犬戎西進，周幽王被殺。秦襄公因為近距離擁護周王室有功，又積極擁護周平王東遷，贏得周平王的讚賞，周平王就封襄公為諸侯，賜予他爵位，將岐山以西的土地賜給秦國。

周平王還對秦襄公說：「西戎沒有道義，侵佔窩巢的岐山、豐水的土地，秦國如果能將他們趕出周的領地，西戎的土地就歸秦國。」周平王還與秦襄公立下誓約，表明對秦襄公的重視。

從此，秦襄公為了開拓自己的疆域，致力於攻打西戎，有一次甚至已經攻到屬於自己的封地岐山，

但沒能長久立足。直到秦文公即位後的第四年（西元前762年），秦國人才攻下岐山，擁有了周平王賜予的封地。此後又經過八十多年，秦國的國力不斷強大，領土也不斷擴張，終於建立起以關中為中心、從甘肅天水到陝西華縣一帶的國土，成為當時較大的諸侯國之一。

▌秦穆公求賢

自從秦襄公立國後，秦國先後經過文、憲、武、德、宣諸公等國君的傳承，疆域不斷擴大，到了秦穆公執政時，關中一大部分土地已經都是秦國的國土了。

秦穆公是一個有作為的君主，他非常重視人才。秦穆公元年（西元前659年），秦穆公召見了善於相馬的伯樂，問他：「你一天一天地衰老，你的子孫後輩中有誰能繼承你這項本領嗎？」

伯樂回答說：「真是遺憾啊，我的子孫中相馬的本領沒有一個比得上我，倒是我的朋友九方皋擁有很強的相馬本領，大王您可以召見他問一問。」

秦穆公馬上命人傳來九方皋，讓他去尋找一匹好馬。三天後，九方皋來到秦穆公面前覆命，說自己已經為大王覓到了一匹第一流的好馬。

穆公高興地問：「這匹馬有什麼特色？」

九方皋回答：「它是一匹黃色的母馬。」

秦穆公命人將馬牽來，結果卻看到一匹黑色的公馬。秦穆公就對伯樂說：「你推薦的九方皋，他連馬的顏色和雌雄都分辨不清，我怎麼能相信他推薦的馬是一匹好馬呢？」

伯樂回答說：「大王您有所不知。好的相馬者一眼就能看出馬的內在靈性，忽略到馬的顏色、外貌和雌雄是在所難免的。而馬的顏色、外貌和雌雄絲毫不會影響馬的品性，九方皋沒有注意到馬的顏色和雌雄，這並不能說明他尋找的

這匹馬就不是一匹好馬。大王您可以試一試，確定這是否是一匹好馬。」

秦穆公半信半疑地讓人騎上去試了試，結果發現這果然是一匹天下無雙的好馬。這件事給秦穆公一個啟發，於是他就命人走遍天下招攬人才，希望天下有用的人才都來秦國做事。

秦穆公四年（西元前656年），秦穆公娶了晉獻公的女兒，秦國因此與晉國結盟。不久，晉獻公滅虞，俘虜了虞公及其大夫井伯、百里奚。亡國大夫百里奚是一個很有才能的人，晉獻公本想重用他，結果百里奚寧願做奴隸也不願意為敵國效勞，晉獻公就讓他做了一名奴隸，成為公主的陪嫁奴僕。

秦穆公聽說這件事之後，大喜，派公子縶到晉國迎親，命他務必將百里奚帶回秦國，不想百里奚卻在中途偷偷逃走。秦穆公非常遺憾，命人不惜一切代價找回百里奚。

百里奚當初是趁亂逃走的，不想逃到了楚國邊境線上的宛地。楚國士兵將他當做奸細抓了起來，楚成王看百里奚一把年紀了，應該不能做什麼大事了，就將他派到南海牧馬。

秦穆公得知百里奚在楚國，趕緊命人備了一份厚禮，想以此換回百里奚。大臣公孫支知道後，趕忙對秦穆公說：「萬萬不要用厚禮交換，楚國人不知道百里奚是個人才，讓他牧馬，做著最卑賤的事情。如果大王用重禮與楚國交換，楚國就知道這是一個賢能之士了，楚成王怎麼可能將這樣的人才送給我們呢？不如我們就以一般奴僕的價錢，用五張羊皮將百里奚換過來。」

楚成王不知道百里奚是一個人才，當他看到秦穆公拿著五張上等羊皮交換時，很爽快就答應了條件，百里奚於是被帶到秦國。百里奚到達秦國後，秦穆公迫不及待召見了百里奚，可當他看到百里奚是一個七旬老翁之後，有些失望，脫口而出：「可惜啊，你已經這麼一大把年紀了！」百里奚不甘示弱，回答說：「大王如果讓我追天上的飛鳥、捕捉地上的猛獸，我的年紀的確太大了。但是大王如果與我商

討國家大事，我一點都不老。您的願望只不過是讓秦國強大起來。秦國身在邊陲，但卻擁有險要的地勢，擁有強悍的兵馬，進可攻，退可守，這是秦國最有利的條件。秦國只要把握好這些條件，強大起來指日可待。」

短短幾句話，不但打消了秦王的疑慮，而且還為他指明了一條道路，秦穆公這才相信百里奚的確是難得的人才，於是封他為上卿，讓他輔佐自己處理國事。沒想到百里奚不肯接受，反而對秦穆公說：「大王，我有一個叫蹇叔的朋友，他比我更有才能，還是請大王封他為上卿吧。我外出遊學的時候曾經被困在齊國，是蹇叔收留了我。我原本想侍奉齊國國君的，但蹇叔阻止了我侍奉齊國，我因此躲過了齊國的政變，他的確是一位有遠見的人。後來我又到了周朝，周王子喜愛牛，我仗著自己養牛的本領，進了周王室。但是蹇叔又勸阻我離開，使我免於被殺，這件事再次讓我看到蹇叔的遠見。後來我投奔虞國國君，蹇叔也曾勸阻過我，這一次我沒有聽，結果就遇到虞國滅亡

而我被捉的災難。蹇叔幾次三番地作出正確的預測，可見他是一個非常難得的人才啊。」

秦穆公一聽天下竟然有這樣的奇人，立刻派人攜帶重金到蹇叔隱居的地方，請他為秦國效勞。當蹇叔知道秦穆公是比較可靠的，為了讓百里奚能在秦國安心留下來，就答應了，跟著使者來到秦國。

秦穆公看見蹇叔肯出山輔佐自己，非常高興，對蹇叔說：「百里奚跟我提了很多次，說你是一位很有才能的人，我很想得到你的幫助。」蹇叔說：「秦國之所以沒成為一流強國，是因為威德不夠。」秦穆公就問怎樣才能做到這一點。蹇叔說：「執法嚴格，其他諸侯國就不敢欺負；對待百姓寬容，人們就會擁護。教民禮節，賞罰分明，處事公正，不貪心，不急躁，就能使國家強盛起來。今天很多強國的霸權地位已經衰退，秦國如果能借助這個機會一步步強大起來，稱霸指日可待。」

蹇叔的一番話說得秦穆公心花怒放，他立即封百里奚為左庶長，蹇叔為右庶長，二人被稱為秦國的

「二相」。接著，百里奚又舉薦了蹇叔的兒子西乞術、白乙丙，百里奚的兒子孟明視也投奔到秦國來。後來這三位都成了秦國著名的大將，為秦國的強大作出了很大的貢獻。由於百里奚是用五張公羊皮贖回來的，所以人們也稱她為「五羖大夫」。

由於秦穆公非常重視人才，除了百里奚、蹇叔，在秦穆公當政時期，丕豹、公孫支等當時著名的人才都在秦國。秦穆公在他們的輔佐下，國力空前強盛，透過東征西戰，秦國趕走了西戎，擁有了今天西部甘肅、寧夏等地的國土，開地千里，因而被周襄王任命為「西方諸侯之伯」。秦穆公因此成為春秋一霸，秦國開始崛起。

▌ 秦晉戰於韓地

秦穆公十二年（西元前648年），晉國遭到了罕見的大旱災，晉惠公派人到秦國，希望秦國能賣給晉國糧食。

秦國大臣丕豹勸說秦穆公不要給晉國糧食，而且要秦穆公趁機攻打晉國。晉國是秦國的姻親之國，秦穆公一時間拿不定注意，就問其他大臣。公孫支說：「有豐收就會災荒，哪個國家都有可能遇到這樣的荒年，我們應該給晉國糧食。」百里奚說：「公孫先生說得很對，夷吾（即晉惠公）雖然曾做出過對你不義的事情，可是晉國的老百姓是沒有罪過的。現在百姓受到饑餓的威脅，您把糧食賣給晉國，正是你樹立仁愛之名的好時機呀。」秦穆公就聽從了公孫支、百里奚的意見，把糧食賣給晉國。就這樣，從雍都出發的水路、陸路，都是前往晉國送糧食的船和車，秦國的糧食源源不斷地到了晉國。

巧的是，第二年秦國也發生了旱災，於是秦穆公就派使者到晉國，希望晉國給予幫助。晉國大臣虢射對晉惠公說：「現在秦國正鬧饑荒，軍中一定缺糧，我們趁著這個機會攻打秦國，一定能獲勝。」

晉惠公也覺得這是一個難得的機會，於是就聽從他的建議，攻打秦國。氣憤不已的秦穆公只好應對，他派丕豹率領大軍，自己親自跟去迎敵。雙方的軍隊在韓地見面了。

交戰的時候，晉惠公想要立即取勝，獨自衝鋒，他的戰車就脫離了主力部隊，後來不小心陷到深泥裡，無法再行動。秦穆公看到這種情況，立刻與部下衝過來，準備活捉晉惠公，結果沒想到被其他晉軍包圍了，晉軍一起攻擊秦穆公，秦穆公受了傷，眼看就要被活捉了。緊急關頭，三百多個鄉下人不顧自己的生命安全衝入晉軍的包圍圈，奮力拚搏，秦穆公才得以脫險，晉惠公也因此被活捉。晉國軍隊因為失去了主帥，戰敗了。

原來，早在幾年前，秦穆公曾經在韓地丟過戰馬，後來發現有人已經把自己的馬捉住吃掉了。秦穆公找到他們，對他們說：「你們吃的是我的馬。」那些人當時都很害怕。沒想到秦穆公卻對他們說：「吃肉怎麼能不喝酒呢？我聽說吃馬肉一定要喝酒，否則會死。」於是命人賜予他們酒喝。對於秦穆

公的大度，大家既感激又慚愧。因此，當他們聽說秦穆公被晉軍圍困時，說：「昔日秦穆公有恩於我們，現在是我們報答他的恩德的好時候了。」於是拿起兵器，不顧危險闖入晉國的軍營，營救秦穆公，俘虜了晉惠公，並幫助秦軍大敗了晉軍。

對於晉惠公幾次三番的背叛，秦穆公心裡非常氣憤，回國後對大家說：「我們現在齋戒三天，然後殺了晉惠公祭祀上天。」周天子不忍心看昔日的姻親國鬧成這個樣子，於是派人向秦穆公求情，並希望秦穆公看在晉惠公與周天子是同姓祖宗的情份上，放過晉惠公。秦穆公的夫人穆姬是晉獻公的女兒、晉惠公的姐姐，她光著腳穿著孝服跑來，對秦穆公說：「我如果不能保住自己弟弟的姓命，還有什麼顏面活下去呢？」秦穆公道：「我俘虜了晉國國君，原本以為為秦國做了一件大好事，沒想到周天子來求情，夫人也來求情，我殺了他恐怕有人不高興啊！」於是就答應放過晉惠公，還為晉惠公換了上等的房間而不是在囚禁在牢獄裡。後來，

秦晉兩國訂立盟約，晉惠公遵守之前的承諾，將河西的土地獻給了秦國，根據盟約將太子圉送到秦國作人質。秦穆公不計前嫌，後來還將女兒嫁給圉。

秦穆公二十二年（西元前638年），晉國太子圉聽說晉惠公病重，急著回國繼承王位。他雖然是太子，但當時局勢對他已經不利。原本他還有梁國的外公撐腰，現在梁國被秦國滅了，就沒有了撐腰的人。加之晉惠公的兒子眾多，如果他不能及時趕回去的話，王位很可能就被其他兄弟給搶佔了。他擔心秦穆公不准自己回去，於是沒有打招呼，自己偷偷跑回晉國。第二年，晉惠公去世，太子圉被立為國君，他就是晉懷公。

對於太子圉的逃走，秦穆公原本很生氣，但看到他已經是晉國的國君了，就不再為難他，反而主動與晉國交好，想要再續秦晉之好。但晉懷公卻再也不提這件事了，秦穆公的女兒也被晉懷公拋棄了。這時候，晉懷公要求流亡多年的重耳和跟隨他的大夫們立刻回國，過期沒有回的話，就會懲罰他們。晉國

大臣狐突的兩個兒子狐毛和狐偃都是重耳的追隨者，他們跟隨重耳多年，此時正在齊國。晉懷公讓狐突召回自己的兒子，狐突沒答應，晉懷公就把狐突殺了。

多次被晉惠公、晉懷公父子惹怒，秦穆公忍無可忍，一定要報復晉國。於是就打算將重耳扶上晉國的王位，遂派人到楚國，將正在楚國的重耳接回秦國，將原來嫁給晉懷公的女兒又嫁給重耳。重耳原本不好意思娶自己的姪媳婦，但被跟隨者勸說之後，才肯接受。重耳原本就是一個賢明的人，現在又願意收留自己的女兒，秦穆公非常敬重他。

秦穆公二十四年春，秦穆公派人到晉國，對眾大臣說了想要擁護重耳繼承王位的意思，並且命人派軍隊將重耳送回晉國。在秦國和一些晉國大臣的支持下，重耳順利繼承晉國王位，重耳就是晉文公。晉懷公逃亡，不久被殺。

重耳繼位後，將河東五城送給秦國作為酬謝，秦國的國土再次擴大。

秦晉殽之戰

秦穆公自從重用百里奚、蹇叔等一批人才之後，國勢漸強，於是他開始圖謀霸權，繼續向東推進。

周襄王二十二年（西元前630年），秦穆公跟晉文公一起圍攻鄭國，雙方約好晉軍從東、北兩面圍鄭，秦軍從西面圍鄭，晉軍駐在函陵（今河南新鄭縣），秦軍駐在氾南（今河南中牟縣南）。

鄭國危機突現，鄭國大臣燭之武連夜面見秦穆公，對秦穆公說：「現在晉國和秦國聯合圍攻鄭國，鄭國知道自己肯定要滅亡了。但鄭國滅亡之後對大王您有什麼好處呢？鄭國在晉國的東面，秦國與晉國之間還隔著鄭國，滅了鄭國只會增加晉國的實力，增加晉國的實力就等於削弱秦國的實力。如果鄭國沒有滅亡，鄭國願意追隨秦國，秦國向東去的時候，鄭國作為東方的國家，願意供奉秦國往來的使臣，這對秦國來講不是好事一件嗎？你對晉國國君曾經有過恩惠，晉國國君當時答應將焦、瑕兩地割給秦，但他早上渡過黃河，晚上就對秦國設防。晉國如果向東併吞了鄭國，那麼將來向西的話，只有侵略秦國了。由此看來，滅鄭國不但不利於秦國，還會危害秦國的利益。大王您好好考慮一下這其中的利害得失吧！」

秦穆公聽到這番話，恍然大悟，於是不再幫助晉國，反而單獨與鄭國結盟，並將杞子、逢孫、揚孫三位大夫助鄭戍守，自己帶兵回去了。晉國大臣得知秦國撤兵後，非常生氣，向晉文公建議攻擊秦國。晉文公卻認為，秦國對自己有恩，現在攻擊秦國是不仁義的；而且從大局出發，攻擊秦國就等於失去了一個盟國，失去這樣一個強大的盟國也不利於霸主地位的建立，還是暫時不要與秦國撕破臉皮。於是晉國也與鄭國講和，晉軍也回去了。經過圍鄭事件，秦晉雖然沒有交惡，但昔日親密無間的情誼已經不再。

周襄王二十四年（西元前628

年），晉文公和鄭文公先後去世。留在鄭國的秦國大夫杞子連忙向秦穆公密報，趁晉國、鄭國兩國大喪的機會攻打鄭國，還稱自己已經掌握了鄭國都城的城防情報，如果秦國攻打鄭國，大家裡應外合，一定可以滅亡鄭國。多年以來，向東擴展一直是秦穆公的夙願，聽到這個消息他大喜，立刻決定發兵中原。

可是，當秦穆公將這個消息告訴百里奚和蹇叔等大臣時，大家對於是否伐鄭，意見並不統一，蹇叔就是一個堅決反對者。他對秦穆公說：「鄭國與我們相距太遠，秦軍想要偷襲鄭國，千里迢迢地趕過去，怎麼會沒有人知道呢？鄭國肯定會有所防備，我們成功很困難。」秦國與鄭國相距一千五百多里，途中經過桃林、殽函、轘、虎牢等數道雄關險塞，一不小心，秦軍可能就會吃虧。但滅掉鄭國的誘惑是在太大了，秦穆公恨不得立刻將鄭國的國土據為己有，於是不聽蹇叔的意見，堅持伐鄭。

秦穆公命百里奚的兒子孟明視為大將，命蹇叔的兒子西乞術和白乙丙為副將，令他們前去攻打鄭國，三位大將領命出征。

秦軍出發的時候，蹇叔哭著送別兩個兒子，他對他們說：「你們這次出兵肯定會敗，晉國肯定會埋伏在崤山等著你們，你們就小心著吧，我會到崤山為你們收屍的。」還沒出兵就說這麼晦氣的話，秦穆公氣得大罵，催促秦軍連忙上路。

秦軍經過周朝都城洛陽的北門時，周天子命貴族前去觀看。秦軍過北門按照禮節脫去頭盔，下車步行，然後又飛快上車，秦軍三百乘戰車的兵士莫不如此。貴族王孫姬滿當時才十歲，他看到秦軍這個樣子，對周天子說：「秦軍輕慢無禮，一定會被打敗。」

秦軍經過滑國（都城在今偃師市東南緱氏鎮），遇到鄭國大商人弦高。弦高原本想要到洛陽賣牛羊的，他看到秦軍來勢洶洶，大吃一驚，連忙派人回國報告鄭國國君。然後，弦高趕著自己的牛羊，笑吟吟地走向秦軍，對秦軍說：「我是鄭國派來的使臣，聽說你們來了，我們的國君命我獻上十二頭牛、十二頭羊和美酒來犒勞秦師。」孟明視、西乞術和白乙丙聽到這話，

還以為鄭國已經做好了防備，不敢再繼續向前了，於是率領大軍返回。

鄭國國君鄭穆公聽到弦高報告的消息之後，立刻派人檢查杞子等秦人的館舍，杞子知道自己做內應的陰謀已經敗露，不敢再在鄭國久留，匆忙逃到齊、宋兩國。

秦軍在返回的途中，順道滅了滑國，奪回大量珠寶、糧食和衣物，然後向西返回自己的國家。晉國此時正大喪，當聽說秦師千里襲鄭，滅滑而還，大家都商量該怎麼辦。大臣原軫主張討伐秦師，大臣欒枝卻說：「秦國國君對晉文公有恩，我們還沒有報答他們的恩惠反而討伐他們的軍隊，我們有什麼臉面對死去的先君呢？」原軫說：「先君大喪，秦國不派人來弔喪，反而滅掉我同姓（晉、滑同姓）的國家，這就是無禮了。如果我們今日放縱他們，將來他們必定成為我們的災難。」新即位的晉襄公權衡利弊，決定聽從原軫的建議，討伐秦軍，並聯合姜戎，共同破秦。然後，晉襄公穿著孝衣，親率晉軍伏擊秦軍。

秦軍途經澠池（今河南澠池縣），白乙丙想起父親的忠告，對主帥孟明視說：「馬上就要到崤山了，這裡地勢險要，不知晉軍是否會在此埋伏，我們大家可要小心啊。」孟明視仗著秦軍強大，沒有聽從他的勸告。大軍行到崤山的時候，因為千里奔波，無功而返，人馬疲憊，士氣低落。這時候，早已守候多時的晉軍突然殺出來，秦軍倉皇應對，不敵，全部被殺。孟明視、西乞術和白乙丙三員大將都被俘虜，晉軍輕而易舉就獲得大勝。

晉軍得勝回來之後，已經嫁給晉文公的文嬴——秦穆公的女兒，聽說秦國三位大將被俘，對晉襄公說：「秦晉原本是親戚，兩國的關係很好，現在殺了秦國的大將，恐怕會壞了兩家的和氣。秦軍已經戰敗了，秦國國君肯定很恨這三位大將。大王您不如趁機將他們放回去，讓秦軍自己親手處置他們。這樣就不會傷害了我們兩家的和氣。」母親求情，況且說得在理，於是晉襄公就派人將他們放了。大臣聽說之後，說這是「放虎歸山」，是婦人之見，晉襄公醒悟，

於是派人去追。可追兵趕上的時候，孟明視等人已經坐上船離開半天了，追兵想騙他們回來，但孟明視等人識破了他們的騙局，不肯回去，晉軍也沒有辦法。

孟明視、西乞術和白乙丙僥倖逃回國之後，秦穆公不但沒有怪罪他們，反而讓他們繼續掌握兵權，並且留著淚承認討伐鄭國都是自己的錯。孟明視三人對秦穆公非常感激，決心立功贖罪。

周襄王二十七年，秦穆公再派孟明視率兵攻打晉國，但又被晉軍打敗。秦穆公仍舊沒有責怪孟明視，反而認為上天滅亡晉國的時間還沒到，仍舊讓他繼續掌握兵權，孟明視對秦穆公更加感激。

周襄王二十八年（西元前624年），秦穆公認為征討晉軍的時機到了，於是親自掛帥出征，帶領秦軍殺到晉國。孟明視有感於以前的戰況，懷著報恩的心態，在大軍渡過黃河之後，命令士兵將戰船燒毀，表明自己誓死一戰的決心，秦軍的士氣非常高昂。這次，秦軍勢如破竹，打敗了晉軍，奪得了晉國都城。秦穆公帶領大軍來到崤山當年的戰場，將崤山之戰中的將士屍骨埋好，親自祭拜了他們。

崤山之戰後，曾經的秦晉之好徹底消亡，秦晉關係由友好轉為世仇。秦國聯合另一個大國楚國共同對付晉國，晉國的霸權地位受到嚴重威脅，從此不復霸主風采。

▌由余歸秦

由余的祖先是夏禹的三子少康，由余因為躲避災難的緣故，來到西戎。

秦穆公三十四年（西元前626年），西戎王聽說秦穆公是一個賢明的人，就派由余出使秦國，借機打探秦國的國勢和動靜。

秦穆公知道由余來的目的，故意向他炫耀秦國高大的宮殿，富饒的土地，堆滿的糧倉，讓由余見識秦國的強大。由余卻說：「秦國的宮殿的確很雄偉壯觀，秦國的糧食

也的確很多，但這一切如果都是用秦國百姓的血汗換來的，恐怕百姓也很辛苦了。」

秦穆公對此很奇怪：「中原人治理國家是透過詩書禮樂法度，即使有這些賢德的規範，國家尚且會陷於亂世。戎夷沒有詩書禮樂法度，要治理國家恐怕比我們還要難。」

由余說：「中原正是有了詩書禮樂法度，所以才難以治理。上古的聖人黃帝曾經創造了禮樂法度，自己帶頭執行，也只是僥倖地實現了小範圍的太平。中原地區後來的君主，一個比一個驕奢淫逸，依仗著有詩書禮樂法度，命令百姓聽從這些。百姓無法忍受，而國君為了統治就想要獲得更多的仁義。這樣國君與百姓之間互相怨恨，以至於後來國家內亂不已，天子甚至被殺，斷了種族，禍根就是這些禮樂法度啊。戎族卻不靠這些治理國家，戎族的國君對待自己的臣民非常仁德，臣民對國君也很忠誠，整個國家就像一個人可以隨意支配自己的身體一樣，根本用不著禮樂法度這些方法，我認為這才是真正的聖人之法。」

由余所描述的場景，正是秦穆公渴望的。況且由余這麼聰明、善辯，愛才的秦穆公不由得生出敬意。

秦穆公就問內史王廖：「我聽說，兩個相鄰的國家，如果其中一個國家出了一位很賢德的人，那麼必定會對另一個國家造成威脅。現在我們的鄰國西戎出了由余這麼一個厲害的人，他肯定會威脅我們秦國，我現在該怎麼辦呢？」

內史廖回答說：「西戎王終年駐守在西北蠻荒之地，他肯定過得很枯燥，大王你不妨送他幾個藝妓，讓他整天沉浸在她們的包圍之中，這樣他就沒有心思想國事了，也就不會記得召回由余了。大王可以趁機讓由余在秦國多待一段日子，再找機會留住他，不讓他回去。由余待得久了，西戎王就會懷疑，這樣他們君臣之間的信任就沒有了，到時候大王可以坐收漁翁之利。況且西戎王忙著享樂，怎麼會有心思管理國務呢？」

秦穆公認為這個方法不錯，就命人為西戎王送去十六個能歌善

一次讀完史記故事

舞又美貌的藝妓。西戎王果然很高興，天天與這些藝妓在一起享樂。西戎是一個遊牧民族，一年四季靠放牧為生，牛羊吃完了一個地方的水草，他們就要遷徙到另一個地方。如今西戎王終日享樂，沒有心思管遷徙的事情，結果一年了西戎都不曾遷移過地方，很多牛羊因為沒有草吃而餓死了，西戎王也不管。

而這邊，秦穆公趁機將由余留在秦國，天天待他如上賓，每天都親自陪他吃飯，還讓由余跟自己一起坐，並親手為他傳菜遞酒。兩人一邊吃，一邊聊，秦穆公在閒聊之中摸透了西戎的情況。當西戎王的牛馬都餓死且國內出現危機的時候，秦穆公終於答應了由余一再要求回國的請求。

由余遲遲未歸，西戎王已經不再信任他了，而由余對於西戎王終日沉醉酒色的行為也很不滿，多次勸諫，西戎王卻一概不理。君臣以往的親密和諧不復存在，由余空有一腔盡忠報國的抱負，卻沒有了施展的機會，不由得心灰意冷。秦穆公適時邀請由余到秦國，由余報國

無門，又覺得秦穆公是一個明君，就毅然決然地背叛了西戎，來到秦國。

秦穆公花了這麼大的工夫，就是為了得到由余這個人才，當他得知由余來秦，非常高興。他不把由余當臣子看，而是像客人一樣對他很尊敬，一切都照顧得很周到。由余對秦穆公的禮遇也非常感激，於是就主動問他秦國目前的形勢，並幫他制定了統一西方戎族的具體策略。

秦穆公三十七年（西元前623年），在由余的幫助下，秦軍出征西戎，以迅雷不及掩耳之勢打敗了西戎，擒獲了綿諸王。接著，秦穆公趁機西進，快速征服了西戎大小二十多個戎狄部落，開闢國土千餘里，秦國的國界也向西達狄道，向南至秦嶺，向北至朐衍戎，向東到黃河，成為西戎地區的霸主。這為秦國的發展爭得了一個廣闊而又相對獨立的空間。

從西周開始，北方遊牧民族一直是中原地區的大患，誰也沒有能力征服他們，周天子為了避開他們還不得不將都城東遷。現在秦穆公

做到了很多人都沒做到的事，不但贏得了西邊的霸權，而且讓秦國從此聲威大增，周天子為此專門派人到秦國，賜予秦國金鼓，並封秦穆公為「西方諸侯之伯」，秦國在諸侯中的影響和地位大大提高，秦穆公從此位列春秋五霸。

自從秦晉殽之戰後，秦國向東擴張領土已經不可能，向西又有強大的西戎。由余背戎到秦，為秦國的發展提供了一個廣闊的戰略縱深和發展空間，秦國這才由一個偏處西隅、被稱為夷戎的落後邦國發展成為吞併六國、統一天下的強大帝國。因此，由余死後，秦穆公悲痛萬分，停止上朝一日哀悼他，並為他建造了四座墳墓。由余的後代也因此而獲殊榮，他的子孫乾脆以「由余」作為姓氏，由氏和余氏就是由余的後代。

秦始皇本紀

清除權臣

秦始皇是中國歷史上第一個使用「皇帝」稱號的君主。他是秦國莊襄王子楚的兒子，嬴姓，趙氏，名政。

當時，陽翟（今河南省禹州市）的大商人呂不韋在趙國，他往來各地做生意，以低價買進，高價賣出，所以積累起千金的家產。他到邯鄲去做生意時，剛好遇到日常財用不足、生活困窘的子楚。

子楚是秦昭王的孫子，被當做人質留在趙國。呂不韋在見到子楚後，認為子楚是奇貨可居，心裡非常歡喜。後來，呂不韋親自拜訪子楚，並對他允諾道：「我能助你回國登上王位。」子楚笑著說：「那我就讓你做丞相。」這以後，子楚結識了呂不韋的妾，十分喜愛，後來這個妾懷孕了，子楚就娶了她，在邯鄲生了個男孩，起名嬴政。而這一時期，呂不韋送給子楚五百金作為日常生活和交結賓客之用後，就自己帶著珍奇玩物西去秦國。

當時，華陽夫人是子楚的父

王安國君的寵妃。呂不韋帶著重金找到華陽夫人，希望她能在安國君面前說好話，將子楚立為繼承人。華陽夫人想到安國君百年之後自己會有新的靠山，因此答應幫忙說服安國君。華陽夫人果然做成了這件事，不久，子楚就被華陽夫人認作乾兒子，後被立為太子。

一年後，安國君突發疾病去世，子楚繼位，他就是秦莊襄王。莊襄王登上王位，兌現了自己的諾言，呂不韋成為秦國的丞相，被封為文信侯，食邑河南雒邑十萬戶。三年後，莊襄王去世，秦王嬴政即位。此時秦王年紀尚幼，不能執掌國家大事，朝政就落到呂不韋手中，嬴政稱呂不韋為仲父。

當時的情況是，天下諸侯國為了擴大自己的勢力，都禮賢下士，廣交天下賓客。有四個人在這方面做得特別突出：魏國的信陵君，楚國的春申君，趙國的平原君，齊國的孟嘗君。呂不韋自以為秦國強大，認為自己有奴僕萬人，沒有必要豢養士人，並將爭搶士人當做一件可恥的事情。那時候流行著書立說，於是呂不韋也附庸風雅，招來天下文人，為他們提供優厚的待遇，要求他們將自己的所見所聞記錄下來。秦國是強國，呂不韋又身為相國，人們聽說後，紛紛前去，以至於呂不韋門下的食客多達三千人。這些人按照呂不韋的要求，幫他著書立說，終於寫成一本共二十多萬言的《呂氏春秋》。呂不韋自認為自己的書包羅了天下所有人和事，非常得意。

嬴政一天天長大，對呂不韋把持朝政的事越發不滿。而呂不韋本人不但掌控著秦國的政事，還和太后趙姬偷情，後來他擔心被嬴政發現，不敢再去幽會。但太后又怨恨他，呂不韋於是向太后獻了一名名叫嫪毐的假宦官，從此不再與太后糾纏。

太后最初對呂不韋很不滿，後來她發現嫪毐比呂不韋更好，於是就轉而寵愛嫪毐。兩人經常在一起，太后不久就懷孕了。太后擔心嬴政發現，於是就以風水不好為由，想要搬到離嬴政比較遠的雍地宮殿中居住。嬴政信以為真，就讓太后搬到雍地宮，太后不久在雍地宮生下她和嫪毐的私生子。

嫪毐因為得到太后的寵幸，聚集起大量財富，他的身分也因此改變，也效仿四君子飼養門客，很多人都慕名前去投靠他。嫪毐後來以秦王嬴政假父自居，在太后的支持下被封為長信侯，擁有山陽、太原等地。從此，嫪毐便自收黨羽，成為繼呂不韋後又一股強大的政治勢力。

嫪毐與呂不韋不同的是，他為人不知進退。有一次酒醉之後，他以嬴政假父的身分斥責一個大臣，這個大臣很氣憤，於是將這件事告訴嬴政。嫪毐聽說後，擔心嬴政對自己不利，於是決定先下手為強，準備發起叛亂。

秦王政九年（西元前238年），有人揭發了嫪毐的真實身分，說他不是宦官，而借宦官之名與太后有私情，並生下兩個兒子。傳言還說，嫪毐跟太后密謀，準備在嬴政死後立嫪毐的兒子為皇帝。嬴政知道嫪毐與母親的關係後，非常震怒，命令將這件事查清楚。

事情很容易就調查清楚了，嫪毐擔心，於是趁嬴政在雍城蘄年宮舉行冠禮的時候，動用秦王玉璽及太后璽發動叛亂。嬴政在蘄年宮佈置了三千精兵，嫪毐之亂被平定了。不死心的嫪毐轉而攻打咸陽宮，仍舊以失敗告終，嫪毐帶領一幫人倉皇出逃，但不久就被嬴政擒獲。嫪毐被嬴政處以車裂之刑，曝屍示眾，他和太后生的兩個私生子都被摔死，太后則被嬴政囚禁。

在對付嫪毐的過程中，呂不韋因為舉薦嫪毐，也受到了牽連，加之嬴政已經長大成人，早就不滿他把持朝政，於是罷免了他的相國之職，將他趕往雒邑的封地。此時的呂不韋在各國已經有了一定的威望，他雖然被罷免，但其他六國的使者和賓客還是去探望他。嬴政不滿，於是又命他遷往蜀中。在嬴政的不斷打壓下，叱吒一時的呂不韋走投無路而自殺了，他的追隨者自然樹倒猢猻散，呂不韋在秦朝的政治勢力瓦解了，嬴政掌握了朝政。

同年十月，齊國人茅焦勸說秦王道：「此時正是秦國奪取天下的大好時機。我只是恐怕秦國的名聲會因大王流放太后而毀掉，因此遭到諸侯的背棄啊。」秦王於是從雍地接回太后，仍讓她住在甘泉宮。

兼併六國

呂不韋、嫪毐等人對朝政的影響被嬴政徹底清除了以後，嬴政又開始在秦國大規模地進行搜索，驅逐在秦國做官的別國人，一直到李斯上書才廢止。

另外，李斯藉機勸說秦王去攻取韓國，以此來殺雞儆猴。

魏國都城大梁有一個叫尉繚的人求見嬴政，嬴政尊重他，於是穿了跟他一模一樣的衣服，連招待時吃的飯菜也跟他的一模一樣。尉繚對嬴政說：「秦國現在這麼強大，就像是其他諸侯的首腦。但是，如果秦國不加防範的話，其他諸侯可能會聯合在一起對付秦國，那時候秦國的處境就不妙了。從前的智伯、夫差、湣王之所以滅亡，就是忽略了這個因素。我希望大王不要吝惜錢財，應該給各國權貴大臣送禮，借助他們的力量，避免其他諸侯國彼此合縱。這樣秦國只不過損失幾十萬金，可天下諸侯就都成了大王的了。」嬴政覺得這個主意不錯，就按照他說的來行動。

尉繚拜見嬴政之後，對別人說：「秦王高鼻樑，大眼睛，這是虎狼之相。這樣的人，在窮困的時候會禮賢下士，但是得志的時候就容易傷害人。我只是一介貧民，他現在見到我表現出禮賢下士的樣子，但是如果將來他奪得了天下，天下人都將成為他的奴隸，我可不能跟他共事。」嬴政知道之後，就極力挽留他，還封他為國尉，一切治國之道都聽從於他，讓他跟相國李斯共同管理國家大事，並著手統一全國的規劃。

秦王政十六年（西元前231年），韓國南陽郡代理郡守騰將自己的轄地獻給嬴政，於是嬴政封他為內史，後又派他攻打韓國。騰出身韓國，對韓國的情況很瞭解，所以攻打韓國進行得很順利。第二年，騰就俘獲了韓王安，韓國滅亡。魏國擔心秦國對付自己，於是主動將麗邑獻給嬴政，希望借助這段時間等待援兵。

秦王政十八年（西元前229

年），趙國發生大地震，引起災荒，贏政利用這個機會，派大將王翦攻打趙國。趙國慌忙派李牧、司馬尚率兵抵抗，交戰雙方勝負難分，僵持了一年。後來，王翦用重金收買了趙王的寵臣郭開，讓他散布謠言，說李牧、司馬尚企圖謀反。趙王輕信了謠言，派人替代李牧。李牧認為「將在外而軍令有所不受」，目前形勢危急，不能放手，因而拒絕交出兵權，被趙王秘密處死，司馬尚也未能倖免於難。除去了這兩員大將，秦軍再也不擔心趙軍了，攻打趙國進行得非常容易。第二年，趙國的都城邯鄲被秦軍攻克，趙王被迫獻出趙國的地圖降秦，趙國等於沒有了國土。趙王的公子嘉帶著一夥人逃到代郡（今河北蔚縣），自立為代王。

同年還發生了兩件大事：

第一件事，楚幽王死，他的同母弟弟猶繼位，是為楚哀王。楚哀王繼位才兩個多月，就被同父異母的哥哥負芻的門徒殺掉了，負芻成為楚王，但政局不穩，楚國內部政權鬥爭嚴重，楚王室即將分崩離析。

第二件事，燕王眼見秦國掃平韓、趙、魏三國，心中十分擔憂秦國隨時撲過來，但又不知道採取什麼辦法可以倖免於難。燕太子丹想了一個看似一勞永逸的辦法：刺殺秦王。他安排荊軻去刺殺贏政，但刺殺不成功。差一點亡於刺客手下的贏政對燕國非常痛恨，剛好以此為藉口大舉進攻燕國。

秦王政二十一年（西元前226年），秦軍攻克燕都城薊（今北京市），燕王喜與太子丹逃亡，秦國大將李信率領秦軍千人對他們緊追不捨。最終，太子丹因為潛伏在水中，成功逃脫。燕王擔心秦國不會就此甘休，於是將太子丹殺掉，將他首級獻給秦國，希望秦國放過燕國，燕王喜然後逃到遼東。

與此同時，楚國發生內亂，贏政於是抽調伐燕的秦軍，轉而南下攻打楚國。秦軍所到之處，所向披靡，連續攻克楚國十餘個城池。

秦王政二十二年（西元前225年），在秦軍主力南下攻楚的時候，秦將王賁出兵魏都大梁（今河南開封）。魏軍緊閉城門，堅守於城內。大梁經過多年的修葺，已經

非常堅固，易守難攻，秦軍攻了很久也沒有攻下。最後王賁想出水攻的辦法，他讓士兵們挖掘管道，將黃河及鴻溝的水引向大梁。三個月後，大梁的城牆被浸坍，秦軍不攻而城自破，魏王只得投降，魏國徹底滅亡。

秦王政二十三年（西元前224年），贏政又派李信率二十萬秦軍攻楚，楚軍同仇敵愾，秦軍暫時受挫。於是贏政又派王翦率六十萬秦軍攻楚。王翦進入楚國之後，總結了李信輕敵冒進的教訓，採取屯兵練武的方式來麻痺敵人，一直這樣堅持了一年。第二年，秦軍對楚地的地理環境已經完全適應了，大家一年多沒有打仗了，個個體力充沛，都躍躍欲試。而楚軍一年多來只見秦軍操練，不見進攻，漸漸放鬆了警惕，加上前來援助的楚軍糧草已經不足了，就準備撤軍。王翦抓住這個機會，下令秦軍痛擊楚軍，陳縣往南直到平輿縣的土地都被秦軍佔領，楚王也被俘虜。楚將項燕擁立昌平君做了新的楚王，在淮河以南繼續反秦。此時楚軍的主力已經被全部擊敗，秦軍挺進楚國內地，痛進無人之境，項燕負隅頑抗也不能支持多久了。

很快，項燕兵敗被殺，楚王負芻被俘，楚國滅亡。王翦於是平定了楚國的長江以南一帶，並順便降服了越族的首領，整個長江流域都成了大秦的國土。

在北方，秦王政二十五年（西元前222年），王賁奉命追擊燕國在遼東的殘餘勢力，俘獲了燕王姬喜，燕國徹底滅亡。同時王賁又進攻代國，俘虜了代王趙嘉，代國滅亡。

秦王政二十六年（西元前221年），結束了北方戰事的王賁被贏政命令攻打最後一個諸侯國——齊國。齊王田建和相國後勝率領軍隊防守在齊國西部邊境，那裡易守難攻。於是贏政又命王賁經由燕國往南進攻齊國，齊國被秦軍雙方夾擊，很快滅亡。

至此，贏政已經完全兼併了韓、趙、魏、楚、燕、齊六國的國土，統一了天下。

一次讀完史記故事

秦始皇統一天下

　　嬴政吞併了六國之後，立刻召見丞相王綰、御史大夫馮劫、廷尉李斯等大臣商討國事。

　　嬴政說：「從前韓國交出土地，獻上印璽，願意為秦國守衛邊境，成為秦國的臣子，但不久他們違背了自己的誓約，轉而與趙國、魏國聯合反秦，所以我征討他們，俘虜了韓國的國王。我原本以為這樣就能停止戰爭了。後來，趙國派相國李牧來訂立盟約，我就放了他們的人質，但不久趙國也違背盟約，在太原反秦，我這才派兵征討他們，俘虜了趙王。趙公子嘉又自立為王，我這才派兵滅了趙國。還有魏國，它原本是歸附秦國的，但後來由於韓國、趙國合謀反秦，我這才派兵去攻打魏國。楚國呢？楚王曾經獻出青陽以西的地盤給我們，但後來又後悔，派兵襲擊我國南郡，所以我派兵去攻打楚國，俘虜了楚國的國王，平定了整個楚地。燕王是最荒唐的一個，他的太子丹竟然派荊軻來刺殺我，於是我

只能派兵討伐他，滅了他的國家。齊國雖然沒做出什麼特別過分的事，但他不糾集軍隊，不與我們秦國使臣來往，這是明顯的叛亂行為，我只能派兵去討伐齊國，俘虜了齊國的國王，代替齊王治理他的國家。」

　　嬴政接著說：「我派兵討伐應該討伐的人，六國的國王都已經受到了應有的懲罰。現在，天下安定了，如果還用以前的名號就無法光大我們的事業。大家商量一下，我們的帝王名號應該用什麼比較好？」

　　丞相王綰、御史大夫馮劫、廷尉李斯等都說：「從前，五帝擁有廣袤的土地，還有侯服、夷服等五服地區，但是天下的諸侯尚且有人朝覲，有人不朝覲，英明的五帝也不知道怎麼控制這一點。現在我們大秦興的是正義之師，討伐的都是有罪的人，天下這才被我們平定了。我們在全國設置郡縣，使得天下的法令都統一起來，這是前所

未有的光輝業績，連五帝的功勞也庇護陛下您啊！因此，雖然古有天皇、地皇、泰皇三皇，其中以泰皇最尊貴，我們冒死向陛下您獻上尊號，就稱為『泰皇』吧！下發的教令都稱為『制書』，下命令稱為『詔書』，大王自稱為『朕』。」

贏政對這個稱號不滿意，他說：「可以去掉『泰』字，留下『皇』字。用三皇一個字，然後再用五帝一個『帝』字，我就是『皇帝』。這事就這麼定了。至於其餘的尊號，可以按照你們大家的想法來做。另外，我聽說上古只有號沒有諡，中古有號也有諡。這個『諡』就是死後定的，讓兒子議論父親，讓臣子議論他們死去的君主，我覺得這個諡完全沒有必要。那麼從今以後，我的天下就不准用諡法了。我是第一個皇帝，就稱始皇帝，我的後代從我這裡開始，以此為二世、三世直到萬世，大秦世代相傳，無窮無盡。」

除了尊號的問題，秦始皇還制定了其他統一的規範。如按照水、火、木、金、土五行相生相剋的道理，周朝是火德，秦取代周統一天下，水克火，因此秦朝就是水德。秦始皇於是就根據卦爻，將十月初一這一天改為一年的開始，舉國上下的衣服、符節和旗幟的裝飾，都用褐色。由於水德屬陰，《周易》中表示陰的符號叫做「元」，於是秦始皇就把數目以十進位改成以六進制，符節和御史所戴的法冠都規定為六寸，全國的車寬也統一規定為六尺，六尺為一步，一輛車駕六匹馬。另外，秦始皇認為仁愛、恩惠、和善、情義等儒家的思想與水德不符，所以不在全國推廣這些，而是根據法律治國，主張以苛刻的手段和殘酷的刑罰來統治天下。

丞相王綰說：「諸侯國如今剛剛被打敗，燕國、齊國、楚國距離中央朝廷較遠，如果不為他們設置王的話，恐怕這些地區的形勢難以安定下來。始皇帝不如將自己的皇子封為王，讓他們去鎮守這些偏遠地區，也便於天下的安定。」始皇帝讓群臣議論這個方案的可行性，大部分人都覺得可以。

李斯卻認為：「周朝剛開始的時候，文王、武王分封了很多子弟和同姓王，可是傳承到後面，後代

之間的關係就疏遠了，各諸侯國之間像仇人一樣互相攻擊，諸侯國之間經常兼併、混戰，以至於周天子都沒辦法管理。現在大秦統一了天下，已經劃分了郡縣，就不要再封王。對於皇子和功臣，陛下可以用公家的賦稅重賞，這樣無論傳承多少代，都容易控制。只要天下人都沒有異心，這樣控制大家更容易保持天下太平；設置諸侯國卻很難做到這一點。」

對於李斯的建議，秦始皇認為很有道理，他說：「天下之所以征戰不休，不就是因為這些諸侯國嗎？我們的將士經歷這麼多奮戰才消滅了諸侯國，平定了戰亂，天下這才安定下來。如果這時候再設置諸侯國，不等於又埋下戰爭的種子嗎？人們再想擁有太平，恐怕就很困難了。」眾大臣附議。

於是，秦始皇將天下分為三十六郡，每個郡都設置守、尉、監等官吏。為了避免不必要的麻煩，又下令收繳天下兵器，將收繳上來的兵器都熔化之後鑄成大鐘和銅人，然後放在皇宮裡。

此外，秦始皇還統一了法令和度量衡，又規定全國車輛兩輪間的寬度要保持一致，文字要用統一的篆書。而之前各諸侯國的法令、度量衡、車寬、文字全部廢除。

做完這一切，秦始皇又將天下富豪人家遷到咸陽居住，在咸陽北面的山坡上仿造以前諸侯國的宮殿建造了每一個諸侯宮室，各個宮室裡居住著從各諸侯國得來的美人或存放珍寶。除此之外，每個宮殿裡還有精美的天橋、環行長廊、各國的鐘鼓樂器。總之，宮殿之豪華、龐大、壯觀，前所未有，它們象徵著秦始皇統一天下的偉大功績。

▌ 秦始皇出巡

秦王政二十七年（西元前220年），秦始皇為了想看看自己的土地是多麼廣袤，自己創造的功績是多麼偉大，效仿古代的舜帝，到全

國各地出巡。

他第一次出巡，到了祖先的發源地，來到隴西、北地，經過雞頭山，然後在渭水南面建造信宮。後來，秦始皇把信宮改名極廟，表明它是天極的北極星。建立極廟之後，秦始皇又命人開通從極廟到驪山的道路，並修建了甘泉前殿，在兩旁修建了築牆的甬道。這個工程一直從咸陽連接到驪山。

從咸陽連接到驪山的通道，激發了秦始皇的另一個靈感。當時各地原來諸侯的勢力還很強，為了加強統一，秦始皇下令在全國修建通向全國各地的馳道，這樣一方面行走起來更方便，便於秦始皇管理六國舊地；另一方面，便於為前線提供戰爭補給；更重要的是，秦始皇以後出巡的時候，可以暢通無阻。

西元前219年，秦始皇帶著王離、王賁、趙亥、王綰、李斯等大臣到東方巡視，來到山東鄒縣的嶧山。秦始皇為自己的功德感動，在山上立下石碑，又讓儒生們在上面記錄自己泰山祭天、梁父山祭地和遙祭名山大川的事蹟。接著，秦始皇就率領群臣登上泰山，築壇立碑，舉行了盛大的祭天盛典。

石碑上面這樣寫著：始皇帝登基之後，政治清明，臣子謹慎，終於在第二十六年（西元前222年）統一天下，獲得了四海的歸順。於是始皇帝親自巡視遠方，登上泰山，遙望東方。思及先人的偉績，想起先祖最初的事業，為大秦現在的功德而感到自豪。始皇帝在全國實施治世之道，發展各種產業，振興一切大德，弘揚一切美善，並將這些傳承給子孫後代，永遠都不再改變。始皇帝為政清明，終於平定了天下，但他對國政絲毫不懈怠，依舊每天起早貪黑，為國家的長遠利益而謀劃；同時專心教化民眾，以宣導教育人民，使聖人的旨意都得到尊奉。從此，天下貴賤清楚分明，男女有別，大家都虔誠地遵守自己的本分。大秦的光明照耀海內外，天下處處太平，後世永遠遵守始皇帝的德政，讓子孫後代得到教化。後人一定要遵從始皇帝的遺詔，永遠供奉始皇帝的重大告誡。

然後，始皇帝又率領群臣在梁父山舉行祭地，接著沿著渤海岸往東走，以此經過黃縣、腄縣，征服

一次讀完史記故事

成山，登上之罘山，又樹立石碑歌頌秦的功德。繼續向南走，秦始皇登上了琅邪山，他很喜歡那裡，於是在那裡停了三個月，命人重新修築了琅邪臺，依舊立石碑，上面刻寫上自己的功德。

這個碑文的大意是要說明：始皇帝一登基就嚴明了法度，整飭了朝綱，表明了人事之宜，提倡子孝父慈。始皇帝是一個聖人，他為大家講述各種道理，親自登上東方的土地來犒勞士兵。他施行重農抑商的政策，讓天下的百姓都富裕起來。天下人都為始皇帝的政策歡喜，人人都恭順地聽從他的命令。始皇帝還在全國統一了度量衡，整頓了不好的習俗。如今，他千里迢迢地來到東方，就是為了憐憫愛惜百姓，為此日夜不肯休息，目的就是為大家謀造福利。他勉勵百姓勞動時不要誤了農時，天下在他主導下，一切繁榮昌盛，百姓們不必再忍受戰爭之苦，誰也不想再用兵動武。這樣的天下，六親終得相保，盜寇不復蹤影。大家都歡歡喜喜地遵守法度，都牢記法規。四海之內，都是始皇帝的國土，東到大海，西越過沙漠，南到北戶，北越過大夏。凡是有人的地方，沒有一個人不臣服於始皇帝。他的功勞超過了五帝，他的恩澤遍及到馬牛，沒有一個人不受到他的功德，舉國上下，其樂融融。

秦始皇登上琅邪山之後，為那些願意遷到琅邪臺下居住的百姓免除十二年的賦稅徭役。人們聽到這個好消息，三萬多戶都趕來住在這裡。然後秦始皇繼續到海邊巡行。從前齊地的人告訴始皇帝說：大海中有三座神山，即蓬萊、方丈、瀛洲，有仙人居住在那裡，希望始皇帝准許自己齋戒沐浴，帶領童男童女前去求仙人。始皇帝大喜，於是就派徐福挑選幾千童男童女到海中去尋找仙人。

在返回京都的時候，始皇帝途經彭城，他特意齋戒祈禱一番，希望得到那只落水的周鼎。但是一千人撈了很久，也沒打撈出鼎，只好作罷。一行人又轉到西南地區，渡過淮河之後，來到衡山、南郡、湘山祠。在湘山祠遇到了大風，船無法前行。始皇帝聽本地人說這裡有湘君，就打聽湘君的來歷。大臣告

知之後，並說堯帝的女兒，也就是舜帝的妻子埋葬在附近。始皇帝就很生氣，派人將湘山上的樹全部砍光，曾經茂密的湘山就只剩下裸露的赭紅色土地，看起來好像流血一樣。秦始皇不管這些，大家繼續巡遊，最後從南郡經由武關回到京都咸陽。

西元前218年，秦始皇又到東方巡遊。出遊的大軍走到陽武縣博浪沙，楚國公子張良和一名力士前來行刺，雖然這兩名刺客沒有擊中秦始皇的車輛，但始皇帝還是嚇了一跳。於是在全國重金搜捕刺客，

但沒有捉到。然後秦始皇登上之罘山，立石碑著文，然後又到東觀刻石立碑，再次到琅邪，後來經上黨返回咸陽。

從此，秦始皇一有機會，就到全國出遊：西元前219年和西元前218年的兩次東巡，西元前215年北巡，西元前210年南巡。最後，秦始皇死在出巡的路上。秦始皇每次出巡的規模都很大，所訪問的地方也很多，以至於東起大海，西到長城的起點，南起衡山，北到包頭，都有秦始皇的足跡，他真正讓自己的足跡遍布帝國的各處。

▌ 入海求仙藥

秦始皇統一天下之後，對東方國土比較關注，曾經兩次東遊。東遊的目的，一方面是為了安撫、開拓東方國土，另一方面就是為了尋找長生不老之術。

秦始皇第一次東遊的時候，曾經泰山立石歌頌自己的功德，後來一路向東、南下，循著海邊出遊，偶爾看到海洲灣內出現海市蜃樓，

認為東方有仙人。這時候的始皇帝已經建立起蓋世功勳，就渴望自己能長生不老，永遠守著自己的功德。

可是怎樣才能長生不老呢？正當秦始皇發愁的時候，狩獵用的大苑中發生了一件奇怪的事情。

大苑中原本囚禁著許多罪犯，這些犯人常常因為無法忍受酷刑，

最終被折磨死，大苑中都是他們的屍體，無人埋葬。但這些死人的屍體會招引一種很像烏鴉的鳥兒，它們銜著一種草，將草放在死者的臉上。一會兒，死去的人就會漸漸醒過來，不久就能站起來活動了。

大苑的主管看到這麼奇怪的事，立刻將這種鳥和草都呈送給秦始皇看，秦始皇也不知道這是什麼鳥、什麼草，於是就拿著這些東西派人請教當時的著名學者鬼谷子。鬼谷子看了看，說：「這種草叫不死草，又叫養神芝，出自東海祖洲的瓊田中。一棵這樣的草能救活一個人，救了人之後，這種草的鮮氣就會散失，不能再用了。」

秦始皇聽說這種草的作用之後，心想：既然這種草有起死回生的作用，一定可以讓人長生不老，我一定要找到它。有人還告訴秦始皇說，東海的扶桑島上有一種扶桑樹，這種樹九千年結一次果，吃了它的果實一樣可以長生不老。這就更堅定了秦始皇去東海的信心。

徐福是鬼谷子的徒弟，他知道秦始皇的心思之後，立刻向秦始皇上書，為他描繪東海「三神山」

（即蓬萊、方丈、瀛洲）的勝景，並表示自己願意前往東海為始皇帝尋找不死藥。秦始皇原本就對東海充滿憧憬，聽到這裡之後，立即批准徐福的請求，讓他帶領著數以千計的童男童女到東海尋找長生不老之術。

徐福是原來的齊國人，他博學多才，通曉天文地理，而且同情處於秦始皇暴政之下的百姓，因而在齊地享有很高的威望。當人們聽說他被秦始皇派去尋找長生不老藥時，一點都不懷疑這是個騙局。

徐福帶領童男童女走了之後，好幾年都沒有音訊。秦始皇苦苦等了他九年，沒有結果，於是再次東遊，沒想到卻遇到了徐福。徐福擔心秦始皇怪罪，騙他說，海中有很厲害的大鮫魚，船很難接近，必須派善於射殺的人先去殺死鮫魚，他才能登陸「三神山」獲得不死草。奇怪的是，當夜秦始皇就做了一個夢，夢中的情形與徐福所講的差不多；他還夢到了一個像人一樣的海神。第二天，秦始皇立刻尋找占卜師為自己解夢，解夢的結果是：神仙的確很難相見。秦始皇這下更相

信了徐福，於是答應他的請求，派善射的人跟他一起東渡。

這次，跟隨徐福東渡的，除了三千童男童女和善射者，還有百工巧匠、武士，徐福還攜帶了五穀種子、糧食、器皿、淡水等物，一行人浩浩蕩蕩地向東出發了。不過這次徐福仍然沒有找到不死藥，反而在熊野浦登陸後發現了「平原廣澤」（今日本九洲）。徐福唯恐觸怒秦始皇，便帶著童男童女和五穀種子留在了那裡，沒有再回轉。從此，東方的「平原廣澤」上，人們在那裡種植農作物，學習捕魚和鍛冶，那裡獨立成了一個小國家。

而秦始皇也沒有將希望全部寄託在徐福身上，他後來還派了燕人盧生去求過羨門、商誓之類仙人，也派過韓眾、候公和石生等人尋求不死靈丹，但都沒有結果，秦始皇一天一天地老去。

■ 焚書坑儒

秦王政三十四年（西元前213年），秦始皇召集群臣討論統一思想的問題。

當時的情況是，六國雖然滅除了，但社會上流行百家爭鳴，社會思想仍然像當年諸侯混戰的局面一樣不統一，秦始皇認為這不利於國家的安定，於是讓大家解決這個問題。

僕射周青臣說：「原來秦國的土地不過方圓千里，現在天下盡歸陛下所有，日月照到的地方都是我們大秦的國土。陛下不但消滅了諸侯，還創造性地將諸侯改造成郡縣，天下的百姓從此避免了諸侯混戰，不再擔心受到戰亂的困擾。這些都是陛下的功勞啊。陛下的功勞一定會千秋萬代地傳承下去，古往今來沒有人再能與您相比。」秦始皇聽了這番話，非常高興。

淳于越對秦始皇說：「從前殷商和周朝統治天下的時候，他們都將國土分封給王室子弟和有功之臣，讓他們幫助天子治理天下。這

兩個朝代都傳承了一千多年。現在陛下擁有天下所有的土地，你的兒子和兄弟卻都只是普通百姓，這樣國家可能就會出現齊國的田常、晉國的六卿犯上作亂的事，陛下還能靠誰來治理天下呢？我從來沒有聽說過不遵循古制就能長久存在的道理。剛才周青臣當面奉承陛下，卻不敢指出您的過失，這樣看來他也不是什麼好的臣子。」

他們兩個的觀點完全不同，秦始皇也不知道誰對誰錯，就讓大家繼續議論。

丞相李斯說：「五帝時代的制度，也不是簡單地重複上一代，夏、商、周的制度也不是完全繼承前一朝代，而是根據實際情況制定適合自己的制度。他們當時所制定的制度都符合當時的情況，由於時代變了，制度也應該跟著變，而不應該因循守舊。現在陛下統一了天下，建立其不朽的基業，這不是儒生們所能理解的，淳于越所說的是夏、商、周三代的事，哪裡值得效仿呢？」

李斯又說：「周朝的時候，諸侯紛爭，大家廣招天下遊說之士，每個人的觀點都不一樣，每個國家所依據的思想也不一樣。現在天下統一了，一切都應以陛下為主。百姓就應該致力於農工生產，讀書人就應該致力於學習法度。但是現在的儒生不學習法度，卻終日無事效仿古代的舊習，並以此誹謗現在的社會，純屬惑亂民心。古代諸侯眾多思想不統一，但現在天下政令應該統一，思想也應該統一，一切都應以始皇帝的思想為思想，不應該與朝廷對著幹，私下裡議論始皇帝的法令。這就要求百姓們不要公然議論法令，當官的人不要在心裡議論法令，任何人更不能為了嘩眾取寵而追求奇異思想，當然也不能帶頭製造謠言，否則皇帝的威嚴就會下降，擁有一致思想的人便會結黨營私。所以臣以為，一定要禁止不同的思想。我請求陛下毀掉不是秦國的典籍，將天下人收藏的《詩》、《書》、諸子百家等其他思想的著作都燒毀。如果有人議論《詩》、《書》，就處以死刑，如果誰借古非今，就滿門抄斬。官員如果知道誰私藏了這些書而不舉報，要跟藏書者獲得同樣的懲罰。

如果命令下達了三十天仍然有不遵循命令者，就在他的臉上刺字，然後發配到邊疆去修長城。如果誰想瞭解法令，陛下可以設置專門的官吏教化大家。」

秦始皇對於李斯的提議很贊成，下令按照他說的做。於是一些不符合統一思想的書都被搜繳上來燒掉了，這就是「焚書」事件。

秦始皇為追求長生不老，曾派遣侯生和盧生去尋找仙藥。這兩人商量說：「秦始皇生性殘暴，他從一個小小的諸侯發展成為統一天下的皇帝，更加驕傲，越來越為所欲為，以為古往今來沒有人能比得上他，他更加獨斷專行。他雖然設立了七十人博士，但都是擺設，丞相和大臣也都做得很沒勁，什麼事都是他一個人說了算，大家都只是奉命執行他的命令而已。他那麼喜歡用重刑來顯示自己的威嚴，做官的都擔心獲罪，為了保住自己的俸祿不得不隱藏自己真正的想法，大家怒不敢言，沒有一個人真正忠誠於他。由於沒人敢指責他，始皇帝變得越來越專橫。大家為了討好他，都變得喜歡騙人。秦始皇一個人將

天下變成這個樣子，我們為什麼還要為這樣的人尋找不死藥呢？」兩人商量之後，各自逃跑了。

秦始皇知道這件事之後，非常憤怒。這樣看來為徐福花費那麼多人力物力也不會有什麼結果，不知道還有多少方士在心中是這樣看待自己的，枉自己還徵召眾博學之士和有各種技藝的方術之士來為天下謀福。秦始皇越想越生氣，於是派人秘密到方士和儒生中調查，結果發現真有人背後製造謠言，做出不利於自己和國家的事。

秦始皇盛怒之下，派人對這些方士和儒生一一盤查。方士和儒生身子骨都弱，受不了酷刑，大家相互告發，結果牽連出四百六十多個背後誹謗秦始皇的人。秦始皇氣極了，下令將這些人全部活埋；一些罪行較輕的人，則被流放到邊疆地區。

秦始皇的大兒子扶蘇是一個寬厚的人，他看到父王一怒之下殺死這麼多人，於是勸諫道：「天下剛剛平定下來，遠方的百姓還沒有完全歸附。儒生們都誦讀詩書，學習孔子的仁義，陛下一律重罰他們的

話，恐怕天下會不太平啊！」秦始皇聽不得別人對他提意見，一怒之下也將扶蘇發配到北方上郡體驗軍情了。

祖龍之死

秦王政三十六年（西元前211年），有顆隕星墜落在東郡，幻化成了石塊。有人在石塊上刻下了「始皇帝死而土地分」的字樣。秦始皇聽說了這件事之後，就派人挨家挨戶地調查此事，但沒有人承認，秦始皇就將東郡的人全部殺了，並焚毀了那塊隕石。

秋天，關東來的使者經過華陰平舒道，遇到一個人。他拿著一塊玉璧對使者說：「替我將這石塊送給始皇帝。」又說：「今年祖龍會死。」使者很奇怪，正要問清楚緣由，那人突然消失不見了。

使者不敢怠慢，將這塊玉璧交給始皇帝，並告訴他自己的所見所聞。秦始皇仔細觀察那玉璧，發現竟是始皇二十八年出巡時沉入水中的那塊，不知所以然。他沉吟了一會兒，說道：「神怪只能預知一年之內的事情，現在已經是秋季了，

剩下的日子也不多了，他的話不見得能應驗。」退潮的時候，秦始皇自我安慰地說：「祖龍就是人的祖先。」這樣，「祖龍會死」就跟始皇帝沒有關係。但秦始皇畢竟心中不安，後來，他找人對這件事進行占卜，占卜的結果是：遷徙會吉利。於是他就將三萬戶人家遷移北河、榆中地區。

秦王政三十七年（西元前210年）十月，秦始皇為第五次出巡做準備，左丞相李斯被安排跟隨，右丞相馮去疾留守京城。由於秦始皇之前從來沒有南巡過，小兒子胡亥就以為很新鮮，也想去，秦始皇就答應帶上他。

十一月，秦始皇一行人到了雲夢山，秦始皇照舊在九疑山祭拜了虞舜，後乘船沿長江而下，以此經過丹陽、錢塘江、浙江、會稽山，遙望南海；又祭祀了大禹，並在那

裡立下石碑，依例頌揚自己和大秦的功德。

一路舟車勞頓，再加上秦始皇年紀大了，到了平原津（今山東平原附近）他就病倒了。這次的病與以往不一樣，秦始皇覺得自己的大限可能到了，於是就讓人給皇長子扶蘇寫信，讓他準備回咸陽參加自己的葬禮。信寫好後，蓋上御印，秦始皇將他交給了趙高。可惜信還沒有送出，秦始皇就病死在沙丘行宮（今河北廣宗附近）。

趙高的母親是個奴婢，她在秦宮中生下趙高兄弟幾人，都跟她一樣成了奴婢。後來秦始皇聽說趙高很強壯，懂得懲戒犯人，於是就提拔他為中車府令，專門負責掌管宮廷乘輿車與印信、墨書。這次秦始皇出遊，趙高自然隨行。

與秦始皇同行的，還有上將軍蒙毅，他負責護駕。蒙毅是蒙恬的弟弟。蒙氏兄弟都受到秦始皇的寵信，此時的蒙恬正領兵三十萬隨公子扶蘇在上郡駐防。趙高與蒙氏兄弟有仇。秦始皇死後，趙高身為秦始皇的宦官，自然第一時間得知了這個消息。他不想扶蘇即位，扶蘇

即位就意味著蒙氏兄弟獲寵，自己的災難來臨。

剛好秦始皇的小兒子胡亥隨行，不如擁立胡亥。趙高過去曾經教導胡亥寫字和獄律法令等事，胡亥與他的關係很好，趙高很自然地就與胡亥勾結在一起。趙高先假傳聖旨，命令蒙毅到高山大川為秦始皇祈福，然後千方百計拉攏實力派人物李斯。

而丞相李斯，雖然誰繼承王位與他沒有太大的厲害關係，但他也不想皇子們為了皇位而引起動亂，更擔心各地諸侯舊部起來造反，因此當他得知秦始皇死後，主張秘不發喪。同時命令車隊加緊趕路，命趙高趕快將始皇帝寫給扶蘇的信寄出去。

趙高當然不願意扶蘇即位，胡亥也想自己當皇帝，他們二人於是就脅迫李斯。李斯無奈，就與他們勾結在一起。他們假造秦始皇詔書，讓胡亥繼承了皇位，然後還以秦始皇的名義指責扶蘇為儒士說情是為不孝；責備蒙恬聽從扶蘇，為臣不忠，責令他們立即自殺。同時，他們還將秦始皇的棺材放在輼

一次讀完史記故事

涼車中，下面放著鹹魚以掩蓋屍體的氣味。其他大臣不知道始皇帝已經去世，依舊跟平常一樣向皇帝奏事，趙高就躲在輻涼車中代替秦始皇批簽。

扶蘇接到詔書之後，流著淚自殺了。蒙恬不願就這麼死去，他說：「始皇帝在外面巡遊，卻讓我帶著三十萬兵馬戍邊，我擔負著這麼大的重任，怎麼單憑使者一言就自殺呢？也許這裡面有什麼詭計吧！」於是不肯自殺，只讓使者將自己關進監獄裡。

扶蘇自殺的消息傳來，胡亥、趙高、李斯命令隊伍日夜兼程趕路，很快就回到咸陽，然後將秦始皇已經腐爛的屍體從臭烘烘的鹹魚堆中挑出來，將其安葬在驪山。胡亥正式登基為皇帝，他就是秦二世。趙高因為擁護胡亥有功，被提拔為郎中令，李斯依舊做他的丞相。

胡亥很信任趙高，趙高向秦二世進讒言說蒙氏兄弟為扶蘇黨羽，胡亥就派人誅殺了他們；趙高因為想要爭奪李斯的權力，後來就聯合胡亥處死了李斯。從此朝中再也沒有誰能夠控制趙高了，他成為新的丞相。由於他是宦官，可以自由出入宮禁，胡亥特封他為「中丞相」。

▋ 秦二世胡亥

二世皇帝元年（西元前209年），秦始皇死，胡亥繼承皇位，即二世皇帝。胡亥任用趙高為郎中令，負責處理朝政，趙高開始執掌朝廷大權。

古代帝王死後，後世都要建廟祭祀。秦二世覺得以前的規格配不上秦始皇的豐功偉績，命令大臣們討論推尊始皇廟號的事。大臣們都叩頭說：「以前的天子祭祀他往上的七代祖宗，保留七代祖宗的祭廟。如今始皇廟是至高無上的，要保留萬世，讓後代永遠祭祀。用完備禮儀，全天下人都要貢獻祭品

賦稅，要增加祭祀用的牲畜數量。尊始皇廟為皇帝始祖廟。以後的歷代天子都是要按禮儀單獨祭祀始皇廟，要用經多次釀製而且質醇的酎酒。」二世皇帝聽了十分滿意，就採納了。

秦二世對趙高說：「我年紀輕，又剛剛登基，還沒有獲取民心，當年先帝巡視各郡縣，顯示了他的強大，以此威震天下。現在我要是只住在皇宮不出外巡遊，就會讓人認為我太無能，沒有辦法統治天下。」於是，秦二世也開始了巡遊。

秦二世讓李斯跟隨著行巡察看郡縣，到達碣石山後，他們沿海向南行進到達會稽山。一路上，只要是見到秦始皇所立的石碑，他都要在旁邊刻上字，而且還要將隨從大臣的名字也刻上，以使先帝的功業盛德更加明顯。

秦二世說：「這些金石碑刻都是我的父皇建造的，如今我繼承了皇帝的名號，但是，金石碑刻卻沒有寫明是始皇帝，以後時間長了，人們會以為那是後代子孫建造的，而非秦始皇建造的，這樣就不能更好地稱揚父皇的豐功偉績了。」

丞相李斯、馮去疾以及御史大夫德都說：「您可以將詔書全部都刻在石碑上面，這樣大家就會明白了。」秦二世認為這個辦法不錯，就照做了。

秦二世暗中與趙高謀劃說：「現在，大臣們也不知道是不是真心地順從，官吏的勢力也很強大，還有其他的皇子嘴上不說，心裡也會想要跟我爭權，對這些我該怎麼辦呢？」

趙高說：「本來我是想到這些的，但是這些話沒有敢說出來。先帝在位時的大臣基本都是延續很多代富有名望的貴族，他們已經建立了很久的偉業了。如今，小臣是一個低賤之人，能夠得到陛下的賞識，得到這個位子，大臣們心中肯定不樂意，雖然表面上會順從，心裡肯定不會。皇上為何不趁著出巡的機會將郡縣守尉犯罪的人殺掉呢？如此，就可以顯示您的威嚴，也可以除掉心懷不軌之人。現在這個時期，文治是行不通的，一定要用強有力的武力來解決，還希望陛下不要猶豫不決。作為英明的君

王，應該重用地位低賤的人讓他得到尊貴的地位，使得窮人變得富裕，使得疏遠您的人親近您。這樣，他們會心存感激，忠心於您，竭盡全力為您效力，國家才可以安定。」

秦二世認為這個辦法很好，於是就找藉口誅殺了很多不聽他話的大臣和其他的皇子們，還製造罪名連帶誅殺了一些職位不高的官員。秦二世光在在咸陽市就一下將十二個兄弟處死，還在杜郵（今陝西咸陽東）碾死了六個兄弟和十個姐妹，現場十分慘烈。將閭等三人也是秦二世的兄弟，他們三人處事十分沉穩，秦二世實在是找不出治他們罪的理由，於是就將他們關在了宮中。但是秦二世還是不放過他們，最後逼迫他們自殺了！

秦二世十分昏庸，如果有大臣進諫則被他認為是在誹謗，因此朝中大臣們為了自衛而個個變得阿諛奉承，再無人敢進諫了。咸陽城中一時間人人自危，百姓也感到十分恐懼。

做完了這些，秦二世又說：「先帝從前認為咸陽的宮殿太小，所以才會建造阿房宮，但是，室堂都還未建造完畢，始皇就去世了，因為工匠被調去驪山修墓，工程也停了下來。如今驪山墓已經修建完工，那就接著修建阿房宮吧！」於是，他下令開始繼續阿房宮的修建。同時，他派兵鎮壓四方的外族，並下令徵召了五萬壯丁守衛咸陽城，還在咸陽城飼養了很多狗馬禽獸供自己玩賞。如此一來，咸陽城中的人口大大增加，糧食的供應成了問題。於是，秦二世又從下面各郡縣徵調糧食和飼料，還讓那些運送糧食的人員自帶乾糧，咸陽城四百里之內的人不准吃這些糧食。這個時期，法令的施行也就更加嚴酷了。

不久，楚國人陳勝舉旗造反，在陳縣自立為楚王，國號為「張楚」，率領將士們攻城掠地。崤山函谷關以東的山東各郡縣因為歷年受到秦朝的壓迫，因此年輕人紛紛起來反抗，響應陳勝的起義，將郡守、郡尉、縣令、縣丞統統殺死了！各地看到有人造反，也都紛紛響應，開始了反秦的戰鬥，起義的人越來越多。

此時，秦二世依舊實行著自己的政策，當使者將山東造反的消息報告給他時，他竟然因為生氣而將使者殺死了。其他人看到是這樣的情景，都不敢對他說實情，如果秦二世問起，就回答說：「那些人哪裡是起義，根本是一群烏合之眾，盜匪而已，郡守、郡尉已經在追捕他們了，根本不用擔心。」秦二世聽到這樣的話十分高興。他這樣做不過是自欺欺人而已，真實的情況是，當時各地紛紛有人自立為王，武臣自立為趙王，魏咎自立為魏王，田儋自立為齊王，沛公也在沛縣起義，項梁則在會稽起兵。秦王朝已經陷入了嚴重的危機中，滅亡之勢已經很明顯！

當陳勝的將領周章帶著幾十萬大軍到達戲水的時候，秦二世才恍然大悟，匆忙將在驪山服勞役的人組成了軍隊，命令章邯帶著這支隊伍前去對抗起義軍。慶幸的是，在章邯的帶領下，取得了勝利，周章大敗逃走，在曹陽被殺死。接著，章邯又率領眾兵將在城父將陳勝殺死，又在定陶將項梁打敗，殺死了魏咎。這樣一來，秦王朝才得以躲過災難。

經過這次生死劫難，秦二世卻沒有絲毫悔改，更甚的是在趙高的勸說下每日居住在深宮，不再理會政事。在趙高的操縱下，馮去疾、李斯、馮劫也被殺死。

沒過多久，楚國的上將軍項羽帶領著楚兵多次擊敗章邯，燕國、趙國、齊國、楚國、韓國、魏國紛紛自立為王，整個秦朝已經四分五裂。當沛公進入關中時，趙高怕秦二世發怒牽連到自己，就將其殺死了。昏庸的秦二世胡亥就這樣死在了趙高手中。

指鹿為馬

趙高擁立秦二世胡亥為王以後，得到了秦二世的充分信任，被任命為中書令，秦國的軍國大事都由趙高一個人說了算。胡亥則在自

己登上了皇位以後，追求起奢華安逸的生活來。為了彰顯他當皇帝的權威，他剛即位不久就要效仿秦始皇，沿著當年秦始皇東巡的路線出遊，一直來到海邊，然後再南下會稽，最後從遼東返回都城。他大興土木，召集五萬名年輕力壯之人來到咸陽修建阿房宮。他還喜歡收集四處的奇珍異寶和珍稀的花草，只顧著自己開心，卻不知道自己的行為已經使得「咸陽三百里內不得食其穀」。

有一天，他向趙高感歎道：「朕現在已經是天下的皇帝了，如果可以在有生之年盡享這人間的歡樂，那就真是太好了！」趙高就趁機胡說八道起來，說道：「天子之所以尊貴，就是因為隨時隨地都保持著自己的威儀，讓人只能聽得到他的聲音，卻看不到他的本來面目。陛下您還年輕，如果在朝廷眾位大臣面前流露出自己的弱點，只怕會遭到天下人的恥笑。所以，陛下不如在內宮處理政事，讓您信任的臣子們在一邊輔佐您。這樣，人民便都會稱讚您的聖明了。」

胡亥本來就是個昏庸之人，被趙高這麼一說，樂得把這些最讓他頭疼的政事全都交給了趙高處理，自己連朝也不大上了，只一味尋歡作樂，過著更加驕奢淫逸的生活。朝廷大事全都落在了趙高的手中，這樣他就成功地將胡亥和其他人分隔開來，將胡亥牢牢地控制在自己的手掌中。

隨著手中權力的擴大，趙高的野心也越來越膨脹了。為了將胡亥身邊的王族勢力統統清除，趙高在胡亥面前造謠說，諸公子和一些大臣都在質疑他繼位的正當性，這個問題也正是胡亥一直以來的心病，趙高就趁機說道：「陛下，只有嚴酷的刑罰才能制止這些人。將有罪的人實行『連坐』制度，對您心懷不滿的公子和大臣們要堅決打擊，同時您要提拔對您忠誠的心腹，給他們以要職。這樣一來，您就可以高枕無憂，想幹什麼都不會有人阻撓了。」胡亥早就對趙高深信不疑，聽了這話也不疑有他，馬上採納了他的意見，將生殺大權也交到了趙高的手中。

一場血雨腥風在咸陽城內拉開了序幕，隨之而來的是慘無人道的

屠殺和城內的哀鴻遍野。

趙高的第一個目標就是蒙氏兄弟。蒙恬和蒙毅二人曾在秦始皇跟前立下了汗馬功勞，在朝中屬於位高權重的元老級人物，也是趙高平時躲著走的人物。可現在秦始皇不在了，胡亥又是這樣一個無能之輩，趙高當然可以為所欲為了。他以「先帝欲立太子而蒙毅阻攔，實屬危害社稷之舉」這樣一個罪名，逼迫蒙毅自殺；然後他設計陷害，迫使蒙恬服毒自盡。可憐兩位征戰沙場無人能敵的將軍，就這樣死在陰險小人的手裡。

除掉蒙氏兄弟以後，趙高又將秦王室的主要成員一一清除乾淨。

接著，他盯上的是朝中那些敢於直言進諫的官員們，將他們殺的殺，撤職的撤職，然後將自己的親信安插在朝中：他的兄弟趙成，被封為中車府令；他的女婿閻樂，被任命為咸陽縣的縣令。而趙高自己，也不再滿足於他郎中令的職位，而將目光瞄準了一人之下、萬人之上的丞相的位置。

秦朝此時危機四伏，秦始皇時期就已經開始施行暴政，到了胡亥這裡更加嚴酷。過重的徭役賦稅讓平民百姓無法承擔，殘酷的刑罰和苛政讓人民苦不堪言，六國的舊貴族們日夜謀劃著怎樣將江山重新奪取。這些矛盾交織在一起，終於燃起了燎原之火。陳勝和吳廣兩位農民率先在大澤鄉掀起了反秦的農民起義；六朝舊族也不甘落後，企圖利用農民起義的力量達到復辟的目的；甚至有秦朝的官員由於不滿秦朝的統治，也加入到起義的隊伍中去。雖然這些人只是一些烏合之眾，圖謀的利益各不相同，但因為目的一致，所以還是很快就形成了一股強大的力量，開始動搖秦朝統治的根基。

良相李斯看到這樣的現狀心急如焚，但是由於趙高的阻攔，他根本就見不到胡亥的面。趙高看他這樣，假裝著急地說道：「現在國內反叛的勢力如此囂張，可皇上仍然花天酒地，絲毫不把這事情放在心上。我本想勸阻皇上，但無奈我位卑言輕，只怕皇上不會聽。丞相您是朝廷重臣，說話想必比我有分量得多，為何您不向皇上進諫呢？」李斯無奈地回答道：「我何嘗不

想勸阻皇上呢，只是陛下現在經常在深宮之內，我難以見到他，也根本找不到機會說話啊。」趙高看李斯步入了他設下的圈套中，心中暗自竊喜，說道：「只要丞相您肯進言，我一定會留心皇上那邊，只要他有空閒，我就馬上來稟報您。」李斯滿口答應下來，對趙高也是感激不盡。

趙高故意挑一些胡亥正在同姬妾們歌舞狂歡、飲酒作樂的時候派人通知李斯前來覲見，連著好幾次都是這樣，胡亥非常惱怒。趙高見機會來了，就開始陷害李斯，說他和農民起義的領袖陳勝二人私下裡有書信往來。胡亥大發雷霆，立即下令將李斯打入大牢，並任命趙高做了丞相。趙高算是達到了他的目的。

趙高一人之下、萬人之上的夢想終於達成了，可他的野心並沒有止步於此，他開始盤算著要奪取皇位。可是，朝中大臣有多少能夠聽他擺布，有多少人會反對他，他毫不知情。他思前想後，就想到了一個辦法來試試這些大臣們。

這天上朝的時候，趙高對胡亥說，他很久沒有出現過，大臣們都很想念他，想見他一面。在朝堂上，趙高讓人牽進來一隻鹿，當著所有大臣的面，他指著這隻鹿說道：「陛下，今天臣獻給您一匹好馬。」胡亥一看，笑著說道：「丞相您搞錯了吧，這明明是一隻鹿啊！」趙高不動聲色地說道：「陛下，您看仔細了，這確實是一匹馬。」胡亥看了看，疑惑地問道：「可是，馬的頭上不應該長角啊？」趙高一看，胡亥上鉤了，馬上轉身指著朝中的大臣們說：「陛下不信的話，可以問問眾位大臣啊。」

大臣們不知道趙高在搞什麼名堂，心想是鹿是馬，大家一看就都知道了，是很容易分辨的。當看到趙高賊溜溜的目光和陰險的笑容，大家就知道他是什麼意思了。一些膽小的大臣低下頭嚇得不敢說話，他們知道說了真話要被趙高所害，而說假話的話又對不起自己的良心。一些正直的大臣直言不諱地指出：這是鹿，不是馬。而那些平時跟在趙高身後阿諛奉承他的大臣則擁護趙高的說法，告訴胡亥這是

本紀

馬，而且是日行千里的好馬。

趙高將這一切都看在了眼裡。事後，趙高透過各種卑鄙的手段將那些不順從自己的大臣們紛紛治罪，有的甚至滿門抄斬。朝廷的大臣們更加害怕趙高，秦朝竟成了趙高一個人的天下。

▌趙高被誅

陳勝、吳廣領導的農民起義被鎮壓後，項羽和劉邦領導的反秦義軍以更加猛烈的趨勢在各地燃起了戰火，全國各地反秦的情緒依然強勁。

西元前207年鉅鹿之戰中，秦軍的主力部隊被項羽的隊伍打敗，大將王離被捕，章邯四處求助不成，又怕回去後朝廷責罰，乾脆率領自己的十二萬大軍投降。六國舊族見狀，紛紛在各地自立為王，一起向西推進，直逼咸陽城。

劉邦率領著數萬兵馬進入了五關（今陝西商洛縣西南），為了能夠早日拿下咸陽，他派人和趙高暗中取得了聯繫，希望他可以做自己的內應。

趙高擔心胡亥知道自己的陰謀而殺害自己，便稱病不再上朝，私下裡謀劃著趁亂奪取皇位的事情。

章邯的倒戈對秦王朝而言絕對是個不小的打擊，一向荒淫無度的胡亥再也坐不住了，他像熱鍋上的螞蟻一樣天天六神無主，日日在望夷宮中齋戒，簡直是惶惶不可終日。他派人去質問趙高：「丞相以前不是說，關東的盜賊做不成什麼大事，讓我不用擔心，可是他們今天怎麼發展到了這種地步？」趙高聽了這話嚇了一跳，知道胡亥已經對自己產生了懷疑，若不早些動手，胡亥遲早會先殺了自己的。於是，趙高就和自己的弟弟趙成、女婿閻樂商議起對策來。

計畫商議好以後，他們將一切安排妥當。趙成先在宮內散佈謠言，說有盜賊，命令閻樂發兵追擊盜賊。這樣，宮內的士兵們全都

被調走，防守空虛。然後，閻樂指揮他的部分士兵化妝成農民軍劫持了自己的母親，並將她暗中送到趙高家中，一邊又率領著千餘名士兵以追賊為名直奔王宮而來。他們衝到了皇宮門口，質問守門的侍衛：「有人進了宮門，你們怎麼都不擋！」侍衛們莫名其妙：「皇宮內外戒備森嚴，怎麼可能有賊人進入？」

閻樂怎容他們分辯，手起刀落就殺死了侍衛，衝進了望夷宮。他們見人就殺，宮中到處鮮血飛濺，慘不忍睹。胡亥嚇得目瞪口呆，癱坐在地上連站起來的力氣都沒有了。最後看到趙成和閻樂從門外走進來，總算是明白了這一切是怎麼回事。胡亥急忙命令左右護駕，可遇此大亂，身邊的侍衛們早就跑了，只有一個宦官還站在他的身邊。胡亥緊緊地拉住宦官的衣服，歇斯底里地大喊道：「怎麼會這樣！你為什麼不早點告訴我，現在弄成這樣我應該怎麼辦啊！」宦官死到臨頭，才敢說出心裡的想法，他對胡亥說：「正是因為奴才平時不敢說話，才能夠活到今天的，不然早就被皇上賜死了。」胡亥垂頭喪氣地癱坐在地。今日的局面，確實是他咎由自取！

閻樂衝了過來，胡亥一邊後退一邊顫巍巍地說：「朕是一朝國君，是真龍天子，你膽敢弒君？」閻樂氣勢洶洶地罵道：「你這個昏庸殘暴的暴君！到處搜刮民脂，殘害無辜的百姓，人人得而誅之！你還有什麼狡辯的！」胡亥垂死掙扎，說道：「我能不能見一見丞相？」閻樂一口回絕：「不可能！」胡亥還不死心，問道：「那，那你給我一個郡王當行不行？」閻樂搖頭。胡亥哭道：「只要饒我一命，我甘願做一名百姓，這樣還不行嗎？」閻樂皺著眉頭，不耐煩地說道：「你就別再掙扎了，我奉丞相之命來為天下剷除你這個暴君，你快點自裁吧，給自己留點尊嚴，就別讓我動手了。」胡亥這下子才明白過來，這場政變的幕後主使竟然是他平日裡無比信任、無比寵愛的丞相大人。他想起自己以前的奢華生活，不由得悔恨交加，但一切都晚了。他看了一眼氣派的皇宮，拔出長劍結束了自己

的生命。

閻樂將胡亥已經死去的消息告訴了趙高，趙高欣喜若狂，奔到現場，將胡亥身上的玉璽摘下佩戴到自己的身上走上正殿，仰仗著自己也有嬴姓趙氏的血統，就要登基做皇帝了。

後來，他臨時又改變了主意，轉而將皇位給了自己的遠房侄子趙子嬰。秦朝的力量這時候已經被削弱，子嬰已經不能再稱皇帝了，便取消了帝號，稱為秦王。

子嬰對趙高的殘酷和毒辣早有耳聞，對他的種種罪行也是耳聞目睹，現在自己稱了王，自然不願意自己的下場和胡亥一樣，便和自己的貼身宦官韓談商定了斬除趙高的計畫。

子嬰對韓談說：「趙高在望夷宮殺了胡亥，他是害怕大臣們為此怪罪於他要殺了他，才假裝按照道義立我為王。我聽說趙高還和楚國做了約定，將秦國滅掉後他就在關中稱王，現在他讓我齋戒沐浴，

朝見宗廟，我就說我生病了，不能前去。趙高一定會親自前來，到時候，你們就殺了他。」

趙高先是派人去請子嬰，前後派了好幾個人，子嬰就是不去，趙高果然親自去請他了。他問道：「國家大事，秦王您為什麼百般推拖，不願意去呢？」

子嬰拍案怒吼道：「我秦國的基業經過百年積累，從春秋五霸到戰國七雄，秦國繁衍到如此強大的地步，經過祖先們幾百年的努力，才終於一統六國。這江山得來不易，可全都被你趙高糟蹋得一塌糊塗，到胡亥這裡就分崩離析，丞相您可真是『功不可沒』！今天，我一定要斬下你的首級，懸掛在城門上示眾，誅你九族以平百姓的滔天怒氣！」

趙高想不到子嬰剛登上王位就敢這麼跟他說話，當時就愣在原地。子嬰於是誅殺了趙高，並殺死了趙家三族，掛在咸陽城樓示眾。

秦朝滅亡

西元前221年，秦始皇在統一六國之後，全國人民雖不再受戰亂之苦，但生活也沒有好多少，因為他們要忍受秦始皇的殘暴統治和橫徵暴斂。當時，秦朝軍隊龐大，官僚機構冗雜，他們的一切軍餉開支都是從老百姓身上搜刮來的。而且，秦始皇好大喜功，沒完沒了地大興土木，修長城、修陵墓、建宮殿等，這些工程的一切用度，也都是從老百姓那裡徵斂來的。所以，人民在無休止的奴役中，過著慘不忍睹的生活，他們不但缺衣少食，還常常要忍受暴吏酷刑，於是，許多人被逼得逃亡山林，紛紛舉行暴動。

西元前210年，秦二世胡亥即位。與秦始皇相比，他的殘暴更是過猶不及。當時，修建驪山陵墓的工程還沒有完成，他又派人重新營造阿房宮，以實現秦始皇的遺願。他還無恥地說：「對於天子來說，最可貴的就是想幹什麼就可以幹什麼。」後來，他還殺害了李斯、馮去疾這些反對他的大臣，任用奸臣趙高為相。在趙高的引誘下，他進一步加重了對農民的奴役，致使農民的困苦達到了極點。那時，大規模的農民起義已經到了一觸即發的地步。

西元前209年7月，九百名閭左戍卒在奔赴漁陽（今北京密雲）的途中，突遇大雨，被迫停留在了大澤鄉（今安徽宿縣境內），不能如期趕到目的地，戍卒們面臨著死刑的威脅。戍卒們的屯長是陳勝、吳廣二人，他倆認為到了如今地步，舉義是死，不舉義也是死，那還不如舉義好。於是他在帛上書寫上「陳勝王」三字，放置於魚腹當中，結果戍卒買魚得書，傳為怪事。接著，陳勝、吳廣率領戍卒，殺死了押送他們的秦尉，並借用已故之秦公子扶蘇和楚將項燕的名義，號召農民反秦。附近農民紛紛回應，起義軍很快就壯大了起來。隨後，起義軍分兵東進，主力則向西進攻，接連攻佔了今豫東、皖北

諸縣。當他們推進到陳地（今河南淮陽）時，隊伍已經壯大到了數萬人。

在陳勝、吳廣起義軍的影響下，許多郡縣的農民也紛紛殺掉守令，參加了起義軍。一些潛藏在民間的六國舊部，也都乘機投靠了起義軍。陳勝藉著這些人舊日的地位，使起義軍在全國的農民中擴大了影響。

後來，陳勝又自立為「張楚王」，分三路進攻秦軍：吳廣向西進攻榮陽，武臣向北進攻趙地，魏人周市進攻魏地。不料，這卻讓起義軍變得四分五裂。武臣在佔領了舊趙都城邯鄲後，在部下的慫恿下自立為趙王，陳勝無奈，只得勉強承認。後來武臣不但違抗陳勝的命令，還派韓廣掠取燕地。可是，韓廣到了燕地後，禁不起舊燕貴族的慫恿，也自立為燕王。周市到達舊魏南部和舊齊境內時，舊齊貴族田儋自立為齊王，起兵反擊周市。周市在魏地立舊魏貴族魏咎為魏王，封自己為魏丞相，並派人到陳勝那裡迎接魏咎。

後來秦將章邯打敗周文，迫使周文自殺。隨後，章邯又向東進攻榮陽，吳廣部將田臧反叛，殺了吳廣，自己率兵迎戰章邯，結果只一仗就送了命。等章邯進攻到陳地時，陳勝兵敗，退到了下城父（今安徽渦陽東南），結果被叛徒莊賈殺死，陳縣失守。陳勝部將呂臣率領部下英勇作戰，收復陳縣，處決了莊賈。

陳勝雖為反秦的先驅者，卻在起義半年之後就失敗了。但是他激起了全國反秦的狂潮，使秦王朝的統治不斷受到衝擊。陳勝起義後，舊楚名將項燕的兒子項梁和侄子項羽在吳（今江蘇蘇州）殺掉秦會稽郡守，起兵回應。不久後，項梁率領八千士兵渡江北上，隊伍擴大到六七萬人，連戰連勝。閩越貴族無諸和搖也率領族人起兵反秦。原沛縣亭長劉邦和一部分刑徒逃亡山澤，也起事反秦，投入項梁軍中。不久之後，項梁立楚懷王的兒子為楚王。

西元前208年，項梁戰敗被殺，楚王遷都彭城（今江蘇銅山縣）。隨後，楚王派宋義、項羽前去救趙，派劉邦向西進攻關中，並

與諸將約定「先入關中者王之」。宋義達到安陽後，逗留不再北進，被項羽殺掉。接著，項羽引兵渡過漳河，經過激戰，解救了鉅鹿之圍，被推薦為諸侯上將軍。不久後，秦將章邯率二十萬人向他投降。

劉邦率軍從彭城出發，路過昌邑（今山東金鄉西北）時遇上了彭越，便與他共同攻打秦軍。隨後，劉邦聽從了酈食其的建議，攻破陳留，獲得秦朝積聚在那裡的糧食。接著，劉邦又率兵攻陷南陽，招降宛城守將，宛城以西的郡邑也都聞風而降。於是劉邦迅速攻入武關，西元前206年10月進抵灞上。

此時，秦王朝又發生了政變，丞相趙高殺死秦二世，立子嬰為秦王。不久後，子嬰又殺死了趙高。劉邦到了灞上後，派人去招降子嬰。子嬰雖還想抵抗，但見秦軍屢次戰敗，知道秦王朝已到了壽終正寢的地步，於是只得投降了劉邦。

劉邦仁義，沒有處死子嬰，只是把他看管了起來。接著，劉邦進入了咸陽，本打算住下，因聽從了樊噲、張良的勸諫，於是封存了秦朝的寶庫，帶領士兵回到了灞上，一心等待項羽和各路諸侯到來。

一個月後，各路諸侯都到齊了，諸侯盟主項羽下令處死了子嬰和秦宗室所有的人。隨後，他又下令俘虜了秦朝的宮女，收走了秦宮所有的珍寶，並放火焚燒了咸陽城。至此，秦朝徹底滅亡了。

本紀

項羽本紀

▌少年項羽

項羽，名籍，字羽，生於西元前232年，秦時下相（今江蘇宿遷）人。隨叔父項梁起兵反秦時，他只不過二十四歲。項氏世代為楚國大將，被封在項地，所以姓項。

楚國被秦國滅亡後，項氏家族也遭到了大屠殺，項羽的父母不幸遇難，只留下項羽與弟弟項莊隨叔父項梁逃到了櫟陽縣。當時，項羽還不滿十歲。

項羽少年時，叔父項梁讓他上學讀書，可他學了沒幾天就放棄了，說自己不適合念書。接著，項梁又送他去學習武藝，可他還是沒堅持多久。項梁很生氣，就嚴厲地批評他不上進，難成才。項羽聽後卻說：「學習寫字，只要能記住人名就足夠了；學習武藝，一個人也抵擋不了幾個敵人。這些都沒多大用途，我想學的是兵法，以便有朝一日可用來抵擋千軍萬馬。」項梁聽了此話後，不再生氣了，因為他覺得項羽是個有抱負的人，將來一定會成就一番大事的。於是，項梁

開始親自傳授項羽兵法。項羽剛開始很想學，可過了沒幾天，又不想學了。

這時，因為受到一樁命案的牽連，項梁被關進了櫟陽縣的監獄。項羽就去蘄縣向監獄官曹咎請求，希望他救救自己的叔父。曹咎給櫟陽縣的監官司馬欣寫了一封信替項梁求情，於是項梁獲救。但是不久之後，項梁又殺了人，為了避難，他只好帶著家人逃到了江蘇吳縣。

項梁為人和氣，喜歡結交朋友，而且樂於助人，所以當地的百姓都很喜歡他。漸漸的，他們一家就在吳縣站穩了腳跟。後來，項家逐漸興起，也有了不少門客。

秦始皇巡遊到會稽郡的時候，大船行到錢塘江渡口，好多老百姓來觀看。項梁聽說了，就帶著項羽一塊兒去觀看。項羽一看秦始皇那威風凜凜、華美壯觀的儀仗隊，不由得脫口而出，說：「那人好威風呀，我將來一定要像他一樣。」項梁聽了，趕緊捂住他的嘴，說：「不要瞎胡說，說這話是要滿門抄斬的。」但從此，項梁更加覺得項羽不是一般人，就更加對他刻意地

培養。項羽長大以後，身高八尺有餘，力大無比，能輕鬆地舉起千斤重的大鼎。他的才能、勇氣都不是常人所能及的，所以吳縣當地的人都對他敬畏三分。

西元前209年7月，陳勝、吳廣等在大澤鄉起義。那年9月，會稽的郡守殷通也想起兵。他來找項梁，說：「現在大江以西的地方全都造反了，看來是上天也要滅亡秦朝啊。我想反正早晚都得一起，不如現在就起義算了。我想起兵反秦，希望您和桓楚能加入，怎麼樣？」項梁知道這個時候桓楚正逃亡在外，就說：「桓楚現在正在逃亡，別人誰也不知道他藏在哪裡，只有項羽知道。我去把他叫來，商量一下怎麼辦。」

於是項梁去找項羽，讓他帶著寶劍在身上，伺機殺掉殷通，自行起義。當殷通正與項羽交談時，趁其不備，項羽拔劍斬下了郡守殷通的人頭。接著項梁左手拿著殷通的人頭，右手拿著他的官印走出了大堂。郡守的部下一看，全都驚慌失措。但他們仗著人多，想要殺掉項羽。可他們都不是項羽的對手，

一連一百來人都被項羽殺了，剩下的人都嚇得跪地求饒。隨後，項梁召集平時與他要好的地方豪傑和官吏，共同起兵反秦。接著，他又徵集吳縣的士兵，並派人去徵集壯丁，很快就得到了八千精兵。後來這八千人跟隨項羽南征北戰，立下了不少的戰功。

項梁又分別將縣裡的地方豪傑任命為校尉、侯、司馬等職務。其中有一個人沒有被任用，他就自己來找項梁問原因，項梁說：「前些日子，我派你去辦一件小事，而你都沒有辦好，這說明你能力不行，所以我才不任用你。」大家聽了這話後，都對項梁很佩服，就一致推舉他做了會稽郡守。之後，項梁任命項羽為副將，讓他協助自己統率軍隊。

這年冬天，陳勝被秦國的將領章邯打敗，陳勝手下的將領召平去攻打廣陵，失敗後就假傳陳勝的命令，封項梁為楚王的上柱國將軍，讓他一起抗擊秦軍。這時，項梁正好也想率兵北上，以擴大地盤，於是就爽快地答應了。項梁帶領自己那支八千人的隊伍，浩浩蕩蕩地渡過長江，一路向西進軍。渡江以後，項梁聽說陳嬰已經起兵，並佔據了東陽，就派使者去東陽，想要聯合陳嬰，合力西進。

陳嬰原是東陽縣的小官，因他為人誠實謹慎，所以很受人尊敬。東陽人起義時，就一致推舉陳嬰當了首領。但陳嬰的母親卻對陳嬰說：「依我看，這個首領之位，你不如讓給別人去做吧，你還是當個小官算了，這樣比較穩妥。」陳嬰覺得母親說得很有道理，就把軍隊劃歸到了項梁的名下。隨後，項梁帶領軍隊渡過淮河，繼續北進。各地的起義軍聞訊，也紛紛加入。這時，項梁的軍隊已達到了六七萬人，就在下邳駐紮休整。

此時，陳勝的部下秦嘉做了楚王。項梁不知道陳勝已經死了，就率兵攻打秦嘉。秦嘉的軍隊戰敗，逃到了胡陵。項梁的軍隊追打過來，殺死了秦嘉，接收了秦嘉的部隊，駐紮在胡陵，準備繼續率軍西進攻秦。秦國將軍章邯率軍到達栗縣，項梁就派軍隊去迎戰，失敗後率領部隊進入薛縣。在此之前，項梁曾派項羽去攻打襄城，但襄城

堅守不降。項羽很生氣，等攻下襄城之後，就把那裡的軍民全部活埋了。

不久之後，項梁知道了陳勝已亡的消息，便覺得各路人馬照這樣各打各的，終究不是個辦法，於是就召集各地的起義軍首領來薛縣聚會，共同商議抗秦大計。此時，沛公劉邦已在沛縣起兵，也來參加了這次聚會。

安陽奪帥

陳勝死後，項梁召集各地的起義軍首領，商量如何討伐秦軍。這時候一個叫范增的人前來遊說項梁：「陳勝失敗，那是必然的。但是楚國算是最悲慘的一個了。因為楚懷王被騙，最後還客死他鄉，一直到現在楚國人都認為這是楚國最大的恥辱，所以即便楚國只有一戶人家，也要消滅秦國。陳勝起義之後，沒有立楚人為王，所以是不可能長久的。現在如果您揭竿而起，一定會有很多楚國的志士跟著您，因為項氏一族世代都是楚國的棟梁之才，一定能夠讓楚國的後代重新為王的。」項梁認為范增說的有道理，於是就在民間找到楚懷王的一個長孫熊心，當時他只有十三歲，是一個羊倌。項梁立他為楚王，順應民意還是叫楚懷王，自己則封為武信君。這樣一來，很多人都加入了項梁的隊伍。

過了幾個月，項梁聯合齊國田榮的軍隊共同援救東阿，在這個地方打敗了秦軍。因為之前攻打亢父也取得了勝利，田榮馬上回到齊國，將田假趕走了，擁立田市做了齊王。被趕走的田假逃到了楚國，田角和田間則跑到了趙國。項梁正在乘勝追擊東阿附近的秦軍，希望田榮能夠儘快出兵一起打到西邊去。但是田榮則堅持必須先除掉躲在楚國的田假和趙國的田角和田間，否則不會出兵，這遭到了項梁的拒絕。項梁這時候只好派項羽和劉邦一起去攻打城陽，他們很快就攻下了這個城池，接著繼續向西攻

陷了濮陽和雍丘兩地，還殺了李斯的兒子李由，可以說取得了很大的勝利。因為這樣，項梁慢慢地驕傲起來了。

宋義提醒項梁將領們的驕傲情緒如果士兵們變得懶散了，這樣下去早晚會打敗仗；現在秦國的運兵很快就到了，更應該小心謹慎。但是項梁並沒有把他的話放在心上，也不想聽宋義的廢話，便派遣宋義出使齊國。宋義在前往齊國的路上遇見了正要去見項梁的高陵君，於是宋義就勸說高陵君：「現在項梁的軍隊肯定打了敗仗，如果走得太快，也許正趕上送死，你不如慢點走，還能撿回一條命。」不出宋義所料，秦國的援兵在定陶打敗了楚軍，項梁戰死。

章邯在打敗了楚軍之後，北渡黃河打敗了趙軍，把趙王和大臣包圍在鉅鹿，於是趙王派人向楚王求救。之前在定陶打了敗仗，楚懷王很擔心，所以前往彭城將項羽和呂臣的軍隊合起來由自己親自統帥。呂臣擔任軍隊的司徒，其父親為令尹。沛公作為武安侯，統領碭郡的兵馬。因為聽說宋義有先見之明，曾預料到項梁必敗的事情，所以將他請到軍中，封為上將軍，和他一起商量軍中事務。項羽作為副將，范增為末將，一起去增援趙國。

在他們到達安陽的時候，燕國和齊國的軍隊早就到了。因為秦軍的聲勢浩大，所以誰都不願意先出戰，宋義也下令停止前進，等待觀望。這一停就是四十六天。項羽說：「現在趙王身陷鉅鹿之圍，我們應該趕快渡過漳河，楚軍和趙軍裡應外合，一定能夠擊潰秦軍。」但是宋義卻並不同意他的觀點：「現在正是秦趙交戰最激烈的時候，即便是秦軍勝利，也是疲憊之師，我們以逸待勞，也會打敗他們。這樣一來，傷亡會大大減少。如果秦軍失敗，那麼我們正好順勢西征，將秦國一舉消滅，這樣是最省力的辦法。」接著又對項羽說：「行軍打仗憑的不只是力氣，更是靠謀略制勝。雖說衝鋒陷陣、披掛上陣我沒有你的力氣大，但是說運籌帷幄、決勝千里，你就比不上我了。現在就讓秦國和趙國慢慢去打，你正好可以跟著多學一點。」這擺明了就是說項羽只有蠻力而不

懂智謀，所以讓項羽非常生氣。

隨後，宋義就命令所有的將士要服從命令，只要違抗他的命令私自行動的，一經發現，立斬不饒。因為宋義和高陵君交好，自己的兒子到了齊國做了國相，所以宋義決定大宴賓客，卻對增援趙國的事情一字未提。當時天氣比較寒冷，連日大雨，糧食並不充足，將士們都在忍饑挨餓，對宋義這時候大宴賓客都感到很不滿。項羽趁機對他們說：「我們原本打算齊心協力對抗秦國，但是現在宋義卻滯留不前。現在正處在荒年，老百姓生活困難，我們吃的都是粗糧和清水，現在糧食不多，他不領兵渡過黃河從趙國獲得糧食，和趙國一起打敗秦軍，卻因為自己的私事大擺筵席宴請賓客，還美其名曰要等到秦軍疲憊的時候再去打。你們想想，秦國的力量非常強大，但趙國卻是剛剛建立起來的，秦國肯定能佔領趙國，這樣一來秦國的力量就會更加強大。那時候，我們有什麼機會利用秦軍的疲憊？再說，我們這邊的軍隊剛剛經過一次敗仗，楚懷王現在在席間也是坐臥不安。現在我們所有的糧餉全都在上將軍宋義手上，他身上關係著國家的生死存亡。但是現在上將軍卻一點也不體恤我們，還派自己的兒子到齊國去做相國，根本就是在為自己謀取私利，這難道是一個賢能的臣子應該做的事情嗎？」

說完，項羽就直奔宋義的軍帳，砍下了宋義的頭，出來向全體士兵說：「宋義違背了楚王的命令，和齊國一起謀反，所以楚王命令我處死宋義。」這時候將士們都很敬畏項羽，所以誰都沒有反抗，都說：「楚王是項家擁立的，現在將軍只是殺了一個謀反的奸臣罷了。」所以項羽就被推舉為上將軍。之後項羽馬上派人追趕宋義的兒子，在齊國境內將其殺死了。而楚懷王得到報告的時候，也無力改變事實了。

破釜沉舟

項羽殺了宋義，自己當上了上將軍，楚懷王索性將當陽君和蒲將軍的軍隊統帥權都交到了項羽手裡，這樣項羽就成了楚國所有軍隊的統帥。

接下來項羽馬上就開始整頓軍隊，對將士進行安撫。之後就讓當陽君和蒲將軍率領兩萬軍隊去營救陷入鉅鹿之圍的趙王和趙國的軍隊。雖然他們這支軍隊也打了一些勝仗，但是對整個戰局卻起不到決定性的影響，對於鉅鹿之圍來說也是杯水車薪。趙國還是接連不斷地請求項羽繼續增兵救援，所以項羽下令整個軍隊都渡過漳河去和秦軍決一死戰。在吃完飯之後，項羽給每一個人都發了足夠三天吃的乾糧，接著就讓人將所有的鍋碗全部砸碎，一把火將整個軍營也燒光了。之後親自率領整個軍隊過河。到了對岸之後，項羽下令將所有的船隻都沉到河裡面去。他用這種行動來向將士們顯示了他戰鬥的決心，只要還有一口氣在就絕不會退縮。楚軍看到這樣的情形，鍋沒了，船也沒了，如果不能打贏這場仗，就必死無疑了，所以這場仗是有進無退的，勝利了就能活下去，否則就只有死路一條了。抱著這樣的決心，每一個士兵都奮勇爭先，個個都是拚了命地去殺敵，生怕殺的不夠多一樣。

正所謂狹路相逢勇者勝，在秦軍和楚軍進入戰鬥狀態的時候，雖然楚軍的人數不如秦軍，但是楚軍的如宏氣勢和必勝的信念讓秦軍心生動搖。在秦楚兩軍相遇的時候，項羽迅速包圍了王離，切斷了秦軍所有的退路，大敗秦軍，將王離俘虜了；因為他堅決不投降，最後放火自焚而死。

就在楚軍和秦軍交戰的時候，其他前來增援鉅鹿的各路諸侯軍隊沒有一個人出戰幫忙，都只是在自己的軍營中觀戰。當他們看到楚軍的戰士們各個都能以一當十、喊殺聲震天的時候，軍隊中的每一個人都是心驚膽戰的。等到擊破秦軍之

後，項羽和諸侯的將領會面，在進門的時候，沒有一個人有勇氣抬頭看著項羽這樣一個英勇無比、叱吒風雲的將軍，這場仗使項羽一戰成名，威名遠揚，成了真正的上將軍，各路諸侯的兵馬都歸他指揮。這樣楚軍也成為了各路諸侯軍隊中實力最強的，項羽自此開始手握軍權，一步步朝著滅秦的大計邁進。

這時候章邯率領秦軍駐紮在棘原，而項羽率領各路諸侯的大軍駐紮在漳河南岸。因為章邯的實力和諸侯聯軍相差太多，再加上項羽剛剛打了勝仗，士氣正是高漲的時候，章邯是絕對不會和項羽進行正面交鋒的。所以兩軍呈現一種長期對峙的局面，只有幾場很小的戰役。因為秦軍節節後退，秦二世派使者來責問章邯，於是馬上就派長史司馬欣回去向朝廷稟告前線的戰況，並請求指示。但是司馬欣回到咸陽，等了整整三天，都被趙高拒於門外。

後來，司馬欣得知趙高打算用隱瞞軍情的罪名將他殺死，就趕緊逃走了。幸虧他逃走的時候多長了一個心眼，沒有按照原路返回，所以趙高派來追趕他的人沒有趕上他。等到司馬欣回到軍中，向章邯說了自己的遭遇，接著說：「趙高現在掌握著整個朝廷的大權，在他下面的那些大臣也是有心無力，幫不上什麼忙的。現在如果有幸能夠將這場仗打勝了，趙高會嫉妒我們的戰功，會千方百計地陷害我們。如果勝不了，我們也難逃一死。我們現在該如何是好？」就在他們一籌莫展的時候，趙國派人寫了一封信給章邯：「當年白起為秦國征戰無數，奪取了無數的城池，立下了赫赫戰功，但是最後的結果是被賜死；大將軍蒙恬，趕走了匈奴，但是最後也被陷害致死。這就是因為他們的戰功太多，朝廷不可能給每個人都封賞，所以才會找藉口把他們殺掉。現在您也做了三年將軍，將士損傷無數，而各路諸侯的兵馬會越來越多。趙高溜鬚拍馬成了習慣，到時候如果情勢危急，他為了自保，肯定會將罪名推到您身上，再讓別人頂替您的位置。您長期在外征戰，朝中難免會有人對您不滿，您立功也是死，不立功也是死。再說秦朝滅亡已成定局，憑藉

您一個人的力量也不能力挽狂瀾。現在為了您考慮，希望您能夠起兵反秦，等到秦國滅亡之後，您也能夠得以封王封侯，結果要比被殺好很多了。」

章邯看了之後終於動心了，就秘密地派使臣到項羽那裡，希望能夠和他訂立合約，但是沒能實現。之後項羽就馬上命令蒲將軍率領軍隊過河，不分晝夜地和秦軍交戰，再一次將秦軍擊潰。項羽率領其餘的軍隊，在於水再一次大敗秦軍。

形勢很危急，章邯只好再一次派人去見項羽希望能夠訂立合約。因為糧草不足，項羽這一次答應了章邯訂立合約的要求。

雙方約好日期之後，決定在桓水南岸的殷墟會晤。合約定好之後，章邯見到項羽，忍不住流下眼淚，哭訴趙高對自己的不信任和迫害，項羽聽了之後也是感慨萬千，當時就封章邯為雍王，就在項羽軍中效力。隨後司馬欣被任命為上將軍，歸順的秦軍由他統領，並擔任攻打咸陽的先鋒部隊。

各路諸侯的軍隊大部分都是起義的農民，很多都受過徭役之苦，還曾被派往邊疆，路途中，秦軍對他們打罵無常。現在他們投降了，諸侯的士兵們就趁此機會侮辱使喚秦軍。

等到了新安縣的時候，秦軍就開始私下議論：「章將軍帶我們投降了，能入關滅秦當然很好，但是如果不能進入關內消滅秦國的話，諸侯的軍隊就會把我們作為俘虜帶回關東，秦朝就會殺掉我們的家人，到時候該怎麼辦？」

他們的這些議論被諸侯軍的將領得知後報告給了項羽，項羽和眾人一商量，也擔心降軍中有人不服，恐怕會臨陣倒戈，那樣是很危險的。所以連夜將投降的二十萬秦軍活埋了，只帶著章邯、司馬欣、董翳等進入秦朝的土地。

鴻門宴

項羽帶兵一路向西前往函谷關。誰知道函谷關卻關門緊閉，不讓進出。項羽派人一打聽，才知道是劉邦已經佔領了關中之地，不讓外人進出。項羽很生氣，當即就派當陽君等人去攻打函谷關。項羽攻下了函谷關，又一路西行，將大軍駐紮在了新豐、鴻門一帶。這個時候，劉邦的軍隊在灞上。

劉邦的左司馬曹無傷覺得自己的主公怎麼都不是項羽的對手，心裡就盤算著去投奔項羽。他偷偷派人過去跟項羽說：「劉邦想要在關中做老大，他已經把秦朝留下來的財寶都據為己有了。」項羽一聽大怒，當即就想要去攻打劉邦。當時的情況是，項羽有四十萬的軍隊，劉邦則只有十萬人，項羽佔據優勢。項羽的謀士范增也很同意攻打劉邦，他對項羽說：「劉邦在山東的時候，就是一個流氓，貪財還好色；誰知道進了關中，什麼財產也沒有搶，也沒有親近女色，從這就可以看出他是一個有著大志向的

人。這樣的人絕對是一個對手，還是早點除去為好。」

當時張良在劉邦手下做事，張良曾經救過項羽的叔叔項伯的命，項伯得知項羽要誅滅劉邦的消息後，十分擔心張良的安危，在晚上偷偷跑到了劉邦的軍營中去見張良。張良聽完事情的原委後，對項伯說道：「現在事情緊急，我不能逃走，一定要先去告訴沛公。」於是張良就去見劉邦，把項伯說的情況又複述了一遍。劉邦聽後大驚，對張良說道：「請先生去把項伯請來，我要像對待兄長那樣對待他。」於是張良又去叫來了項伯。劉邦一見項伯，立即端著酒杯去敬酒，恭恭敬敬地說道：「我自從進到關內一來，一向是秋毫無犯，把所有的財富都封存起來，就是為了等待項將軍的到來啊！至於封鎖了函谷關，那也只是為了保證關內的太平而已。我對項將軍絕對是忠心耿耿的，怎麼可能會造反呢？還請您回去一定替我辯解辯解。」接

著，劉邦又趁機跟項伯結成了兒女親家。項伯說道：「我回去一定勸勸項羽，但是您明天最好能自己親自去一趟道個歉。」劉邦答應了。

項伯回到軍中後，將劉邦的話都告訴了項羽，又勸項羽說：「如果沒有劉邦，我們又怎麼會如此輕易地進入函谷關呢？現在人家有了功勞，您不但不獎賞人家，反而要殺人家，這要是傳出去，肯定會被天下人所不齒的。還是讓他明天親自過來一趟，大家把話說清楚以後再做決定。」項羽覺得項伯的話有道理，於是就答應了，傳令下去說明天不開戰。范增聽說後又趕來見項羽，詢問是什麼情況。項羽把明天劉邦要過來的消息告訴了范增，范增建議項羽在酒宴中殺了劉邦，項羽同意了。

到了第二天早上，劉邦果然來了，還帶著張良、樊噲等一幫親信。見到項羽後，劉邦又不住訴說自己的無辜：「我當初跟將軍您一起攻打秦國，將軍您在河北作戰，我在河南，實在是沒想到我竟然能夠僥倖先進入了咸陽城。但我對您的忠心蒼天可表，一定是有什麼

可惡的小人亂嚼舌根，才令我們二人生了嫌隙。」項羽回答道：「還不是你沛公的左司馬曹無傷，如果不是他來跟我說，我又怎麼會這麼做。」說完客套話後，雙方謙讓著入了席，項羽和項伯面朝東坐，范增面朝南坐，劉邦面朝北坐，張良面朝西坐。酒席期間，范增使了好幾個眼色給項羽，示意他殺了劉邦，怎奈項羽都裝作沒看見。

范增見項羽優柔寡斷下不了決心，就找了個藉口出去見項莊。他對項莊說：「大王為人心太軟，你現在藉口舞劍助興，趁機把劉邦殺掉。劉邦不死，我們就不得安生。」於是項莊進到營中，先是敬了一圈酒，又對項羽說：「大王跟沛公在一起喝酒，軍營裡實在沒有什麼可以娛樂的，不如我來舞劍給大家看吧。」項羽答應了。項莊於是拔劍起舞，幾次都差點殺了劉邦。坐在旁邊的項伯看出了眉目，於是也站起來拔劍起舞，處處阻撓項莊。

坐在旁邊的張良此時也看不下去了，連忙出去找樊噲。樊噲看見張良後詢問裡面的情況，張良跟他

一一都說了，樊噲聽後很生氣地說道：「人為刀俎，我為魚肉。我要進去救沛公。」說完拿著劍盾就往裡衝，站崗的士兵都阻攔不了他。樊噲進到營帳後，面朝西站好，怒目而視項羽，眼珠都好像要裂出來一樣。項羽見闖進來一個陌生人，立刻挺直了身體、手握腰間的寶劍問道：「你是什麼人？」跟在後面的張良說道：「他是沛公的侍衛，叫樊噲。」項羽見樊噲氣度非凡，心裡也十分敬重，於是說道：「真是一位壯士啊！賜給他一杯酒喝。」樊噲說道：「有酒怎麼能沒有肉？」於是項羽又命人給他切了大半塊生豬肉。樊噲將盾牌擱在地上，然後把豬肉擺在盾牌上，拔出腰間的劍就切著吃了起來。沒一會就吃完了。項羽很高興，又問道：「壯士還可以再多喝幾杯嗎？」樊噲冷冷地答道：「我死尚且不怕，又怎麼會怕喝幾杯酒。之前秦國那麼殘暴，殺人成性，鬧得天下都不太平，所以天下的百姓都背離了他們。楚懷王曾經跟諸位將軍約定，誰先進入咸陽城，誰就是關中王。現在沛公先進來了，他不但沒有以

關中王自居，反而把一切都收拾妥當，日夜等待將軍您的到來。如此大的功勞，您不但不獎賞，反而還要率兵攻打他，您這是在走秦國滅亡的老路子啊！實在是太不應該了。」項羽被樊噲這番話說得是啞口無言，只是訕訕地說道：「壯士坐下吃肉、喝酒。」樊噲於是挨著張良坐了下來。

沒過一會，劉邦藉口上廁所，偷偷把張良和樊噲也叫了出來。劉邦說：「現在如果偷偷跑掉的話，就沒辦法告辭了，該怎麼辦呢？」樊噲說道：「成大事者不拘小節，現在我們就是人家案板上的肉，只有任人宰割的份，不逃還等什麼？」張良問道：「您出來的時候帶什麼禮物沒有？」劉邦答道：「我準備了一雙白璧想要獻給項羽，還有一對玉斗想要給范增。現在他們正在氣頭上，我也沒敢說。不如你替我給吧。」於是劉邦就這樣在樊噲的護衛下溜回了灞上。

張良估摸著他們已經回到了營中，這才慢吞吞地回到項羽那裡道歉說：「沛公不勝酒力，又怕惹大王生氣，已經先回去了。他走之前

交待我將這雙白璧獻給您，還有一雙玉斗，是給亞父的。」項羽接過了玉璧，放在了桌子上，范增卻將那對玉斗狠狠地摔在了地上，氣憤地說道：「豎子不堪與謀，將來奪取項羽天下的人，肯定是劉邦！」

劉邦一回到軍中，立刻下令誅殺了曹無傷。

西楚霸王

鴻門宴之後，項羽繼續帶著軍隊往西行。項羽進入咸陽城後，先是殺了已經投降了的秦王子嬰，接著又下令屠城，秦宮裡所有的金銀財寶都被搶奪一空，就連宮女都被抓來任士兵凌辱。搶完後，項羽又一把火燒了著名的阿房宮，大火一直燒了三個月。

有人建議項羽道：「關中這個地方，土地肥沃，資源豐富，易守難攻，是稱霸天下的基礎所在，您為什麼不在這裡建都呢？」項羽看著已經被自己燒得面目全非的咸陽城，再加上思念故鄉，沒有接受這個建議，對那個人說道：「如果一個人發達了卻不回到故鄉去，這就好比是在黑夜裡穿著一件華麗的衣服去招搖，不會被大家看見，也得不到讚美，這樣有什麼意思呢？」

提建議的人聽項羽這麼一說，心中對他大為鄙夷，對別人說道：「項羽這個人看起來很厲害，其實沒什麼大志向，不過是一隻戴了帽子的猴子，就算看起像是人，本質上也只是一隻猴子而已。」這話被項羽得知後，他十分氣憤，立刻命人將他殺了。

這個時候，項羽才想起來給楚懷王報告咸陽城裡的情況。楚懷王也知道自己的地位，只是說道：「就按項將軍的意思辦吧。」項羽手握重兵，實際上已經成為了真正的天下霸主。

項羽心裡打算自己稱王，於是決定將楚懷王尊為義帝，又將自己手下的有功之人都封了王，並說道：「天下最初開始反抗暴秦時，都是暫時立了六國王室的後人為

一次讀完史記故事

王，這樣做的目的是想要能夠凝聚人心。這幾年下來，天下之所以能夠平定，還是靠著我們這些人一刀一劍打下來的。我們辛辛苦苦打下來的江山，當然應該自己享受，大家覺得是不是這個道理？」下面的人都紛紛贊同，於是項羽就大肆封王。

項羽心裡最忌憚的人還是劉邦，按照之前的約定，他應該封劉邦為關中王，可是關中是塊寶地，給了劉邦無異於放虎歸山，可是如果不封，又會背上一個不講信譽的罵名。項羽和范增想來想去，想到了一個辦法，他們認為，巴蜀這兩個地方，現在都住著先秦的人，勉強算是關中的地盤，而且這兩個地方地勢險峻，把劉邦封到那裡去，也算是兌現了承諾，還免除了後顧之憂。於是將劉邦封為了漢王，將都城建在了南鄭。為了防範劉邦，項羽又將關中的地盤劃分為三部分，分別封給了秦朝的三個降將：封章邯為雍王，統轄咸陽以西的土地，建都廢丘；封司馬欣為塞王，治理咸陽城以東到黃河邊上的地盤，都城建在櫟陽；董翳被封為翟

王，管轄上郡，都城在高奴。他們三個人還有一個任務，就是監視劉邦，阻擋他東進的道路。

之前的魏王魏豹被項羽改立為西魏王，治理河東，建都在平陽。韓王成仍然住在老地方，都城在陽翟。項羽又將趙王歇改立為了代王。趙國大將司馬卬因為立有戰功，被封為了殷王，統領河內，建都朝歌。趙相張耳一向名聲很好，又跟隨項羽一塊入關，因此也被封為了常山王，封地在趙地，都城在襄國。張耳的寵臣瑕丘申陽，因為率先攻下了河南郡，又在黃河邊上迎接過楚軍，被立為河南王，都城建在了洛陽。鯨布戰功顯赫，被立為九江王，建都六縣。吳芮被封為衡山王，建都邾縣。共敖被封為臨江王，建都江陵。項羽還改立燕王韓廣做了遼東王，而將燕將臧荼立為了燕王，建都在薊縣。齊王田市也被改立為膠東王，而原來的齊將田都則被立為了齊王，建都臨淄。田安因為在項羽渡河攻趙時帶領自己的軍隊歸順了項羽，被封為濟北王，建都在博陽。田榮因為多次背叛了項梁，又不肯跟隨楚軍一起攻

打秦軍，所以不被項羽喜愛，項羽只封了他三個縣的地盤。而吳芮的部將梅宣因為戰功多，也被封為了萬戶侯。

封完別人後，項羽開始研究該給自己安個什麼名號。因為他決定要回江東，而自己的祖上一直都是楚國的大將，所以肯定要有個楚字，但如果只是叫楚王，又和其他的諸侯王顯示不了區別，再加上他覺得自己戰功卓著，勇氣無敵，所以最後想出了西楚霸王的名號。項羽自封西楚霸王，統治楚地的九個郡，建都在彭城。

項羽雖然暫時平定了天下，但是他沒有一點政治智慧，分封諸王也只是憑著自己的一時喜惡，所以這就為以後的動亂埋下了伏筆。

楚漢相爭

西元前206年，項羽分封了諸侯王，有的歡喜有的憂，封了王的也不是全都高高興興的，也有對自己的分封不滿意的。只是滿意的不滿意的都沒辦法，均前往自己的封國就位去了。

西楚霸王項羽出關回國，義帝還在彭城，他可不想和這個主子在一起。於是項羽找了個藉口，說是自古以來所有的帝王都是依水而居，而且都是住在水流的上游，就派人強行把義帝給遷往長沙的郴縣去了。那些追隨義帝的大臣們自然不同意了，可是也無可奈何，於是就想聯絡各地的諸侯反叛項羽。項羽知道了，就下達了密令派人把義帝和追隨他的大臣們一起殺死在大江上了。

過了一段時間，項羽召見韓王。因為韓王來晚了幾天，項羽就把他給殺了。燕王臧荼到了封國，馬上驅逐了遼東王韓廣，兼併了遼東的土地。

齊將田榮覺得不公平，論戰功，他也應封王。只因他不順從項羽的意圖，所以就沒有被封王。況且西楚霸王項羽剛封完王，就開始不履行諾言。田榮越想越氣，乾脆

一次讀完元史記故事

糾集力量，起兵反叛項羽。他首先率兵擊敗了齊王田都，又南殺了膠東王田市，又向西進攻殺了濟北王田安，吞併了三齊的封地，自稱齊王。

田榮以齊王的名義任命彭越為將軍，讓他在梁地反擊項羽。這時，陳餘派人來見田榮說：「項羽自稱西楚霸王，主持分封，但是他一點也不公平，他把原來的諸侯王的封地分給自己的親信大臣，而把諸侯王改封到貧瘠的地方。現在您的軍隊開始反擊楚軍，我也想加入反對楚國的隊伍中，希望您能給我一支軍隊，讓我去攻打常山，奪回我原來的趙國封地，那時趙國就是齊國的屏障了。」田榮馬上答應了陳餘的請求，並給了他一支軍隊。陳餘打敗了常山王張耳，張耳只好逃往漢中，歸附了漢王劉邦。陳餘將趙王接回趙國，趙王不勝感激，就封陳餘做了代王。

此時，漢軍已經明修棧道、暗度陳倉了。劉邦率軍原路返回了關中，不久平定了三秦。項羽聽說劉邦已經吞併了關中所有的地區，並將要東進，而且齊國和趙國又背叛

了楚國，項羽非常生氣，於是任命鄭昌為韓王，讓他先去抵擋漢軍。劉邦就派張良去攻打韓地。張良給項羽送去一封信說：「漢王的封地應該是整個關中地區，您封給漢王的土地遠遠不夠。除非您履行『誰先入關中，誰就是關中王』的約定，否則漢王若想要得到關中，就只好自己奪取了。」同時送給項羽的還有齊國和梁國聯合反抗楚國的書信。項羽看了以後，就放棄了西進攻打劉邦的計畫，回頭向北先攻打齊國。隨後，項羽派人向九江王黥布調軍隊。但是，黥布不願意親自去，就說自己患病了。於是，項羽只好命手下率領幾千人前往，並且非常憎恨黥布。

西元前205年的冬天，項羽向北攻打到城陽，並打敗了前來決戰的田榮。田榮只好逃到平原，結果被平原的百姓給殺了。項羽活埋了田榮手下投降的全部士兵，接著北進。楚軍一路燒殺擄掠的行為激起了齊國人的反叛。田榮的弟弟田橫收集了齊軍逃散的士卒共有幾萬人，在城陽反擊楚軍。因為戰敗就會被活埋，所以人人奮勇當先，

項羽與田橫交戰多日，還是打不下來。

西元前204年的春天，漢王劉邦聯合了五個諸侯國的兵馬，共五十六萬人，向東進兵討伐楚國。四月的時候，劉邦率軍攻入彭城，搶奪財寶和美人，並且每天大宴賓客。項羽知道以後，就命手下的將領攻打齊國，而他自己則率三萬精兵向南從魯縣穿過胡陵襲擊劉邦。項羽清晨就引兵西行奔向蕭縣，邊攻打漢軍邊東進。中午時分，楚軍已經打到彭城了。漢軍潰敗而且四處逃散，死傷十萬餘人。於是，漢軍向南逃入山中，楚軍又追到靈壁東面的睢水邊上。楚軍步步緊逼，漢軍不停地後退，漢軍士卒十餘萬人都掉進睢水，睢水都堵塞得流不動了。不久，楚軍就圍困了漢王。

這時，西北方向吹起了大風，樹木被折，房屋被毀。一時間，天昏地暗，飛石吹向楚軍。受此影響，楚軍陣腳大亂。就這樣，劉邦才帶著幾十名騎兵衝出重圍。劉邦本想帶人取道沛縣，攜帶家眷向西逃亡。不料，項羽也追到了沛縣，並且抓了劉邦的家眷。劉邦在路上遇見了兒子劉盈和女兒劉樂，就把他們帶上車一塊西逃。楚軍騎兵追趕漢王，情急之下劉邦幾次把劉盈和劉樂推落車下。滕公夏侯嬰每次都下車把他倆重新扶上車，這樣推下扶上有好幾次。滕公對漢王說：「再危急，也不能把他們扔掉不管呀。」因此，這兩個孩子才脫離了危險。審食其跟著劉太公和呂后從小道逃走，也不停地找尋劉邦。哪知他們卻遇到了楚軍，就被楚軍俘虜了。

此時，呂后的哥哥領兵駐紮在下邑，劉邦就決定前去投奔。劉邦還一路上收集散兵，各路的殘兵都彙集到了滎陽，劉邦的勢力也變大了。不久，劉邦就率京邑、索邑之間的地方軍戰敗了楚軍，使楚軍不敢向西進攻。

項羽回兵去援救彭城的時候，田橫趁機恢復了齊地，立田榮的兒子田廣為齊王。就這樣，得知劉邦彭城戰敗的消息以後，各個諸侯都歸順了楚而背叛了漢。

一次讀完史記故事

鴻溝劃界

西元前204年，劉邦駐守滎陽。為了奪取敖倉的糧食，劉邦命人修築了和黃河南岸相接的甬道。項羽多次派兵侵奪漢王的甬道，漢王糧食缺乏。劉邦心裡恐慌，就想講和，以得到滎陽以西的地盤為條件。本來項羽想接受這個條件。但曆陽侯范增說：「現在正是消滅漢王劉邦的好時候，如果現在把他放走，以後您必定會後悔。」項羽立刻包圍了滎陽。

劉邦當然很擔心，這時謀士陳平就獻策挑起項羽和范增之間的矛盾。項羽派使者到了劉邦的軍中，劉邦命人備好了酒菜。劉邦端起酒杯剛要獻酒，但見到使者就放下了。劉邦故作驚訝地說：「我以為是亞父范增的使者呢，原來是項羽的使者啊。」很快劉邦就命人撤走了酒菜，並端上很差的飯菜給使者。使者將這些事情告訴了項羽，項羽很生氣。隨後，項羽竟然相信范增暗中勾結劉邦，就奪了范增的權，也不再相信范增了。范增非常

氣憤，說：「天下事大局已定，希望您讓我把這把老骨頭帶回家鄉吧。」項羽同意了。於是，范增就起程趕路了。但不幸的是，范增還沒有到達彭城，就因脊背的毒瘡發作而死了。

漢將紀信對劉邦說：「現在情勢十分危急，只有讓我裝作大王您欺瞞楚兵了。而您則趁機逃走，日後東山再起。」於是，紀信連夜率領兩千身披鎧甲的士兵，使用漢王的儀仗隊走出滎陽的東門，去向項羽詐降。紀信命人對項羽說：「早就沒有糧食了，漢王就決定投降。」楚軍一起歡呼起來。劉邦趁機帶著幾十名騎兵從城西門逃走了。項羽仔細看清了是紀信而不是劉邦，就大怒問：「劉邦呢？」紀信從容不迫地說：「漢王已經出城走了。」項羽大怒就把紀信燒死了。於是楚軍攻佔了滎陽城，並殺了守城的將士。

劉邦逃出滎陽以後，就向南逃到宛縣、葉縣。途中，劉邦遇到九

江王黥布。於是，劉邦一邊前行，一邊收集散兵。不久，劉邦再次進入成皋，並駐守在那裡。

西元前203年，項羽進兵包圍成皋。劉邦一看抵擋不住，乾脆棄城逃走，一個人帶著滕公夏侯嬰出了成皋北門，渡過黃河，逃向修武，去投奔淮陰侯韓信的部隊。將領們也紛紛逃出成皋，並跟隨劉邦。不久，劉邦得到淮陰侯韓信的支援，就在黃河北岸駐守了。項羽攻下成皋以後，打算繼續西進。不料，劉邦又派兵在鞏縣反抗楚軍，並截斷了楚軍西進之路。

這時，彭越渡過了黃河，並在東阿等地反擊楚軍。不久，彭越殺死了楚將薛公。於是，項羽就親自率兵東進攻打彭越。隨後，劉邦派劉賈支援彭越，並命人燒毀了楚軍的糧草。然後項羽繼續東進，戰敗了劉賈，擊退了彭越。劉邦就率領部隊渡過黃河，攻佔了成皋，並在西廣武紮營，就近取食敖倉的糧食。項羽基本平定了東方，然後掉轉頭來西進。

不久，項羽在東廣武與漢軍隔著廣武澗駐紮下來。兩軍各自堅守，一直持續了好幾個月。

這時，彭越幾次往返梁地，並阻斷了楚軍的糧道。為此，項羽十分憂慮。他把劉邦的父親劉太公押到陣前，並大聲喊道：「如果劉邦不儘快過來決戰，我就把劉太公烹殺了。」劉邦聽到以後，心裡又氣又急。劉邦無奈，把心一橫，並回答道：「我和項羽曾共約為兄弟，我的父親不也是你的父親嗎？如果你想烹殺我們的父親，也請分一杯羹給我吧！」項羽大怒，馬上下令要烹殺了太公。這時，項伯勸解道：「劉邦想奪取天下，而奪取天下的人是不會顧及親人的。所以，劉邦才不會在意父親的死活。因此，就算我們殺了劉太公，也不會有什麼好處，更何況殺人父母有可能會激起很多的反抗。」項羽也不想破壞自己的英雄形象，就接受了項伯的建議。

無奈之下，項羽就從正面向劉邦挑戰了。項羽派使者向劉邦下了戰書：「最近幾年以來，天下一直動盪不安，紛爭不斷，民眾餓殍遍地，這都是由於我們兩人的爭戰。因此，我建議我們兩人按照楚人古

代尚武的精神，進行單打獨鬥來決定勝負。這樣，就不會讓天下人為我們遭受顛沛流離的痛苦了！」顯然，憑個人勇武的本領，劉邦根本打不過項羽。所以劉邦絕對不會中計，只是笑著要使者回去傳話：「我崇尚智鬥，而不是武鬥。」項羽多次派人出城挑戰，但都被劉邦手下的勇士射死。但是劉邦就是堅守城池，不出城迎戰。後來，項羽要求和劉邦對話，劉邦就選擇在廣武澗東西兩邊與項羽對話，劉邦以為有廣武澗相隔，自己一定安全，不想談了幾句，項羽抬手一箭射中了劉邦，劉邦趕緊跑進成皋。

這期間，淮陰侯韓信已經攻克了河北，打敗了齊、趙兩國，而且正準備向楚軍進攻。項羽只好派龍且前去迎擊。不久，淮陰侯韓信和灌嬰戰敗了龍且。隨後，韓信就自立為齊王。項羽得知龍且被殺以後，就派盱台人武涉去誘降韓信，勸他聯楚背漢，並將與楚漢三分天下。但是，韓信不聽。於是，項羽只好對海春侯大司馬曹咎等人說：「你們先死死守住成皋，千萬不要讓漢軍東進。假如漢軍挑戰，也一定不要和他們交戰。十五天之內，我一定會殺死彭越，平定梁地，回來再跟你們會合。」然後項羽帶兵向東出發，一路上攻打陳留、外黃等地。

項羽攻破外黃以後，就下令把十五歲以上的男子全部趕到城東去，並要活埋了他們。外黃縣令門客十三歲的兒子去勸諫項羽。他對項羽說道：「彭越憑藉武力威脅外黃，外黃人害怕，所以才暫且投降。其實我們是為了等待大王您啊。現在大王您來了，卻又要全部活埋百姓，百姓怎麼還能歸順您呢？從這往東，梁地十幾個城邑的百姓都會害怕您，也就沒有人願意歸順您了。」於是，項羽才就釋放了要活埋的那些人。接著，項羽向東進攻睢陽縣，睢陽人聽到這個情況後，就立即歸順了項羽。

項羽走了以後，漢軍果然向楚軍挑戰，楚軍堅決不出戰。劉邦就派人去叫罵他們，連續五六天。大司馬曹咎終於忍不住氣憤，就派兵渡過汜水。楚軍剛渡過一半，漢軍就出擊了，楚軍大敗。大司馬曹咎、長史董翳、塞王司馬欣等都在

汜水邊上自盡了。在睢陽的項羽聽說楚軍戰敗，就急忙帶兵往回趕。當時，劉邦正命人圍困楚將鐘離昧。項羽剛到，漢軍就全部逃到附近的深山中，堅決不和項羽作戰。

此時，漢軍糧草充裕，士氣大盛；楚軍則士氣低落，糧草瀕臨斷絕。這時，劉邦又封英布為淮南王，命英布在楚地夾擊項羽。然後，劉邦讓燕人派騎兵作戰。為了能夠救回父親太公，劉邦派侯公去遊說項羽。劉邦說想和項羽共用天下，並約定鴻溝以西屬於漢，鴻溝以東屬於楚。項羽同意了，並放了劉邦的家眷，然後就率軍罷兵東歸了。

▌ 四面楚歌

項羽和劉邦劃定了楚河漢界之後，項羽就帶上他的隊伍東歸了，劉邦便也想撤兵西歸。張良和陳平勸他說：「現在一多半的天下都已經成為您的囊中之物，那些諸侯國又都依附於我們大漢，而項羽領導的楚軍早已筋疲力盡，這可是上天要亡他們楚國啊，不如乾脆將他們消滅了吧。現在放走項羽無異於放虎歸山啊。」劉邦心裡也覺得就讓項羽這麼走了有些不甘心，馬上就接受了他們的建議。

西元前202年，漢王劉邦追擊項羽的部隊一直追到了陽夏南部，劉邦讓部隊安營紮寨，並且和淮陰侯韓信、建成侯彭越約定了會師的日期，在那天共同攻打楚軍。到了約定的日期，漢軍來到了固陵，韓信和彭越卻沒有按期來和他會合，項羽率領的楚軍把漢軍打得落花流水。劉邦只得逃回營寨，挖掘壕溝，躲在裡面堅決不出來。然後他叫來張良，問道：「韓信和彭越是怎麼回事，說好了一起攻打楚軍的，他們怎麼可以不守信用呢。」張良說道：「楚國現在已經快被我們打垮了，韓信和彭越卻還沒有得到分封的地盤，所以他們不願意前來也怪不得他們。大王您如果可以和他們共分天下，那麼想必他們就

會馬上趕過來了；如果您不願意，那戰場上的形勢就難說了。您如果能把陳縣以東到海濱一帶的地方封給韓信，把睢陽以北到穀城的地方封給彭越，這樣一來他們就會為了維護自己的封地而戰鬥，就能夠戰勝楚軍了。」

劉邦同意了這個辦法，於是派出使者分別給韓信和彭越送信，說：「你們同我一起攻打楚軍，將楚軍打敗後，陳縣以東到海濱一帶的地方就是韓信的，睢陽以北到穀城的地方就是彭越的。」這二人一聽使者這麼說，馬上高興地調兵遣將去支援劉邦。韓信從齊國出發，劉賈也從壽春進發，二者的軍隊屠戮了城父之後到達了垓下。此時在楚軍之中，大司馬周殷叛離了項羽，以他的兵力屠戮六縣，並和韓信、彭越一起將項羽的軍隊牢牢地困在了垓下。

項羽被困，軍心不穩。他組織了一支人馬，想要衝出包圍圈。可是漢軍的各路人馬將垓下包圍得嚴密，殺退一批，馬上又一批迎上來；衝出了這一層，馬上又要面對第二層。項羽忙得焦頭爛額，根本沒有辦法突圍，只好重新回到垓下的大營中。他吩咐營中將士，小心防守，伺機再戰。然而他接連幾次率軍突圍都沒有成功，無奈之下只好按兵不動。劉邦的軍隊也多次進攻，可項羽也不是吃素的，將他們的進攻勢頭一次次壓了下去，一時間劉邦也沒辦法徹底消滅這支楚軍。

只是，這幾場小戰鬥打下來，項羽的楚軍是越來越少了。他們被困這麼多天，糧食也漸漸地吃完，士兵們又餓又累，早就沒有了鬥志，楚軍的軍心開始動搖。這時，韓信讓漢軍蒸好饅頭做好飯菜，對著楚軍呼喊勸降。在食物的誘惑下，楚軍的士兵有些就按耐不住了，偷偷逃到了漢軍的隊伍中。韓信用好吃的好喝的款待了這些人，等他們吃飽喝足之後，韓信讓這些人教漢軍唱他們楚地的歌曲。劉邦不知道韓信的用意，問他為什麼要這麼做，韓信詭秘一笑，只說自有用途。同時，他還停止了對楚軍的進攻。

幾天後的一個深夜，韓信將這些會唱楚歌的漢軍全都集中在

一起，讓他們唱起了楚歌。靜謐的夜晚中，被包圍的項羽眾將士只聽得西風吹著草叢呼呼直響，似乎還夾雜著嘈雜的人聲。項羽側耳細聽，好像是從漢軍的大營傳過來的歌聲，而且還都是楚歌。項羽愣住了，心想，難道劉邦已經佔領了楚地，不然怎麼這麼多人都在唱楚歌呢？他起身巡視大營，只見他的將士們也都醒來了，都在傾聽這家鄉熟悉的聲調。楚軍個個又餓又累，又聽到這淒婉的歌聲，不由得都思念起家中的親人來，痛哭流涕，跟著唱了起來。

項羽看到這景象，自知無力回天，心煩意亂的他也無心睡眠，便叫來自己的心腹大臣，和自己的妃子虞姬一起在帳內飲酒解煩。虞姬才貌雙全，是個善解人意的女子，她仰慕項羽的蓋世風華，便嫁與項羽為妻。虞姬不光貌美，她的舞姿也是楚楚動人，舞起劍來更是凌厲嫻熟，身姿輕盈如水，頗有巾幗不讓鬚眉之意。項羽寵愛他，行軍作戰的時候也會帶著她。幾杯酒下肚，項羽想起過去的自己，他的寶馬烏騅載著他肆意地奔跑在戰場

上，他的虞姬在他征戰後會為他舞劍祝賀；而現在，他大勢已去，被圍在敵軍陣中，連飯都吃不上一口。項羽心如刀絞，他沒什麼可留戀的，只是覺得自己連累虞姬跟著自己一起受苦。這個在戰場上叱吒風雲的西楚霸王，在此時流露出了兒女情長、英雄氣短的感歎，他悲傷地唱道：「力量可以將大山拔起來啊，英雄的氣概真是舉世無雙！無奈時運不濟啊，騅馬也不再向前闖了！騅馬不向前闖了，我該怎麼辦啊！虞姬啊虞姬，我該拿你怎麼辦呢？」

虞姬拔劍起舞，以歌應對項羽道：「漢軍已經攻下城池了，這四面傳來的都是楚地的歌聲。大王您意氣風發，只是英雄氣短，您讓我怎麼活下去？」唱完後就拔劍自刎。虞姬意在了斷項羽的後顧之憂，讓他拋棄兒女情長，也許還能逃出生天。項羽痛失愛妃，倉促之間只能流著眼淚匆匆掩埋了她。身後的兵士們看到這幅場景，不由得紛紛落淚。掩埋了虞姬之後，項羽帶殘餘的八百多士兵，騎上烏騅馬向南衝去，想趁夜突破重圍。

烏江自刎

項羽跨著烏騅戰馬，率領著部下八百名壯士組成的隊伍，當晚從南面突出重圍，趁著夜色往東南方向一路奔逃而去。天亮的時候，漢軍察覺項羽已經逃走，連忙報告給了漢王劉邦。劉邦命令騎兵將領灌嬰率領五千騎兵追趕項羽，可因為項羽神勇，將軍們都有些畏懼他，並不願意和他正面作戰。為了能夠一戰殺死項羽，劉邦許諾道：「不管是誰，只要能殺了項羽，我就把項羽的楚國封地給他，並封他為諸侯王。」這一下，將士們個個奮勇爭先，一路追殺項羽。等到項羽渡過淮河時，能跟上項羽的騎兵也就只有一百多人了。

逃到陰陵的一個路口，項羽迷路了。他看到一個莊稼人，便上前問他走哪條路可以到彭城。此人看出來來者就是西楚霸王項羽，不願意幫他，就給他指了一條錯誤的道路，讓他往左邊走。項羽帶著這一百多人匆匆向左逃去，可是越跑越不對勁，到後來他們的面前出現了一片沼澤地。項羽這才知道自己受騙了，急忙調轉馬頭，沿著來時的路退了回去。這時，漢軍已經追了上來。

項羽慌忙又往東南跑去，他帶領的士兵們在路途中死的死，傷的傷，到了東城（今安徽定遠縣東南），項羽停下來清點了一下人數，已經只剩下二十八個騎兵了。漢軍看到項羽止步，立即從四周包抄上來。項羽仍然沒有服輸，他要想盡辦法脫身。他對這二十八個人說：「從我領兵起義到現在已經八年了，我打了七十多次仗，我抵擋的敵人都會被我打垮，我攻擊的敵人沒有不投降服從我的。我從來沒有失敗過，所以才能稱霸，佔據天下三分。今天被困在這裡，這是天要亡我，並不是我作戰指揮上出了錯。今天，我是要決心戰死於此。我願意讓諸位再打一次痛快的仗，一定能勝他們三個回合，為你們衝破重圍，斬殺漢軍，砍倒他們的軍旗，讓諸位知道，這次確實是天要

亡我，不是我的戰術出了錯。」

項羽將這些人分為四隊，從四個方向分別突圍。項羽對他們說：「看我先為你們拿下一員漢將！」他率先領著自己這一隊騎馬飛奔，所到之處漢軍成片倒地潰敗，他一刀就殺掉了一員大將。漢軍的騎將，赤泉侯楊喜緊緊地追趕著項羽，項羽回頭瞪著眼睛厲聲呵斥他，把楊喜嚇得連人帶馬都退後了好幾步。第一次衝殺過後，項羽和他的騎兵在事先約定的地點匯合，漢軍不知道項羽的去向，重新整頓了部隊再次包抄上來。項羽策馬衝出去，一舉斬殺了一名漢軍的都尉，然後殺掉了百八十名漢軍。楚軍再次匯合的時候，他們只損失了兩個人。

項羽豪邁地問道：「怎麼樣？」楚軍們不無敬佩地說：「大王您果然神勇，無人能敵啊。」項羽終於衝出了漢軍的包圍，帶著剩下的這二十六個人向南繼續逃跑，一直逃到了烏江（今安徽和縣東北）。

烏江的長亭處，有一隻小船正停泊在岸邊。亭長勸項羽趕快渡江，他對項羽說：「江東雖然很小，但是土地縱橫也各有一千里，人民也有幾十萬人，足夠你稱王了。大王快快渡江吧！趁著我這裡有船，他們也還沒有追過來，不然等下您就沒法脫身了。」

看著烏江的浩瀚水面，項羽頓生窮途末路的感覺。他蒼涼地一笑，說道：「天要亡我，我又何必渡這烏江！再說了，當初我率領江東八千弟子渡江作戰，如今卻只有這二十幾人回來，即使江東的父老鄉親們疼愛我讓我做了王，我又有什麼臉面去面對他們呢？即便他們理解我，不指責我，可我心裡難道能沒有一點愧疚嗎？」他轉身看著亭長，說道：「您是位忠厚的長者，我的這匹馬和我一起征戰這麼久，曾經日行千里。它是匹好馬，我不忍心殺死他，現在就把它送給您了。」他將馬匹送給亭長，然後和二十六名兵士全都跳下馬來，跟圍攻過來的漢軍們開始了肉搏。他們斬殺了數百名漢軍，項羽的兵士們一個個倒下，他自己身上也多處負傷。

這時，一員漢將衝了上來，

一次讀完史記故事

項羽一看，這個人就是自己當年的舊相識呂馬童，此時的呂馬童已經是劉邦手下的軍騎司馬了。項羽出言詢問：「你不是我的老友呂馬童嗎？」正在奮力殺敵的呂馬童看到項羽，馬上指著他說：「他就是項羽！」項羽笑著，說道：「我聽說，漢王許諾你們黃金千兩，還有豐厚的封地來讓你們拿下我的腦袋，我就將這份好處送給你得了。」說完，項羽揮劍自刎，一代英雄就此隕落！

漢軍蜂擁上來哄搶項羽的人頭，在混亂之中漢軍互相踩踏而死和自相殘殺而死的有幾十個人。最後，漢王王翳奪得了項羽的人頭，楊喜、呂馬童、呂勝和楊武這四個人分別爭得了項羽軀體的一部分。劉邦履行了之前的諾言，將項羽的封地分為五個部分，分別封給了這五個人。

在項羽死後，楚人很快就臣服了劉邦，只有魯地的人感念於項羽曾經的仁義，不願意向劉邦投降。後來，劉邦讓人將項羽的頭顱送到魯地，並且按照魯公的禮儀安葬了項羽。魯地人痛苦地祭祀之後，才歸順了劉邦。

接著，劉邦便開始了在全國範圍內的征戰，最終統一了全國，建立起大漢王朝。

高祖本紀

劉邦娶妻

劉邦出生於西元前247年，是沛郡豐邑縣中陽里人。西元前247年，秦國莊襄王駕崩，秦王嬴政繼承帝位。而這時，沛郡仍在楚國管轄範圍之內，故此劉邦是楚國人。在古代的時候，人們常以伯仲叔季依次稱呼同一家中的兄弟們。劉邦排在第四，因此被稱為劉季。

就在劉邦出生的當天，豐邑中陽里與劉家世代交好的盧家也增添了一名男丁，即後來的盧綰。兩家在同一天都添了男丁，非常高興，打算好好地慶賀。而中陽里的鄉鄰們更是覺得這是一件值得慶祝的事，也幫助劉、盧兩家準備慶宴的事情。人們殺豬宰羊，大擺筵席，場面熱鬧非凡。這種場面在鄉里是極少見的，這也使劉邦的出生與他的兄弟們有些不同。故此，劉家上下的人都對劉邦青睞有加，非常寵愛劉邦。

劉邦容貌俊秀，鼻子挺拔，面相端正，脖子較長，寬闊的胸膛，脊背健碩，手腳較長並且迥然有

力。劉邦長相的這些特徵極其符合古代美男子的評判標準。由於高大挺拔，劉邦從眾兄弟中脫穎而出。劉邦在兄弟中排在末尾，所以他不用出力幹活，從小就沒有受過任何的苦。大家都很疼愛劉邦，經常給他零用錢。因此，劉邦經常會有不少的零用錢。每當劉邦外出的時候，劉邦就毫不吝惜自己的錢，得到了不少人的追捧。這樣一來，在許多同齡人的簇擁下，劉邦經常混跡於人多熱鬧的場合，經常在沛郡的縣城裡轉悠。

漸漸地，劉邦的朋友就多起來。而且劉邦為人豁達開朗，敢做敢當，贏得了不少人的好評。比如，沛縣的下級官吏都非常樂於和劉邦來往。甚至，沛縣的中上級官員也對他另眼相看，所有這些都使劉邦的人脈愈來愈廣。其中，就有兩個對劉邦後來成就霸業起到了非常關鍵作用的人，即蕭何和曹參。

蕭何受過很好的教育，擅長文辭。當時，蕭何擔任沛縣的主吏掾（即管理人事和文書）。蕭何為人溫文爾雅，善以寬容心對待他人。工作上，蕭何一絲不苟，善於言辭與克敵制勝。蕭何的這些優點，使得蕭何很受上級官員的青睞。蕭何一向很欣賞劉邦的氣魄；劉邦也很敬重蕭何，經常向蕭何請教問題。因此，兩人可以說是惺惺相惜。

當時，曹參擔任沛縣的獄掾（即管理縣裡製造麻煩的人）。曹參生性豪放，但也十分細心。劉邦樂善好施，對朋友沒有任何的偏私。而曹參也具有這些個性，因此曹參與劉邦甚是投緣。

由於蕭何和曹參的舉薦，劉邦在35歲時擔任了沛縣管轄下的泗水亭的亭長。當時正值秦始皇末年，社會局面再次不穩定起來。世事的紛亂極度地擴大了劉邦稱霸的野心。

劉邦志向遠大，立志要做出一番事業來。有一次，劉邦奉命押送犯人去咸陽。路上，劉邦恰好遇到秦始皇率眾遊玩。只見秦始皇乘坐著華麗的馬車，非常有威嚴，引來許多人駐足觀望。看到這兒，劉邦無比豔羨，就說：「這樣才是真正的大丈夫啊！」

當上亭長以後，劉邦的應酬也增加了，他常常和許多朋友去沛縣

縣城的酒館中飲酒。其中，劉邦最常去的是王婆婆的小酒鋪以及武大嫂的小酒鋪。劉邦的經濟也不是很寬裕，但出手大方，因此常常要賒帳。然而，這兩家酒鋪中的老闆卻十分歡迎劉邦，不在乎劉邦什麼時候還錢或是否還錢。因為，劉邦的口碑很好，認識的人也多。因此，許多認識劉邦的人也常常到這兩家酒館中喝酒。而這兩家酒館的生意也變得十分紅火，老闆也非常高興。每次年底時，這兩個老闆都會自願銷掉劉邦欠的帳單，以此希望劉邦來年能夠繼續捧場。

汝南地區單父縣中有位叫呂公的人，他出身於名門望族，與沛縣縣令有很深的交情。因為得罪了當地的豪族惡勢力，只好遷居到沛縣。由於呂公是縣令的貴賓，沛縣的大小官吏都想乘機結交認識他。

這一天，縣令特別幫呂公辦壽宴，想不到要來參加的人太多，宴席的座位不夠。為了避免擁擠，蕭何便把座位分成若干級別，並宣布賀金千錢以上者是貴賓，可進入內廳直接會見呂公，其餘的人就只能在外廳及前廳等待呂公出來和大家見面。

亭長官職低微，俸祿也不多，通常只能坐在外面等候。然而劉邦卻不在乎官位的大小，向來愛開玩笑的他，竟直接大方地走入內廳，並且大聲喊道：「賀金萬錢！」其實，劉邦身無分文，仍大膽要求拜見呂公。

呂公知道以後，非常吃驚，打量著劉邦，他禁不住為這位美男子的長相所震驚。於是馬上站起來，親自到門口迎接劉邦。原來呂公頗為精通相術（尤其面相更是當時識人的準則），一見到儀表非凡的劉邦，就為他的奇異相貌和驚人氣勢所折服。

隨後，呂公恭敬地把劉邦帶到內廳，還安排他坐在自己旁邊的位置（象徵著無比的尊貴）。按說劉邦應該感到受寵若驚，但奇怪的是，劉邦談笑自若，好像與呂公是相識很久的老朋友。在宴席上，呂公多次用眼睛暗示劉邦不要馬上離開。劉邦很快就明白了呂公的意思，因此直到宴席結束仍然沒有離開。許多人都認為劉邦是呂公的舊識，就沒有特別留意。但熟悉內情

的蕭何等人就非常不理解呂公的行為了。

　　宴席結束，所有的賓客都走了，只有劉邦還沒有走。呂公就把劉邦帶到後堂，向劉邦介紹呂夫人和女兒呂雉。後來，呂雉回避。呂公在夫人在場的情況下，對劉邦說：「我一直非常喜歡相術，尤其精於面相。我見過許多人的面相，沒有一個能和你一樣的。我希望你要看清自己的實力，並努力成就自己的一番事業。」停頓了一下，呂公接著說：「你已經見過我的女兒呂雉了，我想把她許配給你，成為你的妻子。」

　　這個呂雉當時正值青春年少，非常可人。三十多歲仍未婚配的劉邦馬上就答應了。此時，對劉邦沒什麼好感的呂夫人感到非常吃驚。並且，呂夫人全然不顧忌禮數地對呂公說：「你不是說我們的呂雉天生尊貴，絕對不可以隨便出嫁的嗎？前些時候縣令想把女兒納為妾，你也是堅決不答應。為此，你還得罪了縣令。可是，你現在怎麼把女兒嫁給劉邦呢？」

　　聽到這兒，呂公很生氣，他說：「這是我決定了的事，你一個婦人就不要管了。」

　　就這樣，呂雉嫁給了官職低下的泗水亭亭長劉邦。然而，我們不得不承認呂公的相術還是非常準的。劉邦日後果然尊貴無比，成就了一番霸業。而且，劉邦也沒有憑藉呂公的財勢起家。也許，呂公覺得劉邦需要好好地鍛鍊吧，沒有幫助劉邦什麼，也沒有給劉邦升職。古代講究出嫁從夫，因此出身尊貴的呂雉就跟隨劉邦回到了劉邦的老家，過著平凡的婦人生活。不久，呂雉就生了一男一女兩個孩子，即以後的孝惠皇帝和魯元公主。

▌ 揮劍斬白蛇

　　呂雉嫁給劉邦以後，就跟隨劉邦回到中陽里居住了。雖說呂雉出身高貴，看似柔弱的小女子，但骨子裡卻很堅強。深受呂公影響，

呂雉也覺得劉邦一定會飛黃騰達的。呂雉十分喜歡劉邦的大而化之的個性，毫不在乎跟著劉邦受苦。而且，為了劉邦，呂雉甘願從一個嬌滴滴的貴府小姐變為一個鄉村婦人。再說劉邦也非常喜歡呂雉，看到呂雉親自到農田裡幹活，更是心疼不已。因此，劉邦漸漸地收斂了以往的放浪不羈的壞習慣。不久，呂雉生下了兩個孩子。

有一天，呂雉帶著兩個幼小的孩子在田裡鋤雜草。有位過路的老翁緩緩走過來說：「夫人，可以給我點茶水喝嗎？」呂雉覺得這個老人十分勞累，不但給了他茶水，還把帶來的午飯分給了老人一些。正在吃飯的時候，老人十分吃驚地看著呂雉，並感歎道：「夫人的面相是非常尊貴的面相啊！」由於和父親常說的相同，呂雉深感興趣，就請老人也看看兩個孩子的面相。老人看到劉盈以後，更加驚訝地說：「從這個孩子的面相看來，夫人您以後的富貴，全靠這個孩子才會得到呀。」呂雉又請老人看看女兒劉樂，老人點頭說道：「也是貴人之命啊！」說完，老人就拿起拐杖慢慢地走了。

這天午後，呂雉就把老人的話告訴了劉邦。劉邦聽了十分驚喜，就馬上朝老人走的方向追上去。不一會兒，劉邦就看見一個年邁的背影。劉邦趕緊說：「老人家，請您留步！」老人轉過頭來，看了看劉邦面相。老人沒等劉邦說什麼，就驚歎著說：「剛剛我見到夫人和孩童的貴相，正在疑惑，原來是與您有關啊！您的面相非常尊貴，一般人是無法相比的。」劉邦聽了非常高興，就說：「如果我以後真像老先生說的那麼尊貴，一定不忘您的恩情！」後來，劉邦做了皇帝以後，就派人四處尋找這個老人，但無論如何也找不到了。也許正是這多次出現的「貴相」之說，才讓劉邦能堅忍不拔，愈挫愈勇，最後成就帝業。

秦始皇繼位晚年，長期討伐匈奴，並修築長城。為此，朝廷耗費了大量的人力物力。而且，朝廷先前就已經進行了修建馳道、宮室以及驪山陵的工程。這一切，都使朝廷的人力極其缺乏。於是，朝廷只好向民間徵集大量勞役。就這樣，

徵調勞役的命令也下達到了泗水亭。劉邦從內心裡就反對這種過度壓榨百姓的政令，但這次的任務是修築驪山陵，劉邦只能硬著頭皮帶領徵集的五百多人向咸陽出發了。

　　沛縣與咸陽相隔數千里，劉邦等人僅憑雙腳翻山越嶺，日夜兼行，非常辛苦。劉邦向來寬厚仁慈，管理並不嚴厲，其中很多不想吃苦或想家的人就偷偷逃走了。劉邦也發現有人逃走，但由於缺乏監管人員，加上山路崎嶇難行，也無法追捕那些逃走的人。因此劉邦雖然為此頭疼不已，卻也無可奈何。於是，劉邦只好假裝毫不知情，繼續領著其他人向前走。看到逃走的人越來越多，劉邦卻無法命人追捕。劉邦心想，這樣繼續下去，到了咸陽或許只剩下他自己了，到時候肯定無法交差，只有死路一條。劉邦認為與其等死，還不如拚一次，乾脆一錯到底。

　　打定主意以後，劉邦覺得心裡舒服多了。劉邦領人到了豐凱撒中以後，下令將剩下的路費全部買了酒菜，並召請剩下的勞役與他痛飲一番。正當大家疑惑不解時，

劉邦宣布解散所有的勞役，想回家的人可以偷偷地回去。而且，劉邦決定自己承擔全部責任。劉邦激動地說：「這次凶多吉少，大家趕緊逃命去吧！事已至此，我也只能逃跑了。」其中一些膽大義氣的人馬上說：「我們願意和亭長一起逃亡！」就這樣，劉邦藉著酒意，帶領大家朝深山裡走去。不僅為了避免走漏風聲後會被朝廷抓住，也因為山裡容易找到吃的東西，比較容易生存。

　　就在逃亡幾天後的一個夜晚，劉邦等人正借月光在山中趕路。因為不熟悉道路，劉邦就讓一個比較機警的勞役在前面探路。這樣就能避免人太多而被發現。不久，這個勞役十分驚慌地回來向劉邦報告：「大事不好了，前邊有條巨蛇，盤踞在小路上。看樣子我們過不去了，還是往回走，另尋出路吧！」

　　劉邦膽大，並大聲說：「壯士外出行走，怎能怕什麼大蛇？」接著，劉邦猛喝了幾口酒，然後拔出佩劍，奮勇向前襲擊大蛇。大蛇突遭襲擊，立刻拚命反抗。但劉邦力氣很大，連劈帶砍，終於把大蛇

斬成數段。此時劉邦酒意襲來，竟在迷迷糊糊中獨自穿越過了小路。劉邦又走了幾里路以後，終於因為醉酒，加上疲勞過度，而臥倒在路旁。很快，劉邦就睡得不醒人事了。跟隨在劉邦後面的那些人，許久沒聽見動靜，就向前尋找劉邦。就在劉邦斬殺大蛇的地方，他們看見有一位老婆婆在黑暗中哭泣。大家非常納悶，就向前問道：「老婆婆，你為什麼在這裡痛哭呢？」老婆婆就哭著說：「我的兒子被人殺死了，我在這裡為兒子痛哭啊！」大家又問：「你的兒子是怎麼被人殺死的呢？」老婆婆哭著說：「我兒子是白帝之子，今天他化成蛇的原形，橫在這條小路上。但是，他卻被赤帝之子殺死了，所以我才在這裡哭啊！」大家覺得老婆婆在胡言亂語，正打算羞辱她，老婆婆卻消失不見了。

大家覺得非常吃驚，就趕緊去找劉邦。大家叫醒了劉邦，並把剛才的事情告訴了他。劉邦聽到了特別高興，就認為自己真的是赤帝之子。劉邦心裡十分高興，也更加自負了。而且，那些追隨他的人慢慢地也畏懼他了。

▌ 沛縣起兵

劉邦斬殺了大蛇後，就藏身在芒縣和碭縣之間的深山中。劉邦這樣做是為了躲避朝廷的追捕。不過，每當呂雉有事來找劉邦的時候，都能很快就找到劉邦。對此，劉邦感到非常不理解，就問妻子呂雉：「為什麼你每次來都能很快就找到我呢？」呂雉就回答說：「因為你所在的地方上空常有雲氣出現，我只要循著雲氣的方向走，就可以找到你了。」劉邦聽了非常高興，更加確信自己有祥瑞的徵兆。沛縣的父老鄉親們知道了以後，也更加相信劉邦的貴人之相了，許多人都來投奔劉邦。不久，劉邦就集結了一股不小的力量。

秦二世在位時期，統治日益腐朽，民不聊生。秦二世元年（西元

前209年）秋，陳勝、吳廣等人在蘄地（今屬安徽省）發動起義。而此時，劉邦（38歲）仍然在山區中避禍。

事實上，陳勝等人的力量不是十分強大，只因楚地許多部落對皇室的不滿由來已久，他們就藉機殺死許多郡縣的秦朝官員，各地紛紛回應陳勝的起義。於是，蘄地周邊的經、鄷、苦、柘、譙等縣，都在起義軍控制的範圍之內了。同時，吳廣趁機集結各地亂民，佔領糧倉，大大壯大了他們的力量。因此，當陳勝吳廣等人進入河南的時候，他們已經有車六百乘、馬千騎了，而士兵更是多達數萬人，儼然是一支強大的隊伍。此時，陳勝等人向以前的陳國都城陳城出發。

陳國曾是舜帝後代的封地，春秋後期被楚國攻佔。戰國末年，楚國的都城郢被秦軍攻佔之後，楚國曾在此定都。秦朝統一天下之後，在陳城設立了郡守治理。陳勝雖然不是楚地的人，但他在楚地起義，因此也得到了陳城百姓的擁護。這樣，陳城的郡守因害怕起義軍而棄城逃走了。於是，陳勝就攻佔了陳城。這之後，楚地的許多部落紛紛回應陳勝等人，並推舉陳勝為反抗秦軍的楚軍首領。因此，陳勝就自立為王，稱為「張楚王」，也就是將楚國發揚擴大的意思。

這時，許多郡縣的人都殺了縣令投靠陳勝。為此，沛縣的縣令非常害怕，也想回應陳勝。於是，縣令就和蕭何、曹參等人商量此事。蕭何就說：「您原本是秦朝的官員，又不是本地人。您現在卻想背叛朝廷，恐怕沛縣子民不會聽您的命令。我和曹參也是為朝廷做事的人，也不好出面，不如召回逃亡在外的沛縣子民。由他們領導抗秦，才可以保全沛縣。泗水亭亭長劉邦，曾因押解勞役失職而逃亡在外，現在也聚集了數百人，不如召他回來，以他的名義抗秦，大家也會跟著回應。」縣令沒有辦法，只好同意了蕭何的建議。於是，蕭何馬上派樊噲去深山中找尋劉邦。

此時，劉邦正帶領著數百名為躲避繁重勞役的沛縣子弟在深山中逃亡。當他們聽說陳勝起義以後，也打算回應陳勝，但由於勢單力薄，又無人引薦，只好暫時持觀望

態度。聽到縣令召請回去，劉邦非常高興，馬上整理行裝，率領眾人奔向沛縣縣城。

不過劉邦也留了個心眼，他不相信縣令會放棄縣城，讓自己來領導叛變。於是劉邦讓樊噲先回去，聯繫沛縣父老作為內應，如有必要就用武力奪取縣城。果不其然，縣令見蕭何、曹參態度曖昧，行動又十分積極，就怕他們對自己不利。於是，縣令下令閉門堅守，並想捕殺曹參和蕭何。但這個消息很快就被夏侯嬰得知了，危急中，他出動縣府所有馬車，把蕭何和曹參等人在城門未被關閉前送出城外，投奔返回中的劉邦等人。

蕭何見到劉邦，告訴劉邦縣令想反悔，並且城門已關閉，可能需要從長計議。然而劉邦只微笑點頭，並示意繼續前進。原來劉邦早令樊噲先回城，由留居城中的「劉季黨」煽動沛城父老策動兵變。

劉邦等人到城下時，只見城門早已緊閉，戒備森嚴。劉邦親自寫了十幾封書信，繫在箭梢上射入城內，向沛縣的父老百姓宣告說：「天下百姓深受秦朝暴政統治已

經很長時間了。雖然現在父老們給沛縣縣令守城，但是各地的諸侯已經起兵反抗秦朝，很快就會攻到沛縣。如果現在父老們把沛縣縣令殺死，擁立有德才的年輕人為首領並回應各地諸侯，那麼你們的家人就可以得到保全。否則，全縣的老少都要遭到屠殺，那時你們想做什麼也做不成。」這封書信的最主要用意，在於挑起縣令和沛城父老們的矛盾。果然縣令大驚失色，立刻在縣城內實施嚴格軍管。父老們看到縣令極端的強硬手段，就深怕被殺害。於是，眾人一不作二不休，當晚就發動了民變。原來守衛縣府的子弟兵也回應民變，縣令獨自一人逃離了縣府，但最終仍被亂民殺死。

沛縣父老們在樊噲的領導下，打開城門迎接劉邦等人進城。於是，劉邦等人受到沛縣人民的熱烈歡迎，被簇擁著進入縣衙。同時，父老們還懇切地請求劉邦出任縣令。劉邦推辭說：「現在天下大亂，各地諸侯並起，征戰激烈，選擇的領導若不能勝任，就會導致起義軍一敗塗地。我不是愛惜自己的

生命，只是怕自己的才能不足以擔當這個重任，怕辜負了父老弟兄們的期望。選擇首領，對大家來說是一件大事，應更慎重選擇啊！」蕭何和曹參等人也都極力推選劉邦。

經過幾次推讓之後，劉邦同意做首領，卻不願意做縣令。蕭何想了想說：「那麼我們就稱劉邦為『沛公』吧！這樣，既說明劉邦是沛縣的首領，又有親切感和敬重感。」於是，劉邦就帶領眾人到太廟祭拜黃帝，意為自己立志統一天下。同時，劉邦命人用紅色作為戰旗的顏色。由於被斬殺的巨蛇為白帝之子，而殺蛇那個人是赤帝之子，所以劉邦崇尚紅色。劉邦率領的人數雖不多，但氣勢比較強大。劉邦讓蕭何與曹參做主要參謀，盧綰做侍從官，夏侯嬰、任敖、周勃、灌嬰等做部將，並讓最為驃悍的樊噲做先鋒。

西元前209年，已經四十八歲的劉邦自稱是赤帝之子，率領眾人挑起了反抗秦朝的旗幟。

約法三章

西元前209年（秦二世元年），劉邦被稱為沛公，在沛縣起兵，率領三千多人攻打胡陵、方與等地，隨後駐守豐邑。第二年，項梁與項羽在吳地起兵反秦。劉邦開始與項梁共同擁護楚懷王，聯合反秦。

西元前207年（秦二世三年），項梁的軍隊被秦軍大將章邯擊敗，項梁也被秦軍殺死。於是，楚懷王把都城從盱台遷往彭城，並任命劉邦為碭郡太守。同時，楚懷王封劉邦為武安侯，統率碭郡軍隊。項羽被封為長安侯，號稱魯公。

章邯打敗項梁以後，就放棄定陶，率領全軍渡河北上，並攻打趙國。趙國抵擋不住章邯的軍隊，趙王只好退守到鉅鹿，並派人向楚懷王求助。為了鼓舞楚軍在項梁戰敗後低落的士氣，楚懷王和楚國大臣們打算反擊秦軍，爭取戰爭主動

權。於是，楚懷王命令攻打秦朝的關中地區。

關中地區向來是一個富饒之地，屬於渭水、涇河與洛河等沖積而形成的黃土盆地。關中四周群山環繞，地勢險要。若想進入關中，只有從西面的函谷關、西南面武關和南面的散關進入。當時，秦軍的力量仍然十分強大。這個時候，大部分人覺得進入關中是極為不利的事情。但是項羽由於恨秦軍擊敗了項梁的軍隊，所以就要求入關與章邯作戰。

楚懷王手下的大臣們都說：「項羽這個人雖然機敏勇猛，但也狡猾無比。一旦項羽攻下那個城池，項羽就會把城中的軍民全部活埋。這樣，項羽的行為很容易激起秦軍的反抗。不如改派一個忠厚老實的人率領軍隊去秦地實行仁義，並向那裡的百姓說明道理。況且，秦地的百姓們置身於秦朝殘暴統治之下已經很久了。如果現在能有一位忠厚仁義的人前去，不欺壓百姓，那麼就能使秦地的百姓們歸順。項羽只是機敏勇猛，但不夠仁義，所以不能派他去。而劉邦向來忠厚老實，可以派他去。」於是，楚懷王就任命宋義為上將軍，項羽為次將軍，范增為末將軍，向北進兵支援趙國。同時，楚懷王命令劉邦向西進軍關中。而且，楚懷王還和諸將約定，先進入函谷關平定關中者，就是關中之王。

於是，劉邦率軍向西進發，路上集結陳勝、項梁的軍隊遺留的散兵。不久，劉邦率軍取道碭縣抵達成陽，直接進入潁川附近的杜裡。在那裡，劉邦遇上了秦朝駐紮在魏地的軍隊。於是，劉邦率軍發動猛烈進攻。秦軍因為後方補給供應不足，只好退守到昌邑和高陽一帶的地方。而且，昌邑是秦將章邯建立的糧倉。

劉邦繼續率兵西進，途中與彭越相遇，於是兩軍一起攻打昌邑的秦軍。劉邦等人很久都沒有攻下昌邑，就下令撤兵到栗縣。途中，劉邦等人正好遇到剛武侯，就搶奪了他的軍隊。這樣，劉邦就把大約四千人併入了自己的軍隊。後來，劉邦又和魏將皇欣、魏司徒武蒲的軍隊聯合起來攻打昌邑，仍然沒有成功。劉邦就決定不攻打昌邑了，

而是率兵繼續西進。劉邦行軍速度極快，率兵火速向開封進發，打算攻打穀倉滎陽。

劉邦西進途中，經過小鎮高陽，恰好秦將酈食其負責看守高陽的城門。酈食其喜歡讀書，卻非常自負，從來不把達官貴人們放在眼裡。酈食其只因家庭貧寒，就只好看守城門。酈食其長期看守城門，也見過不少的將領。但酈食其覺得，那些將領大多喜好講排場，但心胸狹窄，又喜歡苛責別人，一副盛氣凌人的樣子。

酈食其聽說劉邦不修邊幅，待人寬厚仁慈，眼見卓識，氣度非凡。於是，酈食其覺得劉邦才值得自己奔走賣命，就親自去求見劉邦。當時，劉邦正坐在床上洗腳。酈食其見了以後，並沒有叩拜，只略微俯身作了一個長揖禮，就說：「如果您一定要消滅實行暴政的秦朝，就不能坐著接見長者。」聽到這兒，劉邦趕緊站起來，並整理好衣服。然後，劉邦向酈食其道歉，還把他請到上坐。

隨後，劉邦聽從了酈食其的建議，攻打陳留並奪取秦軍的糧倉。

然後，劉邦封酈食其為廣野君，任命他的弟弟酈商為將軍。於是，酈商統率陳留的軍隊，與劉邦一起攻佔了開封。然後，劉邦率軍繼續向西進發，途中和秦將楊熊分別在白馬和曲遇東面作戰，並戰勝了秦軍。接著，劉邦又向南進攻潁陽，並且屠戮了潁陽城。

後來，劉邦又借助張良的關係，攻佔了韓國的轘轅道。然後，劉邦又率軍向北攻打平陰，並且截斷了黃河渡口。接著，劉邦又向南攻取了南陽郡，迫使南陽太守呂齮退守宛城。隨後，劉邦想率軍繞過宛城繼續西進。張良就進諫說：「我也知道您想趕快進入關中，但眼下秦兵較多，而且關中地勢險要。如果現在不攻克宛城，日後宛城的敵人很可能從後面襲擊我們，加上前面有強大的秦軍，我們的處境就非常危險了。」於是，劉邦連夜率軍從另一條道返回，並且換了大旗。在黎明的時候，劉邦率軍圍困了宛城。

當時，南陽郡守呂齮的門客中有一個叫陳恢的人出城拜見劉邦。陳恢對劉邦說：「宛城作為一個郡

的都城，人多而且給養充足。軍民都認為誰要投降，誰就會被砍頭。所以，城中的百姓都下定決心死守城池。假如您現在攻打宛城，軍隊一定會受很大的損失；但是，如果您率軍離去，宛城軍隊又會從後面追擊您。您還不如與宛城講和，賞賜南陽太守，並讓他駐守南陽，然後您就率領著宛城士兵一起向西進發。這樣一來，那些還沒有歸降的城邑聽到這個消息後，必定會爭著歸順您。那樣，您就可以暢通無阻地西進了。」劉邦聽了，馬上封宛城太守呂齮為殷侯，封陳恢為千戶。接著，劉邦領兵西進，果然所經過的城邑都紛紛歸降。

秦朝趙高殺死了秦二世以後，打算和劉邦在關中共同稱王。劉邦聽了張良的建議，派酈生和陸賈帶著財物去誘降秦朝將領。同時，劉邦乘機率軍前去偷襲武關並攻佔了武關，也徹底擊敗了秦軍。然後，劉邦下令，禁止全軍任何人侵擾百姓。對此，秦地的人都非常欣慰。

西元前206年10月，劉邦最先到達霸上，並且接受了秦王子嬰的投降。劉邦下令把秦宮中的珍寶財物和庫府都封好，然後退守灞上。同時，劉邦召來各縣的父老和德高望重的人，並對他們說：「鄉親們苦於秦朝的殘暴統治已經很久了，指責朝政得失的人要被滅族，相聚談話的人要被處死。現在我和大家約定三條法令：殺人者處死，傷人者和搶劫者依法治罪；其餘凡是秦朝的法律都要全部廢止；城中所有官員和百姓的地位、工作和生活習慣，一切如常。我不是來欺負和劫掠你們的，請你們不要害怕。我把軍隊撤回灞上是為了等所有諸侯的到來。然後，我們共同制定規約。」隨即，劉邦就派人同秦的官員一起到各縣鎮鄉村去巡查，並向百姓說明情況。秦地的百姓都十分高興，紛紛送來牛羊酒食，以慰勞士兵，害怕劉邦不在關中稱王。

還定三秦

不久，項羽和劉邦在鴻門會和。然後，項羽就自立為王，稱西楚霸王。隨後，項羽開始分封各個諸侯，封劉邦為漢王，都城為南鄭。項羽為了限制劉邦的勢力，又把關中地區分為三部分，並把這三部分賜給秦朝三個投降的將領。項羽封章邯做雍王，統轄咸陽以西一帶，都城為廢丘；封長史司馬欣做塞王，統轄咸陽以東到黃河一帶，都城為櫟陽；封都尉董翳做翟王，統轄上郡，都城為高奴。項羽透過這三個人來監督劉邦的舉動，並打消劉邦向東逃走的可能。

劉邦未能成為關中王，非常生氣。於是，劉邦決定和項羽大戰一場。劉邦手下許多將領如周勃、灌嬰、樊噲等人，都非常贊同攻打項羽。而蕭何卻不這麼認為，並對劉邦說：「眼下項羽正是兵力強盛的時候，如果您此時攻打項羽，無異於以卵擊石，必敗無疑。」蕭何極力反對攻打項羽，建議劉邦暫時居漢王之位。蕭何對劉邦說：「我建

議大王在漢中立足，招兵買馬，發展勢力，一心經營巴蜀之地。等到兵強馬壯之時，再率軍攻打關中，與項羽作戰，並奪取天下。」

為了極大地限制劉邦的勢力，項羽極力地裁減劉邦軍隊的人數。不久，張良買通了項伯，並讓項伯從中周旋。這樣，項羽才勉強同意劉邦率領三萬士兵與蕭何、張良等人前去巴蜀。就這樣，劉邦忍辱負重地到達了巴蜀，成為漢王。途中，劉邦聽從了張良的建議，燒毀了棧道，以表示自己絕對不再東進，從而讓項羽和關中諸王放鬆對自己的警惕之心。

事實很快證明，項羽的分王措施是極其不恰當的，各地的諸侯再次發動叛亂。齊將田榮沒有得到任何的賞賜，對項羽非常不滿，並首先起兵反抗項羽。田榮聯合彭越，共調集了數萬兵馬。田榮先打敗了齊王田都，然後南進殺死了膠東王田市，並率軍西進殺死了濟北王田安。然後，田榮吞併了三齊的封

地，自稱齊王。隨後田榮用齊王之名，任命彭越為將軍，並命令彭越在梁地向項羽發起進攻。

劉邦進入漢中以後，馬上整頓軍紀，擴充軍隊，壯大實力，並積極儲備軍需用品，全面為進軍關中做準備。此時，劉邦很重要的一個決定是任命韓信為大將軍。擔任大將軍之職後，韓信開始為進軍關中積極地謀劃起來。韓信首先建議劉邦還定三秦。韓信指出，三個秦王章邯、董翳、司馬欣帶領幾十萬秦朝士兵投降楚，但大部分人被坑殺了。但是章邯、董翳、司馬欣三個人不但沒有被殺，反而被封為王。於是，關中百姓非常憎恨這三個人，絕對不會再次支持他們了。但是漢王進入武關和關中，不准侵擾百姓，並約法三章。因此，您的仁慈已經深入民心了。關中父老都對您沒有被封為關中王而氣憤不已，早就盼望您進軍關中了。所以，只要您率軍東進。就可以憑藉一檄文書平定三秦。」劉邦聽完韓信的分析，覺得合情合理，就完全接受了韓信的建議，還與韓信有一種相見恨晚的感覺。

劉邦為迷惑敵人，命人修理被毀壞的棧道。事實上，劉邦則率軍從南鄭出發，途徑險隘的故道，一路上望風披靡。劉邦等人很快抵達了陳倉，並對陳倉發動突然襲擊，不久就攻克了陳倉。此時，章邯也意識到情況不妙，馬上徵調軍隊前往陳倉。樊噲則率軍猛烈攻擊章邯的軍隊，並打敗了章邯。

章邯覺得情況對自己十分不利，就兵分兩路向廢丘和好畤撤退。漢軍則兵分兩路前去追擊，曹參追擊章平。雙方在好畤城南展開激戰，章平戰敗，並退守好畤城等待救援。不久，漢軍就開始圍攻好畤城。正當漢軍圍攻好畤的時候，司馬欣派手下將軍趙賁率兵支援廢丘，董翳軍也急速趕往涇水地區。章邯得到援軍以後，就率軍沿渭水向西進發。不久，章邯與漢軍在壤鄉（今陝西武功東南）附近地區展開激戰。經過這些戰役，三秦軍大敗，章邯只好帶領殘兵敗將再次退守廢丘。

當漢軍與三秦軍大戰時，曹參留周勃軍等人對好畤圍攻，自己則立即率所有部下前往迎擊三秦軍；

一次讀完史記故事

擊破三秦軍後，復又轉向好時。此時，樊噲軍也轉進到好時與曹參等部會師。韓信率軍到達以後，統一指揮對好時的圍攻之戰。樊噲率軍率先登城以後，漢軍其他各部也紛紛登上好時城。章平見無法繼續作戰，只能被迫撤出好時城。然後，章平帶領殘兵向北地撤退。就這樣，漢軍攻佔了好時城。

隨後，曹參讓樊噲率部攻打廢丘，並從自己的所屬部隊中抽出一部分攻打咸陽。雍軍中駐守咸陽的趙賁和內史保等部率軍迎戰曹參。曹參擊敗了他們並攻佔了咸陽，隨後進駐景陵。前來支援廢丘的塞王司馬欣派主力反攻曹參駐守的景陵。雙方展開激戰，曹參獲勝。章平等人率兵向西節節敗退，曹參率軍乘勝追擊。章平得到章邯及翟王所派援兵的支援以後，在漆地反擊漢軍。漢軍的處境很艱難，甚至到了力不能支的局面。

在這萬分危急的時刻，周勃率援軍趕到漆地。周勃軍從北面進攻漆地，一舉擊敗了章平、姚卬的軍隊。隨後，周勃又向西平定了汧隴，並攻下了尅鄜和頻陽，然後就率軍加入廢丘的圍攻戰中。

當時，灌嬰率軍攻打塞國都城櫟陽，塞王司馬欣派主力支援雍軍但失敗了。而且，司馬欣因為備戰不足，也無心應戰，最終投降了漢軍。不久，靳歙率軍打敗了隴西方面的雍軍，並平定了隴西的所屬各縣。

隨後，酈商率軍打敗了雍軍將領周類駐守的烏氏、旬邑、泥陽等地。不久，酈商又帶兵平定了北地郡所管轄的各縣。而且，酈商在攻下北地郡的時候，還俘虜了雍軍將領章平。

漢軍兵分多路向關中進發，不久漢軍就到達上郡。而翟王董翳不敵漢軍，於是投降漢軍。這樣，三秦屬地基本被漢軍平定了。於是，漢軍轉而集中圍攻廢丘。雍王章邯退守廢丘以後，就率軍拚命抵抗，致使漢軍久久攻不下廢丘。這時，漢軍在關中已經取得了諸多勝利。於是，劉邦覺得眼下要緊的就是揮軍東進。然而，又需要留下大量軍隊繼續圍攻雍國都城廢丘。為避免發生意外，劉邦很快調整了軍隊部署策略。劉邦命韓信率領強大的主

力軍隊繼續圍攻廢丘，而劉邦自己則率領部分軍隊出關擴大勝利。

西元前205年6月，廢丘城攻守戰已經持續了十個多月，韓信認為章邯雍軍十分頑強，不採取某些特殊措施就無法攻下廢丘。而東進的漢軍也面臨嚴重的困難，甚至全軍覆沒。於是，劉邦就率軍回到了剛剛攻佔的塞國都城櫟陽，而廢丘城仍然屬於章邯管轄。劉邦與韓信商量之後，決定用渭水灌城，以此來結束廢丘之戰，進一步鞏固關中的根據地。劉邦命令樊噲挖開渭水河堤，引水衝擊城垣。很快，廢丘城牆倒塌，漢軍趁機攻入城中。章邯見漢兵進城來勢兇猛，就自殺了。於是，漢軍就攻下了廢丘，雍國屬地也全部被漢軍平定了。至此，關中地區已經全部被漢軍控制了。

這樣，僅僅在劉邦被迫進入漢中四個月之後，劉邦就如願以償地成了關中王。

漢王鬥智

劉邦還定三秦之後，就開始了與項羽長達四年的楚漢之爭。這時，彭越被齊王田榮任命為將軍，正在梁地反擊項羽。於是，項羽面臨兩面受敵的困境。項羽就採取先滅齊後滅漢的方針，繼續攻齊。因此，項羽的主力被牽制在齊地。劉邦迅速抓住這一戰機，親自率軍由函谷關出陝縣（今河南三門峽市西）向東進發。不久，河南王申陽、韓王鄭昌被迫投降，魏王豹率軍歸附劉邦。隨後，劉邦俘虜殷王司馬卬，並很快佔領了今河南及山西中、南部廣大地區。

西元前205年4月，劉邦趁齊、楚兩軍激戰之時，在洛陽以項羽殺死楚懷王為藉口，號召各地諸侯為懷王報仇而討伐項羽。隨後，劉邦率五國聯軍一舉攻佔了楚國都城彭城。於是，項羽留部將繼續攻打齊，自己率精兵三萬迅速南下。然後，項羽趁劉邦沉醉在勝利中毫無防備的時候，以少勝多，大敗漢軍，並奪回了彭城。劉邦僅率數十

騎衝出包圍，逃回滎陽（今河南滎陽東北古滎鎮）。

各地諸侯見劉邦戰敗，都競相投靠了楚軍。劉邦則一方面爭取英布的支持，並重用韓信、彭越等人，聯合所有的反楚力量；另一方面則利用滎陽、成皋（今河南滎陽西北汜水鎮）有利的地勢，分兵扼守險要的地方，以爭取時間，壯大實力，伺機再戰。不久，蕭何徵得的關中兵補充了劉邦的軍隊，韓信也率援軍趕到。於是，漢軍在滎陽東大敗楚軍。隨後，楚漢雙方在滎陽、成皋一帶相持不下，並在廣武形成對峙局面。廣武位於黃河南岸，地處滎陽和成皋之間，是個小的臺地，因此被稱為廣武山。

劉邦憑藉險要的地勢固守，加上敖倉之糧的不斷接濟，因此固守城池並不出戰。但是，楚軍則遠途作戰，軍隊補給線較長，糧草運輸困難。加上彭越在楚軍後方叛亂，因此，楚軍的糧草供應更是難上加難，致使楚軍中怨言四起。

於是，項羽想儘快和劉邦一決勝負。項羽下令將劉邦的父親劉太公綁到陣前，並大聲喊道：「如果劉邦不儘快過來決戰，我就把劉太公烹殺了。」劉邦聽到以後，心裡又氣又急。劉邦無奈，把心一橫，並回答道：「我和項羽曾共約為兄弟，我的父親不也是你的父親嗎？如果你想烹殺我們的父親，也請分一杯羹給我吧！」項羽大怒，馬上下令要烹殺了太公。這時，項伯勸解道：「劉邦想奪取天下，而奪取天下的人是不會顧及親人的。所以劉邦才不會在意父親的死活。因此，就算我們殺了劉太公，也不會有什麼好處，更何況殺人父母有可能會激起很多的反抗。」項羽也不想破壞自己的英雄形象，就接受了項伯的建議。

無奈之下，項羽就從正面向劉邦挑戰了。項羽派使者向劉邦下了戰書：「最近幾年以來，天下一直動盪不安，紛爭不斷，民眾餓殍遍地，這都是由於我們兩人的爭戰。因此，我建議我們兩人按照楚人古代尚武的精神，進行單打獨鬥來決定勝負。這樣，就不會讓天下人為我們遭受顛沛流離的痛苦了！」顯然，憑個人勇武的本領，劉邦根本打不過項羽。所以，劉邦絕對不會

中計，只是笑著要使者回去傳話：「我崇尚智鬥，而不是武鬥！」

只是，項羽也不相信劉邦會出來和自己單挑。於是，項羽派出三個死士，輕裝到達滎陽城前向劉邦挑戰，並嘲笑漢軍有其主必有其臣，都是一幫廢物。為了鼓舞全軍士氣，劉邦派出一名來自樓煩的騎射手騎馬出城。這名騎射手在飛奔中用箭射死了楚軍的三位死士。項羽知道後，暴跳如雷。於是，項羽親自穿盔戴甲，手持兵器站到滎陽城外向劉邦挑戰。樓煩勇士又騎馬奔出，打算射死項羽。項羽怒目而視，大聲呵斥騎射手，喊聲震耳欲聾，使聽到的人聞風喪膽。因此，樓煩勇士就不敢瞄準項羽，雙手發抖，無法掌握弓箭。於是，樓煩勇士只好馬上退回城中，再也不敢出城挑戰了。

劉邦聽說項羽來到了兩軍陣前，就登高來看，恰好項羽也看見了劉邦。項羽就大聲喊道：「劉老四，我要直接和你談話。」然而，劉邦卻默不作聲。項羽接著說：「我們相隔很遠，不方便說話。況且，我知道你是因為怕我的勇猛才不敢和我當面說話。明天早晨我們一起到廣武澗，隔著山澗說話吧。有山澗阻隔，我也傷害不了你。如果你不敢來，就讓全天下的人都來嘲笑你吧。」這時，劉邦身邊的謀士陳涓小聲地對劉邦說：「大王不要答應他的要求。」但劉邦被惹怒了，就回答說：「好啊，就按你說的辦，明天我們廣武澗見。」項羽又說：「希望你能按時去，千萬不要不守信用啊。」項羽說完就帶兵回營了。

劉邦剛剛回到大營，陳涓就對劉邦說：「項羽是怕您一直守城而不出戰，才以和您說話為名騙你出去。項羽肯定心懷不軌，您千萬不要去啊。」劉邦就笑著說：「廣武澗有一萬丈之深，項羽是不可能飛過山澗而傷害我的。況且，我已經列出了項羽的十大罪狀，早就想和他談了。現在項羽有這樣的打算，我也可以順應天意教訓他啊。」

第二天早上，劉邦膽大又瀟灑，而且沒有穿盔甲，只穿著便服和全副武裝的項羽隔廣武澗相見。劉邦大聲地說：「項羽聽著，像你這樣昏庸無道的人，怎麼有資

一次讀完史記故事

格向我單挑呢？你犯下了十大罪狀，現在我要代表天下控訴你！第一，你背棄當初楚懷王與我們的約定，不但沒有讓我做關中王，還把我派到漢中，說明你不守信用；第二，你出於自私的目的，殺害了卿子冠軍宋義，說明你犯上作亂；第三，你解除趙國邯鄲之圍，完成任務以後並沒有酬謝懷王，而且你私自逼迫諸侯軍隊進入關中，犯了無視君主、欺瞞諸侯王的罪；第四，你放火燒毀了秦國宮室，挖掘秦始皇的墳墓，獨自吞占公共財產，說明你不仁不義；第五，秦人子嬰已經投降，卻仍然被你殺死，這說明你不顧禮法；第六，你以欺騙的手段在新安坑殺了二十萬秦國子弟兵，這說明你暴虐而且言而無信；

第七，你自己佔據最好的封地，將各國舊主流放到其他地區，這說明你自私自利；第八，你將楚懷王流放到偏遠地區，還佔領了韓王領地，並私自佔領梁、楚的富饒之地，這說明你犯下了違背公義的罪孽；第九，你派人暗中殺害了懷王，這讓全天下的人都憎恨你；第十，你掌管天下卻處事不公，而且你不講信用，不被天下人認可，可以說是大逆不道，罪大惡極。現在我率領起義軍，號召天下諸侯共同征討你這個惡賊。英布這種刑餘之人都痛恨你的行為，並公然討伐你。所以，你又有什麼資格向我挑戰呢？」

劉邦罵得是痛快淋漓，但他萬萬沒有想到項羽竟然會偷襲他。

▍劉邦稱帝

劉邦在廣武澗痛罵項羽，越罵越神氣。不料，項羽早已命令手下的弓箭手伺機偷襲劉邦。突然楚軍飛弩射來，劉邦應聲倒下。雖然和楚軍相隔很遠，但劉邦仍然被擊斷好幾根肋骨。劉邦馬上警覺起來，意識到自己受了重傷，胸前一陣劇痛襲來，但不想讓項羽知道自己受了重傷。於是劉邦使出吃奶的力氣大聲喊道：「蠻子射中了我的腳

趾頭。」身後的護衛軍馬上飛快前來，並將劉邦救到城中。

在這段時間內，韓信已經徹底平定了齊國，向劉邦提出要當齊王，劉邦馬上就答應了。劉邦還派張良持印綬代替自己前往齊國，正式賜封韓信為齊王，封彭越為將軍，並命他們馬上出兵南下攻打楚國。

項羽聽到龍且被殺以後，也派盱台人武涉前去說服韓信，勸韓信聯楚背漢，以便與楚漢三分天下。韓信卻非常坦白地對武涉說：「我當年為項羽做事，也只不過是個郎中而已，只是一名執戟的護衛。因此，我說的話不受重視，建議也得不到採納，我不得不背離楚王而投奔漢王。現在，漢王授我上將軍印綬，並分給我數萬軍隊，還將他的衣服賜給我，和我分享他的餐食。而且，漢王對我言聽計從，讓我能夠盡情發揮才能，也得到了今天的地位，這是何等大的恩情呀！因此，對漢王的情意，我至死都不會改變。對項王的好意，我只能言謝了。」

此時，漢軍糧草充裕，士氣大盛；楚軍則士氣低落，糧草瀕臨斷絕。這時，劉邦又封英布為淮南王，命英布在楚地夾擊項羽。然後，劉邦讓燕人派騎兵作戰，這一切都表明劉邦已完全佔有了漢中、關中、趙、魏、代、齊、燕等地。

為了能夠救回父親太公，劉邦派侯公去遊說項羽。劉邦說想和項羽共用天下，並約定鴻溝以西屬於漢，鴻溝以東屬於楚。項羽同意了，並放了劉邦的家眷，然後率軍罷兵東歸了。但是，劉邦卻馬上派兵追擊項羽，最終在垓下圍攻了項羽。韓信使用四面楚歌的計謀，迫使項羽在烏江自盡而死。垓下之役結束以後，劉邦命令各諸侯返回各自的封地，等待論功行賞。然後，劉邦班師凱旋。

漢王五年正月，各個諸侯都來到了洛陽，蕭何也率領關中的士兵前來會合。一切安排妥當之後，劉邦召集所有諸候來分封疆土，諸侯們與群臣都站在階下等候封賞。劉邦賜封韓信為楚王，統轄淮北地區，都城為下邳。劉邦賜封原魏國相國、出身大盜的彭越為梁王，統轄魏國故地，都城為定陶。而且，

劉邦還宣布大赦天下。

這時，劉邦已經是全國的統領了。然而，劉邦只是分封了韓信、彭越、張耳、英布等將領，並沒有馬上分封其他諸侯。這樣一來，各諸侯和功臣們因為名分不定，愈加緊張了。劉邦覺得天下局勢尚未徹底穩定，分封事宜要從長計議。為了盡快穩定政權，各個諸侯及各軍將領聯名奏請劉邦登基為帝。

不料，劉邦卻說：「我聽說皇帝的位子屬於天下最賢能的人，否則就得不到大家的誠心支持。這樣，不但不能建立穩定的政權，還會有害於天下的安寧，所以我實在不敢擔當啊。」大家都稱讚道：「大王出身民間，起兵反抗秦朝的暴虐統治，並且平定了四海，還有誰能比您更加賢能呢？況且天下有功的人都被您分封為王，不也說明您是王中之王嗎？如果大王不稱帝，天下百姓怎麼會有安穩的心呢？為了天下安寧，我們情願誓死追隨和支持您。」劉邦就按照古禮，推辭了幾次，但大臣們執意堅持。劉邦就對他們說：「你們如果認為一定要如此，為了天下百姓，

我也只能勉為其難了。」

同年二月，劉邦命人在曹州濟陰縣的氾水北岸設立祭壇，登基為帝。劉邦的王后呂雉改稱為皇后，太子改稱為皇太子，並且追尊已經去世的母親為昭靈夫人。

劉邦除了賜封楚王韓信、梁王彭越、淮南王英布、趙王張耳以外，還賜封了成子信為韓王，都城為陽翟；賜封衡山王吳芮遷徙為長沙王，都城臨湘；同時，劉邦也認可了燕王臧荼的諸侯地位，並將粵王無諸改稱為閩粵王，統轄閩中地區。

同年五月，劉邦將都城遷往雒陽（洛陽故城），還命令各諸侯進行裁軍復員工作，以恢復國計民生。沒過多久，劉邦就在洛陽的南宮大擺筵席宴請功臣和諸侯們。

宴席中，劉邦突然對功臣和諸侯們說：「各位諸侯和功臣們，我認為你們不刻意欺瞞我，我很想知道你們真實的想法。我想請大家想想，我能夠取得天下，而項羽卻失敗的關鍵原因是什麼呢？」

王陵就說：「陛下賞罰分明，果敢有力，毫無自私之心；同時，

陛下派兵攻城，收穫的戰利品都賞賜給有功之人，說明您沒有私心，與天下同利。但是項羽卻嫉妒有賢德的人，恐怕別人功勞大，所以功勞大的將士經常遭到項羽的猜忌；作戰勝利的人沒有封賞，勝利所獲得的土地全歸項羽自己佔有。就這樣，項羽有功不賞，反而猜忌有功的人，這就是使項羽得不到別人的支援，沒有得到天下的主要原因啊！」

劉邦聽了，搖搖頭說：「你說的只是一部分原因，卻還沒有說到更重要的原因。對於運籌帷幄的計謀，我比不上子房（張良）；論瞭解國家資源，安撫百姓，為作戰提供糧草供需，我比不上蕭何；再論調集百萬士兵，做到戰無不勝，攻無不克這種能力上，我也比不上韓信。因此，這三人是世上罕有的奇才。我雖然比不上他們，卻能夠任用他們為我做事，這就是我能夠贏得天下的原因啊。項羽有范增，卻不能重用他，所以才會被我打敗啊！」

隨後，劉邦聽取了婁敬、張良的建議，命令蕭何在秦朝舊都旁的長安縣修築新的都城，並取名為長安。於是，劉邦以長安作為漢朝的都城。從此，漢朝開始了對全國長達四百多年的統治。

■ 親征平叛亂

劉邦稱帝後，封了一些異姓諸侯王。這些諸侯王很早就追隨劉邦了，建立了很大的功勞，因此封王之後也擁有很大的權力。當時劉邦分封他們，實在是不得已而為之，這些異性諸侯王也知道，所以對劉邦不免就怠慢起來。

如臧荼的燕王，是項羽的時候封得，劉邦建立漢朝之後，他只是消極的不抵抗，並不積極支持新生的大漢政權。劉邦遷都關中後，臧荼的封地距離中央政權很遠，臧荼更加不將劉邦放在眼中，甚至有從漢朝中獨立出去的想法。此時齊地

一次讀完史記故事

因為韓信遷調為楚王沒有新王的緣故，臧荼更加放肆了，不久就宣布脫離大漢政權。

劉邦為了穩固新生的政權，決定御駕親征臧荼。臧荼沒想到劉邦會派軍隊過來，更沒有想到劉邦會御駕親征，因此準備強渡關山，讓劉邦不得不承認他的獨立。但他沒想到劉邦的大軍很快就到來了，臧荼不免心慌意亂，加之燕軍兵力不多，不久就被漢軍包圍，臧荼只好投降。劉邦命太尉長安侯盧綰為新的燕王。

盧綰是劉邦的發小，兩人既是同鄉，又是同年同月同日生，這份難得的緣分讓劉邦更看重他，兩人的感情猶如親兄弟。不過盧綰能力有限，在劉邦打江山的時候沒有出太大的功勞，劉邦封他為王，他因此成為第一個不靠自己力量受封的諸侯王。這些都是因為劉邦信任盧綰的緣故。

項羽的部將利幾曾經以陳地向劉邦投降，但劉邦建國後，卻沒有封他，只是讓他帶領自己的部隊在潁川等待。劉邦誅殺臧荼之後回師，在返回的途中經過洛陽，於是召見利幾。利幾因為之前曾經與臧荼密謀過，現在臧荼被殺，他更不想讓劉邦知道這件事。現在劉邦滅了臧荼就召見他，利幾很擔心自己到了洛陽之後就被害，乾脆不應召，宣布獨立。劉邦率領漢軍，輕而易舉就滅了利幾的軍隊，利幾兵敗被殺。

這時候又有人快要造反了。項羽左右大將之一龍且死於濰水之戰，他的另一個大將鐘離眛在垓下之圍後便不見了蹤影。鐘離眛曾經數次打敗劉邦的軍隊，劉邦對他既怕又恨。沒想到鐘離眛卻和韓信惺惺相惜，劉邦後來得知鐘離眛投奔了韓信。劉邦本下令逮捕鐘離眛，將他送到京城懲罰，但韓信卻不應召。前去韓信軍營宣告劉邦聖旨的官員查看情況之後，認為韓信庇護朝廷重犯，有謀反嫌疑。

劉邦詢問大臣怎樣解決這件事，大家都說，漢軍應該出擊，擒獲韓信和鐘離眛。陳平獻計說：「自古以來天子應享有巡狩、會諸侯的禮儀，這是考察地方民情的時機。陛下現在可以假裝到雲夢地區巡狩，順便將諸侯召集到陳、楚之

西界。韓信收到巡狩會諸侯的消息，會按照禮儀前來參加會盟。如果他沒有謀反的打算，陛下很容易就能擒獲他了。」劉邦認為這個計策很好，於是就將將到雲夢地區巡狩的消息放出去，通知附近的諸侯到陳地集合，然後率領衛隊出發，隨行的其他將領緊緊跟隨劉邦的禁衛軍團。

韓信聽到劉邦去巡狩的消息之後，半信半疑。此時朝廷還沒有宣布調查鐘離眛一事的結果，劉邦卻在此時宣布帶諸侯巡狩，並且要在陳地會盟，這兩件事之間有沒有什麼關係呢？韓信心想，如果自己這時候發兵，肯定會遭到圍剿，雖然不一定會敗，但自己無論如何不能背負叛亂的罪名。如果去赴約的話，局勢又不明朗，韓信感到左右為難。這時候，有人對他說：「只要你現在殺死鐘離眛，皇帝知道你是忠誠的，就不會再為難你。」韓信想想，不知怎麼辦，就和鐘離眛商量。鐘離眛不想連累韓信和楚國的百姓，就自殺了。

劉邦在陳地會見各路諸侯，韓信帶著鐘離眛的人頭去了，但劉邦依舊下令武士們擒獲韓信。回到長安之後，劉邦大赦天下，免除了韓信的罪名，但同時也剝奪了他楚王的王位，將他降為淮陰侯。

韓信沒有了兵權，按說已經不能再對朝廷構成威脅。但韓信知道劉邦擔心自己，於是稱病不上朝。劉邦知道韓信心中不高興，但為了朝廷的穩固，不得已只能犧牲他的利益。為了讓韓信心中舒服些，劉邦常在別宮召見韓信，希望大家私下的友誼可以抹平彼此的不愉快。

有一次，劉邦又召見韓信，跟他討論各位將領的能力。韓信不是早年就追隨劉邦的將領，原本對劉邦的嫡系將領不熟悉，但被封為淮陰侯後留在京都，經常與將領們見面，因為權位之爭而與劉邦的嫡系將領結怨。當劉邦這樣問他的時候，他很容易就對各位將領有了一個較中肯的評價。劉邦之前沒有與人談論過這個話題，一時興起，就問他：「那麼你覺得我有能力指揮多少軍隊呢？」韓信直言：「以陛下的能力，統領軍隊最好不要超過十萬。」劉邦又問：「那麼你又有能力指揮多少軍隊呢？」韓信驕

傲地說：「臣指揮軍隊沒有上限，多多益善。」劉邦聽到這裡哈哈大笑：「既然你多多益善，能力比我還強，為什麼還被我捕獲呢？」韓信依舊直言：「陛下雖然不善於指揮軍隊，但卻善於指揮將領，這是我被陛下擒獲的原因。陛下這種統帥能力，非人力所能及。」君臣之間有了這番對話，彼此其實都很不高興。

第二年，韓信讓陳豨在外地反叛，劉邦前去平叛，韓信自己趁機在京都襲擊太子和呂后。事情後來洩露出去，呂后採用了蕭何的主意，將韓信誘騙入宮，派人抓捕了他，最後在未央宮鐘室斬了他。

還有一個異姓王，也叫韓信。這個韓信是韓國貴族後裔，驍勇善戰，建立了很大的軍功。劉邦平定天下之後，重劃諸侯封地，將韓國封給韓信。但原本的韓國疆域頗大，北起鞏水、洛水，南至宛城、葉城，東至淮陽，都屬於韓國領地，對洛陽和關中的威脅頗大，有很重要的戰略位置。劉邦重新分封的時候，將韓國原本的精華區全劃歸朝廷直轄，只將趙國西北區的太原郡三十六縣劃為韓國，韓信擁有的就是這塊土地。

這個韓信進入封地之後，在馬邑建立防寨。此時外胡王冒頓率大軍南下，韓信來不及應對，派遣使者與冒頓求和。劉邦得知韓信歸向匈奴，以樊噲軍團為先鋒，自己御駕親征，攻擊韓信的軍隊。韓信自恃猛勇，與樊噲戰於銅鞮。劉邦親赴前線指揮，漢軍士氣很高，韓軍不敵，韓信逃亡到匈奴。

▌ 起舞吟詩

劉邦剛登基之後，行事很隨意。他上朝時，朝臣們要麼是他過去的同鄉，要麼是跟他一起出生入死的患難之交，如今雖然有了君臣之別，但大家已經習慣了過去那種無拘無束的會面方式。況且很多將領原本就是草莽英雄，所以劉邦上朝之後，在殿上依舊跟大家嘻嘻哈

哈，君臣之間不講禮儀，常常為一件事吵嚷不休，有時興起甚至喝得酩酊大醉，喝醉之後又瞎胡鬧，沒有一點皇帝的威儀。時間久了，劉邦也覺得自己身為皇帝，不能將宮殿弄得太不像話，但他又不好意思直接勸阻大家，於是就打算想一個不傷和氣的好辦法。

周王朝的後代、魯國儒者叔孫通知道禮儀，蕭何就推薦他為劉邦製作宮殿禮節的規劃。叔孫通知道劉邦的心思，就對他說：「大家這樣鬧的確很不像話，皇家的體統都沒有了。我可以根據古禮和秦儀，幫助陛下制定一些新的制度。只要陛下點頭，我現在就能立刻召集魯國的儒生和我的弟子們制定出一套完美的宮廷制度。」劉邦說：「你可以試試，不過不要將禮儀制定得太繁瑣了，簡單易行就好。」

叔孫通接到劉邦的命令之後，立刻從魯國的儒生和弟子們中挑選出一百多人，認真研究周代和秦朝的禮儀。這套禮儀制定出來之後，他又讓人花費了一個多月的時間演習了一番，直到覺得既達到了維護皇帝體統又不繁瑣的目的之後，才請劉邦觀看。劉邦檢查之後，覺得還可以，就在宮中推廣，令群臣學習這些禮儀。

長樂宮建成之後，群臣前來賀禮，劉邦宣布從此正式執行這些禮儀。所有的官員都根據新制定的禮儀要求，嚴格按照要求，根據自己的官位高低，以此走進殿門。謁者高喊一聲「趨」，群臣立刻夾侍階陛兩旁，文武官員分別站立在兩旁，文官西向而立，武官東向而立。大家站定之後，劉邦乘坐著龍輦緩緩進入。所有官員都站在原地，根據禮儀上的規定，按照官職的尊卑站好，然後誠惶誠恐地向皇帝朝拜奉賀。行禮完畢，開始喝酒，大家全部低頭飲酒，沒有一個人敢像過去那樣大聲喧嘩。大家斟酒九次，謁者又高喊一聲「罷酒」，眾臣依次靜靜退出。

朝拜完畢，劉邦情不自禁地說：「直到現在，我才知道當皇帝是一件多麼尊貴的事情啊。」劉邦一高興，就賞賜叔孫通五百金，並封他為太常。從此，這套朝拜禮儀就成為制度，劉邦天天享受著皇帝的尊貴。

蕭何主持興建的長安城主殿未央宮將要完成，劉邦前來視察宮城情況。未央宮位於長安城西南隅，長達二十八里，與東南的長樂宮並立。按照禮儀，宮殿南向，上書、奏事、謁見者應由北闕玄武進入，公車、司馬等皇帝御用交通工具也只能停留在北闕附近，北闕就是正門。只有東闕可聯繫丞相府。東闕名為蒼龍，很壯觀，皇帝辦公的前殿、武器儲存室武庫、糧儲存室太倉也都很壯觀。劉邦看後，有點不高興，他對蕭何說：「天下戰亂已久，人們都沒有時間生產，現在建造了這麼豪華的宮殿，百姓們都生活在痛苦之中，我們怎麼能這麼浪費呢？」

蕭何答道：「正是因為天下未定，皇權未穩，更需要用壯觀的宮殿來顯示皇帝的權威。整個天下都是皇帝的家，只有用這麼壯觀的宮殿來代表皇帝的尊貴和權力。皇帝的宮殿，建造一次就要成功，後代如果增建的話會對祖先不敬。」劉邦聽了蕭何的話，覺得很有道理，這才接受了未央宮的規劃。

後來，劉邦親征英布，從淮南戰場凱旋班師。在回來的途中，順道回了老家沛縣一趟。老家人得知皇帝回到故鄉，非常高興，鄉親們都爭著看當年的劉邦小子如今當了皇帝是怎樣一個人。

劉邦回到沛縣，為鄉親們置辦了隆重的酒席，將過去的老朋友和父老子弟都請來一起縱情暢飲。還命人從沛縣年輕子弟中選出一百二十個能歌善舞的人，大家一起表演楚國歌舞。劉邦乘著酒興，跟著大家一起跳起舞來。沛縣的父老子弟全部跟著他跳起舞來，群情高昂，場面壯觀。酒宴進行到高潮的時候，劉邦自己彈擊著築琴，唱起自己編的歌：「大風起兮雲飛揚，威加海內兮歸故鄉，安得猛士兮守四方！」劉邦不但自己唱，還讓沛縣的兒童跟著唱，沛縣的百姓也都跟著唱。

這麼熱鬧的場面，讓劉邦心中很激動。想到自己沛縣起兵的經過，想起韓信、彭越、英布等優秀將領，想到在項羽手下幾次死裡逃生，劉邦心中很難平靜，情不自禁流下眼淚。他舉起酒杯，對沛縣的人說：「遠遊的赤子總是思念故

鄉的，我雖然在關中建都，但心中無時無刻不思念這故鄉。將來我死後，我的魂魄還是喜歡故鄉的。開始我是以沛公的名義起兵討伐暴逆的，現在終於得了天下，沛縣就是我起兵的第一個地方，我會永遠感謝這個地方，我要免除沛縣百姓的賦稅徭役，沛縣的父老鄉親們世世代代不必納稅服役。」沛縣的百姓們聽到這個好消息，更高興了，大家歡飲的場面也更熱鬧了。

劉邦在家鄉待了十幾天之後，就要回京都了，沛縣的百姓們堅持要劉邦多留幾天。劉邦說：「我帶的人太多，恐怕鄉親們供應不起。」於是就帶領大軍離開沛縣。

劉邦離開這天，沛縣全城的百姓都來送行，有的敬獻牛，有的奉獻酒。劉邦感懷，於是令軍隊們再停下，大家重新搭起帳篷，又宴飲了三天。沛縣的百姓這時候叩頭向劉邦請求：「沛縣免除了賦稅徭役，但豐邑卻沒有免除，希望陛下憐憫豐邑。」劉邦說：「豐邑是我生長過的地方，我也不能忘記這個地方，但我不免除豐邑的徭役，是因為當初豐邑人跟著雍齒反叛我而幫助魏王。」但沛縣的父老堅持為豐邑人求情，劉邦無奈，於是答應把豐邑的賦稅徭役也免除掉，人們紛紛讚揚劉邦為聖主，劉邦也在大家的歡呼聲中離開。

高祖之死

劉邦晚年，除了擔心異姓王叛變和匈奴人威脅大漢江山之後，最大的煩惱就是繼承人的問題了。

劉盈為呂后所生，是嫡長子，理所當然成為繼承人，因此他早在劉邦登基之前就被立為太子了。但劉盈生性敦厚仁慈，性格懦弱，劉邦常年在外打仗，對他沒有太深的感情，因此不喜歡他當繼承人。劉邦晚年寵愛年輕貌美的戚夫人，戚夫人所生的如意，雖然年紀小，但卻很懂事，很聰明，反應敏捷，劉邦認為這點很像自己，因此很想廢掉太子劉盈，改立如意為太子。

不過，劉盈也沒有犯什麼錯誤，很多大臣都喜歡劉盈的仁愛和敦厚，因此每每劉邦與眾大臣討論改立太子的時候，雖然戚夫人也拉攏了很多大臣，但支持劉盈為太子的仍然是多數派。

呂后是最不想改換太子的人了。她常年忍受著孤獨與寂寞，與劉邦共患難，已經實屬不易，以至於養成敏感不安的習慣，很難相信別人。而長期的忍耐生活也將她的性格磨鍊得非常堅強。現在好容易劉邦平定了天下，自己貴為皇后，終於結束這種痛苦的生活了。如果現在換掉太子，自己的未來又是一個未知數，辛苦一生的心血也付諸東流。如果這件事就這樣放任不管，劉邦現在擁有決定權，劉盈遲早會被廢黜的。

因此，一聽說劉邦提出廢黜太子，呂后多方尋求幫助，幸得張良指點，讓商山四皓替太子說話。商山四皓是劉邦多次邀請卻沒有成功的賢人，劉邦現在看商山四皓為太子說話，只得對他們：「你們可要好好輔佐太子。」然後回去對戚夫人說：「我原本想廢掉太子，但現在他已經有商山四皓輔佐了，太子已經有了自己的勢力，我不容易改動了。」

劉邦清楚呂后的性情，他擔心更換太子這件事會惹怒呂后，將來勢必會給戚夫人母子帶來災難。不過為了爭取這對母子的安全，他已經盡力了，即使沒辦法也只能這樣了。

這時候出現一件更令劉邦頭痛的事：盧綰造反了。雖然建國初期劉邦曾經除掉了幾個令人頭痛的諸侯王，但異姓王造反總歸不是一件好事，這說明還有人不臣服他。因此，劉邦終日憂心忡忡，蒼老得很快。以前他與英布在蘄西會戰中，劉邦為了鼓舞士氣親自到前線指揮，被流箭射中，當時沒有好好保養，以致這些年來當初的傷痛一直未斷。

御醫們為劉邦做了一番全面的診斷，前景不容樂觀。呂后遍求天下名醫，有人為她推薦了一位擅長治療金瘡的名醫。這位名醫替劉邦診斷後，認為事情還沒有到最糟糕的地步，呂后立即將病情有可能治癒的消息告訴劉邦。沒想到劉邦聽

後大罵：「純粹是江湖郎中。我一介平民，靠三尺寶劍獲得天下，這都是天命。如今天命已盡，就是扁鵲再生也沒救了。」不肯接受醫師的治病，命人賜予他五十金，將他趕出宮。

呂后見如此，也不好再勉強，於是向他尋求身後事：「那麼陛下百年之後，蕭相國年歲也大了，他死後誰能代替他呢？」

劉邦說：「讓曹參為相國！」

呂后又問之後的事。

劉邦說：「曹參之後可以用王陵。王陵這個人有些耿直，可以讓陳平任其副相國輔佐他。陳平雖然有智慧，但意志力不堅定，難以單獨承擔大任。周勃個性堅強，但沒有文采，可以用他安定一股力量，可任命他為太尉。」

呂后又問之後的事。

劉邦笑呵呵地說：「接下來的事，你不必知道了。」

這番對答其實已經看出劉邦的睿智，他清楚地知道每個人的長處與短處，也許這就是韓信說他善於用將領的緣故吧。

自從劉邦病重後，呂后就掌握了朝政大權，她不准任何臣子見劉邦。不久，劉邦去世，呂后秘不發喪。她先與最信任的幕僚、早年便開始侍奉她的沛縣故友審食其商量：「眾位將領原本跟皇帝是一樣的，後來他們表面稱臣，心中恐怕又不平衡。太子即位後，年紀輕輕，難以壓制他們，天下恐怕會大亂啊！」

審食其也不知道怎樣解決，於是召集一向支持呂后的人研究。酈商是呂后的支持者，他聽說劉邦去世、呂后準備整頓諸將領時，就見審食其，對他說：「我知道陛下已經去世了，現在秘不發喪，是不是呂后準備誅殺不夠忠誠的將領？天下肯定會大亂的。陳平和灌嬰在滎陽有十萬守軍，樊噲和周勃在北方燕、代之地有二十萬遠征軍，如果他們聽說這個消息，肯定會率領軍隊攻打關中，如果京都的將領回應起來，大家裡應外合，大漢的江山肯定就瓦解了。」

審食其將酈商的看法告知呂后，呂后想想很有道理，於是正式向天下發布劉邦已死的消息，大赦天下，讓眾將領及諸侯們放心。

且說盧綰原本沒有造反的意思，因此和數千騎一直駐營於塞下，準備等劉邦病癒後親自上京謝罪。現在聽說劉邦去世了，呂后把持了朝政，便死了請罪的心，面向京師哭祭後，帶領著自己的軍隊逃亡匈奴了。

劉邦死後，群臣感念他撥亂世反及平定天下的功勞，為漢太祖，尊號為高祖皇帝，世稱之漢高祖。太子劉盈繼位做了皇帝，是為漢惠帝，至此漢王朝進入了呂后專政的時代。

劉邦有八個兒子，長庶子劉肥是劉邦平民的時候跟一個沒有名分的妻子生的，劉邦稱帝後他被封為齊王；次子嫡長子劉盈為呂后所生，劉邦身為漢王的時候他就被立為太子；次嫡子劉如意，戚夫人所生，後被封為趙王；再次為庶子劉恒，薄夫人所生，後封為代王，他就是之後的漢文帝；再次為劉恢，後被封為梁王，呂后執政之後被改為趙王；再次為劉友，劉友後也晉封為趙王；再次為淮南王劉長；最小為燕王劉建。

呂太后本紀

殘害戚姬

項羽分封諸侯的時候，將劉邦封為漢王，自己則封為西楚霸王。此後漢王與西楚霸王經常為利益紛爭而發生戰爭，最初，項羽是經常獲勝的。

西元前205年，項羽率兵攻打齊王，劉邦趁機佔領項羽的臨時都城。項羽大怒，於是親率三萬精兵返回攻打劉邦。劉邦兵力不足，只好棄城逃跑。當他逃到曹州東南二十餘里的戚家村時，已經彈盡糧絕，筋疲力盡，於是就下馬在村頭休息了一會兒。但他還沒有緩過氣來，項羽的追兵又趕到了。聽到由遠及近的馬蹄聲，劉邦越發慌張起來。他看見有一戶人家，一個老翁跟一個年輕女子正在勞動，趕忙走上前，說明自己的身分，希望老翁能搭救自己。老翁和姑娘都願意幫他，姑娘緊急中看到一口枯井，就讓劉邦躲進去。項羽的追兵趕到，沒有看到劉邦，以為他又跑遠了，趕緊去追。劉邦得救了。

晚上，老翁置辦酒席為劉邦壓

驚。劉邦這才知道，恩人姓戚，只有一個女兒，就是為劉邦找到救命枯井的那位姑娘，劉邦這才顧上細細打量姑娘。這位姑娘年方十八，生得俊俏可人，劉邦一見，頓生愛慕之心，加上感謝戚氏父女，就對他們說：「如果將來我得了天下，就封你的女兒為貴妃。」戚氏父女趕緊叩頭謝恩，劉邦當夜就與戚家女兒完婚。

後來，劉邦的勢力越來越大，戚家女兒跟著劉邦也越來越有前途。劉邦很寵愛戚家女兒，將她封為夫人。後來戚夫人為劉邦生了一個兒子，即趙王如意，劉邦越發寵愛戚夫人。

劉邦此時已經立了呂后的兒子劉盈為太子。劉盈為人老實敦厚，而如意機靈活潑，很有決斷，劉邦覺得這一點很像自己，於是很自然地就比較偏愛如意。加上呂后此時已經年老色衰，戚夫人年輕貌美，劉邦越發喜歡如意，後來甚至想要廢掉太子劉盈，改立如意為太子。

劉邦要更換太子的消息很快傳到呂后的耳朵裡。呂后大急，趕忙找哥哥呂釋之商量對策。呂釋之也想不到什麼好辦法，又找張良，劉邦信任張良，呂釋之希望張良勸阻劉邦。張良不想出面，於是為呂釋之出了一個主意：終南山有四位隱居的賢人，人稱「商山四皓」。劉邦一直想讓這四個人出面輔佐自己，但他們都不肯。如果太子劉盈能請這四人到自己家中做客並將他們引入朝堂，讓劉邦看見，劉邦就會覺得，太子竟然有能力請到自己請不到的人，就會認為太子有過人之處，也許就不再廢掉他。

呂后知道這個消息之後，立刻想盡辦法將商山四皓幫助太子。商山四皓來到朝堂，對劉邦說：「太子劉盈是一個忠厚仁孝的孩子，我們四個人甘願為劉盈效勞。」劉邦看到商山四皓出面輔佐劉盈，既驚又喜，對商山四皓說：「既然你們答應幫助我漢室江山，那麼以後就好好輔佐他吧。」就此打消了更換太子的決定。

朝會結束之後，劉邦無奈地對戚夫人說：「看來已經沒辦法更換太子了，他有商山四皓幫忙，已經擁有了人心，無法再動搖他的太子之位了。」戚夫人聽到這裡，難過

地留下了眼淚。戚夫人雖然平日得寵，但在呂后面前總是小心謹慎，唯恐被她抓出什麼過錯，現在因為更換太子一事，恐怕已經得罪她了。劉邦也知道這一點，因此如何安置這對母子成了劉邦的心病。後來，劉邦越來越老，又疾病纏身，他知道自己時日無多，擔心自己心愛的女人和兒子，他就讓如意到了自己的封國，並派遣周昌保護好如意。

西元前195年4月甲辰日，劉邦病逝，太子劉盈繼位，呂后晉升為皇太后，掌握了實權。曾經與呂后爭寵並爭奪王位繼承人的戚夫人，就成了呂后的第一個敵人。

呂后是一個很厲害的女人，她曾經幫助劉邦誅殺漢初頭號功臣韓信，又毫不留情地殺掉彭越，並將彭越剁成肉醬送給英布；英布造反，呂后又理所當然地殺掉了英布。

無論是韓信還是彭越，或者是英布，他們都是跟隨劉邦打天下的功臣，擁有顯赫的背景和很大的權力，呂后尚且都能一一除掉他們，戚夫人這樣一個嬌滴滴的女子，怎麼可能是呂后的對手呢？她要殺掉戚夫人，以前因為有劉邦護著，她沒辦法，現在簡直易如反掌。

劉邦死後，呂后首先將戚夫人打入冷宮，將她一頭秀髮一根一根拔下來，然後命人用鐵鍊拴住她的脖子，讓她穿上粗笨的囚衣，天天在冷宮裡搗米。還派兵一天到晚地把守著她，不許她偷懶。

戚夫人沒日沒夜的搗米，想像自己的前景，不僅悲從中來，一邊搗米，一邊流淚，只能用歌聲抒發自己的不滿：「子為王，母為虜！終日舂，薄暮常與死相伍！相離三千里，誰當使告汝！」她的兒子如意此時還在封地，不知道母親忍受這番痛苦呢。

呂后聽說戚夫人唱出這樣的歌詞，就想趁機殺了如意。呂后一連三次召如意回國，周昌知道呂后的企圖，他受到劉邦特意的囑託，讓如意假裝生病，不回宮。周昌曾經對劉盈有恩，又是一個德高望重的老臣，呂后也不想殺周昌，於是就玩了一個詭計。

呂后先讓周昌進宮，周昌無奈，只得進宮，然後呂后又讓如意

一次讀完史記 故事

進宮。如意此時還是一個十歲的孩子，不懂得怎樣應對，只得奉召進宮。

劉盈天生敦厚，多日不見弟弟，非常想念他。他也知道母后因為如意差點奪走自己皇位的緣故，惱恨弟弟，於是親自到霸上去迎接如意，讓他跟自己一起回宮。入宮之後，又親自保護他，讓如意跟自己同吃同睡，形影不離。呂后想要找藉口殺掉如意，一時也找不到機會。

有一天，劉盈想要出去打獵，本來是讓如意跟自己一起去的。但他起床之後，看到如意還在睡覺，怎麼叫也叫不醒，於是只好自己先去了。可等他打獵回來之後，如意已經七竅流血死了，呂后已經派人下毒毒死了他。

呂后毒殺了如意之後，戚夫人連最後一個靠山也沒有了，呂后開始肆無忌憚地折磨戚夫人。她首先命人砍掉了戚夫人的雙手雙腳，又命人將她兩個眼珠子挖出來，一雙美麗的眼睛變成了血淋淋的黑洞。戚夫人疼得慘叫出來，呂后聽不順耳，於是命人給她灌下啞藥，戚夫人連慘叫聲也發不出來了。最後，呂后又用毒煙將戚夫人的耳朵熏聾，將四肢不全、慘不忍睹的戚夫人扔進了茅廁，並稱為「人彘」。

最令人髮指的是，呂后竟然對自己的所作所為頗感自豪，她還將劉盈叫過來跟自己一起欣賞戚夫人的慘樣。

善良的劉盈根本不知道戚夫人母子都已經被母后害死了，更不知道眼前這個血肉模糊的東西是什麼。當別人告訴他說那就是戚夫人之後，劉盈放聲痛哭，他不知道母后竟然這麼殘忍，他哭著說道：「這怎麼是人幹的事情呢？我是太后的兒子，我沒法阻攔太后，但我沒法再繼續做這個皇帝了。」此後故意放縱自己，終日飲酒作樂，不管朝政，二十四歲就病死了。

劉盈不理朝政，呂后理所當然地開始處理朝政。

諸呂封王

呂后在劉邦死之前曾經差點被廢去皇后之位，為了鞏固自己的地位，她開始有意提拔呂氏一族的地位。

呂后首先將自己的外孫女張嫣嫁給漢惠帝，而此時的張嫣才九歲，已經成年的漢惠帝怎麼能娶一個小姑娘為妻呢？況且又是自己的外甥女。漢惠帝不滿，他雖然不敢公然反抗母親的命令，但暗地裡也不配合，導致他和張嫣沒有孩子，但卻與後宮宮女生下六個兒子。「人彘」事件之後，漢惠帝羞憤交加，從此縱情聲色，不理朝政，健康迅速惡化，繼位七年後病逝，享年二十四歲。

漢惠帝發喪時，呂后只是乾哭，沒有眼淚。此時張良的兒子張辟強任侍中，他問丞相陳平：「太后只有這一個兒子，現在惠帝去世，太后只乾哭卻不流淚，你知道這是為什麼嗎？」陳平不知其所以然。張辟強說：「皇帝的兒子都沒有成年，太后擔心你們這幫老臣。如果你們請求太后封呂台、呂產、呂祿為將軍，讓呂家人統領兩宮衛隊南北二軍，讓呂家人都住進宮中，掌握朝廷的大權，這樣太后就會放心，你們這些老臣就能避禍。」陳平覺得此話有理，於是就按照張辟強的建議去做。太后對陳平的安排很滿意，這才悲哀地哭了起來。

呂后的大哥呂澤被封周呂侯，呂釋之被封建成侯，妹夫樊噲被封舞陽侯。這些人雖然都是呂后的親戚，不過都曾經追隨劉邦起兵反秦，滅項羽，也都是大漢的大功臣。因此，他們幾個雖然是外戚，也沒有太多的人反對，呂家人就理所當然地掌握了朝廷大權。

安葬過漢惠帝之後，呂后在惠帝與後宮宮女所生的六個兒子中選了一個當繼承人，這就是「前少帝」。「少帝」的生母被呂后殺死，三歲的少帝交由張嫣撫養。少帝年齡太小，根本無法主持朝政，呂后發明了一個制度：母后稱制，

她可以根據這個制度代行皇帝職權。

呂后稱制之後，就召集眾大臣，想要立呂家人為王。她先問右丞相王陵的意見。王陵說：「高帝曾殺白馬與大臣們盟誓：『不是劉家的子弟卻稱王的人，天下共同誅殺他。』現在太后如果封呂家人為王，恐怕違背了高祖的誓約。」呂后聽到這個說法之後很不高興，於是又問左丞相陳平和絳侯周勃。周勃回答說：「高祖平定天下之後，封了劉家的子弟為王。現在太后代行天子之職，封呂家人為王，這沒有什麼不可以。」呂后對這個回答很滿意。王陵生氣地責備周勃：「我們曾經與高祖歃血為盟起誓，難道你們都忘了嗎？現在高祖皇帝去世，太后身為臨朝執政的女主，如果封呂家人為王了，你有什麼臉面與高祖皇帝在黃泉之下相見呢？」陳平、周勃說：「要是我們在朝堂之後公然反對太后，恐怕很難，我們不能像你這麼勸諫。若想保全大漢的天下，使劉氏的後代周全，你卻比不上我們想的這麼周全。」王陵不知道怎麼回答。

同年，呂后封王陵為少帝的太傅，間接奪取了他右丞相的實權。王陵氣惱，直接稱病，被免職，他就回老家了。左丞相陳平被提拔為右丞相，辟陽侯審食其做了左丞相。然後，呂后追封酈侯呂台的父親呂澤為悼武王，呂家人稱王就從這裡開始。

第二年四月，呂后準備加封諸呂為王。為了避免不必要的麻煩，她先加封惠帝與後宮妃子所生的五個兒子，劉強被封為淮陽王，劉不疑被封為常山王，劉山被封為襄陽侯，劉朝被封為軹侯，劉武被封為壺關侯。諸位大臣看到呂后的暗示之後，紛紛奏請封酈侯呂台為呂王，呂后就同意了。建成侯呂釋之去世了，他的長子因為有罪而被廢除，呂后就封他另外一個兒子呂祿為胡陵侯，繼承了建成侯的爵位。

一年後，呂王呂台去世，呂后追封他為肅王，他的兒子呂嘉繼承了他的王位。兩年後，呂后的妹妹呂嬃被封為臨光侯，呂他被封為俞侯，呂更始被封為贅其侯，呂忿被封為呂城侯。自此，呂氏一族人的權勢達到前所未有的高度。

少帝長大了，他偶然聽說自己的親生母親被呂后殺死了，自己並不是皇后張嫣的親生兒子，心中不滿，對人說：「太后怎麼殺死我的母親將我當成皇后的親生兒子呢？現在我還小，等我長大了，我就造反。」呂后聽說孫子口出狂言，心中很擔心，唯恐他真的長大了反對自己，於是就命人將少帝囚禁在永巷宮中，對外宣稱少帝得了重病，大臣們誰也看不到少帝。

呂后對大臣們說：「凡是擁有至高無上權力的人，就應該像上天一樣覆蓋大地，像大地容載萬物。皇帝身為天子，就應該愛護天下百姓，天下百姓這才會歡歡喜喜地侍奉皇帝。這樣天地上下的感情才能相同，天下才能永遠太平。如今皇帝病重，神志失常，不能再繼承帝位供奉宗廟祭祀了，大漢的天子不能再託付給他。你們看誰可以登基為新的皇帝？」群臣們都叩頭說：「太后為天下百姓著想，為祖宗社稷思慮甚遠，我們恭敬地聽從您的命令。」

呂后就廢了少帝的皇位，然後暗中殺了他。隨後，她立常山王劉義為皇帝，為他改名劉弘，但卻沒有改稱元年，因為一直是呂后把持朝政。同一年，呂后設置太尉，絳侯周勃被任命為太尉。

又過了兩年，呂后封肅王呂台的弟弟呂產為呂王，第二年又將他改封為梁王。但梁王不必去封國，而是留在朝廷為皇帝當太傅。又過了兩年，呂后封肅王的兒子東平侯呂通為燕王，封呂通的弟弟呂莊為東平侯，封武信侯呂祿為趙王，並追尊呂祿的父親康侯為趙昭王。

不久，呂后病重，她任命趙王呂祿為上將軍，呂祿統領了北軍；又讓呂王呂產統領南軍。呂后知道自己時日無多，告誡呂家人道：「高祖皇帝平定天下之後，曾經跟大臣們盟約：『不是劉家的子弟卻稱王的人，天下共同誅殺他。』現在這麼多呂家人都封了王，大臣們心中難免不平。我死之後，皇帝還年輕，大臣們可能會作亂，現在我把兵權交給你們，你們一定要抓緊兵權，包圍皇宮。我死後千萬不要為我發喪，否則大臣們就知道了，你們就會被大臣們制服。」交代完這些事，呂后就死了。

連殺三趙王

高祖劉邦有八個兒子，劉邦最喜歡的是戚夫人生的如意，將他封為趙王。劉邦曾經想過廢掉呂后生的太子劉盈，改立如意為太子，因而呂后心中一直嫉恨，總想找機會誅殺戚夫人和趙王如意。

高祖去世之後，呂后派人宣趙王入朝，但使者宣了好幾次都沒有成功。因為趙國丞相建平侯周昌受高祖所托保護如意，他對使者說：「高祖皇帝將趙王託付給我，現在他年紀還小，我知道太后不滿戚夫人，想要將他和戚夫人一起殺死，我不能眼睜睜地看著趙王去送死。趙王年幼多病，恕不能接受詔命。」每次使者前來宣告，周昌都這樣說，堅持不讓趙王進宮。呂后沒辦法，只好派使者先將周昌召進都城長安。周昌到了長安之後，呂后不好意思見他。因為周昌曾經對劉盈有恩，而且在朝中德高望重，呂后不想殺他。

周昌堅忍剛強，以敢於直言聞名，連蕭何、曹參等人都對他十分敬重，高祖皇帝甚至都拿他沒有辦法。有一天，高祖皇帝正跟戚夫人在一起，周昌前來奏事，看到高祖皇帝，扭頭就走。高祖皇帝趕緊走上前追趕他問：「你覺得我這個皇帝怎樣？」周昌抬頭挺胸，直截了當地說：「陛下您跟夏桀、商紂王沒什麼兩樣！」高祖皇帝聽後，不但不生氣，反而對他的直言不諱很欣賞，因而哈哈大笑，從此更加敬重周昌。後來高祖皇帝想要更換太子的時候，許多大臣都反對，但高祖皇帝心意已決，誰也勸說不動。周昌則與高祖皇帝據理力爭，不准更換太子，當高祖皇帝問他理由時，原本就有些口吃的周昌因為氣憤，口吃得更厲害了，他說：「臣雖……雖然口才不好，但我只……只……知道這樣做是不對的。陛下你要堅決廢……廢……廢掉太子，恕臣堅決不……不接受您的詔令。」高祖聽到他勉強將這句話說完，被逗樂了，此事暫且不提。呂后在東廂側耳聽到大臣們跟高祖皇

帝的對話，很著急，以至於見到周昌時向他下跪，並說：「如果不是您據理力爭的話，太子的位置恐怕就不保了。」幸好此時張良為呂后制定了計策，呂后才迫使高祖皇帝放棄更換太子。

現在為了誅殺趙王，呂后不得不與周昌周旋。周昌被召到長安之後，呂后又派人召趙王。趙王年幼無知，聽到詔令不知道怎樣應對，只好進京。漢惠帝是一個仁慈的皇帝，他知道母后嫉恨趙王，於是趙王還沒有走到京都，他就親自前去迎接他。將他迎接到宮中之後，又吃住跟趙王在一起，讓母后沒有機會下手。

一天早晨，惠帝出去打獵，趙王因為年幼，還不能習慣早起，惠帝就自己出去了。呂后得知惠帝跟趙王不在一起，立刻命人拿毒酒去毒殺趙王。等惠帝打獵完畢回宮之後，趙王已經七竅流血死去了。周昌非常氣憤，從此稱病隱退，也不再上朝拜見呂后，三年後鬱鬱而終。

趙王死後，呂后派淮陽王劉友去做趙王，還將自己的姪女嫁給劉友。劉友不喜歡呂后的姪女，寵愛其他姬妾，呂后的姪女又生氣又嫉妒，一怒之下離開劉友，到呂后面前說劉友的壞話。她說：「劉友對我不好也就罷了，還經常私下裡對人說：『姓呂的人有什麼資格稱王呢？呂后死了之後我一定收拾這些姓呂的。』」呂后聽了這番話，大怒，立刻召劉友入宮。

劉友入宮之後，呂后卻不召見他，而是派遣衛隊看守著他，不准別人給他飯吃，也不讓人送水和任何事物。劉友的下人看不下去，偷偷為劉友送了一些吃的東西，立刻就被抓起來懲罰。劉友又餓又氣，又氣又恨，忍不住作詩曰：

諸呂用事兮，劉氏微；
迫脅王侯兮，強授我妃。
我妃既妒兮，誣我以惡；
讒女亂國兮，上曾不寤。
我無忠臣兮，何故棄國？
自快中野兮，蒼天與直！
于嗟不可悔兮，寧早自賊！
為王餓死兮，誰者憐之？
呂氏絕理兮，托天報仇！

呂后聽說這首詩之後，更氣惱，不肯寬恕他。最後劉友竟然被

活活餓死，呂后不准以諸侯王的規格安葬他，而是把他當做平民一樣草草地埋在亂墳崗。十幾天之後，即正月三十日，發生了日食，大白天沒有了太陽。呂后很害怕，對下人們說：「恐怕這是因為我的緣故才惹怒了上天。」

不久，呂后又派梁王劉恢去做趙王，梁王的位置就空了下來，呂后就任命原呂王呂產為梁王。劉恢雖然被封為趙王，但呂后卻不讓他去封地，而是讓他留在朝中當皇帝的老師。同時，封皇帝之子平昌侯劉太為呂王，將梁國改為呂國，原來的呂國改名濟川國。呂后的妹妹有個女兒嫁給營陵侯劉澤為妻，呂后又封劉澤為大將軍。但是她擔心自己死後劉澤帶兵作亂，於是極力拉攏劉澤，加封他為琅邪王。

劉恢從有實權的梁王變為沒有實權的趙王，很不高興。況且他原本有一個心上人，呂后卻將呂產的女兒嫁給了他，並且將她封為趙王后，劉恢就更不高興了。更可怕的是，呂產的女兒與呂后的性情很像，絲毫不將劉恢放在眼裡，趙王宮內的宮人都是呂家的人，他們都仗著娘家人有勢力，胡作非為，對劉恢很不恭，劉恢甚至沒有機會親近他自己喜歡的女子。終於有一天，劉恢對呂家人忍無可忍，對驕縱跋扈的呂產女兒大聲斥責。呂產女兒氣不過，就毒死了劉恢喜歡的那名女子。劉恢見自己身為趙王，卻連心愛的女人也保護不了，心中非常悲傷。他為那名女子做了四首歌詞，讓人們詠唱，後來越聽越難過，自殺了。

呂后知道這件事之後，反而認為劉恢為了一個女人竟然忘記了祖宗祭祀，很生氣，不讓劉恢的後代繼承王位。

就這樣，三任趙王：劉如意、劉友、劉恢，都直接或間接地死在呂后手中。

誅滅諸呂

西元前180年，呂后病死，終年62歲。呂后臨死前，留下詔書，詔書上說，賞賜每個諸侯王黃金千斤，將、相、列侯、郎、吏等大臣按照官階的不同，賞賜不同數額的黃金；並以呂王呂產為相國，呂祿的女兒為皇后。

呂后在世時，大力提拔呂家人，呂家人幾乎掌握了大漢的所有權力。這不但引起眾大臣的不滿，也引起劉氏皇族集團的嫉恨。呂后死後，劉氏皇族集團就與呂氏外戚集團展開激烈的權力爭奪戰。

最開始，諸呂獨攬大權，他們打算徹底清除劉家子弟，將劉氏江山變成呂氏江山，但他們擔心大臣周勃、灌嬰等人不支持，因而不敢輕舉妄動。朱虛侯劉章娶了呂祿的女兒為妻，因為這層姻親關係，他知道了諸呂的陰謀，於是暗中派人通知哥哥齊王劉襄，讓劉襄發兵西進，殺掉呂家人，自己當皇帝。如果不出意外的話，劉章的確有資格繼承皇位，他自己是朱虛侯，他的哥哥是齊王劉襄，弟弟是東牟侯劉興居，並且他為人又氣概有勇力，個人素質在劉家子弟中，當屬佼佼者。

齊王劉襄果然發兵東進，他先奪了琅邪王劉澤的軍隊，然後率領兩支軍隊一起向長安進發。同時，劉襄還寫信給其他劉家諸侯王說：「呂后臨朝稱制，對諸呂大加重用，擅自廢掉和改立皇帝，誅殺劉如意、劉友、劉恢三個趙王，廢除梁、趙、燕三個劉氏封國，好處全部給了呂家人。現在呂后死了，諸呂依舊脅迫諸侯、忠臣，假傳聖旨，讓天下人聽命於自己，恐怕劉氏的宗廟要瀕臨危境。我現在率兵就是要殺那些不該稱王的呂家人。」其他劉氏諸侯見了，也義憤填膺。

京城這邊，相國呂產命潁陰侯灌嬰迎擊齊王。灌嬰到了滎陽後，跟將士們一起商量：「京城的諸呂握著兵權，試圖陰謀顛覆劉氏江山，自己稱帝。如果我打敗齊國

回去，就增加了呂家人的力量，這是不妥的。」於是就將軍隊留在滎陽，命人火速告知齊王和其他劉氏諸侯，他願意跟劉氏諸侯聯合起來，希望大家再等一等，等到呂氏發動變亂，共同誅殺呂家人。齊王得知灌嬰的計畫之後，就帶兵返回齊國的西部邊界，等待雙方事先約定好的時機行事。

在京城長安，太尉命主管符節的襄平侯紀通拿著符節假傳聖旨，說讓太尉進入北軍。太尉進入軍門後發令：「擁護呂家人的，請袒露右臂；擁護劉家人的，請袒露左臂。」結果軍中所有的士兵都舉起了左臂，太尉取代了呂祿，統帥北軍等待劉家子弟。

此時，京城的另外一支軍隊南軍還在呂氏手裡。平陽侯曹窋知道呂產的陰謀，把他告訴丞相陳平。陳平就找朱虛侯劉章，讓他協助太尉成事。於是太尉派劉章監守軍門，劉章命令曹窋通知未央宮衛尉：「不准放呂產進入殿門。」

呂產不知道北軍已經落入太尉手中，他進入未央宮準備作亂，但進不了殿門，不知道發生了什麼事情，就在宮殿門外著急地走來走去。

平陽侯擔心難以取勝，就告訴太尉，太尉也擔心無法戰勝呂家人，因此看到呂產落單，也不敢明說殺掉呂產。於是就請朱虛侯劉章進宮，對他說：「趕快進宮保衛皇帝。」劉章要求派兵，太尉就給了他一千多人馬。劉章進入未央宮，看到呂產一個人在殿外等候，就趁機發起攻擊，呂產不防，逃走。這時候已經是晚上了，狂風大作，呂產的隨從官員已經陷入混亂，沒有人抵抗。劉章趁機狂追呂產，一直將呂產追到郎中令官府的廁所中，將他殺掉了。

劉章殺掉呂產後，皇帝派謁者手持符節前來慰勞。劉章本想奪過符節，但謁者堅決不從，劉章只好與謁者同乘一輛車，憑著符節在宮中驅馬奔跑，趁機斬殺了長樂宮的衛尉呂更始。

太尉知道這些事之後，起身拜賀劉章：「我們就是擔心呂產。他是相國，又掌握著南軍。既然現在他已經死了，劉家的江山就穩定了。」劉章將誅殺諸呂的事情通知

齊王，齊王收兵，灌嬰也從滎陽收兵回京。

然後，眾大臣聚集在一起商量目前的局勢。大家都認為：少帝、呂（梁）王劉太、淮陽王劉武、常山王劉朝，都不是孝惠皇帝真正的兒子。呂后騙大家將別人的兒子抱過來，謊稱是惠帝的兒子，殺掉他們的生母，將他們養在後宮，讓惠帝將他們認做兒子，立他們為繼承人。這些人或者登基為帝，或者被封為諸侯王，其實都不只不過是加強呂家人統治的工具。如今既然呂家人已經都消滅了，就沒有必要留著呂氏所立的人，就更不能等他們長大了再掌權傷害我們這幫人了。不如我們現在挑選一個真正的劉家人為繼承人。

至於挑選誰為繼承人，大家的意見不一。

有的大臣說：「齊悼惠王劉肥是高帝的長子，現在的齊王又是嫡子，如果立嫡立長的話，齊王作為高祖皇帝的嫡長孫，可以立為皇帝。」

但其他大臣說：「呂氏就是借外戚而專權作惡，殘害忠良，大漢的江山幾乎毀在他們手中。齊王的外祖母家姓駟，駟鈞也是一個惡人，如果立齊王為皇帝，將來駟氏恐怕會走呂后的道路，大漢的江山依舊不穩。」嫡長孫失去了繼承皇位的資格。

有人又提出立淮南王劉長為帝，但又覺得劉長太年輕，他的外祖母家也很不好惹。

有人說：「代王劉恒是高祖皇帝中活著的兒子中最大的了，他為人寬厚仁孝，太后薄夫人又是一個很謹慎、善良的人。況且擁立最大的兒子原本就名正言順，代王以仁愛孝順聞名天下，立他為帝最合適。」

很多大臣同意這個提議，於是大家就派人將代王召進京，但代王推辭了。大臣又派使者邀請，代王才帶著隨從乘坐六輛驛車進京。代王到達長安後，先住在代王的官邸，大臣們都前去拜見，將天子的玉璽奉上，尊他為天子。代王仍舊推辭，大臣們堅持請求，代王才勉強接受。大家為代王舉行了隆重的登基大典，代王就是漢文帝。

孝文本紀

漢文帝即位

漢文帝劉恒是高祖劉邦的第四個兒子，也是漢惠帝劉盈同父異母的弟弟。劉恒的母親是薄姬，曾經做過魏豹的寵妾。魏豹被劉邦打敗後，薄姬也成為俘虜被漢軍抓獲。有次，劉邦見到了薄姬，見她長得還不錯，就收到了自己的後宮裡。薄姬進宮後，雖然不怎麼受寵，但是很快生下了皇子劉恒。高祖十一年，也就是西元196年，劉邦在親自平定了代國陳豨的叛亂後，封時年八歲的四子劉恒為代王，定都

於中都。漢惠帝病逝後，呂后立了年幼的少帝。呂后死後，呂氏的呂產、呂祿打算發動政變，被大臣周勃、陳平平定。接著，代王劉恒被選中作為皇位的繼承人，就是漢文帝。

劉邦一共有八個兒子，劉恒算是運氣最好的那個了。呂后為劉邦生下了漢惠帝劉盈，可惜劉盈很早就病死了。劉盈死後，呂后為了鞏固自己的統治，開始肆無忌憚地對劉邦的兒子們揚起了屠刀。呂后先

後殺害了劉邦四個兒子，再加上大兒子劉肥在呂后死時已經不在世，能夠繼承皇位的只剩下劉恒和劉長。

劉恒之所以可以在惡毒的呂后手裡存活下來，很大的一個原因是由於他母親的關係。薄姬本來是項羽所封的魏王魏豹的一個小妾，雖然後來生下了劉恒，但她的出身加上劉邦對她的冷淡，都使得她一直處於小心度日的狀態中。在母親的這種薰陶下，劉恒從小就很會做人，從來不會惹什麼麻煩，給朝廷上下都留下了不錯的印象。他七歲的時候，在三十多位大臣的保薦下，當上了代王。劉恒的地位雖然不像其他皇子那樣無比尊貴，但是這也恰恰為他躲避日後呂氏的迫害打下了基礎。就這樣，一直不起眼的劉恒很幸運地活了下來，最後又登上了皇帝的寶座。

陳平和周勃在呂后死後，及時地消除了呂氏一族的禍患。當時的皇帝是劉弘，但周勃和陳平都認為劉弘不是惠帝的後代，不適合繼續當皇帝。最後，他們選擇了劉恒，接著就派了使者到代國去接劉恒來長安。

當長安派來的使者稟明來意後，劉恒忙召集來手下的大臣進行商議。郎中令張武建議說：「現在朝中的大臣都是高祖皇帝時期留下來的，他們都是很有本事的人，我們絕不能等閒視之。陳平他們之所以要迎立大王，恐怕不是出於他們的本意，只不過是忌憚先帝和呂后的威勢罷了。現在呂氏剛被剷除，京城肯定不會太平。這個時候派人來迎接大王，一定還有什麼我們不知道的目的，所以，還是不去為好。大王您可以謊稱有病，在代國靜觀其變。」中尉宋昌卻說道：「我不同意這種看法。秦朝混亂不堪時，很多人都揭竿而起，每個人都認為自己能夠成就一番事業，誰也沒想到最後這江山被高祖坐了。到了現在，劉氏已經成了皇室的代名詞，不會再有其他的人想在秦朝末年推翻劉氏而自立，這是我要講的第一個理由。第二個理由是，高祖皇帝在世時已經考慮到外臣專權的問題，所以他大肆分封諸劉，建立了劉氏統治的堅強基礎，沒有別的人敢挑戰這種力量。自我大漢立

國以來，一直都實行休養生息的無為政策，廢除了秦朝的那些殘酷的法令和賦稅徭役制度，輕徭薄賦，與民生息，天下歸心，難以撼動，這是我要說的第三點。呂氏雖然也被封為王，權高位重，獨斷專行，看起來似乎難以與其匹敵，但太尉不過是憑藉著一支符節，到軍隊中振臂一呼，士兵們立馬倒戈，這說明大家對於劉氏都是忠誠的，這是天意所在，非人力可為。就算那些功臣們想要搞些小動作，天下的百姓都不會答應，他們自然也成不了什麼大事。長安城裡現在有朱虛侯、東牟侯這樣的宗族，城外又有各個強大的諸侯國，哪個大臣有膽量造反？高祖的兒子就只剩下您和淮南王了，您是兄長，又以禮儀仁孝聞名天下，京城之所以立您為皇帝，是大勢所趨、人心所向，請大王不要再猶豫了。」

在聽取完大臣的意見後，劉恒還是拿不定主意，他又去向太后薄氏稟告了事情的原委，還是沒能做出決定。迷茫的劉恒又命人用龜甲來進行占卜活動，結果卜辭顯示：「大橫是更替的預示，我將坐上天王的位置，像夏啟那樣，將父輩的偉業發揚光大。」劉恒不解地問道：「我已經是王了，怎麼還說我要做王？」占卜的人回答說：「卦上說的是天王，就是天子的意思。」

劉恒這才有些相信，派了太后的弟弟薄昭到京城去見絳侯周勃。周勃和陳平將擁立劉恒的原因全盤托出，薄昭於是回去對劉恒說：「都是真實的，不需要再進行懷疑了。」劉恒這才露出了笑容，對宋昌說道：「你果然說對了。」然後立刻帶上親信乘車前往長安城。等到了高陵的時候，劉恒不放心，又派了宋昌前去京城打探消息，自己一行人在原地等候。

等到宋昌來到渭橋時，丞相以下的官員都已經等在那裡迎接了。宋昌回去將情況給劉恒說了，劉恒這才放心地到了渭橋。群臣見了劉恒都跪地參拜，劉恒也趕忙下車還禮。太尉周勃上前說道：「我有些事需要單獨對大王您說。」劉恒不卑不亢地回答道：「如果您要說的是公事，那麼就當著大家的面講出來；如果說的是私事，身處王

位的人是不聽取私事的。」周勃一聽，連忙下跪將皇帝用的玉璽和符節獻上。劉恒辭謝道：「現在為時過早，還是等到了府邸再說吧。」於是坐上車到代王府去了，重臣也都跟著過來了。丞相陳平、太尉周勃、大將軍陳武、御史大夫張蒼、宗正劉郢、朱虛侯劉章、東牟侯劉興居以及典客劉揭一干人等都一一上前參拜，說道：「劉弘不是孝惠皇帝的親生兒子，按禮不應該繼承大統。我們大家在和諸位諸侯王以及大臣們商量後，一致決定推舉大王您做皇帝，希望您能夠儘快登基。」劉恒推辭道：「做皇帝這是關係國家社稷的大事，我劉恒何德何能，能夠被大家舉薦，實在是慚愧。還請眾位大臣能夠再仔細考慮，挑選出真正能夠繼承大統的人選，我實在是不敢從命。」眾人聽後都跪地不起，堅決要求劉恒答應下來。劉恒又謙讓了幾次，就是不肯接受。陳平說道：「這件事我們已經考慮得很清楚了，一致認為大王您才是最合適的人選。就算現在廣征天下百姓的意見，相信也不會有比這更好的結果了。我們為人臣子的，做事情肯定會盡心竭力，不敢有一絲疏忽。如果大王您能夠聽從我們的意見，那皆大歡喜。現在，請允許我們恭敬地向您獻上代表天子權威的玉璽和符節。」劉恒這才說道：「既然大家一致認為沒有比我更合適的人選，那我也不敢再推辭了。」於是，代王劉恒就即位做了大漢天子。

小心謹慎的劉恒最終在眾大臣的擁立下順利登基，住進了未央宮中。

▋ 孜孜求治

在漢文帝住進未央宮的當天夜裡，就下令將宋昌封為了衛將軍，負責南北兩軍；又下令封張武為郎中令，負責保衛宮中安全。這是因為，劉恒深知軍權的重要性。有司衙門先後誅殺了少帝和他的皇

后以及三個弟弟，劉恒這才回到了前殿，連夜頒布詔書，下令大赦天下。

漢文帝知道自己之所以能夠坐上皇帝的寶座，只是因為自己的背景比較單純，所以得到了很多大臣的支持。登基伊始，他就先是將誅滅呂氏的有功之臣都封賞了一遍。周勃成了右丞相，陳平被封為左丞相，灌嬰則做了太尉。做了右丞相的周勃覺得自己擁立文帝有功，便驕傲起來。每次早朝結束後，他出來的時候都擺出一副高高在上的樣子，似乎連皇帝都不被他放在眼裡。周勃的手下看了這種情況，提醒他說：「丞相您以後注意點，功高蓋主啊！當心引火焚身！」周勃這才意識到事情的嚴重性，連忙跑到文帝面前辭去了右丞相的職務，文帝果然很爽快就答應了。一年之後，名相陳平去世，文帝再次徵召周勃為相。但周勃的這次為相之旅只持續了十個月的時間，文帝藉口列侯歸封國這件事將他免職。後來當有人舉報周勃圖謀不軌、意圖謀反時，文帝不問青紅皂白立即命人將他抓捕。周勃最後靠文帝的舅舅薄昭的求情才得以恢復自由。

漢文帝是一個對農業生產十分重視的皇帝。他當上皇帝後，多次頒布詔書鼓勵百姓進行農業生產，他還將人口按照戶口比例分為三老、孝悌、力田等，常常賞賜他們一些東西。與此同時，文帝還十分重視對百姓負擔的減輕。他先後兩次減免租率，到了後來，三十稅一漸漸成了漢朝的一個鐵律。

文帝坐上皇位之初，也就是西元179年的12月，他曾說過這樣一段話：「法律的功能在於治理國家、制止暴行、指引著人們多行善事。但現在我們的法律在懲罰犯罪的人後，還要使罪犯們無辜的父母、妻兒和兄弟姐妹也平白無故的遭受懲罰，甚至還要被當做奴婢。這樣的做法，我很不認同。希望眾位愛卿可以商量商量，做出些調整。」主管這方面的官員說道：「老百姓都是需要管理的，否則就會犯上作亂。制定法律的目的也就是為了使百姓們能夠安分守己。連坐這種制度是法律發揮作用的一種重要手段，這樣百姓在做壞事之前，就會考慮到自己的行為給家人

朋友帶來的後果，就會有所顧忌。這種做法自古有之，不應該輕易變動。」文帝說道：「我聽說，只有公正的法律才可以令百姓忠厚，只有合理的判罰尺度才能夠令眾人從心裡真正地服從。至於你說的引導百姓向善的問題，這是做官者應做的事情。如果不能引導百姓向善，這已經是為官者的失敗了，如果再因為這而怪罪於百姓，用不公正的處罰來強加於他們，這不是逼著他們去為害嗎？怎麼可能起到防止犯罪的目的呢？我實在不知道這樣的法律有什麼值得保留下來的價值，你們還是再好好考慮一下吧。」官員們這才答道：「陛下真是千古賢君，一心為天下百姓考慮。陛下高瞻遠矚，所見所識非我們這些人所能企及。我們馬上就按照陛下的意思將這些不公正的法律廢除掉。」於是，漢文帝對秦朝留下來的嚴酷刑罰做出了重大的改變。秦朝時期，很多犯人都會被判處為隸，甚至更重的罪名，這些都是終生服役的處罰。漢文帝對這種法律十分不喜歡，他下令要根據罪行的輕重來進行處罰，並劃定服刑的期限。一旦犯人刑滿被釋放，就該恢復自由的身分和名聲。秦朝的法律還規定，犯人的父母妻兒、兄弟姐妹，統統都要受到牽連而下獄，嚴重的會被處死，輕的也要被收到官府裡做奴婢，這一條被稱為「收孥相坐律令」。文帝下令將這條法令立即廢除。秦朝還有黥、劓、刖、宮這四種肉體上的刑罰，漢文帝下令將黥、劓、刖這三種都改用笞刑來代替，接著他又減輕了笞刑的懲罰度。

文帝即位後的第二年，也就是西元178年的2月，又召集大臣們商量道：「古時候的諸侯國大概有一千多個，諸侯們平時都住在自己的封地，只要按時向朝廷交納供奉就行，雙方都平安無事，百姓們也不用遭受什麼苦難，天下一片欣欣向榮，沒有發生什麼不道德的事件。現在很多列侯都留在長安城中，離他們的封地很遠，來來回回的浪費了很多資源，列侯們也不能夠教育管理好自己的臣民。」於是文帝下詔命令列侯們都回到自己的封地去住，如果在京任職，那也必須將太子送回封地，其他的一律不

許在京師逗留。詔令執行後，大大減輕了人民的負擔。

漢朝的時候，在那些軍事重地和邊疆要塞，都會設置很多關卡來限制人口的自由流動，檢查過往的行人來往。當時出入關隘時，需要拿一個「傳」，就是通關的憑證，才可以被放行。到了三月，漢文帝將這種制度廢除，從而促進了商品的流通和各地的經濟往來，同時，這也對農業的發展起到了一定的作用。

十月份時，漢文帝又提出了一個觀點：「自古以來，君主治理天下靠的就是那些敢於仗義執言的諍臣。現在的法律中有一條不允許大家對朝政隨便議論的命令，這難道不是逼著大家不敢講真話嗎？這樣一來，作為君主我也不能夠及時察覺到自己的過失，更談不上可以吸引人才了。所以我建議廢除這一條規定。普通百姓之間很可能會幾個人聚在一起發發牢騷，大家互相約定好保守秘密，可回頭又互相出賣，做官的大都認為這樣的行為是大逆不道，如果再有其他的不滿，他們就又認為這是刁民在誹謗朝政。在我看來，這只不過是小老百姓的愚昧表現而已，並沒有什麼惡意。如果因為這樣而送了命，那實在是很冤枉。所以，從此以後，再遇上這樣的案例，就不要再審理治罪了。

到了漢文帝在位的第十二年，也就是西元前168年，大臣晁錯對他建議說：「招募天下的人到邊疆去開荒，並可以憑此來受爵免罪，如此施行下去，不超過三年的時間，邊疆的糧食肯定會充足起來。」文帝聽後覺得很有道理，於是採納了這個意見。文帝採用了公開賣爵的方式來填充邊疆地區的糧草。晁錯又向他建議說：「這樣的方法可以使邊疆獲得五年的糧食，我們可以將這些糧草輸送到各地縣去，使得各地的糧食都充足起來，這樣一來就可以免除天下的田租。」如此一來，農民的境況有了很大的改善。

西元前167年的夏天，國家發生了很大的旱情和蝗災。漢文帝為了保障人民的生活，下令不再令諸侯國向朝廷進貢物品，並將原來只歸國有的大山大湖向私人開放，允

許私人開發礦產和各類魚鹽資源。同時削減皇宮的開支，裁減了很多奴僕，並打開國庫救濟百姓。

漢文帝的這一系列措施，使得在戰亂中遭到很大破壞的經濟迅速恢復發展了起來，人民的生活水準得到了很大的提高，漢王朝也日益強盛起來，為中國封建歷史上第一個盛世的到來奠定了堅實的基礎。

■ 節儉的漢文帝

在漢文帝當上皇帝後的第二年，即西元前178年，在這年11月的最後一天，發生了日食。到了12月15日，日食再一次發生。在古代，發生日食被認為是兇兆，漢文帝於是下了一道詔書說道：「我聽說，上天為了治理好天下的百姓，設置了君主。如果君主不能很好地執行上天的意願，執政不仁，那麼上天就會透過一些異樣的徵兆來進行警告。現在在我的治理下，竟然在十一月的最後一天發生了日食這樣的不祥徵兆，一定是我做錯了什麼事。既然我做了君主，侍奉宗廟、治理萬民，那麼天下的安定和動盪就都是我造成的結果。眾位大臣你們就好像是我的左膀右臂一樣。現在，我對下不能很好地治理我的臣民，對上還影響了日月的光輝，使日食這樣的不詳事物發生，實在是缺乏道德的表現。你們接到詔書後，都要仔仔細細地回想一下我過往的作為，指出我的過失。除此以外，你們還要多推薦一些方正賢良、敢於直言進諫的人才來輔佐我，好彌補我的過失。趁這個機會，眾位愛卿也要各自整頓一下自己的政事，千萬記住要與民為善，要盡一切可能來減輕百姓的負擔。我常常因為自己的仁德不夠，以至於不能夠將國家的榮光傳播到遠方去而憂慮，擔心邊疆地區的那些少數民族會為非作亂，所以一直沒有停止對邊疆事務的關注。現在已經不能夠裁撤邊疆的軍隊了，我怎麼可以再為了一己的安全來增加軍隊

的數量呢？我覺得應該將衛將軍統領的軍隊撤掉。而太僕掌管的現有的馬匹數，留下夠用的，將其他的都交給驛站。」於是，審計部將長安城裡的馬匹數統計了出來，將那些用不著的都送到了驛站裡去。

為了鼓勵農業生產，在即位的第三年，文帝又頒布了一道勸課農桑的詔書，書中寫道：「農業是一個國家的根本，就是皇帝也應該親自下田耕作，我以後會帶頭進行這些生產活動，用自己耕作的糧食來祭祀祖宗。」詔書頒布後，漢文帝果然親自走進田間地頭去扶犁耕地，作為表率。漢文帝還採納了晁錯的意見，准許國人用糧食來換取爵位和抵罪。同時大肆削減了徭役賦稅。漢文帝還十分提倡節儉，他自己就是一個嚴厲執行節約計畫的人。除了嚴以律己外，漢文帝還要求官員們不得為了任何原因去進行擾民行為。

漢文帝一共在位二十三年，在此期間，宮裡的房屋、園林、衣服、車馬等物品沒有一點增加的。對於那些對百姓有害處的事情，漢文帝都一律予以廢止，盡一切可能給百姓創造好的生活條件。漢文帝有次想要建一座高臺，找來施工的技術人員一計算，得知這要花費百斤黃金，於是便放棄了，文帝說道：「百斤黃金差不多是十戶人家加起來的全部家產數量了。我已經享有了先帝留下來的宮殿了，這已經很奢侈了，還怎麼能破費建什麼高臺呢？」

漢文帝還是一個非常有孝心的君王。薄太后重病的三年時間裡，他經常衣不解帶地在左右伺候，薄太后的藥每一次他都要親自嘗後才給薄太后喝。在漢朝的所有皇帝中，漢文帝可以說是最勤奮、最節約的一個。他平時所穿的衣服都是些品質很普通的絲織品，就這樣每一件衣服都要穿還幾年才丟掉。文帝對後宮要求也很嚴格，要求皇后親自養蠶；就是對他最寵愛的慎夫人，也不允許她穿華麗的衣服。宮裡所用的帷帳統統都不允許繡上彩色的花紋。所謂上行下效，皇室的這種行為使得當時的整個社會都以簡樸為榮。這對於恢復當時的經濟、促進農業發展產生了很大的作用。

漢文帝還命令，自己的陵寢建造，統統使用瓦器，不能使用金銀銅錫這類的奢侈品，墳墓不能修得高大，凡事以節儉為原則，一定不能打擾到百姓。後元七年己亥日，漢文帝在未央宮駕崩。文帝留下的詔書中寫道：「朕聽說，天下萬物都是有生存規律的，沒有什麼是可以永生的。死亡是再平常不過的事了，是所有生物的最終歸宿。所以大家都不要悲傷。現在的人，都喜歡活著，而對死亡抱著厭惡的態度，即使死了還要費盡一切心思來進行厚葬，甚至於耗盡家產。因為喪事而加重對身體的傷害，這在我看來就很不可取了。而且我這個人，生前對國家、對黎民百姓也沒有作出什麼大的貢獻，現在將要離開人世，還要讓天下的人都為我披麻戴孝、哭泣悲傷，忍受冬夏的極端氣候，損害大家的心靈、減少大家的飯量，甚至暫時中止了對鬼神的祭祀活動，這樣做的結果只能是加重我的無德，我更沒有臉面去面對天下的百姓了。我因為幸運而登上了皇帝的位置，得以對宗廟進行保護，這樣的日子已經有二十多年

了。靠著神靈的庇佑、社稷的福氣，國家才能夠和諧，沒有發生戰亂。我這個人，不是很聰明，總是擔心自己的行為會帶來什麼過錯，使得先帝流傳下來的高尚品德被玷污，日子久了，又總是擔心不能夠維持下去。現在有幸能夠頤養天年，將要被供奉在宗廟裡享受後代的祭祀，實在是很幸運。像我這麼平凡的人卻能夠獲得這麼好的結局，實在是令我安慰，還有什麼值得遺憾、悲傷的呢？所以我決定，全國的官員和百姓，在收到這份詔書後，只能為我哭泣三天，三天以後，一切照常。婚嫁、祭祀、喝酒、吃肉這樣的行為，都可以正常舉行。按規矩要去參加葬禮的人，都要穿著鞋去，所用的麻帶一律不能超過三寸的厚度，不要將車架和兵器陳列上來，也不要發動民間的男男女女到宮裡來哭喪。宮裡那些按照規定要哭喪的人，只需要在早上和晚上各哭十五聲就夠了。除了早晚的時間外，任何人不能隨便哭泣。待我下葬後，之前規定應該服喪九個月的大功改為十五天，五個月的小功改為十四天，而需要服喪

三個月的總麻只需要七天就可以脫去喪服了。其他方面的問題，也都按照這道詔書的意思辦理。這道詔書一定要昭告天下，使全天下的百姓都能夠明白我的意思。霸陵四周還保持它之前的模樣，不要有任何的改變。後宮的夫人們還有少使，都將他們遣回娘家去。」

漢文帝在位期間，憑藉著自己的勤奮、節儉和寬容，漢朝的社會穩定、經濟繁榮，為「文景之治」打下了堅實的基礎，漢文帝也成為我國歷史上著名的賢君。

▌ 緹縈救父

漢文帝劉恒的母親薄氏，因為出身低微，劉邦在世的時候就很不得寵。因為擔心會被呂后迫害，薄氏主動提出要和兒子一起到代郡去居住。代郡和皇宮比起來，條件自然差很多。漢文帝從小就很懂民間的疾苦，所以在他即位不久後就下了一道詔書，規定：「一個人犯了罪，只懲罰本人就好了，為什麼要連累別的無辜的人呢？這樣的法令是很不合理的，我希望能夠更改。」大臣們商量後，果然按照漢文帝的意思更改了法令，廢除了連坐的制度。

西元前167年，在臨淄有一個叫淳于緹縈的小姑娘，她的父親是當地的一個醫生，經常為別人看病，小有名氣，叫淳于意。淳于意本是一個讀書人，做過齊國的太倉長，所以大家都叫他倉公。

淳于意師從楊慶，學習了關於黃帝、扁鵲的醫書，學會了五色診病。三年以後，淳于意醫術大精，遠近聞名。很多人都稱他為神醫。有一次齊國的侍御史因為頭疼去找淳于意醫治，淳于意為他診過脈後，斷定他患了疽症，病因是貪酒所致，五天內就會腫脹，八天後會吐濃痰而死。到了第八天，情況果然如此。

隨著名氣的增大，找淳于意看病的人越來越多，而他又常常不在

家中，所以很多人都失望而歸。久而久之，便招致了一些怨言。再加上有些病他醫治不了，很多人便會以為是淳于意不肯盡心治療，見死不救。常此以往，終於出了禍患。

有一次，有個富商的夫人生了病，請淳于意過去醫治。淳于意看過病情後說道：「這是絕症，無藥可救，活不了幾天了。」富商執意要淳于意進行醫治，淳于意推卻不過，只好開了幾副藥給他。沒過幾天，富商的妻子果然病逝了。富商仗著自己勢大，將淳于意告上了衙門，說他為醫不仁，害死了人。當地官員在富商的一面之辭下，判定淳于意有罪，要受肉刑。因為淳于意曾經做過官，按照法律需要送到長安去執行，於是便被押送到了長安。

淳于意沒有兒子，只有五個女兒。離開家的時候，他對著自己的女兒們嘆氣道：「沒有個兒子真不好，到了危急時候，連個幫手都找不到。你們幾個連一個有用的都沒有。」其他幾個女兒都只是低頭痛哭，只有最小的緹縈很氣憤地想：憑什麼說女兒就沒有一點用呢？於是就提出了要和父親一塊到長安的要求，家裡人再怎麼勸她，她都不為所動。

緹縈跟著父親到了長安後，找人幫忙寫了一篇奏章，自己來到宮門口將奏章交給了守門的衛士。漢文帝收到奏章後，聽說是一個不知名的小姑娘送過來的，十分好奇，見那奏章上是這樣寫的：「我的名字是淳于緹縈，太倉令淳于意是我的父親。我父親在做官的時候，大家都誇他是一個好官。現在他有了過失，要被執行肉刑，我很傷心，但這傷心不止是為了自己的父親，也是為了天下所有的百姓。很多人只是由於疏忽而犯了錯誤，如果因此就砍去他們的手腳、或者是削掉鼻子，未免太殘忍了。肉體一旦殘破，就沒有辦法再恢復。我自己情願被官府收為奴婢，只要求能夠替我的父親恕罪，給他一個重新開始的機會。」

漢文帝讀過奏章後，對這個叫緹縈的小女孩十分欣賞，覺得她說的很有道理，於是就將大臣們召集起來商量這個問題。漢文帝說道：「我聽說，在虞氏的時候，對待罪

一次讀完史記故事

犯只是通過在他們的衣帽上畫上標誌或者是給他們穿上特別的衣服，以此來懲罰他們。如此一來，百姓們就不會去犯法了。這是什麼原因呢？因為當時的政治已經十分清明了。

現在我們雖然制定了更為嚴酷的法律，可是犯法的事情還是屢禁不止。為什麼會出現這種情況呢？難道不是因為我們現在的政治不夠清明嗎？我為自己的過失感到慚愧。正是因為我的教育方法不完善，所以才使得很多愚昧的百姓走上了犯罪的道路。

《詩經》上寫道：『那些和藹可親的官員才是百姓的父母官。』可是，現在只要有人犯了罪，我們就直接對他們施以嚴刑，而不對他們進行教育指正，這樣一來，即使有人想要改過自新，也沒有機會。我覺得他們都很可憐。因為一些過失就任意地割斷別人的肢體、刻意損傷犯人的皮膚，使得他們一輩子都留下這些記號，這是一件多麼殘忍而不道德的事情啊！身為百姓的父母官，你們這樣做難道不會難過嗎？犯罪要受罰，這是毋庸置疑的。但並不能不給犯了罪的人改過自新的機會啊。現在我們對待犯人，不是在他的臉上刺字，就是隨意砍掉他的四肢，這樣怎麼能令百姓歸心呢？你們大家商量一下怎樣廢除肉刑吧。」

大臣們商量後，得出了一個辦法，決定用打板子的懲罰來代替肉刑。以前要砍掉腳的，改為打五百大板；原來需要割掉鼻子的，改為打三百大板。漢文帝不久後就正式下詔廢除了肉刑這種殘忍的刑罰手段。這一切都要源於淳于緹縈的一片孝心。緹縈不僅救了自己的父親，也救了很多犯了罪的人。

淳于意躲過此劫後，開始用心鑽研醫學。他研製出的湯藥這個成果對中醫的發展作出了很大的貢獻。他也因此被寫進了中醫的歷史中，成為了一個令人尊敬的名醫。而緹縈救父的故事也被後人編入了二十四孝的故事中，一直流傳至今。

孝武本紀

少君與少翁

漢武帝劉徹是西漢的第五個皇帝，小名叫劉彘。

漢武帝終生都對鬼神之事很相信，總想著能夠長生不老，在這方面花費了不少的精力和財力，也被很多方士欺騙過。每次漢武帝發現自己被那些江湖術士欺騙後，都會毫不猶豫地將他們處死，但並沒有因此而對鬼神之事產生懷疑，於是，經常是殺了一個又寵信另一個，如此循環往復，陷入了泥潭之中而不自知。

西元前133年的冬天，漢武帝在雍城的五畤原遇見了一個叫做李少君的方士。此人自稱其有可以使人長生不老的秘方，使得很多王公貴族對他巴結奉承，騙取了很多的錢財。

有一次，武安侯田蚡請人邀請李少君到府上赴宴。李少君看到座中有一個白髮蒼蒼的九十多歲的老人很是顯眼，為了顯示自己的神性，他故意在宴會進行一半的時候走到這個老人面前說：「我之前

曾經和你的爺爺一起在南山打過獵。」接著又仔細講述了當時的情景。

聽到的人都十分吃驚，因為這個老人已經九十多歲了，李少君竟然跟他的爺爺一起打過獵。老人顯然也嚇了一跳，在他還是一個小孩的時候確實和爺爺一起到南山打過獵。老人將舊事講出後，大家都更加吃驚了。

漢武帝召李少君入宮，當時宮中擺設有很多的舊銅器，漢武帝就詢問李少君知不知道這些銅器的來歷。李少君之前聽說過漢宮中留有齊桓公時代的銅器，於是就信口胡編道：「這是齊桓公十年時，擺在柏寢臺的那一件。」結果一看銅器上的落款，果然如此。

聽說的人都無不稱奇，將李少君當做活神仙來看了。李少君又對漢武帝說：「只要祭祀灶君，就能夠使鬼神來為陛下服務。通過驅使鬼神，就可以得到丹沙。將丹沙進行煉燒，就能夠得到黃金。用這樣煉製出來的黃金打造成的器具來吃飯，就可以延年益壽。只有延年益壽了，才能夠看到蓬萊山上的神仙。只要見到了神仙，然後再到泰山去封禪，就能夠長生不老了。黃帝就是這樣才成仙的。」

漢武帝對長生不老的熱情一直很高，於是就按著李少君的方法做了起來，開始對灶君進行祭祀活動，並派了很多的方士乘船東行去尋找所謂的蓬萊山和煉丹術。與此同時，他還讓李少君待在宮中煉製丹藥。

結果沒過多久，李少君竟然病死了。漢武帝對李少君是仙人一事一直深信不疑，以為他只是拋去了肉身，登仙去了，從此以後更加癡迷此道。

李少君死後，武帝又發現了一個方士，來自於齊國的一個叫士少翁的人。少翁的名字是少年老人的意思。士少翁雖然看上去面色紅潤、唇紅齒白，一副年輕人的模樣，但他卻對別人說自己已經有二百多歲了。

當時，漢武帝最喜歡的王美人死了，惹得他總是悶悶不樂。少翁在得知這個消息後，自己跑到宮裡要求見漢武帝。見了武帝後，少翁信口開河地說道：「我會一種

法術，可以使已經死去的人顯靈，我現在就可以讓王美人和陛下相見。」

漢武帝一聽，趕緊讓少翁做法。到了晚上的時候，少翁要來了一件王美人生前所穿的衣服，選取了一間密室，在屋子裡的左右兩邊都放了一張床，上面還都掛上了白紗帳子，帳子前面點上了紅燭、擺上了酒肉，然後又讓漢武帝藏在右邊床上的帳子裡，告訴他不要隨便亂動。到了三更的時候，漢武帝果然看見左邊的床上帳子裡出現了一個美女的身影，隱約看來，好像就是他日夜思念的王美人。

漢武帝內心一陣狂喜，立馬就想從床上跳出來去見王美人。少翁害怕自己的騙局被識破，連忙死命地拉住了漢武帝，對他說：「陛下萬萬不可衝動啊！這只是王美人的魂魄而已，她害怕陛下思念太甚，所以才來相見。魂魄不比我們活人，不能夠把握住。如果您執意要到王美人那裡去，萬一陽氣太重，將王美人的魂魄逼走，那就得不償失了。」漢武帝一聽有理，也就不再堅持。

在得到漢武帝的寵信以後，少翁更加肆無忌憚地吹噓起自己的法術來。他對漢武帝說：「陛下您想和神仙相見的心情我可以理解。但是您現在宮裡所用的一切都跟神仙的十分不同，這樣又怎麼能奢求神仙的到來呢？」

漢武帝一聽，立刻命人按照少翁的建議改造宮殿，四處都畫上了神仙的雲氣之圖，以求能夠使神仙駕臨。

如此折騰了一年，連神仙的影子都沒有出現。漢武帝有些沉不住氣了，對少翁產生了懷疑。少翁為了繼續自己的騙局，又想出了一個主意。他自己在一塊絹帛上寫了一些字，攪拌到飼料裡餵給了牛吃，然後裝作一副什麼都不知道的樣子。

有一天，少翁請漢武帝到甘泉宮去求仙問道。他暗中命令手下的人拉著那頭牛走過去，然後指著牛的肚子對漢武帝說：「這頭牛的肚子裡肯定有天書的存在。」

漢武帝立刻命人把那頭牛當場宰了，果然從牛肚子裡找到了一塊布來，上面還寫些奇奇怪怪的字。

雖然這帛書上所寫的字很奇怪，意思也很難理解，但漢武帝仔細一觀察，還是發現了這字跡和少翁存在著相似之處。

漢武帝裝出什麼都不知道的樣子，盯著少翁看。少翁果然做賊心虛，不敢正視武帝的眼睛，只是放眼看別處。

漢武帝心中這就知道個大概了，十分生氣，命令手下的士兵將少翁抓了起來。很快少翁就全招了。漢武帝龍顏大怒，覺得自己被人耍了，立刻將少翁殺了。

少翁被殺後不久，漢武帝有一次到鼎湖宮去祭祀黃帝，忽然覺得身上很不舒服，在那裡病倒了。隨從的人見皇上身體欠安，都憂心忡忡不知該如何是好。

將出名的醫生和巫師都請了一遍，就是不見病情有好轉。這時候，有一個侍從對漢武帝說：「陛下，我聽說有人在關東看見了已經死了的少翁。」

漢武帝聽後心裡也起了疑，立刻派人去把少翁的棺材刨了出來，結果發現裡面沒有人，只有一個竹筒。

漢武帝這才相信少翁是成仙去了，心中很後悔殺了他，自己生的病估計就是懲罰吧。從這以後，漢武帝又開始相信起別的方士來了。

▌武帝求仙

漢武帝始終認為東海中的確有三座神山，名叫蓬萊、方丈和瀛洲。他相信齊燕兩地來的人所說，仙山到處都是白色的，仙人居住的宮殿都是用黃金和白銀築成的，而且長生不死之藥也藏在那裡。為此，雖然漢武帝屢屢失敗，但仍不動搖對求仙的信念，他只是認為方士的法術太低，所以才屢次求仙不成。

而為了迎合漢武帝對神仙的心思，各地官員也競相報告一些神靈下凡的事件，例如在六月欒大被腰斬之後不久，河東太守報告說在

轄境內的汾陰挖掘出一隻巨大的寶鼎，鼎體上沒有明確的題款，無法確定其是哪個朝代，但刻有稀奇古怪的文字和精美的花紋。

漢武帝竟然以為是神仙顯靈，於是立即派人將鼎迎入甘泉宮供奉起來。

當這一消息傳至全國，齊人公孫卿立即上書說：「聖上得到寶鼎和黃帝得到寶鼎都是在冬至那一天。這絕不可能是偶然，而是上天造化。既然黃帝成了仙，那麼皇上也應該趁此機會，趕快去封禪，進而通神，然後就能成仙登天了。」

看到上書後，心急的漢武帝馬上召公孫卿進京，並拜公孫卿為郎中，讓他立即著手準備前往封禪求仙的事。

雖然漢武帝不信任少翁和欒大，但對公孫卿卻是言聽計從，究其原因大致有兩點，一方面，在漢武帝看來，之前請不到神仙並不是沒有神仙，而是因為少翁和欒大兩人法術不高，所以，如果能找到像公孫卿這樣的有道之士，一定能有所成效，於是便讓公孫卿再去試一試；另一方面，公孫卿官職低微，

對其他文武百官的勢力並沒有多大影響，加上此人世故圓滑，他也看到了少翁、欒大的下場，於是他獨自提出黃帝封禪一事，這是非常符合漢武帝的意旨，也深得漢武帝的寵信。

例如，當公孫卿在嵩山太一廟等候天神，他派人報告漢武帝說：「緱氏城（今河南省偃師南緱氏鎮）的城牆上，出現了神仙留下的足跡。」漢武帝親自到緱氏城上視察該處的神跡，但沒見到神仙的影子，而漢武帝卻並沒有過多地責怪公孫卿。

漢武帝北巡朔方，向匈奴示威，在班師回朝的途中，於橋山（今陝西省黃陵縣）祭祀黃帝的陵墓。

祭祀完畢後，漢武帝向隨行的公孫卿問話：「朕聽說黃帝並沒有死，為什麼卻有他的陵墓呢？」

公孫卿圓滑地說：「黃帝已經登天成仙，只是因為他手下的群臣想慕不已，因而就把黃帝的衣服帽子埋在這裡，這只是黃帝的衣冠塚。」

漢武帝看似有所悟地點點頭，

並自作多情地說：「將來朕升天而去之後，群臣們恐怕要把朕的衣冠埋葬在東陵了。」

西元前110年正月，漢武帝再一次出遊緱氏城。在休息幾天後，漢武帝獨自到中嶽嵩山太室祭祀，隨從人員只是在山下等候。在祭祀完畢後，正要下山的漢武帝卻隱約聽到山裡發出聲音，好似連著呼喊三聲「萬歲」。

於是，求仙心切的漢武帝便認定山裡有神仙，下令祭祀官員擴建嵩山上的太室，並禁止百姓砍伐附近的草木。漢武帝隨後又詔命令山下的三百戶人家，劃歸太室，作為采邑。

在漢武帝派公孫卿持節前往名山上等候神仙期間，公孫卿一行人剛到東萊（今山東省掖縣），就派人報告漢武帝說在夜間模模糊糊地看見有個巨人，身高有數丈，可是待他們前往接迎他的時候，巨人卻忽然消失了，只是留下了一個龐大的足跡。

於是漢武帝迅速趕到東萊，在公孫卿的指引下，漢武帝果然看到留在地上的巨大足跡。然而經過仔細觀察，漢武帝覺得這不是人的腳印，倒像是個走獸的蹄印，心中不免有所猜疑。

正想追問，隨從的官員們卻都說，他們在路上碰到一個白鬚老翁牽著一條狗，說要去見巨人，說了這話之後就不見了。

聽到官員們傳說老翁的事，漢武帝腦子裡更加糊塗起來，而他的猜疑便一點點地減少，認為這可能真的是神仙來了。

而更讓人想不到的是，漢武帝竟然下令在海邊留宿，希望能等到仙人的降臨。可想而知，他還是什麼也沒看到，這令漢武帝沮喪不已。

到了夏季，漢武帝照例登泰山舉行封禪大典，並來到了海邊。他在海邊眺望徘徊，看著茫茫大海，他求仙的欲望越來越強烈。經過幾日思考，漢武帝下定決心，準備獨自乘船出海去尋找仙人。

雖然大臣們竭力勸阻，但此刻的漢武帝已經完全聽不進去，雖然最後妥協，但漢武帝悵然地望著海面，雲水相接處茫茫一片，而他心中對神仙的嚮往仍舊沒有破滅。

本紀

轉眼春天到了，公孫卿又派人報告漢武帝說：「在東萊山上又遇見神仙，好像他想和天子見面。」漢武帝聽後馬上起駕到緱氏城等待與神仙的見面。

然而雖然留宿數天，卻仍然沒有見到什麼仙人，只是又看到了巨人的腳印。

此刻的漢武帝仍舊對求仙極其癡迷，他又派出方士到深山大海，希望能找到神仙。他自己也到海邊，看著大海茫茫，雲水迷霧，卻不見神仙的半點蹤跡。而這一切也讓公孫卿擔心起來，他怕漢武帝屢次東駕卻都徒勞無功，將來會降罪於自己，而他又無法阻止漢武帝，便只能讓漢武帝做點事分分心。

於是，公孫卿托大將軍衛青給漢武帝進言說：「仙人喜歡在樓上居住，我們不如多建些更高的樓，慢慢等待神仙的降臨。」漢武帝聽從衛青的建議，在長安城中興築蜚廉觀和桂觀。

與此同時破土動工的還有在甘泉宮加築的益壽觀和延壽觀。不久，又建了一座通天臺，臺高三十丈，站在通天臺上，能遙望到二百里開外的長安城。此時的漢武帝忙於大建求仙的建築，已經無心去追究公孫卿的詭計了。

然而，儘管興建了這麼多神仙喜歡居住的高樓和宮殿觀臺，神仙仍舊不肯出現。這時候，漢武帝又開始東伐西討，南征北戰，暫時放下了求神仙這事。

西元前89年，六十九歲的漢武帝已經看到自己日暮途窮，求仙的心情更加迫切起來。於是又有了以前那個大膽的想法——親自去海上航行尋找神仙。

他到海邊一看，巨大的浪頭一個接一個的向岸上衝來，聲音震耳欲聾。

見此情形，漢武帝不由得後退了幾步。在等了十幾天後，風浪仍舊沒有減弱，根本無法上船。漢武帝長歎一聲，認為這是天意弄人，於是遺憾地回長安去了。這也是他最後一次大規模的求仙活動。

漢武帝日思夜想地求了五十年的神仙，派遣數以萬計的方士不間斷地入海求仙，入山覓藥。他每次都滿懷希望地盼望能遇見真正的仙人，可每次等到的都是騙子。幾十

一次讀完史記故事

年的折騰，眾多的人力、物力、財力所祈求的神仙始終沒有出現，而此時，漢武帝也終於幡然悔悟，在西元前89年3月，漢武帝終於停止了求仙的活動。

本紀

吳太伯世家

延陵季札

周太王（古公亶父）有三個兒子：吳太伯、仲雍和季歷。在他們兄弟三人中，季歷的年紀最小，卻最為賢能，他的兒子姬昌也是個聰明有聖德的人。因而周太王想要立季歷，這樣以後就可以傳位給姬昌。太伯和仲雍兄弟倆知道了父親的意思，就逃到南方荊蠻之地（今浙江省無錫市東南三十里的梅村），入鄉隨俗，斷髮紋身，表明自己不可能再回到華夏繼承王位，以此來回避季歷。後來季歷被立為王，傳位給姬昌，到了姬昌的兒子周武王姬發這一代，終於剿滅了殷商，立國大周。

太伯自稱「句吳」，在當地得到了土著居民的擁戴，荊蠻人認為他有賢德義行，尊立他為吳太伯。太伯沒有兒子，在他死後，他的弟弟仲雍繼了位，這就是吳仲雍。又傳位三代，仲雍的曾孫周章繼位。此時正值武王滅了殷紂，正在尋找太伯和仲雍的後代，已經是吳君的周章就這樣被找到了，仍被封於

吳；周章的弟弟虞被封在周北邊的夏都故址，位列諸侯，這就是虞仲。又傳了十代，周章的後代句卑繼位吳君，句卑死後又傳了二代，壽夢繼位。

壽夢繼位後，吳國日益強大起來，開始自稱為王。從太伯創建吳國算起，到壽夢這一代共傳了十九代人。西元前561年的一天，吳王壽夢把他的四個兒子諸樊、餘祭、餘昧和季札召至榻前說：「我老了，在位的時間也不會太久了。你們四個都有經邦濟世的才能，吳國傳給你們任何一人都能治理得很好。但相比之下，季札博學多才，品格高尚，由他即位，吳國會更快富強起來。」諸樊、餘祭、餘昧不約而同地說道：「我們謹遵父王旨意，一定竭盡全力輔佐四弟，以保吳國的繁榮昌盛。」季札上前一步，跪地叩首：「父王，季札不敢受命！嫡長承嗣，這是《周禮》規制，季札不敢仗父王厚愛而冒犯禮法。如果我承父王之命繼承王位，那我就是吳國違犯禮制的第一罪人！長兄即位，順應禮制，我一定盡心竭力輔助王兄，使吳國昌盛。」

沒過多久，壽夢就去世了。諸樊讓季札繼位，季札堅決推辭不受，兩人互相推讓不止；而餘祭和餘昧也堅持要季札即位。季札心想，看來我只能仿效先祖太伯、仲庸了……於是，他拋棄了家室和財產，躲到延陵（即常州）偏僻的農村耕田去了。無奈，諸樊只得繼承了王位。西元前547年，諸樊在伐楚的戰爭中戰死沙場，死前他留下遺命，要把君位傳給弟弟餘祭。這樣按照以兄傳弟的次序，國位最後一定會傳至季札，先王壽夢的遺願也可以實現了。餘祭即位後，召回了在舜過山（今常州市武進區焦溪鎮境內）隱居的季札，將他封在延陵，號為「延陵季子」。

季札是個品德高尚的人，同時他還是當時首屈一指的政治家和外交家。他曾經多次出使齊、衛、晉、魯、鄭等位於北方的一些諸侯大國，和他們溝通和交流，結識了許多當世權傾朝野的政治家，比如晉齊國的晏嬰、鄭國的子產、衛國的史魚、晉國的趙武等，都是一些執政的大夫和公卿。這些諸侯國最

初並沒有注意過蝸居在東南方的吳國，認為這個小國家只是「荊蠻之地」，不會出現什麼有出息的人。而當他們和季札交往認識以後，都不由得從心底裡生出了敬佩之情。季札強有力的外交手段不僅提升了自己的知名度，更是在無形之中擴大了吳國在其他國家的影響。

西元前544年，季札在對魯國進行訪問的時候與魯大夫叔孫穆子一見如故。他一針見血地指出了其缺點缺點，勸告他身居高位的人，在人才的選拔上一定要謹慎行事。季札一向仰慕中原地區的禮樂文化，而魯國正是當時的文化中心，更是對周代貴族禮儀的保存和繼承最多、最完備的地方。季札就提出了想「請觀周樂」的要求，請求觀摩魯國保存的西周王室的舞蹈和禮樂。魯國答應了他的請求，命歌工為他表演了主要用於宴請和宗廟祭祀的《詩》樂；然後又命樂工為他演奏了主要用於宗教儀式和宗廟祭祀的舞蹈。季札從細微之處觀察，從音色來討論義理。他從一個國家的禮儀可以推斷出這個國家的政治是否清明，國運是否會長盛；他從

一個國家的音樂中可以知道這個國家的民風是否淳樸，人民是不是具有道德，因此對這個國家的情況分析得一清二楚。魯國的人民都非常敬仰和佩服他。

季札是個重信重義的人。有一年，他出使晉國的時候從徐國路過，徐國的國君久仰他的大名，熱情地接待了他。吳國鑄劍的技術在當時久負盛名，徐君看到季札腰間的佩劍十分羨慕，但是又不好奪人所愛，所以忍著沒有向他索要。季札當然明白這一切，他自己也很想將佩劍贈與徐君，但是按照禮節他又必須佩戴此劍出使晉國，所以他不便相贈。令他萬萬沒想到的是，當他從晉國返回再次踏上徐國的國土之時，徐君已經在抗擊楚國的戰爭中陣亡了。滿懷悲傷的季札前去他的墓前祭奠，毫不猶豫地將自己的佩劍摘下掛在墓前的一棵樹上。隨從不明白他為什麼這麼做，問道：「徐君已經去世了，你這麼做他又不知道，還有什麼意義呢？」季札說道：「當初我是知道他喜歡這把劍的，我在心裡已經決定在返回的時候將劍送給他了。現在雖然

他去世了，但我不能因為這樣就違背我當初的心意。」季札重信重義的行為讓徐國的人民大為感動，「延陵季子兮不忘故，脫千金之劍兮舉丘墓」的故事流傳千年至今，徐君墓旁還有名為「掛劍臺」的古蹟。

餘祭去世以後，他的弟弟餘昧繼成了王位。餘昧在臨死之前，派人把季札叫到他身邊，讓他接替自己的王位。從西元前561年諸樊即位，到西元前526年餘昧去世，歷經三代吳王，三十五年的光陰流轉，季札已經五十多歲。他推託再三，最後離開了吳國。最後王位只得由餘昧的兒子僚來繼承。

季札晚年時居住在延陵，他死後人們將他安葬在那裡。據說，孔子曾經在季札的墓前寫下了「有吳延陵季子之墓」的八字碑。而今，季子墓高大的封土依然聳立在古老的申浦河西畔。

公子光弒王僚

西元前526年，吳王壽夢的三兒子餘昧去世。這一年，四兒子季札也五十歲了。壽夢大兒子諸樊的長子光（又名：闔閭）、三兒子餘昧的長子州于（又名：僚）也都已過而立之年了。公子光為人深有城府，州于則是鋒芒畢露，他倆都覬覦這個吳王的寶座，而這些當然都逃不過季札的慧眼。

餘昧去世前要季札接替他的王位，然而在季札看來，不就王位以維護禮制是他一生的守則，決意不改變初衷。於是，他再一次隱居到延陵采邑，與當地的人們一起過著「日出而作，日落而息」的農耕生活。季札既然避世不出，吳國人只得按照「嫡長子」的原則擁立餘昧的長子州于為國君。

公子光心裡就不服氣了，在他看來，如果立了季札為吳王，季札必會將王位傳於自己；而季札現在不願意當吳王，自己才算是真正的嫡長子，王位應該傳給自己才是。心有不甘的公子光開始在暗中招賢

納士，打著伺機奪回王位的算盤。

剛剛繼位的州于當然也知道公子光並不甘心讓自己佔據王位，他將季札從延陵召回來，將管理內政和外交方面的大權交給了他，希望這樣可以調節自己和公子光之間的矛盾。公子光看到這種情況，即使心裡有怨言也說不出來，只能靜靜等待時機。

西元前522年，楚國的國君楚平王懷疑太子勾結外面的諸侯蓄意叛變，並遷怒於太子的老師伍奢，將伍奢一家大小全部殺害，只有最小的兒子伍子胥逃往吳國。伍子胥喜歡學文習武，為人也智勇多謀，他一心想讓吳國出兵幫自己報仇。伍子胥知道公子光的想法，心想：「公子光有篡奪王位的企圖，所以現在還不是勸說他出兵的時機，應該先幫助他奪取王位。」於是，他便將自己在逃亡的路上結識的一位勇士專諸介紹給了公子光。

西元515年，楚平王去世。吳王州于想要趁著楚國辦喪事的機會進攻楚國，因為二十二年前楚國曾經聯合晉國一起攻打吳國的朱方城，並殺死吳國大將慶封，州于一心想要報這個仇。州于派季札到晉國觀察楚國的動靜，又讓兩個弟弟蓋余、燭湧率兵包圍楚國的譖城。不料，楚軍斷了吳軍的退路，州于只得再次派出自己的兒子慶忌率兵前去救援。

此時，吳王州于身邊的重臣所剩無幾。公子光對專諸說：「這是個重奪王位的好機會，我不能放棄。何況我本來就是真正的繼承人，就算季札回來，也不會廢掉我吧？」專諸說：「州于的兩個弟弟被楚軍圍困，兒子被派去救援，他身邊也沒有了正直敢言的人，他能拿我們怎麼辦呢？現在去殺掉他是可以辦到的。」公子光以頭叩地，說：「現在我公子光的身體也是您的身體了，您去以後的事情都由我來負責。」

這年四月，公子光在暗室埋伏下身披鎧甲的武士，置辦了酒宴請州于過來喝酒。州于也不傻，他帶著的侍衛一直從王宮排列到公子光的家門口，舉著長矛夾道站立著。喝酒喝到暢快之時，公子光找了個藉口去暗室，讓專諸把魚腸劍放在魚肚子裡，然後將魚進獻給州于。

一次讀完史記故事

州于毫無防備，專諸掰開魚肚子拿出魚腸劍將州于殺死，專諸也被州于的侍衛殺害。州于手下的人慌亂成一片，公子光放出暗室中的武士，將他們全部消滅。

公子光自立為國君，他就是歷史上赫赫有名的吳王闔閭。闔閭封專諸的兒子為上卿，並將魚腸劍封起來，永不再用。

闔閭繼位後不久，季札從晉國回來。闔閭故作姿態，說自己弒州于奪王位是為了恢復先王壽夢的「規則」，要將王位讓給季札。季札歎了口氣，說道：「只要吳國的宗廟不缺乏祭祀用的香煙，土地神和穀神還能供奉，只要吳國的子民還有君主，無論誰承嗣，誰就是我的國君。我還會去怨恨誰呢？我只會哀悼我死去的侄兒州于，並侍奉繼位的闔閭，聽天由命吧！這禍亂不是因我而起，誰是君主，我就聽命於誰。」季札到州于的墓前祭拜，痛哭著說：「你交給我的使命我已經完成了，現在回來向你覆命。從今以後我要輔佐公子光治國了，他是吳國新的君主，為了吳國的子民，為了江山社稷，我只能這麼做。」季札在州于的墓前，將自己完成外交任務的經過一一訴說，痛哭一番後，重新回到了延陵。

闔閭即位後，開始實施富國強兵之術。他修築城池，設立軍備，實行倉廩，管理兵府。相傳，現在的蘇州就是闔閭在伍子胥的幫助下修建的，那時候叫做姑蘇城，效仿中原城池的建設，又帶有南方水鄉的特點。周長四十七里，開八個陸門、八個水門，設計精巧，攻守兼備。姑蘇城的建成大大提高了吳國的軍事實力。在伍子胥的引薦下，當時著名的軍事家孫武從齊國投奔吳國，將自己著名的兵法獻給闔閭。

西元506年，吳王闔閭在伍子胥和孫武的輔佐下進攻楚國，吳軍將士一鼓作氣，五戰連勝，長驅直入攻進楚國的都城郢。楚昭王逃跑，伍子胥找不到楚王，就將楚平王的墓掘開，鞭屍三百，報了自己的殺父之仇。

戰爭中間，闔閭的弟弟夫概趁闔閭不在國內，便自立為王。闔閭聽說這個消息，馬上領兵回國擊敗了夫概。然後他重新整備軍隊，一

年後再次攻打楚國，佔領了楚地。吳王闔閭從西元前541年開始執政，他以伍子胥為相，以孫武為將軍，吳國的勢力日益強盛，最終他成了春秋時期的五霸之一。

夫差亡國

吳王闔閭執政的時候，吳國的勢力日益強盛起來，闔閭便起了爭霸中原的野心。而吳國若想爭霸中原，就必須先拿下越國，以解除自己的後方之憂；而越國如果想北進中原，也必須先拿下吳國。西元前505年，越王允長率兵攻打吳國，闔閭親自出征，大敗越軍。後來楚國舉兵來犯，闔閭忙著應付楚國，也沒來得及顧上越國這邊。

西元前496年，闔閭聽說越王允常去世，他的兒子句踐繼位，於是藉這個機會討伐越國。兩國的軍隊在檇李（今浙江省嘉興南檇李城）交戰。越王句踐大敗吳國，並射傷吳王闔閭。闔閭在臨死之前囑咐自己的兒子夫差為自己報仇，夫差牢記著父親的話，繼位後重用伍子胥，日夜操練兵馬，自己也刻苦地練習戰射，準備攻打越國。西元

前493年，句踐聽說吳國為了報闔閭的仇大肆操練兵馬，就打算先發制人，在吳國尚未出兵之前前去攻打吳國。范蠡進諫想要阻止句踐，句踐不聽，固執地率兵向吳國進發。夫差動用了全國最精銳的軍隊來迎擊，在夫椒將越軍打得落花流水。句踐狼狽地退回會稽，身邊只剩下五千殘兵。夫差乘勝追擊，將會稽團團包圍。走投無路的越王句踐拔劍準備自殺，被謀臣文種勸住說：「吳國有個大臣伯嚭，是個好色貪財之人，可以派人去賄賂他。」句踐聽了文種的建議，讓他帶著眾多美女，包括西施以及許多名貴的珍寶前去賄賂伯嚭，伯嚭答應帶著西施和文種去見夫差。

文種見到夫差，將美女西施獻給了他，說道：「越王願意向吳國投降，臣服於您，做您的臣子來侍

奉您，請您饒了他吧。」伍子胥堅決反對接受句踐的投降，說：「越王句踐是個深謀遠慮之人，他的謀臣文種和范蠡又都精明能幹。這次饒過他們，他們以後肯定會想盡辦法復仇的。」他勸夫差一舉消滅越國以絕後患。伯嚭因為收了越國的賄賂，又嫉妒伍子胥的功勞，他在一邊幫著文種說話，慫恿吳王答應越國的請求。夫差看上了西施的美色，而且他認為越國已經不足以構成對他的威脅了，便置伍子胥的勸告於不顧，接受了越國的投降，將圍困著會稽的軍隊全部撤回。但是越國必須臣服於吳國，並且句踐要到吳國做三年的奴隸。

句踐前去吳國為奴之前，將管理國家的重任交到范蠡手中。范蠡卻說：「在用兵打仗這一方面，文種確實比不上我；但是在治理國家、安撫人民這一方面，我卻比不上文種。」於是，越國的國家大務暫時就由文種來負責，句踐則帶著范蠡去往吳國當馬夫。句踐每天早上很早就要起來餵馬擦車，為夫差外出打獵做準備；晚上睡在簡陋的石屋裡面，等待過去這三年自己就可以重返越國了。在這期間，伍子胥一直在勸夫差殺掉句踐，所以句踐一直提心吊膽的，必須裝作完全臣服的樣子，不能露出一點矯揉造作的樣子。范蠡為了得到夫差的信任，也是煞費苦心，在夫差生病的時候甚至主動品嘗夫差的尿液來判斷他的病情。夫差為此很感動，認為句踐和范蠡確實臣服於他了，便在三年期滿後放他們回了越國。

句踐回國後，馬上著手報仇的準備，最重要的事情當然是要富國強兵。他害怕身為一國之君的安逸生活會消磨自己的志氣，慢慢地就會讓自己沉迷在舒適的生活中忘記復仇。所以，他每天都睡在乾草堆上，枕著兵器入睡。房間裡還掛了一粒苦膽，他每天早上起床後都要舔一舔苦膽，讓門外的士兵大聲問他：「你忘了三年的恥辱了嗎？」他自己則大聲回答道：「沒有！」他將國家的政事管理大權交給文種，將國家的軍事大權交給范蠡，自己每天到田地裡和人民一起種田，還讓自己的妻子也跟著農婦們一起紡線織布。句踐忍辱負重、臥薪嘗膽的行為感動了越國的人民，

越國的民心前所未有的團結。經過十年的勵精圖治，越國兵精糧足，漸漸強大起來。

而吳王夫差在戰勝了越國之後，認為自己沒有了後顧之憂，每天都沉迷在西施的美色中，過著驕奢淫逸的生活。夫差為人狂妄自大，聽不進別人的勸說，也毫不顧忌人民的困苦，經常與其他國家征戰不休。連年戰亂，使得人民無法安居樂業。吳王還想要討伐齊國，伍子胥說：「句踐現在正和百姓們同甘共苦，他若不死，越國就算不會舉兵侵犯我們，也終有一天會成為我們的心腹大患。而齊國對我們來說，就像一塊疥癬。希望您放棄攻打齊國，先滅了越國吧。」夫差卻一意孤行，堅持要北上攻打齊國，並在齊陵打敗了齊軍。

打了勝仗的夫差自然得意得不得了，伍子胥擔憂地說道：「您高興得太早了啊。」夫差為此很生氣，伯嚭趁機誹謗伍子胥，說：「這個伍子胥，表面看似忠厚老實，其實最殘忍的就是他了。他連自己的父親和兄弟都不在乎，一個人跑到吳國來，他又怎麼會在意君王您呢？您要攻打齊國，他阻止您；您打了勝仗，他還諷刺您。您一定要防備好這個人呀。」

夫差剛開始並不聽信伯嚭的讒言，後來他聽說在出使齊國的時候，伍子胥把兒子委託給了鮑氏。夫差大為震怒，賜給伍子胥一把「屬鏤」劍命他自裁。伍子胥拿著劍悲極反笑：「我輔佐你的父親稱王，後來又擁立你為王。當初你想與我平分吳國我都沒有接受，現在你居然聽信了讒言要殺我……也罷，等我死了，你記得取出我的眼睛將它懸掛在吳國都城的門上，我要親眼看著越國的軍隊攻破吳國的城門！」

西元前482年，夫差傳信給中原的各個諸侯，讓他們到黃池（今河南封丘縣西南）會盟。夫差率領大軍北上，與各個諸侯爭奪盟主之位。黃池會盟的確讓吳國達到了北上稱霸的目的，但是它也是吳國霸業終結的標誌。

夫差在黃池會盟上爭奪霸權的時候，越王句踐趁著吳國國內兵力衰弱，率軍攻打吳國都城，一舉殲滅了城內的吳兵，並俘虜了太子。

夫差聞訊，急忙北下救急。但是長途跋涉的吳軍兵馬疲憊，戰鬥力不堪一擊，根本無法和兵強馬壯的越軍對抗。夫差只得派伯嚭帶著豐厚的禮物去向越國講和。句踐認為當前的形勢滅掉吳國還是有點困難的，於是就答應了吳國的求和。

西元前473年，句踐再次攻打吳國。這時的吳國民心散亂，兵馬不齊，根本不是越國的對手。夫差又派人前去求和，范蠡堅決主張句踐滅掉吳國。見求和不成，夫差很後悔當初沒有聽伍子胥的勸告，他說：「我老了，去侍奉越王是不可能的事情了。我真是後悔沒有聽伍子胥的話啊，才讓自己落到這步田地。」最後舉劍自殺。

句踐消滅了吳國後，殺掉了奸臣伯嚭，並厚葬了伍子胥。

齊太公世家

姜太公封齊

姜太公，姓姜，名尚，字子牙。他曾被周武王尊稱為太公望，後人多稱他姜太公。堯舜時期，炎帝的後裔伯夷掌管著四岳，在大禹治水的時候幫助大禹立了功，被封在呂。姜子牙就是伯夷的後代。

姜子牙出生的時候，家道已經中落。為了謀生，他做過屠夫，宰牛賣肉為計；他開過酒店，賣酒維持生計。雖然生活困窘，他始終堅持著每天都研讀書籍，學習天文地理和軍事謀略，學習治國安邦的道理，希望有一天可以為國家貢獻自己的才華和力量。他幾十年如一日、孜孜不倦地刻苦研讀，可謂上知天文下知地理。然而，縱然他滿腹經綸、才華橫溢，在商朝卻始終遇不上他的「伯樂」。

姜子牙決定離開商朝，他不辭勞苦，長途跋涉到了周朝的領地渭水之濱。他終日在渭水邊垂釣，同時也在觀察著世事的變化，尋找著自己一展宏圖的機會。此時，他已經年過六十，白髮蒼蒼，可他依然

在耐心地等待著，他相信會有明君來發現他，自己的才華和抱負都會有實現的機會。後來，周文王發現了姜子牙的治世之能，而且他是一個胸懷大志、極富才華之人，便將他立為國師。姜子牙幫助周文王討伐商朝，成就了周朝大業。

為了鞏固新建立起來的周朝政權，周武王和姜子牙、周公旦等人商議之後決定採取封邦建國的治國方針統治全國。將全國分成若干個諸侯國，然後由周武王將這些諸侯國分別封給在滅商建周的大業中有突出貢獻的姬姓親族和有功之臣，這些諸侯國就成為周朝統治中心的屏障，即所謂「封建親戚，以藩屏周」。姜子牙因戰功卓越，被封在齊地營丘，建立齊國，穩定周朝在東方的政權。

領封之後，姜子牙帶領著他的人馬向營丘進軍。路途遙遠，眾將士們趕路趕得十分疲憊，行軍速度也很慢。這天傍晚，距離營丘已經不遠了，姜子牙便讓大家準備宿營。這時，他聽到有人說：「這些人啊，在這種荒郊野外睡覺都能這麼香甜安穩，哪有一點赴國建都的

樣子……」姜子牙聽到這句話頓時睡意全消，他叫醒大家，命人重新整頓兵馬，連夜趕往營丘。

天快亮的時候，姜子牙他們到了淄河西岸。他發現商紂王在萊國的軍隊正涉水而來。萊國距離營丘很近，想必他們是想趁著姜子牙尚未站穩腳跟，趁機佔領營丘。姜子牙急忙組織人馬，準備迎戰。兩軍在淄河西岸展開了戰爭，姜子牙鎮定自若地指揮著大軍，周朝的軍隊一夜未眠卻依然英勇，在他們的強大攻勢下，萊國軍隊丟盔棄甲，落荒而逃。齊國順利建立起來。

建立齊國以後，姜子牙採取了一系列治國安邦的措施。他以法治國，安定民心。當時的司寇營湯，是個陽奉陰違的小人，貪污受賄不說，還到處殘害人民，妖言惑眾，揚言要用所謂的「仁義」來治理齊國。姜子牙便命人將其斬首，以正視聽。在東海上，有一群被當地人稱為「賢人」的狂矞和華士兄弟，他們自力更生，自耕自食，不向周武王稱臣，也不理會姜子牙的號令。姜子牙認為他們自私自利，不利於齊國的民心穩定，下令將他

們誅殺。一時間，齊國再也沒有人敢做出一些違法亂紀的事情，混亂的局面很快得到了肅清，齊國國內很快安定了下來。姜子牙只用了五個月的時間就將齊國治理得井井有條，並向周武王彙報了他治國安邦的政績。

在政治上，姜子牙推行尊賢尚功的政策。他選拔有才能的人做官，只要能夠通過考核，符合齊國用人的標準，他不論親疏，不管出身，均將他們安排在能夠發揮自己長處的職位上，最大限度地調動他們的積極性和創造性。他還吸收了很多當地的東夷土著加入齊國的統治階層中。姜子牙舉賢任能，唯才是舉，這種不拘一格降人才的用人方式，打破了西周一直以來「任人唯親」的用人辦法。除此之外，姜太公還提出了在用人方面「六守」、「八徵」、「六不用」的理論。「六守」，指的是仁、義、忠、信、勇、謀六個方面，這是姜子牙選拔人才最基礎的標準；「八徵」，就是姜子牙在對人才的考察中所採用的八種方法，即透過交談和問話、相互辯論、用財物誘惑、

用女色誘惑、考察處理危險的能力和喝酒參宴這幾種途徑來全面瞭解此人的素質和能力；「六不用」則是姜子牙認為的有六種不能任用的人：奸佞狡詐之徒、沽名釣譽之人、假公濟私的人、互相拆臺的人、結黨營私的人和嫉妒賢能的人。姜子牙透過對用人的客觀規律的觀察和發現，開創了「尊賢尚功」的人才使用之先河，這也為後來齊國稱雄稱霸，位列至尊奠定了堅實的基礎。

在文化上，姜子牙推行「因其俗，簡其禮」的開明文化政策。他尊重東夷人的文化傳統，不強迫他們實行周禮，這一政策在很大程度上為他贏得了民心，而且調動起了齊民興齊建國的積極性。

在農業上，姜子牙很注重黍和稻的生產。同時，齊國境內的礦產及魚、鹽資源也十分豐富，姜子牙因地制宜，利用這些現成的資源大力發展冶煉、絲麻紡織和魚、鹽等工業；齊國交通便利，人們有著重視商業的傳統，姜子牙便鼓勵人們發展商業，推進與其他國家的貿易。在這種開放的氛圍中，齊國

一次讀完史記故事

製造的衣物廣銷各地，魚、鹽流通各地，其他國家的人力和財物源源不斷地流進齊國，各個諸侯都慕名前來拜訪齊國。齊國由原本地處偏僻、荒涼的小國家，一躍成為東方的大國。

姜子牙建立齊國之後，大部分時間都在周朝的都城鎬京做著周朝中央政權的「太師」，輔佐周武王姬發的外孫周成王姬誦和重外孫周康王姬釗。姜子牙的大兒子齊丁公姜伋，他也沒有參與治理齊國，而是在鎬京擔任著虎賁氏的職位，負責統領王宮衛戍部隊。齊國開國的三十餘年，營丘基本上是由姜子牙的三兒子齊穆公鎮守著。周成王時期，由管叔、蔡叔、霍叔掀起「三監之亂」，淮夷、徐夷等「殷東五侯」也起兵反周，姜子牙父子輔佐周公旦，坐鎮京都，運籌帷幄，後來還親自領兵出征，衝鋒陷陣，東西夾攻，很快就粉碎了叛軍的陰謀，結束了叛亂，再次為周朝立下了汗馬功勞。周成王去世以後，姜子牙又接受了周成王托孤的遺命，輔佐太子治理周朝，後來又和文武眾臣一起扶立太子姬釗登位，史稱周康王。

康王六年，姜子牙去世，他的大兒子齊丁公姜伋繼任周王室太師，掌管整個周王朝的軍政事務。

昏庸的齊襄公

齊襄公是齊僖公祿父之子，名叫褚兒，他是春秋時期齊國的第十四位國君。齊襄公有個妹妹叫做文姜，小時候就是個美人胚子，長大以後更是生得面如桃花，豔麗無比，簡直就是一笑傾城的絕代佳人。有女如此，齊僖公當然很寵愛她，她也因此而養成了任性妄為、輕浮放蕩的性格。兄妹二人自幼就一起在宮中長大，天天形影不離地在一起玩耍，關係十分親密。褚兒沉迷於妹妹的美色，二人即做下了亂倫的事情。不久，褚兒和文姜都到了談婚論嫁的年齡，齊僖公便替

褚兒聘了宋國的公主做妻子，並將文姜許配給魯國的國君魯桓公。褚兒和文姜自然不願意分開，無奈父命難為，他們也不敢說什麼。文姜不久就嫁到了魯國，二人被迫分開。

西元前698年，褚兒即位，為齊襄公。雖然他已經成為一國之君，天下的女人要多少有多少，可他卻放不下對文姜的思念；而文姜雖然在魯國受盡魯桓公的恩寵，卻忘不了自己的哥哥，可她也知道自己沒有和哥哥相見的理由，因而天天悶悶不樂。

西元前696年，這是文姜嫁到魯國的第十五個年頭，齊襄公向周莊王的妹妹周王姬求婚，並且依照周禮，邀請和周天子同姓的魯桓公來主持這場婚禮。文姜知道此事後，要求和魯桓公同去齊國。魯國的大夫申繻曾勸諫，說這不合禮法，不能讓文姜去。但文姜思念哥哥許久，非要鬧著前去，魯桓公疼愛妻子，不得不答應她的要求。而且，齊國的力量要遠遠強於魯國，對於齊襄公的邀請，魯桓公也不敢輕易拒絕。就這樣，魯桓公帶著文姜前往齊國去了。

齊襄公親自前去迎接，設宴宴請魯桓公和文姜夫婦。然後，他以會見舊日宮中的嬪妃為藉口，將文姜帶到了宮中。齊襄公將文姜帶到他事先準備好的密室中，擺下酒菜和文姜敘起舊來。兄妹二人分別如此之久，四目相對，唏噓不已，相思之情化作情欲之火，二人抱在一起難捨難分，當晚便同床共枕。

魯桓公見文姜這一去一夜都沒有回來，心裡覺得奇怪，便派人前去查訪。這一問之下，得知文姜和齊襄公二人關係曖昧，心中十分氣憤。文姜回來後，魯桓公便和她吵了起來。齊襄公在文姜走了以後也放心不下她，後來得知魯桓公果然對文姜起了疑心，還和文姜大吵一架，他心裡便萌生了要加害魯桓公的想法。

第二天，魯桓公要回魯國，就派人過來向齊襄公辭行。齊襄公以要為魯桓公餞行為由，邀請魯桓公到牛山遊覽。在酒席上，齊襄公故意將魯桓公灌得酩酊大醉，然後讓武士彭生將魯桓公先送回驛館。他盯著彭生的眼睛，語氣很重地說

道：「一定要將魯國君送回家。」一路上，彭生看四處無人，便遵照齊襄公的密令，用厚毯子裹住魯桓公，將他悶死在馬車上。身為一國之君，卻為了亂倫的情人殺害另外一國的國君，這在中國的歷史上只怕是空前絕後的。魯國的國君死了，魯國使者不依不饒，一定要齊襄公給他們一個滿意的解釋。齊襄公只得將彭生殺死，魯國使者這才作罷。

魯桓公一死，文姜就自由了，她整日留在宮中和齊襄公纏綿，二人一片濃情蜜意，日夜放縱。此時，魯國的新一任國君已經即位，派來使者接她回魯國。文姜和齊襄公難捨難分，但也只能極不情願地跟著使者向魯國走去。他們走到一個叫做禚（今濟南長清縣）的地方，文姜看到這裡乾淨整潔的房屋和街道，心聲感歎，說道：「這裡不是魯國，也不是齊國，我應該在此地安身啊。」於是讓使者回稟魯國新任的國君魯莊公說：「我生性淡泊，喜愛閒適的生活，不想再回到宮中了。若執意讓我回去的話，除非我死了。」魯莊公無奈，只得

默認了自己的母親和舅舅的曖昧關係。他為文姜在齊魯的交界建立了房舍供她居住。從此，齊襄公就經常在這裡同文姜幽會。魯莊公還親自來到這裡，同齊襄公一起狩獵。

西元前686年，齊襄公讓連稱和管至父到一個叫做葵丘的地方駐守，為期一年。齊襄公說：「現在正是瓜熟季節，到了明年瓜熟的時候，我會派人去接替你們的。」然而一年以後，齊襄公並沒有派人前去接任，連稱和管至父向齊襄公進諫，請求繼任之人，齊襄公也不同意。連稱和管至父心生不滿，便商量著發動叛亂，可他們勢單力薄，必須尋求依靠。

他們想起一個人來，齊僖公弟弟夷仲年的兒子公孫無知。他在小的時候極受齊僖公的寵愛，他受到的待遇和當時身為太子的褚兒一模一樣。然而褚兒即位為齊襄公後，他的待遇就低了。連稱和管至父就勾結了公孫無知，共同策劃這場叛變。連稱還有個堂妹在齊襄公的後宮，她不受齊襄公的寵愛，整日也是怨氣連天。公孫無知讓她負責刺探齊襄公的行動，還許諾說：

「等到事情成功了，我就讓你當夫人。」

這年的十二月，齊襄公到姑棼去遊玩的時候，在一個叫做貝丘的地方打獵。一頭大豬出現在齊襄公的視線裡，隨從中有人說：「這是公子彭生啊。」齊襄公生氣地說：「彭生你竟敢還敢現形！」舉箭便要射它。野豬像人一樣站起來嚎叫，嚇得齊襄公從馬上跌落下來，扭傷了腳，還丟掉了鞋子。

打獵回來，齊襄公讓隨從費去尋找他的鞋子。費四處搜尋也沒能找到齊襄公的鞋子，回去向齊襄公回稟，因此而遭到他的毒打。費被打得鮮血直流，跑出了宮中，剛好碰見公孫無知和連稱等人率領著大部隊前來。他們正是聽說了齊襄公受傷的消息前來襲擊的。費說：「你們先不要驚動他，驚動了他就不容易殺進去了。」公孫無知不相信他，費便給他們看自己的傷口，他們這才相信了費。費進去將齊襄公藏了起來，公孫無知隨後帶兵闖進去，費帶領著宮中的侍衛和叛軍打了起來，無奈寡不敵眾，侍衛們全軍覆沒。公孫無知到處尋找齊襄公，在一扇門後面發現了齊襄公，將其殺死，公孫無知自立為齊國的國君。

齊襄公雖然昏庸，然而在他統治齊國的時候，齊國成功兼併了紀國，實現了齊國向東擴充的夢想。而更重要的是，在他統治時期內，齊國的政令雖然十分混亂，但綜合國力卻得到了很大的提升，他還訓練出了一支打仗勇猛的虎狼之師，這也為日後齊桓公爭霸天下夯實了基礎。

管仲相齊

管仲，名夷吾，春秋時期齊國潁上（今安徽潁上）人。他是周穆王的後代，也是齊國時期著名的賢明臣子。他輔佐齊桓公九合諸侯，統一天下，這對齊國而言具有十分重大的意義，同時，這也推動了整

個華夏文明的發展。而對管仲而言，在他的一生中，能在齊國任相也是他施展抱負的重要轉捩點。

管仲少年時期就失去了父親，又有老母親在堂上，生活十分困苦，他也不得不在小小年紀就挑起了家庭的重擔。他有一個好朋友叫作鮑叔牙，為了維持生計，他們倆就合夥經商。管仲家中貧困，出不了多少錢，可到了他們生意做好了分紅的時候，管仲卻要多拿。鮑叔牙的手下很不高興，罵他貪婪，而鮑叔牙卻為管仲說話：「管仲並不是貪婪，也不是要貪圖這些錢。他家中生活困苦，又有老母親需要照顧，這些錢是我自願給他的。」

後來，他們一起參了軍。在戰鬥中，管仲總是在進攻的時候躲躲藏藏，退兵的時候卻跑得比誰都快。大家嘲笑他貪生怕死，都不願意跟隨他作戰。然而鮑叔牙卻說道：「管仲並不是貪生怕死之人，他的家裡有年邁的老母親，如果他戰死了，誰替他照看自己的母親呢？」管仲聽說了這些話，感動地說道：「生我的人是父母，但是瞭解我的人卻非鮑叔牙莫屬啊。」他們就這樣結成了生死之交。

齊僖公有三個兒子：太子褚兒、公子糾和小白。後來，齊僖公讓管仲和鮑叔牙分別輔佐他的兩個小兒子公子糾和公子小白。西元前698年，齊僖公去世，太子褚兒即位，即齊襄公。齊襄公殘暴昏庸，管仲和鮑叔牙害怕他殺害公子糾和小白，二人便找了個機會偷偷離開了齊國。管仲帶著公子糾躲到了魯國，鮑叔牙則帶著公子小白躲到了莒國。

西元前686年，齊國的大將連稱發動了叛亂，齊襄公被殺死，公孫無知被立為新的國君。但是公孫無知在位僅一年有餘，就被齊國貴族殺死了。逃亡在外的公子糾和小白看到時機成熟了，便都設法回國，以奪取國君的位置。

齊國正卿高溪和公子小白自幼關係就很好，他暗中派人去莒國接小白回來繼位。小白向莒國借來了馬車和一些兵將，連夜啟程向齊國趕去。而魯國那邊，魯莊公知道齊國沒有了國君，也心急火燎地派兵護送公子糾回國。管仲發現小白比公子糾出發得早，已經快到齊國

了，便率先帶領三十名兵士到小白回國的路上伏擊小白。在距離即墨三十餘里的地方，管仲和小白的車馬相遇，管仲拿起弓箭就射向公子小白。只見這一箭剛好射中了公子小白的胸口，公子小白應聲倒下。管仲見小白已死，便率兵撤走。

其實，小白並沒有死。管仲這一箭剛好射在小白衣服帶的鉤子上，小白心知他一箭未達目的一定會再射，為了逃過這一劫，小白倒在地上裝死。經過這件事，鮑叔牙和小白更加警惕，日夜兼程地向齊國進發。到達齊國後，小白在齊國權臣的擁護下被立為國君，為齊桓公。小白即位後，要求魯國殺掉公子糾，交出管仲。當時，齊國的國力要比魯國強大很多，魯國只好按照齊桓公的要求照做了。

在小白逃亡的途中，鮑叔牙給了他很大的幫助。現在自己被立為國君，他就想要鮑叔牙擔任丞相，幫助自己治理國家。鮑叔牙卻說自己沒有擔任丞相的能力，並大力舉薦被魯國囚禁起來的管仲。他說：「在治理國家這方面，我不如管仲。他為人寬厚，心地仁慈，而且

十分忠誠。他除了善於指揮軍隊，還能制定規範的國家制度。這些都是我不具備的能力，所以，如果陛下想要治理好國家，任用管仲當丞相是必須的。」齊桓公不答應，說道：「當初就是他差點將我一箭射死，我現在不殺他是因為我要看看這個人是個什麼人物。我怎麼任用一個差點害死我的人當丞相？」鮑叔牙勸道：「賢明的君主心裡是沒有仇恨的，何況當時管仲是為公子糾效命的，他能為自己的主人忠心耿耿地辦事，也一定會為了國君不遺餘力。陛下如果想強大齊國稱霸天下，沒有管仲是不會成功的。」齊桓公終於被鮑叔牙說服，將管仲接回齊國。

管仲進了齊國的邊界，就見鮑叔牙已經等在那兒了。到了齊國的都城，齊桓公親自出門迎接管仲，還讓管仲坐在他的馬車上，一起進城。到了宮殿，管仲急忙跪下向齊桓公請罪，齊桓公將他扶起，請教起關於富國強兵、建立霸業的方法。管仲條理分明地向齊桓公講述起來，兩個人相談甚歡，一直談了幾天幾夜，直有相見恨晚之意，齊

一次讀完史記故事

桓公便任命管仲做了丞相。在管仲的大力輔佐下，齊國在政治、經濟和軍事等方面進行了大膽的改革，國力雄厚起來，齊桓公最後終於成了春秋五霸之一，成就了自己的霸業。

西元前645年，為齊國霸業嘔心瀝血的管仲患了重病。齊桓公前去探望他，向他詢問還有誰能夠接替丞相這一位置。管仲說：「陛下您應該是最瞭解自己的臣子們的。」齊桓公想要任用鮑叔牙，管仲說：「鮑叔牙太過善惡分明，他見到人做一件惡事，就一輩子也忘不了。這樣的人是不適合從政的。」齊桓公問他：「那，易牙這個人怎麼樣呢？」管仲說：「這個人為了滿足國君的要求，不惜煮熟自己的兒子討好國君。這麼沒有人性的人，不適宜做丞相。」齊桓公又問道：「那麼，衛公子開方怎樣呢？」管仲說：「他捨棄做衛國太子的機會，屈尊侍奉國君十五年，自己的父親去世都不回去奔喪。這樣無情無義，連父子之情都不眷顧的人，怎麼能真心地忠於國君呢？況且，千乘之封是多少人都夢寐以求的封地，開方放棄了千乘之封，俯就於國君，說明他心中想要得到的必定比千乘之封要多得多。對於這種人，國君應當疏遠他，更不能任用他為丞相。」齊桓公又問：「豎刁呢？他寧願傷害自己的身體也要來侍奉我，這樣的人難道對我也不會忠誠嗎？」管仲說：「不愛惜自己身體是違反人情的，這樣的人也不會真心忠於您的。」齊桓公面有難色，似乎想不出更合適了人了，管仲向他推薦道：「隰朋為人忠厚老實，做學問能夠不恥下問，他可以幫助您管理國家大事。」

易牙聽說了這番對話，便跑去鮑叔牙那裡挑撥離間，說管仲阻止齊桓公任命他為丞相。鮑叔牙笑著說：「管仲推薦隰朋，說明他毫無一己之私地為國家社稷考慮，對友人不存在任何偏愛和私心。現在我做司寇，驅除朝中奸佞之臣，正是我能做到的事情；如果讓我管理政事，這朝堂之上哪裡還有你們的容身之處？」易牙看到這樣的情形，自己討了個沒趣，灰溜溜地走了。

不久，管仲就病逝了。

齊桓公稱霸

齊桓公在任用管仲為丞相之後，實行了許多新的措施。他們改革內政，發展生產，同時改革軍制，組建了強大的軍隊，齊國逐漸強盛起來。一天，齊桓公召見管仲，問他：「國富、民強、兵盛，這些我們都做到了，現在可以稱霸天下了吧？」管仲對於齊桓公的政治抱負一向瞭若指掌，便不加掩飾地直接回答他：「爭霸天下是一件大事，不可輕易而為。」

西元前681年，周僖王姬胡齊即位。管仲建議齊桓公打出「尊王攘夷」的旗號。他解釋說：「周天子雖然勢單力薄，但是畢竟是天子。『尊王攘夷』就是說要尊重周天子的地位，同時聯合起中原各路諸侯，一起抵禦蠻、戎部落對中原地區的侵擾。陛下您可以派出臣子去周朝朝賀，順便告訴周天子宋國國內發生內亂，剛剛繼位的宋桓公地位尚且不穩固，請周天子下命令明確宋桓公的地位。您的手裡有了周天子的命令，就能夠召集各個諸侯訂立盟約了。」這時候的周朝，周王室已經成為了空架子，諸侯根本就不把周王室當回事。周僖王剛剛即位，就有齊國這樣的大國派使臣前來朝覲，周僖王當然興奮不已，馬上委託齊桓公去辦理召集各路諸侯承認宋桓公的國君地位這件事情。

齊桓公接到周天子的命令後，就向各個諸侯發出了通知，讓他們在三月初一那天在齊國北杏會盟，一起來確認齊桓公的地位。然而到了那天，只有宋、陳、邾、蔡這四個諸侯到場。齊桓公覺得有些難堪，想改變日期再次會盟。管仲勸道：「第一次會盟絕對不能夠失信於人，即使只來了四個諸侯，也要完成會盟的盟約。」五個國家的諸侯會見完畢，推舉齊桓公為盟主，並訂立了盟約。盟約中主要申明的規定有：第一，尊重周天子，扶助王室；第二，共同抵禦蠻、戎部落對中原地區的侵擾；第三，幫助弱小，接濟貧困。在會盟之前，齊桓

一次讀完史記故事

公曾經邀請遂國的國君入盟，不想遭到了他們的拒絕。在會盟結束以後，齊桓公馬上吞併了遂國。

西元前680年，宋國背叛了盟約。齊桓公派使者去朝拜周天子，請求代替周天子向宋朝興師問罪。周天子也有要借助齊國的力量打擊宋國以樹立自己天子的權威的想法，便派出大夫單伯帶兵和齊國、陳國、蔡國一起討伐宋朝。宋朝看到齊國打著周天子的旗號前來討伐，也不想背上與天子作對的惡名，便請求歸順王室，與各個諸侯重歸於好。

西元前679年，齊桓公聯合周天子的代表單伯，和衛、鄭、宋三國的諸侯在鄄地再一次會盟。各個國家看到周天子支持齊國，就共同推舉齊桓公為盟主。齊桓公的霸主地位開始確立。西元前678年，齊國又約集了魯、宋、陳、衛、鄭、許、滑、滕等國的諸侯在幽地會盟，大家承認了齊桓公的霸主地位。

西元前674年，齊桓公出兵討伐戎狄，為自己贏得了「保衛華夏，攘除夷狄」的好名聲。

西元前671年，齊桓公和魯莊公在扈會盟。

西元前668年，齊國幫助魯莊公討伐徐國。

西元前667年，齊桓公又在幽地會盟了各國諸侯。

西元前664年，山戎人向北方的燕國發起了大規模的進攻，燕莊公向齊國求援，齊桓公在管仲的協助下，帶領大軍討伐山戎。山戎聽聞齊軍大隊人馬即將前來援助，就放棄了進攻，掠奪了大量金錢財物撤走了。齊軍一鼓作氣，率兵包圍了孤竹國，孤竹國國君在戰亂中死去。六個月的艱苦征戰以後，山戎大敗，令支和孤竹兩個國家被滅，新闢出的方圓五百餘里土地，齊桓公全部交給了燕莊公管理。他說：「你應該執行燕國開國之時的國政，要臣服於周天子，按時向周朝納貢。」燕莊公感激齊國的救國之恩，點頭諾諾稱是。

西元前659年，邢國遭到了一夥狄人的侵犯。齊國、宋國和曹國三國國君分別率領各國兵馬共同前去支援。狄人退兵以後，齊桓公又幫助邢國把他們的都城遷到了較為

安全的地方。

西元前658年，狄人再次侵犯衛國。當時的衛國已經是君死國滅的狀態，考慮到這一點，齊桓公決定幫助衛國在楚丘重新建國。他幫助衛國重新修築新的城池，使衛國得以在黃河南岸重新建立起國都。齊桓公營救燕國、邢國和衛國的行為震驚了中原的諸侯，他的威望如日中天。再加上管仲的細心謀劃，齊國的霸主地位更加牢固。

西元前657年，齊桓公的盟主地位只有位於南方江淮流域的楚國不服。齊桓公召集各國國君在陽谷會盟，商討討伐楚國營救鄭國的事情。第二年，齊桓公率領八個國家的軍隊先行進攻楚國的盟國蔡國；然後，齊桓公又率領大軍進攻楚國，迫使楚國向周天子納貢。在召陵，他們訂立了盟約，讓楚國向周朝稱臣，每年都向周朝進貢。楚國答應了訂立盟約以後，各國退兵。這就是歷史上的「召陵之盟」。

西元前655年，周王室發生了更換太子的事情。原本周惠王已經立了王子鄭為太子，然而王后喜歡小兒子帶，周惠王便想廢了王子鄭，改立帶為太子。周惠王去世以後，齊桓公約集了各國諸侯在洮會盟，將王子鄭扶上了周天子的位置，這就是周襄王。

西元前651年，齊桓公和各個諸侯國在蔡丘會盟的時候，周襄王為了感謝齊桓公帶頭支持自己即位，便派人賜給齊桓公在宗廟祭祀中所使用的胙肉和彤弓矢以及天子車馬等，這代表著周天子對於齊國的最高獎賞。周襄王派人參加這次會盟，並且賜予齊桓公如此豐厚的禮物，說明連他也承認了齊桓公的霸主地位，他的霸權達到了頂峰。

這是齊桓公第九次成功地會盟諸侯，也是最後一次。所以在歷史上，人們把齊桓公稱霸的過程稱作「九合諸侯」，而他維護周朝王室「一匡天下」的行為，則是他最受世人矚目並得以永垂史冊的行為。

崔杼、慶封之亂

齊桓公是賢明的君主，位列春秋五霸之首，文治和武治在當時都盛極一時。然而，這個縱橫天下的英雄，最後卻被他的寵臣易牙、開方和豎刁三個人活活餓死，死後屍身六十七日之後才被人發現。他死後，他的五個兒子公子無詭（無謚號）、公子昭（齊孝公）、公子潘（齊昭公）、公子商（齊懿公）、公子元（齊惠公）為了爭奪王位，互相殘殺。

西元前599年，齊惠公去世後，他的兒子無野，也就是齊頃公繼位。齊惠公在位時，有一個叫做崔杼的年輕人很受寵，無野繼位後，齊國的大臣高氏和國氏害怕他受到崔杼的脅迫，便把崔杼驅逐到了衛國。

西元前581年，齊頃公去世後，他的兒子環繼位，這就是齊靈公。此後，崔杼回到了齊國，並受到齊靈公的重用，官至大夫。

齊靈公的夫人魯女姬顏沒有生子，姬顏陪嫁的侄女姬聲生下了公子光，被立為太子。除此之外齊靈公還有兩個妃子：仲子和戎子，仲子生下一個兒子，取名叫牙，過繼給戎子撫養。戎子長得嬌麗柔美，又善於諂媚逢迎，所以深得齊靈公的歡心。戎子恃寵而驕，經常在齊靈公的枕邊吹風，進言立子牙為太子。齊靈公平時也很疼愛這個孩子，便不假思索地答應了。他把原來的太子公子光流放到齊國東部的邊境即墨，另立牙為太子，並且任命大夫高厚為牙的大師傅。

西元前554年，齊靈公身患重病，大夫崔杼與高厚為了爭權奪利，殺死了太子牙母子二人，並將公子光從即墨偷偷接回，重新將他立為太子。齊靈公知道這樣的變故，吐血而亡。崔杼擁立太子光為齊國的新任國君，這就是齊莊公。

齊莊公即位後，崔杼立即殺害了輔佐牙的高厚，他自己則做了齊國的士大夫。後來，齊國大夫棠公去世，崔杼前往弔唁。為崔杼駕車的人叫東郭偃，他的姐姐正是棠公

的夫人棠姜。棠姜長得很漂亮，崔杼一見便鍾情於她，便催促東郭偃將棠姜為自己娶來。東郭偃剛開始並不同意，但是拗不過崔杼，只得將棠姜嫁給了崔杼。

崔杼強行將棠姜娶進家門，沒過多久就發生了變故。齊莊公也看上了棠姜，沉迷於她的美色中無法自拔，整日找機會偷偷與她私通。時間久了，崔杼自然看出了不對，然而他一時間也沒辦法動怒，只能耐著性子尋找報復的機會。

不久，齊國東邊的莒國派使者黎比公前來拜訪齊國，齊莊公設宴招待他。崔杼認為這是個可以報仇的極好機會，就稱病不去赴宴，反而在家裡精心策劃一場弒君的計策。齊莊公則趁著這個機會早早離開了宴會，帶著幾個護衛就去找棠姜幽會去了。他將幾個護衛留在崔家門外，自己進入了棠姜的臥房。棠姜遲遲沒有出來，齊莊公竟在屋裡吟誦起情詩來。正當他激情澎湃而棠姜翩翩而出之時，崔杼一聲令下，暗藏的殺手一擁而上，把齊莊公和他的護衛全部殺死。

殺害了齊莊公後，崔杼和慶封合謀將齊莊公同父異母的弟弟杵臼立為國君，這就是齊景公。崔杼自立為右相，慶封為左相。慶封打算殺死不願意同他們合作的大臣晏子，然而崔杼認為晏子是一名重臣，頗具民心，這才放過了他。

崔杼自封為相國以後飛揚跋扈，為所欲為，朝政都掌握在他一個人手中。但他心裡十分惶恐自己犯下的弒君之罪，尤其擔心被史官記錄下來，遭到後人的唾棄和謾罵。因此，他命人將記載史事的太史伯找來，對他說：「昏君已經死了，你就說他是暴病而亡的，不然可別怪我對你不客氣。」說完，崔杼將劍抽出，寒光閃閃地放在太史伯面前。太史伯抬頭看看他，提起筆在竹簡上慢慢寫起來。寫完後他將竹簡遞給崔杼，崔杼一看，上面寫著：「夏五月，崔杼謀殺國君光。」崔怒看完後十分憤怒，舉劍將太史伯殺死。

隨後，他又召來了太史仲，對他說：「你哥哥不聽我的話，我已經將他處決。你就寫齊莊公是病死的，不然你的下場會和你哥哥的一樣。」崔杼原本以為太史仲會迫

於他的威脅而從命，可他沒想到，當太史仲奮筆提書以後，竹簡上寫下的還是「夏五月，崔杼謀殺國君光」這句話，崔杼又拔劍殺死了太史仲。就這樣，崔杼連殺了三個史官，得到的卻依舊是他們寧死不屈的話語：「按照事實記載歷史是史官的天職，要迫於你的淫威記載錯誤的事情，還不如被你殺死。」於是，史書上留下了這樣的記載：「周靈王二十四年，齊莊公六年，夏五月，崔杼弒齊莊公光於其府……」

崔杼專橫地壟斷了朝中大權，權傾一時，卻也招致了別人的反感和嫉妒。慶封看到崔杼春風得意的樣子，心生不滿，想要殺了他取而代之。他挑撥崔杼的兒子們，讓他們為了爭奪做後嗣的資格而爭執不休，接著，慶封趁機引誘崔氏的子弟相互爭奪，還提供給他們兵器，幫助崔杼的嫡子崔成和崔疆刺死了東郭偃和棠無咎。

崔杼聞之大驚失色，急忙跑來向慶封哭訴家中的變故。慶封裝作毫不知情，故作驚訝地說：「這兩個孩子怎麼可以這樣目無尊長！你先留在我家裡喝酒壓壓驚，我這就去勸勸他們去。」他派盧滿嫳帶了一隊兵馬前去將崔杼的一家老小全都斬盡殺絕，並將他的房屋燒毀。然後他回來稟報隨主說：「那些孩子們不聽勸，我已經把他們全殺了。」崔杼急忙回到家中，看到自家的殘破景象，知道自己落入了慶封的陷阱中，悲痛之下，崔杼自縊身亡。

崔杼死後，慶封果然將朝中大權攬到了自己懷中。他喜歡喝酒打獵，終日酒不離身，更是無心政令。他讓自己的兒子慶舍代替自己執政，把自己的財物和家室全都遷到寵臣的家裡，天天就在那裡喝酒作樂，處理政事。齊國的大臣田文子認為他將來一定會犯上作亂，便和田、鮑、高、欒四大貴族商議，找個機會殺掉慶封。

西元前545年10月，慶封出去打獵。四大貴族率領家丁攻佔了慶封的丞相府。慶封外出歸來後，沒辦法進門，只好逃往魯國。齊國責怪魯國收留他，慶封只好又逃往吳國。吳國將朱方（今江蘇鎮江東）賜給他做封地，慶氏於是得以在那

裡聚集生活。後來，慶氏的富有程度竟然超越了齊國，成為春秋時期著名的富豪。後來，朱方被楚人奪取，慶封也被楚人殺死。

田氏代齊

西元前672年，陳宣公想把王位傳給自己的兒子陳款，便殺掉了自己的哥哥厲公的兒子，也是當時的太子禦寇。厲公的二兒子陳完害怕自己也遭到陳宣公的毒手，便倉皇出逃。陳完剛剛出生的時候，厲公為他卜過一卦預測他的未來，卦象的意思是陳完將來可能會取代陳這個國家，但是不會是在陳國，而是在別的國家。這個卦象也不會應驗在他的身上，而要應驗他的子孫身上。如果他身處別的國家，必定是姜姓之國、四岳之後。兩個強大的事物是不可能同時存在的，陳國衰弱以後，他這一支就將會強大起來。

於是，陳完輾轉流離地來到了齊國。

齊國向來有尊重賢才的傳統，即使對於其他國家前來投奔的人，也能夠大膽任用。齊國當時國富民強，齊桓公也正處在大力發展國家的時期，最重要的是他不知道有這麼一個卦象。所以，對於陳完的到來，齊桓公很是喜出望外，便想任用他為卿。陳完拒絕道：「我只是個寄居在貴國的小臣，有幸得到寬恕已經感激不盡。能夠免除我的罪過，放下負擔，已經是您給予我的極大恩惠了，我哪裡還能接受這麼高的職位呢？」於是，齊桓公就根據陳完擅長管理手工業的家族淵源，讓他做了管理百工的工正，爵秩為大夫。

陳完到了齊國之後，就改姓田了，叫做田完。大夫齊懿仲想把自己的女兒嫁給田完，就去卜了一卦，占卜的結果說：「有媯氏的後代陳氏，會在姜姓那裡成長，五代之後將會繁榮產生並且取得正卿的地位；八代之後，地位就沒有其他人比得上了。」齊懿仲就放心地把

女兒嫁給了田完為妻。田完去世之後，諡號為敬仲，他的後世承襲著他的工正之職。

田完的曾孫子田須無侍奉著齊莊公，他為人機靈懂事，而且足智多謀，齊莊公十分寵愛也很賞識他。齊莊公四年，田須無在一片反對之聲中果斷出兵討伐衛、晉，並且大勝而歸。他去世後，他的兒子田桓子繼承了他的爵位。此時，陳完幼時的占卜似乎開始應驗了，田氏開始昌盛起來。田桓子當了齊國的大夫，聯合鮑氏和當時專權的欒氏和高氏進行鬥爭，並趁二人飲酒之時一舉將其誅殺。

田桓子死後，他的兒子田乞接任他的位置。姜氏這時候已經到了第二十五代統治者齊景公，齊景公是個貪圖榮華富貴的人，到了晚年更是喜歡浪費人力、物力大肆地興建宮室，生活奢侈，還喜歡濫用刑罰；國庫中的布、帛、稷、粟都放得腐爛了，有些還生了蟲子，可是人民的生活卻苦不堪言，道路上滿是餓死的屍體。遇到災情，他也根本不盡心盡力去救濟災民。而田乞卻要求推行新政，在收稅的時候用小斗進行收取，而放出的時候則用大斗將糧食量給人民，以此來收買人心。

西元前539年，齊景公派晏嬰出使晉國。晏嬰私下裡就對叔向說道：「齊國的政權總有一天會落到田氏手上的，田氏雖然沒有太大的功德，可是他能夠藉著施恩。有恩於人民的人，人民是會擁戴他的。」

西元前516年，晏嬰陪著齊景公議論政事。齊景公看到面前豪華的宮殿和擺設，歎著氣說道：「這宮室是多麼繁華美麗，我死之後，誰會擁有這些呢？」

晏嬰說道：「像您說的那樣，恐怕非田氏莫屬了。田氏雖然沒有建立太大的功德，但是他們對於人民有施捨。豆區釜鍾等用來秤量的容器，他從公田徵稅就用小的，而對民眾施捨就用大的。君主向來徵稅多，而田氏則是施捨多，人民自然都向著他了。田氏如果不滅亡，那麼您的後代如果稍有懈怠，這個國家馬上就會易主，為田氏所有。」

齊景公聽了，擔憂地問道：

「是啊，那這事要怎麼辦才好呢？」晏嬰回答說：「只有禮才能制止這種事情發生，如果所作所為符合禮，家族的施捨趕不上國家對人民的施捨，人民才會不遷移，農夫就不用挪動，工商之人也可以不改行，士就不用失職，官吏們也不用怠慢，大夫不占取公家的利益。」

齊景公說：「從現在開始，我知道要用禮來治理國家了，但是我大概已經做不到了。」齊景公很贊同晏嬰的說法，但是已經為時已晚。雖然他採取了一些方法來限制田氏的發展，但是收效甚微。

春秋後期，齊國開始由強變弱，君王的廢立開始由貴族和權臣來決定。齊景公生病的時候，讓國夏和高張二人輔佐他的寵姬生的兒子荼為太子。後來齊景公去世，荼即位，為晏孺子。可是田乞不滿意這個結果，他想將齊景公的另外一個兒子陽生立為國君。陽生和田氏的關係一向很好，在晏孺子即位後，他就逃到了魯國。

田乞假裝很擁護國夏和高張二人，熱心地侍奉著他們。暗地裡，他卻到處挑撥士大夫們和國夏、高張兩個人的關係，掀起了一場紛紛擾擾的鬥爭。他對國夏和高張兩人說道：「一開始各位大夫都不想立孺子的，孺子即位後，你們兩位任相國，大夫們可都人人自危，都在圖謀造反呢。」另一方面，他又對大夫們說道：「高張這個人實在是很可怕，趁他還沒有對我們下手，我們先殺了他吧！」

大夫們都聽從了田乞的話。田乞、鮑牧和眾多大夫們領兵進入宮廷，高張聽說有變，急忙與國夏一起去救國君。無奈田乞一行來勢洶洶，勢在必得，國君的軍隊馬上就戰敗了。國夏逃往了莒國，晏嬰的兒子晏圉則逃往了魯國。

田乞派人到魯國將陽生接回來，讓他先躲在自己的家中。田乞邀請大夫們到他家裡飲酒，當大家喝到興起的時候，田乞將陽生叫出來，說：「這才是齊國的國君。」大夫們全都俯身拜見，隨即就將他擁立為齊國的國君，這就是齊悼公。田乞因此身居齊國相位，開始執掌齊國的大權。

田乞死後，他的兒子接替他的

一次讀完史記故事

職位，繼續收買民心。後來，他弒殺了齊簡公，對外割裂土地，結交諸侯；對內進行了一次大清理，把鮑氏、晏氏等可能對自己產生威脅的人物統統殺害。他死後，他的兒子田盤將田氏兄弟的族人分別委派到齊國各地做大夫，田氏從上到下控制了齊國的政權。

又經過好幾代人的經營，在田和這一代，姜姓齊國的最後一個君主齊康公被流放到海上，田和取而代之。西元前387年，周天子策命田和為齊候，位列周室。至此，姜姓齊國完全被田氏取代。

「田氏代齊」在歷史上具有著十分重大的意義，它標誌著新興的封建勢力開始正式掌握政權，不少歷史學家將「田氏代齊」和「三家分晉」相提並論，認為這兩件事情是我國歷史從春秋時期進入到戰國時期的重要標誌。

魯周公世家

周公姬旦

　　周公姬旦是黃帝的第二十九世裔孫，是周文王的第四個兒子，也是周武王同父異母的弟弟。他的封地在周，因而被稱為周公。周文王在世的時候，周公就很孝順，也十分仁愛，周武王即位後，他就輔佐周武王處理政務。

　　西元前1046年，周武王討伐殷商，周公發布了《牧誓》來動員這次戰鬥，鼓舞士兵們的鬥志。周武王滅了殷商以後，採用了封邦建國的策略，將周公封在魯地。但是，

周武王並沒有讓周公親自去魯地，而是讓周公的長子到魯地去建立魯國，而把周公留在自己身邊輔政。

　　周公在安定社會和建立制度方面作出了很大的貢獻，為了方便通知商朝的遺民，周武王把原來由商紂王控制的領地分為三個部分：殷都朝歌以北為邶，封給紂王的兒子武庚祿父；朝歌以東為衛，封給武王的弟弟管叔鮮；朝歌以西封給武王的弟弟蔡叔度。

　　滅了商朝回歸鎬京後，周武

王和周公說起要在洛水和伊水之間的平原地帶建立新的都城，以便控制東方。因為日夜操勞，周武王身染重病，臥床不起。周公焦急萬分，虔誠地向祖先祈禱道：「你們的子孫姬發生了重病，如果你們欠上天一個孩子，那麼就讓我代替他去死。我是有仁德之人，也多才多藝，而你們的子孫姬發還需要治理國家，不能去侍奉鬼神。」然而周公的祈禱並沒有起到多大作用，周武王還是在不久之後撒手人寰。臨終前，周武王想要把王位傳給周公，周公跪在地上哭泣不止，堅決不肯接受。

周武王的兒子姬誦繼位，他就是周成王。周成王當時還是個孩子，於是周公就代替他攝政。管叔和蔡叔對於周公攝政這一事情很不滿，從兄弟的排行上講，管叔排行第三，周公排行第四，管叔為兄，周公為弟。無論是繼位還是攝政，管叔都應該排在周公的前面，所以管叔十分不服。而蔡叔雖然排行第五，但他是支持管叔的。他們到處散布謠言，說周公對周成王不忠，想要害死他然後奪取王位。他們鼓

動武庚祿父一起發動了叛亂，來反對周公。一時間，周王室陷入了風雨飄搖之中。

周公卻不慌不忙，他先說服了太公望和召公，他說：「我不逃避現在的困難的形勢，而堅持主持周朝的政權，是擔心天下有人背叛周朝。武王過早地離開了我們，成王又如此年幼，我這麼做是為了周王朝，並不是為了一己之私。」在統一了內部意見以後，第二年周公便率兵東征，討伐管叔、蔡叔和武庚等人的叛亂。這次東征持續了三年，最終管叔和武庚被殺掉，蔡叔被流放。周公乘勝東進，消滅了參加這次叛亂的五十個小國家，周朝的統治地區由此延伸到了東部的沿海地區。

此後，周公對天下重新進行了分封。他將周朝同姓的兄弟、有功之臣和貴族分別封到全國各個重要據點，為諸侯國；各個諸侯在自己的國內又將一部分土地賜給大夫，稱為采邑。這一系列從上到下的統治體系構成了周朝統治全國的基礎，也組成了以周王室為中心，以各個諸侯國為主要組成部分的統治

體系。

周公還設立了龐大的官僚體系機構：中央由太師和太保來輔助周天子統治天下；常伯、常任和淮人這三事大夫分別管理地方的民事，比如任用當地官吏、進行司法審判等；大史、大祝、大卜、大宰、大宗、太大這六大分別負責朝中各項政事和祭祀活動；一些「內服」的職官，如司徒掌管農田耕作的事務，司空掌管官職事務，司馬掌管軍事事務，司寇掌管司法立法等，他們都是專門管理朝廷事務的；還有一些「外服」職官，比如侯、甸、男等，他們是處理諸侯國事務的。

同姓的諸侯，除了和周天子保持著政治上的從屬關係之外，在宗法上也保持著嚴格的關係：嫡長子繼承制，即，只有嫡長子才可以繼承爵位。周公實行了同姓不得結婚的制度，異姓之間則不受限制，這樣，周天子和異姓諸侯之間就透過婚姻建立起了血緣關係：周天子和同姓諸侯為叔伯，與異姓諸侯則為甥舅，這就擴大了周朝的統治基礎。周公透過這些龐大的官僚機構

制度，以及強有力的軍隊，終於將周朝的統治地位鞏固得萬分牢固。

為了鞏固周王朝的等級制度，周公建立了一整套禮樂制度。所謂的禮，指的就是在封建社會劃分等級和名分的典章制度。禮的制度十分複雜和煩瑣，大到婚葬嫁娶，小到衣食住行的行為都進行了嚴格地規定。它一共包括五個部分：一是吉禮，是為了祭拜鬼神；二是凶禮，是為了喪葬；三是賓禮，是為接待賓客；四為軍禮，是為興師動眾；五為嘉禮，是為婚宴嫁娶。所謂的樂，指的就是音樂。音樂的享用在當時只是少數奴隸主擁有的特權，不同等級、不同場合分別用什麼樣的音樂，都有著嚴格和細緻的規定，不能濫用。禮和樂相輔相成，共同維護著封建等級制度。

當時，周朝的都城是在遠離中原地區的豐鎬，位於整個版圖的西部。周公想起周武王當初和他商議的要在洛水和伊水之間營造新的都城，便決定建造東都雒邑。在周公輔政的第五年，他來到雒邑，觀察了雒邑的現狀，還進行了占卜。占卜的結果說，在這裡營造都城為

一次讀完史記故事

大吉，將有助於周王室的興旺和發達。新的都城雒邑經過一年左右的時間，終於全部建成。

當東都雒邑全部建成的時候，周公的禮樂制度也初步成形了。這時，周成王也長大了，周公便把自己手中的政權全都交到了成王的手中，自己退居二線，輔佐成王。遷都雒邑後，周公召集了天下諸侯舉行了慶典，並正式冊封宣布各項典章制度，即所謂的「制禮作樂」。

周公擔心周成王年少輕狂，太過於放縱自己，貪圖安逸的生活，便寫了一篇文章《無逸》來勉勵成王。他勸告成王，一味貪圖享受只能將自己推進毀滅的深淵，勤於政事，辛勤做事才能讓國家長治久安。商代的幾個賢明的君王以及周文王都是他可以學習的榜樣。只有勵精圖治，愛護百姓，才能得到民心，長久地擁有王位。周公教導他要有所作為，要像周文王那樣將國家治理得井井有條，才是一個成功的君主。

周公在晚年才回到了他的封地魯國。他死後，周成王用最隆重的天子禮節將其安葬在文王和武王的陵墓旁邊，以示周公完成了文王和武王都沒有完成的事業，肯定了他一生的功勞。

▌ 隱桓之事

魯國的第一任國君伯禽，他就是訂立了周朝的規章禮儀制度的周公的長子，所以魯國一向被人們認為是與周王室關係最為親密，也是最有地位的諸侯國，更是所有諸侯國中保留著周禮最完整的「禮儀之邦」。

魯國的第十三任國君魯惠公在位期間，勵精圖治，國力得到了顯著的提升，人民也對他心悅誠服。他看到秦文公居然用祭天子的禮儀來祭祀天帝，於是向平王申請，而平王卻沒有答應他的申請。魯惠公因此大怒，並執意用祭天子的禮儀來祭祀天帝，而平王得知也不敢過問此事。

西元前723年，魯惠公去世。按照周禮，應該由嫡長子即位，然而太子姬允年僅七歲，於是他的庶長子息姑代為攝政，為魯隱公。待太子姬允長大成人以後，他才要將王位和政權都還給姬允。魯隱公執政能力一般，沒有什麼過人之處，他自己也沒有野心，一直惦念著等到太子長大了，就將政權還給太子。只是他沒有像周公輔佐成王那樣，臨朝聽政的時候都抱著太子過去，只是有著一個「代理」國相的作用，魯隱公成了事實上的國君。他雖有退隱之心，卻因太過貪戀權位而猶豫不決，最後被殺害了。

西元前712年，魯國的大夫羽父向魯隱公毛遂自薦想要當宰相，魯隱公回答說：「太子姬允已經長大，他馬上就可以親自主政了，你不如直接去詢問他吧。」羽父誤會了他的意思，自作聰明說道：「姬允已經長大，您如果將政權都交回了他手裡，您手中可就沒有實權了。不如，讓我幫您殺了他免除後患，這樣您就可以一直安穩地坐著這個國君的位置了。事成之後，您就任命我為宰相，您看怎樣？」魯

隱公嚇了一跳，說道：「姬允已經長大了，國君的位置我遲早都要還給他的，我哪裡敢覬覦這個位置呢？」羽父知道自己說錯話了，如果姬允以後即位聽說了這事情，他一定難逃一死。於是，羽父心裡便產生了更加惡毒的想法。

羽父去找了太子姬允，對他說：「魯隱公見你長大成人，馬上能夠接任政權了，今天他特意將我召進宮去，讓我殺了你呢。」然後他又信誓旦旦地保證道：「我當然不會按照他說的去做的，現在我特意來通報給太子您，您應該先下手為強，自己才不會有性命之憂啊。」姬允馬上感激地說道：「此次大難，如果我不死，等我成為了國君一定立你為宰相。」

魯隱公在尚未成為國君時，曾經在與鄭國作戰的戰爭中被俘虜，他賄賂了鄭國當時的大夫尹氏才得以逃脫。所以，魯隱公就把尹氏的家神供在一座園子裡，他時不時地會去祭拜一下，以感謝他的救命之恩。祭拜完了之後，他會在附近的大臣蔿氏家裡住下。羽父趁著魯隱公去祭拜尹氏家神的時候將魯隱公

殺害，並嫁禍於蔿氏，將蔿氏一家屠殺殆盡。

西元前711年，姬允即位，為魯桓公，並任命羽父為宰相。而當時的齊國，國君齊僖公有兩個女兒宣姜和文姜，都是一笑傾城的美女，齊僖公也很為這兩個漂亮的女兒自豪。可文姜卻和他的哥哥太子諸兒通姦，做下了有違倫理綱常的事情，惹來了外人不少的指點和議論。文姜原本要嫁給鄭國的世子姬忽，姬忽聽說了這樣的謠傳，便婉言謝絕了這樁婚事。西元前709年，魯桓公貪戀文姜的美貌，將他娶來做了自己的夫人。三年後，文姜生下一個孩子，生日竟然還和魯桓公在同一天，所以取名為「同」，並被立為了太子。從這以後，文姜的地位更高了，也更加受到魯桓公的寵愛。

西元前694年，魯桓公想帶著文姜到齊國去拜謁齊襄公。大臣們紛紛反對，因為大家對文姜和齊襄公以前的關係都心知肚明，害怕自己的國君此去會遇到危險。大臣申勸說道：「男人應該有自己的妻子，女人應該有自己的丈夫，這之間的界限應該很嚴謹，容不得半點褻瀆，這樣才能稱得上有禮。如果違反了這樣的禮，就會帶來不好的事情。還望主公三思而行。」然而，這樣的勸說也沒能讓魯桓公改變想法。他想要搞好齊國和魯國之間的關係，再加上自己最寵愛的文姜整天在自己耳邊說，她離開家鄉已經這麼多年了，很想念家裡的親人，想要回去看看他們。魯桓公見她說得懇切，一時心軟就帶上她，又帶了幾個隨從，就向齊國走去。

齊襄公在濼接應齊桓公，然後他們一同來到齊國的都城臨淄。魯桓公看到齊國國內一片安居樂業、其樂融融的景象，心想齊國是個大國，如果與齊交好，對魯國一定大有好處。因此，他對待齊襄公十分親熱，言談話語中時不時流露出要與齊國睦鄰友好的意思。

齊襄公對待魯桓公也十分熱情，魯桓公也很感激他。可他沒想到的是，齊襄公將他安置好以後，就和文姜重溫舊情。得知此事後怒火中燒的魯桓公沒辦法拿齊襄公怎樣，只好將一腔怒火全都灑在了文姜身上。文姜害怕等回了魯國以

後，自己無依無靠的真的會被魯桓公殺害，便向齊襄公求助。齊襄公聽後十分憤怒，答應一定會殺掉魯桓公。

不久，魯桓公便向齊襄公辭行。齊襄公以餞行為由，設了豐富的酒宴殷勤招待魯桓公。齊國的歌舞很有名，臨淄的人吹竽彈唱、跳舞彈琴都很精彩，魯桓公看著眼花撩亂的歌舞，喝著身邊的齊襄公一杯又一杯敬上來的酒，不知不覺中喝得酩酊大醉。

看看時機已成熟，齊襄公向身邊的一個侍衛彭生使了個眼色。彭生會意，攙扶著魯桓公說：「大人，您醉了，我先送您回驛館吧。」彭生將魯桓公扶上馬車，行到無人之處就將魯桓公殺害了。

後來，魯國人知道齊襄公害死了他們的國君，無奈魯國的勢力太過薄弱，根本不能拿齊國怎樣，只是讓使者向齊襄公要個說法。最後，齊襄公只能將彭生殺死，這件事才就此作罷。

▌ 慶父之亂

西元前693年，魯桓公去世。他的四個兒子：嫡長子公子同，嫡次子季友，庶長子慶父，庶次子叔牙，四個人中，魯桓公的嫡長子姬同即位，他就是魯莊公。

這一年，周天子把自己的妹妹許配給了齊襄公，按照周禮，「王姬」的婚禮是要由公侯來主持的。於是，這個光榮的任務就落在了同樣姓姬的魯莊公身上。可對於魯莊公而言，這並不是很光榮的事情，因為他是在為自己的舅父，也是自己母親的姦夫，更是自己的殺父仇人主持婚禮。不久，王姬就為齊襄公生下了一個女兒。魯莊公的母親文姜不顧年齡懸殊，將尚在咿呀學語的外甥女許配給了已經十九歲的魯莊公。

西元前692年，魯莊公在家中修築了一個瞭望臺，他閒來無事在臺上四處張望的時候，看到了黨大夫家裡年輕貌美的女兒孟任。魯莊

公對她心生喜愛之情，便要她嫁給自己。孟任剛開始並不答應，可她越不答應，魯莊公就越想得到她。魯莊公答應立她為夫人，並且將自己的胳膊割破立下誓言，孟任這才答應了嫁給他。孟任後來生下一個男孩，起名為斑。斑長大後，喜歡上一個姓梁的女孩子，有一次斑去找那個女孩的時候，看到一個養馬人犖在牆外調戲那個女孩。斑一怒之下將他鞭笞了一頓，魯莊公聽說這件事後，說道：「犖這個人是很有抱負很有潛力的，不能打一頓就放了，應該殺了他。」斑沒有將魯莊公的勸告放在心上，沒有將犖殺死，最後反被犖所殺害。

西元前689年，齊襄公去世。文姜沒有了念想，便回到了魯國，全心全意地幫助魯莊公料理家務，處理政事。在她的輔佐下，弱小的魯國一躍成為當時諸侯國中的強國。齊襄公的女兒成年後，文姜又為魯莊公舉行了婚禮，讓他迎娶自己的外甥女，這就是哀姜。為了迎娶哀姜，魯莊公還把自己的父親魯桓公廟上的匾額重新刷上朱紅色的油漆，在橡子上雕刻上花紋，來炫耀自己娶到了哀姜。

哀姜嫁得還算風光，只是婚後她一直沒有生育，她的陪嫁侍女中一個叫做叔姜的倒是生了個兒子，叫做開。哀姜可能是受到了文姜的影響，對偷情之事極為熱衷，再加上她不能生育，因而更加放肆，與魯莊公的弟弟慶父私通成奸。

西元662年，魯莊公病倒了。他沒有嫡子，就想將長子姬斑立為繼承人。他害怕慶父不服而犯上作亂，就將自己的弟弟叔牙找來，試探著問道：「我死以後，誰能接任我呢？」叔牙以為魯莊公是在向他諮詢意見，便回答道：「慶父可以勝任。」魯莊公聽了這個回答，心裡就是一涼，這正是他的擔憂所在。

接著，魯莊公又找來自己比較信任的弟弟季友，問了同樣的問題。季友知道魯莊公在憂慮什麼，回答他道：「我誓死效忠姬斑。」魯莊公很滿意他的回答，便把自己的憂慮告訴了季友。季友以魯莊公的名義將叔牙叫到魯國大夫季劫的家中商議事情。叔牙如約來到季劫家中，季劫就拿著一杯毒酒對叔

牙說道：「如果你喝了這杯毒酒，我就留下你的子孫後代為你祭奠；若你不喝，那我會讓你連子孫後代都沒有。」叔牙只好喝下了這杯毒酒。

魯莊公聽到叔牙死去的消息之後便閉上了眼睛，他以為這樣可以解決他的憂慮，姬斑可以輕鬆地坐上國君的位置。然而他不知道的是，魯國的災難由此才剛剛開始。他去世之後，季友擁立了姬斑做國君，可他不敢讓姬斑回到王宮裡住，只得讓他先借宿在孟任的娘家。

姬斑即位後，季友掌握了大權。雖然季友和慶父也是兄弟，但是他們在政治上有著很大的分歧，季友的掌權勢必會威脅到慶父的地位。況且，季友一向都很正直，不會任由他為所欲為，更不會明知他與哀姜私通而不過問。同時，身為「國母」的哀姜也不喜歡姬斑做國君。她自己沒有兒女，跟姬斑也存在著問題：「國母」這個位置原本是魯莊公許諾給姬斑的母親的，可是被哀姜搶去了，姬斑因此對哀姜心懷不滿，哀姜也時時需要防著姬

斑。現在眾人擁立了姬斑做國君，她當然擔心了。

於是，慶父便和哀姜密謀暗殺姬斑。這時，姬斑曾經鞭打過的那個叫犖的養馬人出現在他們眼前，慶父便唆使他在姬斑服喪期間打死了他。季友知道後也毫無辦法，只能趁亂帶著魯莊公的另一個兒子姬申逃到陳國躲避。

西元前661年，慶父將哀姜的侍女叔姜的生子姬開立為魯閔公。魯閔公年幼，自然不懂得管理大人的事情，慶父更加為所欲為，跟哀姜打得十分火熱，他的野心也隨之越來越大。

西元前660年，慶父覺得魯閔公雖然年少不懂事，但卻礙手礙腳的。他便和哀姜一起合謀，指使殺手殺害了魯閔公後，慶父準備自己當國君。魯閔公是齊桓公的外甥，齊桓公便派仲孫湫去魯國弔唁。仲孫湫回來後歎息著對齊桓公說：「慶父不死，魯國的災難就難以終止啊。」此時距離魯莊公死去才過去兩年，慶父就串通別人接連殺了兩個國君，他自己的所作所為也十分荒淫無恥，還在民間作威作福，

欺壓百姓，給社會上帶來了極大的災難，魯國的百姓們對他的行為都十分憤怒。

西元前659年，內憂外患讓慶父十分害怕，他拋棄自己的情人哀姜，隻身逃亡莒國。季友則帶著姬申回到了魯國，將姬申立為國君，為魯僖公。

魯僖公繼位後，知道慶父這個人作惡多端，他的存在對魯國而言是個嚴重的威脅，便請求莒國將他送回來。慶父知道自己作孽太多，回到魯國一定不會有好下場，便在途中自殺身亡。哀姜眼看自己大勢已去，急忙逃往邾國。邾國只是一個依靠著齊國的小國家，哀姜的本意是希望自己的娘家齊國能為自己撐腰，卻沒想到齊國當時的國君齊桓公根本不買她的帳。齊桓公是哀姜的爸爸、齊襄公的弟弟，他們的關係本來就不好，而且他知道哀姜和慶父把原本穩定繁榮的魯國搞得民怨連天，對這個淫蕩禍國的侄女更是沒什麼好感。他命令邾國把哀姜送到齊國，並處死了她。

燕召公世家

燕王噲讓位

周武王滅了商朝以後，把輔助他成就大業的召公封在了北燕（今北京及河北中北部），召公將燕國的都城定在了薊（今北京房山區琉璃河）。

召公姓姬，名奭，他是周武王同父異母的弟弟。他最初的封地是在一個叫做召的地方，所以人們稱他為召公。他不僅是燕國的始祖，更是文、武、成、康四朝的元老級人物。周成王的時候，召公和周公一起平定了國內的武康之亂，召公因為立下戰功而被任命為太保，是周朝的「三公」：太師、太傅、太保之一。

隨著時光的流逝，到了燕國的第三十六任國君燕文公時，諸侯之間的兼併現象已經十分激烈了，秦國成為當時當之無愧的最強國。秦惠王實施遠交近攻的策略，即吞併秦國周邊的國家，而和距離秦國遙遠的國家交好，他就把自己的女兒嫁給了燕國的太子。

西元前333年，燕文公去世

後，太子即位，為燕易公。燕國為燕文公舉行國喪，整個國家都陷在一片悲痛和混亂中。齊國的國君齊宣王看有機可乘，就率兵攻燕，拿下了燕國的十座城池。燕易公對武安君蘇秦說：「您到燕國來的時候，是先王資助您去見趙王，這才做出了六國聯合起來抗秦的約定。可現在他齊國先攻打了趙國，接著又打到了我們燕國，您能幫我們收復失地嗎？」蘇秦說：「您放心，我會將燕國的失地討回來的。」

蘇秦來到齊國，見到齊宣王之後，他先拜了兩拜恭賀齊宣王，然後就念起了悼詞。齊宣王很奇怪，問他：「你賀了喜，就念起了悼詞，這是何意？」蘇秦說道：「現在的燕國是很弱小的，但是它也是強秦的翁婿之邦。大王您貪圖燕國十座城池，卻和強秦結下了梁子。如果讓燕國做先鋒、強秦做後盾來攻擊齊國，後果會怎樣呢？」齊宣王看清了其中的利害關係，便將燕國的是十座城池拱手送回，還奉上千金表示歉意。

西元前323年，燕易公正式稱王，為燕易王。蘇秦和燕文公的夫人有姦情，害怕被燕易王殺掉，於是他就向燕易王請求去齊國做間諜，藉以擾亂齊國內部。燕易王不知道怎麼回事，而且蘇秦又是討回燕國十座城池的功臣，所以他也沒多想就答應了蘇秦。蘇秦到了齊國以後，馬上得到了齊宣王的重用。

西元前321年，稱王僅兩年的燕易王去世，他的兒子姬噲即位，稱燕王噲。他即位後，任用大臣子之作丞相。子之是一個貪戀權勢之人，雖處在一人之下、萬人之上的丞相之位，手握大權，掌握國家大事，但是他還不滿足，渴望擁有更大的權力。

這個時候，蘇秦在齊國敗露，他的陰謀被齊國人識破，他被車裂而死。因蘇秦在燕國的時候曾和子之結為兒女親家，他的弟弟蘇代和子之的關係也很好。蘇秦死後，蘇代得到了齊宣王的重用。

西元前318年，子之聯合楚、韓、趙、魏四國去攻打秦國，但是沒有撈到什麼好處。齊國派出蘇代做使者，讓他出使燕國。子之此時已經不再滿足於做丞相了，他將自己的想法告訴了蘇代，讓他幫

忙。蘇代答應下來，見到燕王噲的時候，燕王噲問他：「齊宣王到底會不會稱霸？」蘇代回答說：「不會的，他肯定稱不了霸。」燕王噲問他為什麼，蘇代說道：「齊宣王這人疑心重，連自己的大臣都不相信，給他們的權力很小。有很多有賢德的人才得不到重用，他們的才能得不到施展。從這一點看，齊宣王想要成就霸業也難。」燕王噲聽完，認為自己對子之的信任也不夠，便給了子之更大的權力，將國家大事都交到了他的手中。子之感激於蘇代的幫助，給他送去大量的金錢答謝他。

子之控制了朝政之後，就想取代燕王噲，便派自己的親信鹿毛壽去遊說燕王噲。鹿毛壽說：「堯帝被人們稱為賢明的聖帝，是因為他把天下讓給了許由，雖然許由沒有接受，但堯帝仍然有了美名，他也並沒有失去自己的天下。現在，如果您將天下讓給子之，子之也一定不敢要，這樣您不就和堯帝一樣擁有了讓天下的美名了嗎？能夠擁有為人稱道的美德，也不會失去自己的天下，何樂而不為呢？」燕王噲

本人也很崇尚禪讓之說，現在聽鹿毛壽這麼說，便同意了這件事。

這時，朝堂之下有大臣說道：「當年，禹將伯益定為自己的繼承人，然而他任用的官吏全都是啟的黨羽。等到禹將帝位傳給伯益的時候，啟就聯合他的黨羽攻打伯益，最終奪取了他的國君之位。所以，天下的人都認為，雖然禹將位置傳給了伯益，但禹只是給了他一個虛位，實際上他是想讓啟取代伯益。現在，大王您要把帝位讓給子之，但任用的官吏卻都是太子的人，這不就是和當年的禹一樣了嗎？表面上要把位置讓給子之，實際上這天下還是太子的。這樣的話，您也是得不到讓天下的美名的。」糊塗的燕王噲被虛榮之心沖昏了頭腦，竟將朝中重要大臣的璽全部收回，讓子之另外任用。這樣，子之就實實在在地掌握了朝中的大權。

一切準備就緒後，燕王噲在朝堂上說出了要將國家讓給子之的話。他正美滋滋地等著子之拒絕他，沒想到子之反而一口答應了下來。滿朝文武此時都是子之的人，當然也沒有人出來反對他。燕王噲

搬起石頭砸了自己的腳，只得退位，眼睜睜看著子之登上了一國之君的寶座。

子之篡權的行為引起了燕國人民的不滿，太子和將軍市被謀劃著反叛，要起兵攻打子之。齊國的大臣們也都在勸齊宣王，說：「這可是個攻打燕國的好機會。」齊宣王便派人告訴燕國的太子平：「聽說太子您想要維護正義，想要廢私立公，維護君臣之間的倫理，明確父子的地位。需要幫助的話盡管開口，我們齊國願意提供幫助。」

西元前314年，這是子之執政的第三年，太子平召集了同黨，和市被一起包圍了王宮，開始攻打子之。子之的防守相當嚴密，激戰持續了兩個月都沒有拿下來。子之派人去離間太子平和市被，市被產生了動搖，反過來攻打太子平，結果戰敗被殺。太子平將市被的屍體陳列在鬧市街頭，讓人們圍觀……燕國一時間陷入了動盪不安的局面之中，百姓和軍隊的傷亡巨大，社會上人心惶惶，無人安心生產耕種，為官者人人恐懼不安。這一亂就是好幾月。

齊宣王在這時派出匡章將軍率兵攻燕。燕國的軍隊早就疲憊不堪，無心戀戰，齊軍輕易就拿下了燕國。燕王噲死於戰亂之中，身為一國之君卻將位置讓給了子之，所以他身後連諡號也沒有。而子之也沒有好下場，他在逃亡的途中被齊軍砍殺。

▌ 昭王納賢

燕王噲讓位給丞相子之，造成了燕國的大亂，他自己也在戰亂中死去。齊國借著幫助燕國平定內亂的名義，幾乎將燕國滅掉。後來燕國的人民擁護太子平做了新的國君，君民上下一心奮起反抗，這才把齊軍趕出了燕國。

西元前312年，趙武靈王將燕王噲的庶子姬職從韓國送回了燕國。姬職得到燕國易太后的支持，

易太后即是秦惠王的女兒，所以就等於姬職也得到了秦國的支持。第二年，秦國和魏國聯軍進攻燕國，將太子平殺害，姬職就繼承了王位，為燕昭王。從此，秦國和燕國結成了聯盟。

這場動亂讓燕國元氣大傷，燕昭王即位後便立志要讓燕國強大起來。他開始物色能夠治國的能人，可是一直找不到讓他滿意的人。有人告訴他說老臣郭隗是一位很有見地的人，不妨去找他商量此事。

燕昭王親自登門拜訪，他恭敬地對郭隗說道：「我們的國家危在旦夕之際，齊國還要雪上加霜侵略我們，這恥辱我是不會忘記的。但是現在燕國的勢力太過弱小，還不是報仇的時候，我需要賢人來助我一臂之力，幫我報仇雪恨，為此我願意躬身服侍於他。您能不能幫助我推薦這樣的人才呢？」

郭隗想了想，捋著自己花白的鬍子說道：「請大王您允許我先說個故事吧。古時候，有個國家的君王十分喜愛千里馬，他派人到處搜尋，一直找了三年都沒有找到一匹真正的千里馬。有一位臣子打聽到距離他們國家很遠的地方有一匹千里馬，就對國君說，給他一千兩金子，他一定將千里馬買回來。國君很高興，給了他一千兩金子讓他去買馬。這個臣子到了那個地方以後，發現馬已經生病死了，於是他就出了五百兩金子將千里馬的屍首買了回來。國君看到這種結果大發雷霆，怒斥他：『我讓你買的是千里馬，你給我買回來一副沒用的骨頭，你這可是犯下了欺君之罪！』臣子跪在地上，不慌不忙地解釋說：『大王您別生氣，您想啊，如果大家知道您肯花錢買一副千里馬的屍首，那還怕沒有人將活馬送來嗎？』國君半信半疑，卻也沒有再責備臣子，只是靜觀其變。果然沒過多久，大家聽說了這個消息，認為國君是真的很愛惜千里馬的人，於是從四面八方送來了很多好馬，其中不乏國君一心想要得到的千里馬。」

郭隗說完，笑著說道：「大王您求賢若渴，老夫願當一回千里馬的屍骨，來為大王一試。如果天下的人看到您對我這樣一個糟老頭都如此尊敬，那麼他們就會認定您對

那些賢德之人一定不會虧待。這樣用不了多久，國內外的人才就都會向我們這裡聚集了。」

燕昭王聽了這番話大受啟發，回去就修建了一座華麗的宮殿，並選擇了一個黃道吉日舉行了隆重的儀式，將郭隗請到了這座宮殿中居住。從此，燕昭王還每天都恭恭敬敬地前去探望他。燕昭王還在沂水岸邊修建了一座高臺，用來招募天下名士，臺上放置了千兩黃金用來作為他們的見面禮。

燕昭王愛惜人才、重用人才的名聲不久便傳開了。各個國家的賢明人才紛紛趕來燕國求見，比如：趙國的武將劇辛，齊國的謀士鄒衍，衛國的屈庸，魏國的樂毅……在這些人中，最出名的就是魏國的軍事家樂毅。

樂毅的先祖樂羊是魏文侯手下的大將，他因為在攻佔中山國的戰爭中立功而被封在靈壽，從此樂氏的子孫就在這裡世代定居。在中山國復國後，他們被趙武靈王所滅，樂毅也就成了趙國人。樂毅年少時聰明好學，喜歡研究兵法，深得趙國人的推崇。趙武靈王的時候，他

為了趨避沙丘政變而去魏國當了大夫。後來，樂毅出使燕國的時候被燕昭王的誠意所打動，便在燕國委身為臣，被燕昭王封為亞卿。

樂毅協助燕昭王改革燕國內政，整頓朝廷，並訓練軍隊和兵馬。針對燕國法制崩壞、官吏營私的局面，樂毅協助燕昭王重新制定了法律，加強了對管理的審查和考核制度；針對有大量人才投奔燕國的局面，樂毅確立了察能而授官的用人原則；針對社會上那些安分守己的順民，包括身分低下的貧苦農民和奴隸，樂毅建議對這些人進行獎勵，以安定社會秩序。在軍事方面，樂毅注重訓練士兵的戰法和紀律，大大提高了燕國軍隊的戰鬥力。

除此之外，燕昭王在撫恤民心上下了很大工夫。對於一些喪葬的人家，他會去慰問；對於一些生育了嬰兒的夫婦，他會派人前去賀喜。燕昭王和人民同甘共苦的行為取得了人們對他極大的信任，也更加擁護他的統治。

在樂毅等人的輔助下，燕昭王辛苦地奮鬥了二十八年。燕國日

益富強起來，軍隊實力大增，民風奮發向上，全國上下同仇敵愾，舉兵伐齊的條件也一天天成熟起來。況且，當燕昭王在燕國勵精圖治的同時，齊國的國君齊湣王卻肆意擾民，橫征賦斂，連年征戰不休，齊國的人民苦不堪言，各個諸侯也不滿齊國。燕昭王認為時機已經成熟，便準備舉兵伐齊。

西元前284年，燕昭王任命樂毅為將軍，聯合趙、韓、魏、秦、楚五個國家的諸侯共同討伐齊湣王。在濟水西邊大敗齊國軍隊後，各個諸侯的軍隊相繼撤退。燕國的軍隊在樂毅的指揮下對齊軍窮追不捨，一直追到了齊國的都城臨淄，並順利拿下臨淄。燕昭王大喜，親自到濟岸上慰問軍隊，並用酒肉犒賞將士，把昌國封給了樂毅，封他為昌國君。

西元前279年，燕昭王因病去世。他招賢納士、廣納賢才的舉動讓燕國發展到了鼎盛，他自己也躋身於戰國七雄的行列之中。

一次讀完史記故事

管蔡世家

管叔鮮和蔡叔度

　　周文王的正妻太姒生了十個兒子：長子伯邑考，以下依次是武王姬發、管叔姬鮮、周公姬旦、蔡叔姬度、曹叔姬振鐸、成叔姬武、霍叔姬處、康叔姬封，最小的是姬載。伯邑考死得早，次子姬發和四子姬旦品德高尚，才能出眾，是輔助文王的左膀右臂，所以文王立次子姬發為太子，讓四子姬旦輔助朝政。周文王死後，太子姬發即位，這就是周武王。武王勵精圖治，剿滅了商朝的暴君紂王。滅商後，他遵照「奪其權，不絕其祀，移其民，不改其都」的古訓，把商朝的遺民封給商紂王帝辛的兒子武庚祿父，建立起了邶國。

　　平定天下以後，武王大封功臣和兄弟。他把魯地分封給四弟姬旦，同時讓姬旦做周王朝的國相，所以人們稱姬旦為周公；他又把管地分封給三弟姬鮮，把蔡地分封給五弟姬度，並讓他們做紂王的兒子武庚祿父的國相，一起治理殷族遺民，所以人們稱姬鮮和姬度分別為

255

管叔鮮和蔡叔度。現在河南省鄭州市有一個轄區叫做管城區的，就是管叔鮮建立的管國的國都；現在河南省駐馬店市的上蔡縣就是蔡叔度建立的蔡國的國都。管國和蔡國作為周王朝的諸侯國，地理位置非常重要。

管叔鮮和蔡叔度都是身兼王官與地方官雙重身分的諸侯，一方面，他們是受周武王之命控制諸侯國的國君，周武王認為把自己的弟弟分封到這裡，一定能夠幫自己鎮守好這個地方。另一方面，他們也是周武王任命的武庚祿父的國相，是周王朝的重臣，代表周武王監管邶國。周武王這樣安排的目的是想實現周王朝對地方的有效管理，中央與地方力量的互相滲透正是周代政治統治的重要特點之一。管叔鮮作為「三監」之首，在實際上還是周初第一位被授予方伯地位的重要諸侯。

周武王讓管叔鮮監督武庚祿父，武庚祿父雖被封在邶國，但他不得居住在邶國，不得親自治理邶國的百姓，只能享受邶國的供奉。管叔鮮命令武庚祿父到管都東郊築城居住，朝夕監視著他。他所築之城名叫依城，武庚祿父死後就地埋葬在這裡，所以當地百姓都稱此城為太子城、庚王城。

周武王在進行了這樣的安排之後，就放心地帶兵返回了鎬京（今西安市西南）。誰知第二年周武王就病死了，他的兒子姬誦就位，這就是周成王。成王年幼，只有十三歲，無法料理朝政，周朝又剛剛平定天下，於是周公姬旦便依照周武王的遺命，暫時代理朝政，掌握了國家大權，史稱「周公攝政」。

周公攝政引起了管叔鮮和蔡叔度的強烈不滿。按照兄弟排行，管叔姬鮮是老三，周公姬旦是老四，管叔鮮是兄長，周公旦是弟弟，不論是即位還是攝政，管叔鮮都比周公旦有優先權，所以管叔鮮不服。蔡叔度和管叔鮮關係要好，他是支持管叔鮮的。武庚祿父見此情景，認為有機可乘，就對管叔鮮和蔡叔度說：「周公的行為不利於成王，他這是想要取代成王。」管叔鮮和蔡叔度開始只是對周公姬旦攝政不滿，他們對父親周文王和哥哥周武王還是很尊敬的，對於周成王繼位

也沒什麼意見，有意見的只是他們認為攝政的應該是管叔鮮而不是周公姬旦。現在他們聽武庚祿父這麼一說，認為很有道理，便開始堅決地反對周公姬旦攝政，說周公姬旦的攝政是懷有私心的篡權行為，並且製造流言說：「周公想要陰謀篡奪周王朝的政權，他將會做出對於成王不利的舉動。」很快，這樣的流言蜚語就散布開了。

周公姬旦聽到了這些誹謗和議論，就向朝中的老臣太公望和其他幾個弟弟解釋了自己攝政的前因後果，說自己只是為了不辜負武王的囑託，為了等待幼小的成王長大成人才攝行政事。他表明自己是沒有任何私心的，等到周成王長大了有能力治理國家的時候，他自然會將大權交給成王。周公的做法得到了朝中大臣和王族弟弟的支援，他自己也更加勤勉地處理著朝政。

管叔鮮和蔡叔度本來以為這些流言蜚語散開以後，周公為了避嫌，可能會把朝政交給管叔鮮來管理。現在一看，周公沒有一點要下臺的意思，就乾脆聯合武庚祿父以及東部地區的其他諸侯發動了叛亂。後來老八霍叔姬處也被脅迫參加了進來，其他的一些諸侯國家也趁機起兵反叛朝廷，這就是歷史上著名的「三監之亂」。

周公姬旦臨危不亂，按成王旨意征伐叛軍，親自帶領周兵東征，經過了三年的艱苦戰爭，終於取得了徹底的勝利。戰爭後，武庚祿父被殺，管叔姬鮮、蔡叔姬度和霍叔姬處都成了俘虜。管叔姬鮮是叛亂的首領，所以周公姬旦處死了他，管叔姬鮮沒有留下兒子，所以管國也被取消了；接著，周公姬旦把蔡叔姬度一家流放到邊關，流放時只給了他們十乘車和七十人的刑徒作為隨從；隨後，他又把霍叔姬處貶為普通的百姓。周公姬旦透過這場戰爭鞏固了周王朝的統治，使得周朝初年的經濟迅速繁榮起來。

戰爭結束之後，周公姬旦將原來由管叔姬鮮、蔡叔姬度和武庚祿父管轄的商朝遺民一分為二，其中的一部分封給了商紂王的另一個兒子，武庚祿父異母的哥哥微子啟，封地在商丘，國號為宋，讓他接續殷人的香火；另一部分封給了成王的九叔，也就是自己的九弟康叔

姬封，封地在商朝的故墟，國號為衛，康叔姬封做了衛國國君，就是衛康叔。

蔡叔姬度在流放邊關的路上就死了，他的兒子姬胡與他的父親不同，是個善良仁德的人。周公姬旦瞭解到這個情況後，就把姬胡分封到了蔡國，讓他祭祀蔡氏的香火；又把冉地分封給自己最小的弟弟姬載，就是冉季載。後來，成王長大成人，周公姬旦就把政權還給了成王。衛康叔和冉季載品行美善，把封國治理得很好，因此周公姬旦舉衛康叔為司寇，冉季載做司空，二人輔佐成王治理國家，美名傳於天下。

陳杞世家

舒雪恥

周武王建立周朝後，便分封諸侯各國。他找到舜的後代媯滿，把他封在陳地，用來供奉帝舜的祭祀，這就是陳胡公，陳國便成為周代諸侯國之一。陳國南面與楚國相連，背面和魯國、齊國接壤，地理位置十分重要。然而，陳國的國君大多荒淫無道，導致陳國國小力弱，加上後來眾多大國興起，陳國開始面臨內憂外患的局面。

西元前614年，楚國的楚莊王即位，他一直想吞併陳國，便時刻準備著對陳國用兵。這一年，陳國第十九任國君陳靈公也即位了，可面對著虎視眈眈的楚國，他居然毫無作為。陳靈公執掌國政後，日日花天酒地，在私生活上很不檢點，後宮佳麗三千、嬪妃成群都滿足不了他；他還經常便裝外出，到民間去尋花問柳。至於陳國政治混亂不堪、百姓貧苦辛勞，全然沒有被他看在眼裡。

陳國有個叫做御叔的大夫，他是陳國第十六任國君陳宣公的

孫子，人們都叫他公孫御叔。他在娶了鄭國國君鄭穆公的女兒夏姬後不久就去世了，留下一個小兒子徵舒。

徵舒的母親夏姬是個水性楊花的女人，御叔死後，寂寞的夏姬難掩自己放蕩的本性，到處招蜂引蝶。夏姬雖然已為人母，但仍有幾分姿色，很快她就迷倒了陳靈公，陳靈公隔三差五就要到夏姬家裡去一趟。夏姬還和陳國的大夫孔寧、儀行父都相好，這兩個人也經常出入夏姬的家。陳靈公有時候會和他們撞到一起，君臣在這種情形之下相遇，他們卻也不覺得尷尬，反而與夏姬一起淫樂。時間久了，君臣三人習以為常，在公開場合也不知避諱，甚至還拿與淫夏姬的事情來取樂。

有一次，他們偷偷藏起了夏姬的內衣，搞得夏姬很是難堪。可他們三人卻十分開心，回到了朝堂之上還大講此事。大夫洩治看到他們這副不成體統的樣子，便進諫道：「大王您不以國事為重，和大臣一起淫樂，這不僅有損大王您的名聲，也會對百姓帶來錯誤的引導，敗壞民風。大王您還是收斂一些吧。」洩治是陳國朝廷中敢於直言勸諫的臣子，在大臣中聲望極高，陳靈公不便拒絕他的勸諫，只好說道：「朕知道錯了，以後改正就是。」

陳靈公將洩治的話告訴了孔寧和儀行父，這兩人頓時惱羞成怒：「洩治這個傢伙也太不知好歹了，都管到國君的頭上來了，這分明是不把大王您放在眼裡，您豈能放過他？」陳靈公沉默不語，二人又說道：「洩治既然知道了大王的私事，說不定會暗地裡造謠生事，破壞大王您的威望，不如我們乾脆除掉他算了。」陳靈公沒有反對，這兩個人於是借著陳靈公的名義將洩治抓起來殺害了。洩治死後，陳靈公三人與夏姬更加肆無忌憚地混在一起，做盡了淫亂不堪之事。

西元前599年，這三個人又一同前往夏姬的家裡飲酒作樂，夏姬像往常一樣接待他們。這天，夏姬的兒子徵舒在家裡，這三人也不避諱，說話做事依舊十分放肆。徵舒早已長大成人，關於他母親的事情自然也早有耳聞，只是他畏懼國

一次讀完元史記故事

君的權威，只能在心裡默默地生氣和忍耐。徵舒本來想出去，躲過這幾個人，可陳靈公卻叫住了他，讓徵舒陪著他們飲酒。徵舒滿心憤怒之氣，又不能發洩，坐在宴席上也不知道自己的心裡該是什麼滋味。席間，陳靈公笑著對儀行父說：「我看徵舒這孩子啊，長得可真像你。」儀行父也哈哈笑著說：「徵舒像誰，大王您心裡是最清楚的，就不要遮遮掩掩了。」陳靈公聽完撫掌大笑，儀行父和孔寧也笑得前仰後合，眼睛不斷瞟向徵舒。徵舒再也坐不住了，便退了出去。

徵舒覺得自己受到了極大的侮辱，他決心不再忍耐了，他要殺死這個昏君。他帶領了數十個人，拿上弓箭，埋伏在馬廄的門口。看到陳靈公喝夠了酒，醉醺醺地走出來的時候，徵舒抬箭一陣亂射。陳靈公當即被射死，儀行父和孔寧僥倖逃脫。但是他們再也不敢留在陳國，而是逃到了楚國；陳國的太子害怕自己遭到連累，也逃往晉國去了。徵舒給自己出了口氣，也算是雪洗了這麼多年來自己蒙受的恥辱，於是自立為陳侯。

在一邊虎視眈眈的楚莊王聽說了陳國發生的內亂，認為這是個對陳出兵的好機會。於是，他便以徵舒殺死陳靈公為理由率領各國諸侯討伐陳國。楚莊王對陳國的百姓說：「夏徵舒殺死你們的國君後自立為侯，他是國家的奸臣。你們不用驚慌，我們只是來討伐夏徵舒，為你們剷除這些奸佞之臣，不會驚擾到你們的生活的。」陳國本來國力就很微弱，在陳靈公荒淫無道的統治下國力更是微小，現在還剛剛經歷了內亂，當然無法抵擋楚國的入侵。很快，楚國的軍隊就佔領了陳國，並殺死了夏徵舒。

隨後，楚莊王將陳國作為楚國的一個縣城納入楚國的版圖中，滿朝文武都向楚莊王道賀，楚莊王也十分得意。此時，出使齊國的楚國大夫申叔從齊國返回，他知道了這件事情以後，非但不向楚莊王道喜，反而滿臉憂慮之色。楚莊王奇怪地問他為什麼，申叔回答道：「如果一戶人家的牛踩到了別人家的田地，這是牛主人的不對；但是如果被踩到田地的農夫就要因此牽走這頭牛，那麼這個農夫就太過分

了。現在，大王您因為夏徵舒殺了自己的國君，從而認為他是個叛賊臣子而召集諸侯前去討伐他，這是大義所在。然而，當您剷除了這個亂臣以後，卻又貪戀陳國的國土，把陳國的土地據有己有，那麼，以後您靠什麼來號令天下呢？所以，我認為這件事情並沒有什麼值得慶賀的。」楚莊王聽了這番話，覺得很有道理，便派人從晉國將陳國的太子午接回來，將他立為陳國的國君，將陳國還給了他。

後來，孔子在閱讀史書時看到這件事情，感歎道：「楚莊王真是個通情達理的國君，因為大臣的勸告，就放棄一個已經落入他囊中的國家，還能幫助這個國家恢復以前的統治，這是很難得的呀。」這對楚莊王來說，已經是很高的評價了。

一次讀完元史記 故事

衛康叔世家

▌ 康叔封衛，州吁亂國

周文王的第九個兒子姬封，是周武王同母異父的弟弟。周武王時，將中原地區的康地（今河南禹州市西北）作為他的封地，所以他被稱為康叔。周武王滅了商紂王后，將商朝的遺民封給紂王的兒子武庚祿父，讓他與諸侯同位，也能侍奉自己的祖先，世代相傳。但是，此時武庚還沒有完全臣服於周朝的統治，周武王擔心他會反叛，便讓自己的三弟管叔姬鮮、五弟蔡叔姬度留在他身邊輔佐他，同時也能監視他。

西元前1043年，周武王駕崩後，他的兒子姬誦即位，就是周成王。西元前1041年，管叔姬鮮、蔡叔姬度勾結武庚發動三監之亂，康叔最先得到了叛亂的消息，他一面派人快馬加鞭前去都城鎬京向周成王報告消息，一面調動自己的兵馬，阻止叛軍前進。

西元前1039年，周公奉周成王之命率軍平定叛亂，康叔也參與了這次行動。叛軍很快兵敗被俘，

武庚最後被殺，管叔姬鮮被處死，蔡叔姬度被流放。周公便將原本由武庚統治的地盤劃分為衛國，將在這次平叛中立了大功的康叔封為衛國國君，將商朝的舊址朝歌作為衛國的國都。衛國的國土面積達到了方圓四五百里，疆域遼闊，人口眾多，在周朝的諸侯國中算是一個大國，也是周朝在東方的主要屏障。康叔被封在衛國之後，人們便稱他為衛康叔。

這時的康叔還很年輕，周公害怕他年紀輕輕擔當不起治理商朝遺民的重任，於是特地將群臣召集起來，為他舉行了一場授土授民儀式。周公還製作了《康誥》、《酒誥》和《梓材》等文告，讓他作為治理國家的法則。

上任前，周公對他千叮嚀萬囑咐，告誡他到了朝歌以後一定要明德治，寬刑罰，要愛民如子，尤其要將商朝的遺民妥善安置好；還告誡他身為國君要勤於政務，多多找尋當地的賢者和君子，向他們學習商朝滅亡的道理，然後將從中悟出的道理用在自己的政事中；他還勸告康叔，酒色財氣是商朝走向衰弱的開端，一定不要沉迷於玩樂和酒色之中。

康叔牢記這周公的教誨，到了衛國以後馬上尋找當地的賢明長者，並親自登門拜訪，詢問他們治國安民之法。他沒有辜負周公的重托，對於商朝的遺民，他妥善地安置了他們，並時時關心詢問他們的生活，從不虐待和歧視他們，這在很大程度上維護了當地的穩定。康叔兢兢業業，勤勞政事的同時還深入民間，體察當地民情，衛國人民都十分愛戴他。康叔還很重視對人才的選拔，他聽從賢人的勸告，採納合理的建議，推進了衛國經濟的發展。衛國很快出現了社會穩定、經濟繁榮發展、人民安居樂業的局面。

西元前1037年，周公攝政已經七年，周成王也長大了，周公便把政權還給了周成王。康叔將衛國治理得井井有條，政績卓越，所以周成王將其提拔為西周的司寇一職，讓他掌管刑獄、訴訟和監察這方面的事務，衛國的事務則交給他的兒子姬懋代為處理。康叔在任期間剛正不阿，秉公執法，維護了周王朝

一次讀完史記故事

政權的統治穩定。為了表彰康叔的功德，周成王賜給他許多名貴的東西，玉帛、寶物、車子、大鐘以及祭祀用的祭器等，還允許他使用只有天子才能使用的顏色。

西元前757年，衛國第十二代君主姬楊即位，為衛莊公。衛莊公後來娶了齊莊公的女兒莊姜為妻，莊姜人長得很漂亮，是個溫柔賢慧的女子，只是沒有生育；衛莊公還娶了陳國的厲媯和戴媯兩姐妹。厲媯生了個兒子，但是不久後夭折了；戴媯生了姬完和姬晉兩個兒子，只是還沒等這兩個孩子長大，戴媯就死了。衛莊公就把這兩個孩子交給莊姜撫養，莊姜對待這兩個孩子像對待自己的親生骨肉一樣好。另外，衛莊公的一個姬妾也為他生下了一個孩子，就是公子州吁。

西元前740年，衛莊公的這些孩子們都長大成人了。公子州吁自幼喜歡研究行軍作戰的方法，自己也練就了一身好武藝，身強體壯的，衛莊公很寵愛他，想讓他做將軍。大臣石碏反對衛莊公這種的做法，說最要緊的事情是先立下太子，公子州吁需要好好管教，不然會發生禍患。衛莊公匆匆地將姬完立為太子，卻繼續寵愛著州吁，還是讓他當了將軍。

西元前735年，衛莊公去世後，太子姬完即位，為衛桓公。州吁仗著衛莊公對自己的喜愛，根本就不把衛桓公放在眼裡，而衛桓公對他放肆的行為再也無法忍受，乾脆撤去了他的將軍職位，州吁只好逃亡在外。

此時，鄭國國君的弟弟公子段想要刺殺自己的哥哥然後自立為王，沒有成功，他也逃亡在外。這兩個人碰到了一起，同病相憐之下，結成了好朋友。

西元前719年，石碏的兒子石厚將從衛國逃走的流民們都聚集起來，煽動他們殺死了衛桓公。州吁自立為衛國的新任國君，然後他為了幫助自己的患難之交公子段，準備發兵攻打鄭國。

州吁殺害衛桓公自立為王的行為本來就讓人們不滿，現在又大興不義之師，衛國的人民對他滿心怨恨。於是，衛國的大臣石碏設計將州吁連同自己的兒子石厚一起

殺死，這就是千百年來我們所說的「大義滅親」的來源。

石碏解決了州吁之亂之後，便帶人去邢國將公子姬晉接回了衛國即位，這就是衛國的第十代國君衛宣公。

惠公與懿公

西元前719年，衛宣公姬晉即位。他是一個貪戀美色、淫縱不檢之人。一開始，衛宣公很寵幸他的夫人夷姜，便將她所生的兒子公子伋立為太子，命自己的弟弟右公子職為他的師傅。太子伋長大後，衛宣公又替他聘了齊僖公的女兒宣姜做他的太子妃。還沒有迎娶，衛宣公聽說宣姜貌美如花，姿色動人，就動了歪念頭。

衛宣公建造了一座豪華的宮室，叫做新臺，直接將宣姜迎到了這裡。見宣姜果然如傳聞中一般美麗，便將她納為自己的妃子。宣姜後來為他生了兩個兒子：大兒子壽和小兒子朔。衛宣公將他們囑託給自己的另一個弟弟左公子洩。

公子伋和公子壽雖然是同父異母的兄弟，但他們兩個都是善良溫和的人，所以他們兩個關係很好。而公子壽和公子朔雖然同為宣姜所生，但是公子朔天性陰險毒辣，仗著母親得寵，自己在私下裡養了一批殺手。只不過公子朔認為，雖然公子伋是太子，但是如果他現在想辦法將公子伋趕下臺，便宜的是自己的哥哥公子壽。所以，他不但憎恨著公子伋，連自己的親生哥哥也一併憎恨著。

公子朔心懷奪位之念，天天在宣姜耳邊數落公子伋的不是，再加上宣姜也想讓自己的兒子做太子，便對公子伋反感起來。宣姜和公子朔又一起向衛宣公說公子伋的壞話，挑撥他們父子之間的關係。衛宣公寵愛宣姜，便不再像往日一樣疼愛公子伋，反而十分厭惡他，心想在自己去世之後一定要將衛國傳給壽或者朔。

衛宣公想要殺掉伋，但是他找

一次讀完史記故事

不到罪名來動手。恰好此時齊國約衛國出兵討伐紀國，衛宣公和公子朔商量之後，決定利用這次機會除掉他。衛宣公命令伋出使齊國，前去約定他們出師的日期。使者出行的時候手裡是要拿著掛有白旄的符杖的，衛宣公讓朔派他的殺手假裝成盜賊，在通往齊國的必經小路上等待，伺機下手，只要是手執白旄的使者通通殺掉，以混淆視聽，掩人耳目。

公子壽聽說了這個消息，急忙前來告訴伋，說：「你這次不要去齊國了，先去其他國家避一避風頭，將來再作打算吧。」伋卻說道：「我是父王的兒子，就要以聽從他的命令為孝，違背父王的命令就是不孝，我怎麼可以做一個不孝子呢？」他毅然領命，決意前往。

公子壽看到這副景象，心裡很感動，也更加欽佩自己的哥哥。他想：「哥哥是個忠厚的君子，我不能讓他就這麼死了。不如我代他而去，替他一死。這樣，我的哥哥可以生還，做一個勤政愛民的君主；我的父親也可以醒悟，知道自己犯下了怎樣的大錯。雖然我會死去，但是忠孝兩全，沒什麼遺憾的了。」於是，他帶著珍饈佳餚來到哥哥的船中，對他說：「今天可能是我們兄弟永別的日子，我們來喝個痛快吧！」公子伋也悲從中來，二人便相互推勸著喝起酒來。公子伋醉酒後倒頭大睡，公子壽說：「父王的命令是不能有延遲的，哥哥醉了，那麼就讓我代替他去吧。」他拿著代表伋使者身分的白旄，將一封書信交給伋的隨從，交代他們等伋酒醒了交給他。

公子壽命令開船，到了有殺手埋伏的路上，壽被那些殺手殺死，他們割下了壽的頭顱，乘著船隻返回。公子伋酒醒後看到壽不在，就決定出發去齊國，隨從將信奉上，伋打開一看上面只有八個字：「弟已代行，兄宜速避。」伋頓時淚如雨下，說道：「我怎麼忍心讓自己的弟弟為我去死？」於是開船追趕。遠遠看到了壽的船和船上的一群殺手，只是不見壽，伋情急之下衝他們大喊道：「我才是伋，你們放了壽，我才是你們要殺的人！」殺手們知道殺錯了人，便將伋也殺死，斬下了他的首級。

殺手見到公子朔以後，馬上跪下認罪，說自己誤殺了人。這下朔高興了，沒想到一箭雙鵰，這一去解決了自己心裡的兩個隱患。衛宣公雖然討厭公子伋，但是他很喜歡公子壽的，現在兩個孩子都被害了，他一下子生了重病，睜眼閉眼都能看到公子伋和壽站在他面前哭著說讓他為他們報仇。不到半個月，衛宣公不治身亡。

西元前699年，年僅十五歲的公子朔如願以償地登上了國君的寶座，為衛惠公。伋的老師右公子職和壽的老師左公子洩在這兩位公子死了之後也被罷官，只是他們怨恨朔害死了兩位公子，時時惦記著要為這兩位公子報仇。而朔同父異母的哥哥公子碩不服他，連夜逃到了齊國。

西元前696年，衛惠公起兵討伐鄭國，左、右公子暗中召集了伋和壽原來的舊部，將公子伋的弟弟姬留立為衛國的國君，史稱衛君衛黔牟。然後，他們宣讀了公子朔陷害他的兩個兄弟，間接導致他的父親鬱憤而死的罪行，將伋和壽重新發喪。隨後，將軍寧跪帶兵阻斷了

衛惠公的退路，衛惠公只得逃往齊國。齊國的國君齊襄公害怕衛國人對宣姜不利，讓公孫無知遣送公子碩返回衛國，並在私下裡叮囑公孫無知，將公子碩婚配給宣姜。

姬留在位的八年，國內一派平和，世無兵戈。西元前688年，齊襄公藉「匡扶正統」的名義伐衛，將姬留抓獲，交給了周王室為囚，並誅殺了左、右公子，扶持著衛惠公復位。

衛惠公去世後，他的兒子姬赤即位，為衛懿公。衛懿公喜歡養鶴，簡直可以說他癡迷於養鶴，不論是苑囿還是宮庭，到處都有昂首挺胸的白鶴邁著步子走來走去。很多人為了阿諛奉承，紛紛進獻仙鶴，以求賞賜。衛懿公還把仙鶴們像編排軍隊一樣編隊起名，讓專人負責訓練它們的鳴叫和舞蹈。他甚至給鶴封官爵，供給俸祿，養鶴的人也加官進爵。每逢衛懿公外出，他都會帶上這群招搖的鶴，有的鶴還配有豪華的馬車。為了養這些鶴，每年都要花費很多錢財，為此朝廷經常要向老百姓加收糧款，百姓們對衛懿公不理國事、沉迷養鶴

的行為怨聲載道。

　　西元前660年，北狄聚集了兩萬騎兵一路向朝歌逼近。衛懿公領著一群鶴正準備出遊，聽到敵軍侵犯的消息後大驚失色，急忙四處招兵準備抵禦。老百姓們對衛懿公心存怨恨，全都躲起來不肯充軍。大臣們說道：「大王您用一件東西就可以抵禦敵軍了。」衛懿公急忙問道：「什麼東西？」大臣們回答道：「鶴。」衛懿公生氣地說：

「都這個時候了還開玩笑，鶴怎麼會打仗！」大臣們說道：「鶴不能打仗，不能抵禦敵軍，那麼大王您為什麼給它們加封供祿，卻從不顧及百姓的死活呢？」衛懿公這才醒悟，只是為時已晚。不久，北狄的軍隊攻佔了衛都，將衛懿公殺死。衛國人痛恨衛惠公和衛懿公父子二人，便將他們的後人全都殺死，另立了公子碩和宣姜的兒子為衛國的國君。

宋微子世家

微子的逃亡

宋微子，姓子，名啟。他是商王帝乙的庶長子，也是殷商最後一個帝王商紂同父異母的哥哥。最初他被封於微地（今山東省梁山縣一帶），人們因此稱他為微子啟。他是周代宋國的始祖，死後葬於現在的微山島西北部的一座山頭之上，此山因此被稱為微山。

商紂王在即位做了國君以後，整天沉迷在酒色之中，極盡荒淫無度之事。他無心朝政，又喜歡濫用酷刑，自己發明很多殘酷的刑罰用

在他的子民身上。在他暴虐的統治之下，百姓們就像是生活在水深火熱之中。賢德的微子多次進諫，勸誡商紂王要勤於政事，體恤人民，做一個賢明的君主。可紂王根本就聽不進去，把他的勸告當作耳旁風，依然我行我素地過著頹靡的生活。大臣祖伊看到西伯侯姬昌在他的封地內推行仁政，之後很快就強大了起來，還兼併了周邊的幾個小國。他覺得商紂王再這樣下去，商朝的江山必然會被周國代替，就把

自己的憂慮告訴了商紂。誰想到，商紂不僅沒有絲毫警惕，還狂妄地說：「我生下來就是做國君的命，小小的西伯侯能把我怎麼樣？」

看到這樣的情況，微子覺得商紂王到死也不會聽從忠臣良相的勸告，商朝的江山勢必會斷送在紂王的手裡。

他想，自己是作為一個忠臣以死報國呢？還是為了保全性命離開紂王？如果他一死了之，商紂會不會從自己的以死相諫中醒悟？如果自己的死能換來商紂的醒悟，那麼自己的死也是值得的。可是現在看來，商紂是不會醒悟的，那麼自己的死就是毫無意義的。那麼，他就只有離開商紂，一走了之了。可是他走了又能去哪裡呢？走了自己就不會再憂慮商朝的安危了嗎？微子一時拿不定主意，覺得很迷惘。

微子自己拿不定主意，便去找了太師和少師。他說道：「現在商朝的政治已經開始變得混沌不堪，即使是朝廷也不能將國家治理得很好。我們的祖先貢獻了他們的畢生精力才打下來的江山社稷，眼看就要敗壞。可是紂王卻一味地荒淫無度，沉迷於美色和酒宴之中，將祖先的德政快敗壞完了。百姓們有很多都被逼做了強盜，甚至做了犯上作亂的事情。大臣們也相互效仿，做著違法亂紀的事情，這樣每個人都有罪，也就不會影響到他們的俸祿。朝廷亂成了這樣，百姓們也起於四方，互相當做仇敵對待，天下失去了和諧的局面。現在，商朝失去了國典，就像乘著船隻找不到渡口一樣。商朝滅亡的日子，我看不會太遠了啊！太師，少師，我應該何去何從呢？我們商朝還有希望繼續延續下去嗎？你們如果不指點我，我就會陷入不仁不義的境地啊，我到底該怎麼辦呢？」

太師回答微子說：「王子啊！這是上天降下來的災禍，是要讓我們商朝滅亡的啊！人力是改變不了的，如果您有能力改變這一切，那麼即使是死也是值得的。但是，如果無法改變，那就離開這個是非之地，遠走他鄉吧。」微子聽從了太師的建議，準備離開殷都。

大臣比干是紂王的親叔叔，他對商紂倒行逆施的行為也很不滿，擔心商朝的基業會毀在他的手裡。

他感慨地說道：「如果君王犯有過失，那麼作為臣子就應該拚了自己的性命去勸誡他，要不然，最終遭殃的還是老百姓。」於是，他進宮向商紂直言進諫。

商紂一聽又是這番話，不由勃然大怒，對比干說：「你不是聖人嗎？我聽說聖人的心上面有七個孔，今天我倒要看一看，你的心上是不是有這麼多孔。」說完，便吩咐手下的士兵將比干殺死，然後剖開了他的胸膛挖出心臟來看。

微子聽到比干被殺的消息，說道：「父親和兒子之間有著骨肉相連的親情，君主和臣子之間是憑著道義才結合在一起的。所以，父親如果犯下過錯的話，兒子就必須好好勸說他，如果兒子反覆多次勸說父親還是不聽，那麼兒子就只有放聲悲哭。君主如果有了過失，作臣子的當然也應該直言進諫，如果作臣子的屢次規勸君主還是不聽，那麼從道義上講，臣子已經盡到了自己作為臣子的道義，對於這樣的君子，臣子也只有遠離了。」於是，微子便離開了殷都。

微子離開殷都沒過多久，西伯侯姬昌就去世了，他的兒子姬發即位，為周武王，並將自己的父親尊稱為周文王。周武王在姜子牙、周公旦等人的輔佐下，興兵討伐紂王。商紂王因為殘酷和暴虐的統治已經失去了民心，軍隊都不願意為他打仗，大批大批地在陣前倒戈，商朝很快就被滅掉了。

之後，周武王就按照分封制的禮法來分封各地諸侯。雖然商朝已亡，但是商朝貴族是不能被滅絕的，所以周武王就到處尋找商朝的王族。

微子帶著商朝在祭祀中所用的祭器，袒露著上身，雙手捆在背後，來到武王的軍帳前表示投降。他跪地前行，左邊有人牽著羊，右邊有人秉茅，就這樣去參見武王。周武王知道他的事蹟，感慨於他的忠誠，就放了他，還恢復了他以前的爵位，以示自己的寬厚仁慈。

後來，周武王駕崩之後，管叔、蔡叔和武庚不滿周公代替周文王執政，發動了三監之亂。叛亂被評定之後，周公讓微子代替武庚管理殷地，改國名為宋，都城為睢陽（今河南商丘），讓他繼續殷朝先

祖的事業，還作了《微子之命》來告誡他。微子本來就是仁義賢能之人，代替了武庚管理封地後，很快就得到了宋國百姓的信任和愛戴。

箕子的宏論

箕子，名胥餘。他是商王文丁的兒子，帝乙的弟弟，也是著名的暴君商紂王的叔父。他曾是商朝的重臣，官封太師，因封於箕地（今山西太谷、榆社一帶），人們稱之為「箕子」。

商紂王在位時，熱心於追求奢侈的生活方式，他讓人用象牙給他做筷子。箕子知道這件事以後，就悲歎著說：「他現在要用象牙做筷子，以後就會讓人用玉石給他製作杯子；有了玉杯，他就一定也想把其他的稀世珍寶都占為己有。緊接著，他就會追求車馬的奢侈和宮室的豪華，這樣一來國家就不能振興了啊。」

果然不出箕子所料，商紂王為政越來越荒淫無道，只貪圖自己享樂，從不理會百姓疾苦。箕子直言勸諫，商紂卻絲毫不理會他的忠言。有人勸告箕子，說：「您現在應該離開商朝了，商紂如此為所欲為，商朝的禍患很快就會來臨。您幫不了他，還是趕緊離開為好。」

箕子無可奈何地說：「作臣子的理應向君主進諫，如果因為君主不聽取他的意見就離他而去，這樣的行為只會加深君主的過失，而自己卻能取悅於百姓。我不忍心這樣做啊。」於是，箕子披頭散髮、假裝瘋癲，從此隱居在家，不再過問國政的事。有時，他會藉助彈琴的方式來宣洩自己內心的憂慮和悲憤之情，人們聽到以後，便把他的曲子命名為《箕子操》，在民間爭相傳頌。

武王在剿滅殷朝後，知道箕子是一個德才兼備的人才，便前去拜訪他。武王恭敬地說：「上天安撫百姓，使他們安居樂業，和睦相處。但是，上天是不會說話算數的，我一直不清楚的是上天是依靠

什麼法則來安定百姓的，您能告訴我嗎？」

箕子見周武王恭恭敬敬地虛心向他請教，就把「洪範九疇」的治國大道傳授給了周武王。箕子回答說：從前，鯀用堵塞的方法去治理洪水，攪亂了五行，上帝大怒，不把九類大法傳給他，因而他也不會懂得治國安民的常道。鯀被誅以後，禹繼承了他，用疏導的辦法成功治理了洪水，上天就賜給他九類大法，因此他得到了治國安民的常道。這九種大法，一叫五行；二叫五事；三叫八政；四叫五紀；五叫皇極；六叫三德；七叫稽疑；八叫庶徵；九叫饗用五福，威用六極，就是透過五福讓人們向善，用六極讓人們畏懼作惡。

五行，即金、木、水、火、土。水的常性是滋潤萬物，性在行下；火的常性是炎熱旺盛，性在上升；木可以彎曲變直；金可以銷熔變形；土可以耕種和收穫。滋潤下物產生的水鹵有鹹味，火光上升燒焦的物體有苦味，木成曲直作酸味，金銷熔變形有辣味，土地種收百穀有甜味。

五事，即儀容、言語、觀察、聽聞、思維。儀容應當嚴肅和恭敬，言語應該能夠讓人心悅誠服，觀察的時候要做到明察秋毫，聽聞要能做到明辨是非，思維要能夠通達周密、考慮周全。儀容恭敬，才能讓百姓的態度嚴肅；言語使人信服，才能讓國家的治理有成效；能明察秋毫，自己就不會上當受騙；能明辨是非，臣民才能放心大膽地提出自己的想法；思維周密，事情就能成功。

八政，即糧食、財貸、祭祀、營建、教化、除奸、賓贊、軍事。

五紀：一是年，二是月，三是日，四是星辰，五是曆法。

皇極：皇極是至高無上的準則，是說天子應該建立起準則，並要求臣民們遵守這些準則，臣民們也要擁護這種準則。天子將透過這些準則來布施給自己的臣民。臣民們要安分守己，不能結黨營私，而要把天子建立的這種準則當成至高無上的標準。對於那些有才能的人，天子要善於將他們放在自己合適的職位，讓他們能夠有所作為，國家就會繁榮起來。天子宣布的這

些準則應該經常遵守。天子對人民的教導要符合上天的意思。臣民們遵守了天子建立的這些法則，按照這些原則行事，就是親附天子，所以，天子應該把自己看做是百姓們的父母，要做天下臣民的君主。

三德：一是指端正人的曲直；二是指剛能取勝，三是指柔能取勝。想要天下太平，就要端正人性的曲直；對於那些態度強硬，不甚友好的人，就要用強硬的態度來回應他們；對於一些態度友好的人，就需要用柔和的方法來對待他們。對於那些亂賊臣子，手段必須強硬；對於一些賢明的君子，則應該柔和對待。只有一國之君，才能夠授予人爵位，封給人俸祿，才能主持刑罰。

稽疑就是要解決疑難的問題，辦法就是選擇擅長卜筮的人，任用他們進行卜筮，採取少數服從多數的方法。如果遇到事關重大的疑難問題，首先要自己深思熟慮一番，然後再與卿士們商量、與百姓商量，最後再用卜筮來決斷。

庶徵是指天氣上的各種徵兆：或雨，或晴，或暖，或寒，或風。如果這五種自然現象都具備，並且能按照一定的自然規律出現，莊稼就會生長茂盛。如果其中的一種現象過多發生，莊稼就會欠收。如果其中的一種現象太過缺乏，同樣莊稼也要欠收。天子決策、卿士管理、官吏辦事都不應該有過失，政治清明、賢能的人就會得到提拔，國家就會平安穩定。

五福六禍，即長壽、富有、平安、美德、善終與早死、多病、多愁、貧窮、醜陋、懦弱。

武王聽完箕子的這番陳述，不敢把他當作普通的臣民來看待，就把朝鮮封給了他。箕子的受封之地就是現在的平壤，他帶領著他的族人成立了箕子朝鮮侯國。此時箕子已經五十二歲，他進入朝鮮半島不僅帶去了先進的文化，比如先進的農耕技術、養蠶方法、織作手段等，還帶去了大量的青銅器。在管理封地的過程中，他還制定了「犯禁八條」的法律，箕子朝鮮國在當時被中原譽為「君子之國」。

四年後，箕子從朝鮮去朝中進諫周王。經過商朝遺都殷的遺址時，他看到原來豪華的宮室已經

變得殘破不堪，有些地方則被種上了莊稼。箕子心頭湧上一陣亡國之痛，他以詩當哭，作了《麥秀》這首詩。詩中說：「麥芒尖尖啊，禾苗綠油油。那個小子啊，不和我友好！」這裡的小子指的就是紂王，如果紂王當時願意聽他一句勸告，那麼殷商斷然不會落得這樣一個殘破的結局。殷朝的遺民看到這首詩，無不為之泣下。

■ 「仁義」的宋襄公

微子建立宋國以後，傳位到宋國的第十八任君主宋桓公。宋桓公姓子，名禦說，他生有七個兒子：茲甫、目夷、三種、四魚、五蕩、六鱗、七肸。宋桓公一生威名赫赫，曾追隨齊桓公東征西討、南征北戰，為齊國稱霸立下了汗馬功勞。正因如此，齊桓公在稱霸以後與宋國建立了親密的邦國關係。

西元前651年，宋桓公去世後，太子茲甫繼位，這就是後來鼎鼎有名的宋襄公。

這一年，齊桓公在葵丘會合諸侯，宋襄公前去參加。齊桓公共有六個兒子，但全都是庶妾所生，地位平等，齊桓公害怕自己死後這些孩子為了爭奪王位產生糾紛，就與管仲商量了一下，將公子昭立為太子，並將他託付給宋襄公。

西元前643年，齊桓公去世。易牙、豎刁和開方三個人不服公子昭，將公子昭廢掉，並殺害擁護公子昭的朝臣官吏，另外立了公子無虧為齊國的國君。因齊桓公生前曾經將公子昭託付給宋襄公，宋襄公此人又是個重情重義之人，他視仁義超過自己的生命，所以他想要護送公子昭回齊國，幫助他奪回君位。宋國的勢力遠在齊國之下，宋襄公只能向各個諸侯國求助，希望他們派兵援助自己。可是宋國實力不強，國家的地位也自然就不高，沒幾個諸侯願意響應宋襄公的號召。只有衛、曹、邾這三個國家實力比宋國還微弱的國家派了一些兵馬過來。宋襄公就率領著這些人殺

向齊國，齊國的貴族對公子昭本來就有同情之心，再加上他們也弄不清楚宋國到底帶領了多少人過來，乾脆殺了公子無虧和豎刁，趕走了易牙，在齊國的都城臨淄迎接公子昭回國。公子昭回國後，被擁立為國君，這就是齊孝公。

在公子昭奪回王位這件事情上，宋襄公認為自己起了很大的作用，已經足夠樹立起他在各個國家之間的威信了。再加上齊桓公剛剛去世，宋襄公一心想要稱霸諸侯，便考慮起盡快會盟諸侯確定自己的盟主地位。但是，上次他在召集各諸侯國攻打齊國的時候，只有那三個小國家響應了號召，大點的國家根本不把他的話當回事，於是，這次宋襄公就準備借助大國的聲勢來為自己造勢，以保證自己順利地召集諸侯。

西元前639年，宋襄公在鹿上（今安徽阜陽市南）和齊國、楚國會盟。他事先沒有徵求齊國和楚國的意見，以盟主的身分自居，還擬訂了一份當年秋天在孟地會盟諸侯，共同扶持周天子的通告。齊孝公和楚成王對宋襄公的這種做法很不滿，但是礙於情面還是在這份通告上簽了名字，只是他們心裡非常不痛快。宋襄公的弟弟公子夷覺得他有些太過張揚了，便勸告他說宋國是個小國家，非要搶著當霸主肯定會給國家帶來滅頂之災的，但宋襄公卻不聽勸告。

當年秋天，在宋襄公啟程去孟地之前，公子夷再次勸告他：「楚國人一向不講信用，您還是帶上軍隊過去吧，以防有變。」宋襄公滿不在乎地說：「我和眾諸侯是友好會面的，而且提出不帶軍隊的是我，如果我帶了軍隊過去，那麼就是我違反了約定，以後我還能怎麼取信於他們呢？」公子夷見宋襄公執意不聽他的話，便建議到：「那麼我帶一路兵馬埋伏於三里之外，以免您遇到什麼不測。」宋襄公這下生氣了，說道：「你帶兵過去跟我帶兵過去有什麼分別！我還是會失信於他們！」公子夷無奈，只得說：「那好吧，如果您遭遇什麼變故，我再從國內帶兵過去接應。」宋襄公卻害怕公子夷偷偷帶兵埋伏，有失自己的信義，便命令他同自己一起去孟地。

然而在會上，楚人卻早早將軍隊都埋伏好了，宋襄公一到他們就將他囚禁起來要脅宋國。公子夷因事先警惕，得以逃回宋國。為了救宋襄公，大夫公孫固想了個妙計，將公子夷即位為新的國君，團結起宋人抵抗楚國的軍隊，堅決不向他們投降。楚國一看，宋國有了新的國君，絲毫不在乎宋襄公的死活，宋襄公已經沒什麼用了，於是將宋襄公放走。宋襄公回到宋國，公子夷馬上退位，將君主之位重新還給了宋襄公。

宋襄公本來想要當霸主的，卻作了囚徒。他一回到國內，就開始計畫報仇。鄭國與楚國一向親近友好，宋襄公便先行進攻鄭國，楚國當然要派兵援助鄭國。宋襄公便摩拳擦掌，準備和楚國決戰。宋國和楚國力量懸殊，公子夷勸宋襄公不要意氣用事，他仍然不聽。宋軍和楚軍在泓水相遇，宋襄公將軍隊擺在泓水的岸邊，而楚軍則忙著渡河來攻打他們。公子夷說：「大王，我們趁著他們渡河的時候發起攻擊，一定能夠打敗他們。」宋襄公不同意，說他們還沒有擺好陣勢，

進攻他們有悖道義。於是就在宋軍的眼皮底下，楚軍不慌不忙地全都渡過了泓水，開始在宋軍的對面擺起陣來。公子夷再次勸宋襄公：「大王，我們趁著他們還沒站穩的時候攻擊吧，不然我們就沒有獲勝的機會了。」宋襄公還是不同意，說他們還沒有擺好陣勢，進攻他們有悖道義。直到楚軍擺好了陣勢，宋襄公這才下令宋軍攻擊。

結果宋軍大敗，宋襄公的軍隊幾乎全部戰死，他自己也受傷了。宋國的百姓都罵他，他一邊一瘸一拐地走著路，一邊還愚蠢地說道：「軍隊就是要以德服人，打仗就是要遵從仁義。仁義之師怎能趁人之危去攻打別人。」身邊僥倖活下來的將士們都在心裡暗罵他蠢，恨不得自己不認識這個滿嘴仁義道德的國君。

西元前637年，晉國的公子重耳在宋國的鄰國曹國受到了侮辱，就來到了宋國。宋國此時剛打了敗仗，國庫空虛，國家貧困。然而宋襄公仍然按照仁義的道理款待了重耳，還送給他二十乘車的大禮，這對流亡在外的重耳來說，真的是雪

中送炭的舉動。宋襄公的這次仁義之舉，在他去世五年後為宋國化解了一次滅國之災。那時楚國伐宋，已經當了晉國國君的重耳念在宋襄公曾經款待他的份上，出兵救宋，將不講信用的楚國打得在幾年之內都不敢進犯中原地區。宋襄公的「仁義」之舉總算結出了一個好的果實。

宋襄公的仁義顯然有些愚蠢，在自己國力不強的時候對敵國和敵軍講究仁義，使宋國數次受辱，不但害了自己，更害了整個宋國。如果他將仁義用對地方，比如用在待民上，一定會使君子之風發展壯大，使得宋國國內民風淳樸。然而他卻用錯地方，才會成為後世的笑柄。儘管如此，宋襄公講究信用，而且寬以待人，這使他得以位列春秋五霸之一。

名臣華元

華元，春秋時期宋國相（今安徽省濉溪縣）人，一生輔佐了宋昭公、宋文公、宋共公、宋平公四位國君，可以說是四朝元老，華元長期擔任宋國右師，主持朝政，人稱「右師華元」，為宋國六卿之一。

西元前595年，楚莊王命令申舟訪問齊國，途中要經過宋國。照常理來說，既然經過宋國就應該事先告知宋國。但是，楚莊王自以為是大國，極為蔑視宋國，也就沒有告知宋國。宋國的執政大夫華元認為，這是對宋國極大的侮辱，氣憤不已。於是，華元就建議宋文公殺死楚國的使者，宋文公就命人殺了申舟。得知申舟被殺，楚莊王大怒，就下令征討宋國。

楚軍一路上望風披靡，很快就圍困了宋國都城。子反率領楚軍，開始猛攻宋國都城。然而，宋軍在華元的領導下，佔據高處，堅守城池，一度打退了楚軍的猛烈攻勢。楚莊王從西元前595年的秋出兵宋國，一直打到第二年的夏天，仍然沒能攻克宋國的都城。宋國的華元不斷激勵守城軍民，讓他們寧可戰

死、餓死，也不能投降。

同時，宋國派人向晉國求援。但是晉國去年剛剛被楚軍戰敗，所以決定不再冒險與楚國作戰。於是，晉國只命解揚力勸宋國堅守城池，千萬不要投降楚國。解揚經過鄭國的時候，被鄭國抓起來送到楚國。楚莊王卻親自接見了解揚，打算收買他，要他告訴宋軍，就說晉軍不會支援宋國，以此斷了宋軍的希望，解揚堅決不從。楚莊王多次威逼利誘之後，解揚終於同意了。然而，解揚來到瞭望城中的樓車上以後，就大聲地說晉國的援軍很快就會到了，還請宋軍一定要堅持守城。楚莊王非常生氣，而解揚卻說：「我答應你是為了完成我的使命，現在我完成任務了，請您處死我吧。」楚莊王一句話也說不出來，就下令放他回晉國了。

楚莊王苦於長期圍困卻毫無收穫，就想撤兵。不料，申舟的父親攔在車前，說：「我的兒子冒著生命危險去完成大王交給的任務，難道大王竟然想要食言嗎？」楚莊王說不出話來。申舟的父親認為，在宋國建築房屋、開墾田地就像長期

佔領宋國一樣，這樣宋國就會屈服了。宋國見楚軍遲遲不肯撤兵，就派華元作為使者和楚王談判。

在一天夜裡，華元偷偷地潛入楚軍的營房，並溜進了楚帥子反的帳中。然後，華元走到子反的臥榻上，叫醒了子反，並對子反說：「我國國君讓我告訴您宋國的實情，宋國早已沒有了糧草，大家紛紛交換死去的孩子作為食物。宋國也早已沒有了柴火，人們就燒拆散的屍骨。雖然宋國陷入了這樣的困境，我們仍然不會答應你們那些蠻不講理的條件的。但假如楚軍能後退三十里，您怎麼說，我們都會照做的。」於是第二天，子反就把華元的話告訴了楚莊王。結果，楚軍果真後退了三十里。楚宋雙方宣布停戰，保證互不欺騙。然而，華元則作為這項和約的人質被迫住在了楚國。雙方的盟約上寫著：「我無爾詐，爾無我虞。」（意思就是說，我不欺騙你，你也不需要防備我）。這就是成語爾虞我詐的出處和來歷。

就這樣，華元憑藉自己的聰明才智結束了一場十分艱苦的持久

戰，也解決了宋國的危機的困境。儘管宋國做了某些讓步，但是宋國仍能在敵強我弱的情形下保全了國家的威嚴。而當時晉國也不敢這樣和楚國作對。這件事情使華元受到了人們的讚賞。

華元在楚國居住的時候，經過公子側認識了嬰齊，兩人成為好友。華元得知楚莊王喜歡琴以後，就想方設法弄到了「繞梁琴」，並把它獻給了楚莊王。古代四把著名的琴，分別是齊恒公的「號鐘」、楚莊王的「繞梁」、司馬相如的「綠綺」、蔡邕的「焦尾」。關於「繞梁」琴，還有一段有關周朝的時候，韓國一位著名的歌姬叫韓娥的故事。一次，韓娥在去齊國的路上沒有了盤纏，沒有辦法的時候，韓娥只好到雍門彈琴賣唱。因為她的歌聲淒美動聽，催人淚下，聽到的人都很受感動。韓娥離開了三天以後，人們好像還可以聽到她的歌聲，回味無窮。後來，人們就把韓娥彈的這琴稱作「繞梁」琴，足見它的音質非常優美。

華元為了接近楚莊王，就送了這把琴，並希望能夠增進楚宋之間的友好關係。果然，楚莊王每天都沉醉於「繞梁」琴之中。甚至，楚莊王曾經為此連續七天沒有上朝，全然不顧國家大事。王妃樊姬看到這兒，就非常擔憂，並對楚莊王說：「大王，您太迷戀於琴樂中了。以前，夏桀特別喜愛『妹喜』之瑟，最終招來禍患；紂王誤聽靡靡之音，最終丟失了江山。現在，您整天沉迷於琴樂中，難道也願意冒丟失國家的危險嗎？」楚莊王聽到這兒，就認真考慮起來。最後，楚莊王命人將琴毀掉了。

西元前589年9月，宋文公鮑病逝，公子固繼位，即宋共公。國君去世，因此華元請求回去奔喪。楚莊王同意了，華元前後在楚國一共待了六年。 華元回國後，見相城（今安徽省淮北市）地勢較高，能夠避免遭到水患侵擾。而且，相城人群也較為密集，環境也很好。於是，華元就勸說宋共公就把都城遷到相城。

西元前583年（即宋共公六年）春天，華元到魯國為國君求親，請求魯宣公把女兒伯姬嫁給宋共公。不久，魯國大夫季孫行父護

送伯姬來相城完婚，並改稱共姬。婚禮舉辦得非常隆重，僅僅是陪嫁的女子就有十二人，除魯國本身外，衛、晉、齊等大國也紛紛送來賀禮。

當時，晉楚兩國之間連年征戰，各自損失極為慘重。華元得知晉楚兩國有謀求媾和之意，就主動出來斡旋，促成晉楚結盟。西元前579年5月，晉國的卿士燮與楚國公子罷、許偃在宋國的西門外會盟，史稱「宋西門之盟」（也稱「華元弭兵」）。

晉世家

曲沃代晉

周武王的庶子唐叔虞，也是周成王的弟弟，即晉國的始祖。周公輔政時消滅了唐地（今山西翼城），然後叔虞就被封為唐侯，駐守唐地。從此，唐叔虞就掌管黃河和汾河東的唐國。唐叔虞去世以後，他的兒子燮父承襲了他的位子。由於堯帝舊都的南面有一條叫做晉水的河流，所以燮父就把唐國改為晉國，即後來歷史上的晉國。而且，燮父的世世代代都承襲著他的爵位。

晉穆侯時，晉穆侯娶了齊國公主姜氏為夫人。夫人穆姜為晉穆侯生了兩個兒子，長子稱為「仇」，次子稱為「成師」。於是，晉穆侯立公子仇為太子。晉國大夫師服評價他們的名字時就說：「國君給太子取名叫仇，仇代表仇恨之義；給小兒子名叫成師，成師就代表成就他之義。他們兩個人的名字分明是取反了啊！恐怕晉國以後會發生內亂啊。」

西元前785年（晉穆侯二十七

年），穆侯去世了，他的弟弟殤叔發動叛亂，篡奪了晉侯的爵位，太子仇被迫逃亡。直到四年以後，太子仇才在親信的幫助下殺死了殤叔，做了晉國歷史上的第十一任國君，也就是晉文侯。晉文侯統治的時候，西周王朝已經面臨滅國的危險了。

西元前771年，即周幽王十一年，周天子昏庸無道，他廢黜了太子宜臼，並打算立庶子伯服為太子。因此，宜臼不得不逃亡到申。後來，申侯與犬戎聯合起來攻佔了鎬京，並殺死周幽王和伯服。然後，申侯扶持宜臼為天子，即周平王。不久，犬戎佔領了涇河渭水流域，並率兵侵犯京都。隨後，王黨虢石父擁立周幽王的另外一個庶子余臣於攜，即攜王。此時，晉文侯帶領軍隊進入陝地。並且，晉文侯、鄭武公與秦襄公聯合起來，共同討伐叛賊。晉文侯等人極力護送周平王東遷雒邑，並殺死了攜王，保衛了周王朝。

西元前746年（晉文侯三十五年），晉文侯去世，他的兒子姬伯繼承爵位，即晉昭侯。晉昭侯把曲沃（今山西省聞喜縣東北）封給他的叔叔姬成師，稱為曲沃桓叔。曲沃大大地超過了翼城，這也埋下了日後曲沃與翼（晉君都邑）對立的伏線。

當時，桓叔已經五十八歲了，德才兼備，非常受百姓的愛戴。桓叔任用賢能的臣子欒賓為相，把曲沃治理得井井有條。晉國的百姓在晉昭侯的治理下生活沒有曲沃百姓生活的好，也都願意歸順桓叔。因此，桓叔的威望就超過了國君晉昭侯。隨著曲沃的勢力大增，桓叔便開始了取代晉國的謀劃。當時晉國有遠見的臣子都對晉昭侯說：「曲沃必定會發生叛亂，現在的曲沃和整個晉國相比，就像是一棵樹的旁邊長了一棵比主幹還要粗大的樹枝一樣，這個粗大的樹枝是會替代這個樹的主幹的呀。」

西元前739年（即晉昭侯七年），桓叔暗中指使晉國大夫潘父在絳縣殺死了晉昭侯。正當潘父準備迎接桓叔到晉國即位時，晉國的其他大臣堅決不同意這樣做，並且擁立了太子公子平為國君，也就是晉孝侯。晉孝侯做國君以後，非常

一次讀完史記故事

恨大夫潘父殺死自己的父親晉昭侯並擁護外人即位的做法。

於是，晉孝侯馬上派人殺死了潘父。桓叔看到時機還不成熟，也就暫時放棄了武力奪取晉國的打算，並且退兵回到了曲沃。晉孝侯雖然也明知這是曲沃桓叔的陰謀，然而終究沒有桓叔的力量強大，也只能忍氣吞聲了。

西元前731年（即晉孝侯八年），年老的桓叔沒有實現取代晉國的願望，就抱憾死去了。桓叔的兒子莊伯承襲了他的爵位。莊伯和他的父親一樣，也有想取代晉侯的野心。

西元前725年（即晉孝侯十五年），莊伯找了一個藉口領兵攻打京都，並殺死了晉孝侯。但是京都百姓進行了頑強的反抗，加上荀國軍隊的支援，最終莊伯也沒有抵擋住。不久，莊伯就率軍退回了曲沃，也沒有能夠完成取代晉國的計畫。此時，晉國臣民紛紛擁立晉孝侯的兒子姬郤即位，即晉鄂侯。

哪知，晉鄂侯命短福薄，即位六年就死去了。莊伯聽說了這個消息以後，就認為這是奪取政權的最佳時機。隨後，莊伯率領大軍進攻晉國。此時，晉文侯曾經護送東遷雒邑的周平王也非常惱怒莊伯的做法。於是，周平王就派兵討伐莊伯以下犯上的行為。這樣，莊伯又一次被迫退回了曲沃，晉國也得以保全。然後，晉國的臣民擁立晉鄂侯的兒子公子光即位，即晉哀侯。

西元前716年（即晉哀侯二年），就像桓叔沒有實現取代晉國的願望就死去一樣，莊伯也沒有實現自己的計畫就憂鬱而死了。隨後，莊伯的兒子姬稱承襲了爵位，即曲沃武公。武公不只是承襲了莊伯的爵位，還毫無例外地承襲了莊伯取代晉國的野心。

西元前710年（即晉哀侯八年），晉國派兵攻打陘庭（今山西曲沃縣東北）。於是，陘庭派使者向曲沃武公求援。就這樣，武公和陘庭聯合密謀反叛晉國。武公和陘庭率軍在汾水河畔打敗了晉哀侯的軍隊。隨後，武公等人率軍殺死了晉哀侯和晉國大夫共叔欒成。哪知，晉國的臣民卻擁立了晉哀侯的兒子姬小子即位，即小子侯。然而，曲沃武公的勢力已經變得非常

強大了，而晉國卻也無計可施。

西元前706年（即晉小子侯四年），曲沃武公派人設計誘殺了小子侯。此時，周天子是周桓王，也就是周平王的孫子。周桓王的父親很早就去世了，因此周平王去世以後，周桓王就即位了。正如當年周平王主持公道一樣，周桓王也派兵討伐武公。而且，武公也毫無例外地退回了自己的領地曲沃。然後，周平王下令讓晉哀侯的弟弟公子姬緡繼承了晉侯的位子。

西元前678年（即晉侯緡二十八年），武公又一次發兵攻打晉國，國力弱小的晉國最終沒能擊退勢力強大的曲沃軍。於是，武公終於完成了篡奪晉國的願望。曲沃小宗日益發展，竟然接連殺死了晉昭侯、晉孝侯、晉鄂侯、晉哀侯、晉小子侯等五位國君，最終取而代之，稱為一大宗。武公派人用珍器珠寶賄賂周天子周僖王，周僖王見事已至此，也無法再更改了。於是，周僖王就順水推舟，不得不認可了曲沃武公的合法地位。從此，曲沃武公改成晉武公，與其他諸侯並列了。

■ 驪姬下毒

晉武公去世，他的兒子姬詭諸即位，是為晉獻公。武公晚年的時候娶了一個年輕的夫人齊姜，她是齊桓公的女兒。青春年少的齊姜不喜歡武公這個老人，不久就與太子暗通款曲。晉武公死後，太子成為晉獻公，並封她為夫人，她不久為晉獻公生了一個兒子申生。此時晉獻公已經有兩個兒子重耳和夷吾了，不過申生的外公是齊桓公，於是晉獻公就立申生為太子。

獻公五年（西元前672年），晉獻公率兵攻打驪戎，驪戎戰敗求和，驪戎的國君就將長女驪姬和小女少姬送給晉獻公。驪姬美若天仙，很有計謀，很快就獲得晉獻公的專寵。在國家大事方面，驪姬有時候還幫助晉獻公出謀劃策，她所

預計的政事，十次九中，晉獻公很佩服她，更加寵愛她。後來，驪姬為晉獻公生下兒子奚齊，少姬為晉獻公生了兒子卓子，晉獻公於是立驪姬為夫人，立少姬為次妃。

晉獻公立驪姬為夫人的時候，按照禮儀找人用龜甲來占卜，占卜的結果很不吉利，驪姬不能為夫人。但晉獻公不死心，又讓占卜師用蓍草占卜，這次占卜的結果為吉利。於是晉獻公就讓按蓍草的占卜結果行事。占卜師卻說：「用蓍草占卜不靈，用龜甲占卜比較靈，不如按照龜甲的結果辦。龜甲的結果有警示作用，它說：『專寵會為國家帶來災難，奪取您最心愛的東西。香草與臭草放在一起，過了十年還有臭味。』大王您最好聽從這個占卜的警告。」晉獻公不聽，堅持立驪姬為夫人。

驪姬當上夫人之後，野心勃勃地想讓自己的兒子當太子，於是就與晉獻公寵臣小施商量。她說：「我想讓我的兒子奚齊當太子，可是獻公已經立申生為太子了，而且除了申生，獻公還有重耳和夷吾等兒子，他們肯定不樂意奚齊當太子

的，我們該怎麼辦呢？」小施說：「既然如此，我們就先從太子申生入手吧！」

驪姬買通大夫梁五和嬖五，讓他們在商朝的時候對晉獻公說：「曲沃是晉國祖廟所在的地方，大王最好派太子申生前去鎮守。蒲城（今山西省呂梁縣）和屈城（今山西省石樓縣東南）是晉國的邊防要塞，大王最好讓兩個大公子重耳和夷吾分別防守。」晉獻公覺得有理，於是將這三個大公子派到這些駐地。

小施又讓驪姬實施離間計。於是驪姬半夜的時候對晉獻公哭訴道：「聽說太子很會收買人心，他在曲沃很得民心，會對大王您不利啊，恐怕他會藉機奪取您的王位。」晉獻公不以為然，他說：「太子既然能愛護百姓、贏得百姓的心，怎麼會不愛自己的父親呢？」驪姬一次哭訴不成，於是再次尋找機會。

驪姬勸說晉獻公召回申生，申生回來，見過晉獻公之後，前去拜見驪姬。驪姬於是請申生吃飯，二人相談甚歡。第二天，申生入宮

謝恩，驪姬又請宴請申生。當晚，驪姬就向晉獻公哭訴道：「太子調戲我，他說你已經老了，要我跟著他，他以後做了國君會對我更好。」這犯了晉獻公的大忌，因為他當年就是與自己父親的妃子偷偷私通了，他們才生下申生。不過晉獻公知道申生是一個仁厚的孩子，不會做出這件事。於是驪姬就說：「大王如果不相信的話，明天我跟太子去遊園，您偷偷看著就行了。」

第二天，驪姬與太子一起遊園，晉獻公遠遠地躲在暗處偷看。在遊園之前，驪姬在自己頭髮上抹上蜂蜜，結果遊園的時候很多蜜蜂都圍繞著她。驪姬趁機讓太子幫助自己趕走蜜蜂。太子就站在她的身後，用袖子趕走蜜蜂。

晉獻公在遠處，看得不明朗，還以為太子真的在調戲驪姬，很生氣，想立刻殺掉太子。沒想到驪姬立刻下跪幫太子求情，還說：「是我讓大王將他召回來的，如果現在他死了，大臣們都會覺得是我害死了他，大王就姑且忍一忍吧。」晉獻公生氣地將太子趕回曲沃，不過心中的怒火無法平息，於是命人暗中收集太子的罪行，伺機廢掉他。

過了一段時間，驪姬派人對太子捎信說：「大王夢見了你的母親，你回來祭拜祭拜她吧！」太子在曲沃祭拜了母親，將祭拜之後的酒肉送給晉獻公。驪姬偷偷在這些酒肉中下了毒藥，然後才給晉獻公。晉獻公吃之前，聽從驪姬的建議，先將這些肉給狗吃，結果狗吃後毒死了。晉獻公不信，於是又命一個小奴隸吃這些肉，小奴隸也被毒死了。

驪姬趕忙哭訴道：「看來太子想要謀殺您啊！」

太子聽說這件事之後，趕忙逃到新城，晉獻公就殺了太子的老師杜原款。

有人勸說太子：「您為什麼不辯解呢？大王明辨是非，一定會還你公道的。」申生回答說：「父王離不開驪姬，如果驪姬受到傷害，他會寢食難安。如果我辯解的話，驪姬肯定會獲罪，父王已經老了，我不能讓他不快樂。」別人無奈地說：「那你至少還可以逃走呀！」申生又說：「驪姬的罪名還沒有定

下來，我就只能帶著毒害父王的罪名，誰敢接納我呢？」

申生辯解也不是，不辯解也不是，走投無路，最後在新城上吊自盡了。

除掉了太子，驪姬又打算除掉重耳和夷吾兩個公子。她對晉獻公說：「重耳和夷吾都知道申生要謀害你的陰謀，但卻隱藏不報。」晉獻公於是惱恨重耳和夷吾。重耳聽說之後，逃到了蒲城，夷吾逃到了屈城。

當初，晉獻公命大夫士蒍為重耳和夷吾修築蒲城和屈城時，士蒍在城牆裡加入了一些柴草。夷吾就將這件事告訴了晉獻公，晉獻公就斥責了士蒍。

士蒍回答說：「沒有戰事卻築城，敵軍必定來佔領。既然敵軍會佔領，我們又何必這麼認真地修築城牆呢？我身在官位卻沒有接受國君的命令，這是不敬；我修築城池幫助敵軍，這是不忠。國君如果能修德行並鞏固太子的地位，這比什麼城池都強啊！」

晉獻公後來派人攻打蒲城的重耳，重耳說：「我不能抵抗父王的軍隊。」於是不抵抗，跳牆逃走，逃亡到了狄國。晉獻公派屈人攻打屈城的夷吾，夷吾抵抗不住，於是與屈人訂立盟約後，而後逃走。

夷吾準備逃往狄國，邵芮說：「重耳已經逃到狄國去了，你去梁國吧。梁國靠近秦國，又被秦國信任。」於是夷吾逃到梁國。

現在太子已死，兩個大公子也逃走了，驪姬覺得時機已經成熟了，於是逼迫晉獻公立奚齊為太子。晉獻公二十六年（西元前652年），晉獻公病死，太子奚齊繼立。但奚齊不久就被晉國大夫里克等人殺死，公子夷吾被迎回晉國繼位，是為晉惠公。這時候驪姬誣害太子、逼迫兩位大公子逃亡的罪行再也瞞不住了，驪姬被殺。

世家

晉秦之爭

晉獻公繼位之前，娶過兩位夫人。一個是狐姬，她是大戎主的侄女，她為晉襄公生了重耳；另一個是小戎允姓女子，她為晉襄公生了夷吾。晉獻公繼位的時候，這兩個兒子已經長成翩翩少年。但晉獻公已經與庶母齊姜生了兒子申生，齊姜是霸主齊桓公的女兒，所以晉獻公就立了小兒子申生為太子。再後來，驪姬又為晉獻公生了奚齊，驪姬謀劃太子之位，結果申生自殺，重耳與夷吾逃亡，晉國變得混亂起來。

晉獻公去世後，奚齊繼承王位，大臣里克殺了奚齊。晉國人又立卓子繼位，里克不久又殺了卓子，掌握了晉國的大權。然後，里克命人接流亡在外的重耳回國繼位，重耳擔心自己也會被殺害，婉言謝絕了君位。於是里克又請夷吾回國繼位。

夷吾當初逃到了梁國，和梁國國君的長公主結婚，生下孩子姬圉。雖然流亡在外，但夷吾時刻注意國內動靜，當他聽說晉獻公已經死了的時候，就與跟隨自己一起逃亡的大夫偷偷回他的封地屈城。這時候晉獻公還沒有下葬，輔國大臣荀息也無暇顧及夷吾，夷吾就暫時在屈城住下了。後來，奚齊和卓子死後，夷吾聽說重耳拒絕繼承王位，就非常慶幸。晉國這時候派屠岸夷、梁餘靡兩位大夫迎接夷吾回國，說要幫助他登上王位。

邵芮對夷吾說：「這件事不要輕信，我們匆匆忙忙回國了，萬一有陰謀怎麼辦？依我看，要想做國君，必須有賢臣輔佐，有睦鄰支持。現在里克、邳鄭等老臣主持朝政，西邊有強大的秦國，不如我們先收買他們，在內獲得朝中大臣的支持，在外獲得鄰國的支持，這樣返國之後才不會有危險。」夷吾覺得此法不錯，於是就命史官寫了兩封信，分別送給晉國的重臣里克和邳鄭，許諾他們說，如果自己成了國君就封他們為相國。然後又給秦穆公一封長信，請他出兵幫助自己

登上王位，承諾將來將晉國河西的五座城池獻給秦國。

秦穆公接到夷吾的長信，非常高興，於是就令大將公孫枝帶領三百輛兵車將夷吾送到晉國，里克和邳鄭擁護他繼位，夷吾就是晉惠公。

夷吾即位後，秦國大將公孫枝就在晉國國都向他索要許諾過的河西五城。晉惠公又捨不得了。晉國大夫飴甥說：「土地是祖宗給我們的財富，我們怎麼能輕易送給別人呢？」里克說：「我們不能失信於秦國啊，我看大王您還是遵守約定吧！」晉惠公考慮再三，決定還是不給秦國土地，於是又給秦穆公一封長信，信中大意說，自己剛繼承王位，不敢輕易將五座城池給秦國，等國內的局勢稍稍安定下來之後，再送給秦國吧。為了避免觸怒秦穆公，晉惠公還派邳鄭送給秦國一批金銀財寶。

邳鄭走後，邵芮對晉惠公說：「里克不懷好意，他說你奪了他的權，又不給他封地，心中早已經對你不滿了。邳鄭臨走，里克還與他嘀咕什麼，肯定有陰謀，不妨早日殺掉里克，以絕後患。」晉惠公說：「里克對我有恩，我怎麼殺死他呢？」邵芮又說：「里克曾經殺死兩個國君，實在是罪大惡極，大王如果顧及你的功勞，這是私事。不過如果論起誅殺國君，這就是公事了。大王怎能因私忘公呢？」晉惠公想了想，覺得里克的確有不對的地方，於是就同意誅殺里克。

邵芮和里克有仇，他聽了晉惠公的話，立即帶領兵馬包圍了里克的住宅，里克防備不及，被迫自殺。邳鄭後來從秦國返回晉國，邵芮又在晉惠公面前進讒言。邵芮因為曾經跟隨晉惠公流亡，所以很得晉惠公信任，於是也相信了他的話。就這樣，邵芮一連殺死了晉國八位老臣，穩固了自己的地位。

晉惠公即位不久，晉國遭遇旱災，晉國軍民難以度過旱災，百姓紛紛四處逃荒，士兵因為沒有糧食吃而怨聲載道。晉惠公於是想起鄰居秦國，就想派人到秦國購買糧食。但晉惠公又一想，自己曾經許諾給秦國五座城池，如今卻沒有給他，是在不好意思張口。

邵芮就說：「大王不必擔心，

我們當初也沒有拒絕給秦國這五座城池，只是說待國內局勢穩定之後再給。現在我們向秦國購買糧食，秦國如果不答應，這就是秦國的不對，那時候我們可以名正言順地拒絕給他們城池，他們也就無話可說了。」晉惠公認為這個主意不錯，於是就派人帶著書信和珠寶，理直氣壯地向秦國出發了。

秦穆公當然很不高興晉國的再次請求，但又不想得罪晉國，於是就召開群臣會議，讓大家討論一下該怎麼辦。大臣蹇叔和百里奚都同意賣糧，因為天災是不可避免的事，哪個國家都避免不了，況且受災的都是普通百姓，百姓是沒有錯誤的，將糧食賣給晉國也沒有什麼關係。大臣邳豹是邳鄭的兒子，他剛剛從晉國投奔到秦國，急於為父親報仇，因此建議趁晉國災荒的時候攻打晉國。秦穆公最終還是聽從了百里奚等人的建議，說：「是晉惠公本人對不起我，晉國的百姓又沒有什麼過錯，我不能因為晉惠公的緣故就得罪晉國百姓。」於是命令秦國賣給給晉國糧食。

結果第二年，秦國也遭遇了旱災，秦穆公想起自己曾經賣糧給晉國，於是就派人向晉國買糧食，並效仿晉惠公，讓大臣帶著書信和大量珍寶前往晉國。晉惠公想到秦國曾經有恩於自己，一開始想賣糧給秦國，但邵芮和虢射卻建議晉國趁秦國災荒的時候討伐秦國，並強調說這是一個千載難逢的好機會。晉惠公禁不住誘惑，再次背信棄義，不但沒有賣糧給秦國，反而趁機攻打秦國。秦穆公大怒，立即召集軍隊攻打晉國。秦軍和晉軍相會在韓地，晉惠公被俘虜，晉軍戰敗。

秦穆公的夫人穆姬是晉惠公同父異母的姐姐，當她聽說弟弟被俘之後，終日哭哭啼啼，並以自己和兒子的死來要脅秦穆公放了晉惠公。秦穆公無奈，答應不殺晉惠公，穆姬這才不再自殺。秦穆公與晉國簽訂盟約，因為國君被俘的晉國，不得已將之前承諾的河西五城割給秦國，並將太子圉留在秦國做人質，秦國才將晉惠公放回去。

重耳流亡

　　重耳是晉獻公與夫人狐姬的兒子，他自由喜歡結交朋友。驪姬迫害太子之後，重耳也受到牽連，被迫逃到狄國，這時候他已經四十三歲了。跟隨重耳一起逃亡的，還有他的朋友兼晉國臣子狐偃、趙衰、先軫、賈佗和魏犫五個人，他們被稱作「五賢」。

　　狄國國君非常熱情，當他聽說重耳帶領著「五賢」來了，非常高興，以厚禮接待他們，日常他們所需的一切也盡量滿足。後來狄國攻打戎族咎如的時候，俘獲了兩個美麗的女子，大的叫叔隗，小的叫季隗。季隗嫁給重耳，為他生了姬伯鯈和姬叔劉兩個兒子。叔隗嫁給趙衰，為他生了趙盾。重耳一行人在狄國快快樂樂地生活了五年，重耳此時已經將近五十了，沒有想過再圖什麼大業了。

　　五年後，晉獻公去世，大臣里克連殺奚齊、卓子兩個幼主和大臣荀息，然後請逃亡在外的重耳回國即位。重耳擔心自己回去之後會有災難，於是就對前來的晉國使者說：「父王在位的時候，我違反國君的命令逃走；父王死了，我也沒能盡孝。現在怎麼有臉回去繼承王位呢？」不肯即位，大臣立刻就擁護公子夷吾繼承了王位，夷吾就是晉惠公。

　　七年後，重耳的舅父、狐氏兄弟的父親狐突寫信對狐偃說：晉惠公從秦國回去之後，命令韓原將沒有救駕的慶鄭斬首。晉惠公還聽從邵芮的建議，說重耳在外面籠絡諸侯，將來會給晉國帶來災禍，不如趁機除掉重耳。

　　一行人得知晉惠公想要謀害重耳之後，立即勸重耳離開。狐偃、趙衰說：「現在最強的國家是齊國，各國諸侯都依附它，我們不如投奔齊桓公。」重耳對妻子季隗說：「晉國準備派人來殺我，我已經沒法再繼續在狄國待下去了，你跟孩子好好保重吧，我得離開了。二十五年之後，如果我不回來，你就改嫁吧，不必等我了。」季隗很

傷心，她說：「男兒志在四方，你是晉國的公子，更應如此。你放心走吧，二十五年之後我都成了老太婆了，還怎麼改嫁？」於是重耳一行人偷偷地離開了狄國。

要去齊國，必經衛國，重耳幾個人沒有了盤纏，已經風餐露宿很久了。來到衛國之後，趙衰對守城門的官員說：「這是晉國的重耳公子，要到齊國去，請衛國國君接見我們吧。」

守門人飛快地報告給衛國國君，衛文公認為衛國當時修建國都的時候，晉國不肯幫忙，聽說重耳是逃難的，更不願意接見了。他讓守門人對重耳他們說：「我們國君從來沒有聽說過什麼重耳公子，你們到別處去吧。」

重耳他們雖然很憤怒，但也沒辦法，只好餓著肚子趕路。這天，他們來到五鹿（在今河南濮陽東北），看見一群農夫正在吃午飯，饑餓難忍的重耳就讓狐偃過去討要一些。農夫回答說：「我們沒有多餘的飯給你們吃。」一位農夫還拿著一塊土，開玩笑地對他們說：「要不你們吃這個？」魏仇生氣，

準備打這個農夫，狐偃卻趕緊接過這塊土，遞給重耳，說：「公子你知道嗎，這是一個好東西，這不就是上天賜予我們的土地嗎？你應該趕快接受啊！」重耳覺得很有道理，果真接下了這塊土。

因為很久沒有吃飯了，重耳是在餓得不行了，介子推就從自己大腿上割下了一塊肉，為重耳做了一碗肉湯。重耳吃完之後，大家才繼續趕路。就這樣，大家風餐露宿很久，總算挨到了齊國。齊國當時正在忙著籠絡諸侯，聽說晉國的公子到了，立刻派人到關外迎接。齊桓公聽說重耳是一個賢德公子，於是不但以禮相待，還將自己一個遠房侄女齊姜嫁給了他，又送給重耳二十多輛車馬。

但幾年之後，齊桓公死了，齊國的公子為了爭奪王位發生戰亂。狐偃、趙衰等人不想再在齊國待下去了，於是勸說重耳到宋國去。但重耳已經被齊桓公賜予的安逸生活給慣壞了，不肯再過顛沛流離的生活。於是狐偃、趙衰等人就密謀怎樣將重耳勸離齊國，不想他們的密謀被一個採桑女聽到了，採桑女就

將這個秘密告訴了齊姜。齊姜雖然不想重耳離開自己，但又不想重耳這樣無所事事下去，於是將這個採桑女殺了，然後與狐偃想辦法將重耳送出齊國。

齊姜找了一個藉口，將重耳灌醉，然後讓狐偃等人將重耳抬上馬車，馬車連夜出城，向著宋國走去。重耳酒醒之後，看到自己已經出了齊國，非常生氣，想要打狐偃等人，但現在已經出了齊國，也沒有辦法了，只好跟著他們繼續趕路。

途經曹國，曹國國君曹共公看重耳是流亡之人，不以禮儀接待他。曹國大臣僖負羈說：「晉公子是天下聞名的賢德之人，國君跟他是同性，怎麼這麼無禮呢？」曹共公這才收納了重耳等人。但他聽說重耳的相貌很奇怪，因為世人傳說重耳的的肋骨是連在一起的。於是就讓重耳去洗澡，然後趁重耳洗澡的時候，偷偷看他的身體。曹國大夫僖負羈知道之後，親自向重耳賠禮道歉，並偷偷送給重耳食物和玉璧。誰對自己好，誰對自己不好，這些重耳都牢記於心。

重耳離開曹國，來到宋國，宋國國君宋襄公聽說重耳到來，以國賓之禮接待他，並且送重耳二十匹好馬。重耳離開的時候，宋襄公還送了一程又一程。此時的宋國剛經歷過敗仗，宋襄公尚且送給自己這麼厚重的禮物，所以重耳很感激他。

重耳離開宋國，又來到鄭國，但鄭國國君不肯接待他們，重耳等人只好繞道，到了楚國。楚國國君楚成王隆重招待了重耳，重耳也感受到楚成王的情意，慢慢與他成為朋友。

一天，楚成王宴請重耳，在宴席上，楚成王開玩笑說：「公子將來如果回到晉國，當了國君，準備怎樣報答我呢？」重耳回答說：「如果我當了晉國的國君，就與楚國世代交好，憑藉這個來報答大王的恩德。如果不幸我們兩國發生的戰事，我一定下令退避三舍，以此來報答大王今日的恩惠。」

楚國大將成得臣聽了重耳的話，對楚成王說：「重耳出言不恭順，將來肯定會做出對楚國不利的事，大王不如趁早殺了他。」楚成

王說：「重耳是天下聞名的賢人，連上天都保佑他，我怎麼能違背上天的旨意殺了他呢？」仍舊好吃好喝地招待重耳。

重耳返都

晉惠公為了跟秦國建立關係，將太子姬圉送到了秦國做人質。秦穆公為了將來考慮，將自己的女兒懷嬴嫁給了姬圉，還想幫助姬圉坐上晉國國君的位子。西元前638年，晉惠公重病不起，太子圉擔心別的人搶了君位，就自己偷偷跑回晉國去了，連自己的岳父秦穆公也沒有通知一聲。到了第二年，晉惠公死後，太子圉做了國君，就是晉懷公。晉懷公一即位，立刻跟秦國斷絕了來往。秦穆公也很生氣，想要把重耳接到秦國來，再將他立為國君。

楚成王知道這件事後，對重耳說：「晉楚兩國，中間隔著千山萬水，我雖然想把你送回晉國去，可是難度太大了。正好現在秦穆公派了大將軍公孫枝來迎接你到秦國去，秦晉兩國離得很近，你到那裡去是最好的歸宿。」重耳心裡也明白這是對自己最有利的做法，對楚成王萬分感激，於是就帶著手下的一班人跟隨公孫枝去了秦國。

重耳到了秦國以後，就去見了秦穆公。秦穆公見了重耳以後非常開心，熱情招待不說，還提出要把自己的女兒懷嬴改嫁給重耳。姬圉是重耳的侄子，懷嬴就是重耳的侄媳婦了，讓他娶自己的侄媳婦，實在是太強人所難了些。懷嬴也是一萬個不答應，哭著對自己的父親說：「我已經是公子圉的妻子了，怎麼能再嫁給他的叔叔呢？」懷嬴的母親卻說：「只要是能增進兩國關係的事，為什麼不做呢？」於是，重耳就這樣娶了懷嬴。

做了國君的姬圉十分害怕重耳再回到晉國，於是下了一道命令，規定說：「凡是跟著重耳一塊出去的那些人，限定三個月內返回晉國，如果超過三個月，那麼他們的

家屬就一律要被問斬。」果然，跟著重耳的狐毛和狐偃的父親狐突就被殺害了。

西元前636年，秦穆公決定派軍隊護送重耳回去，他率領著自己手下的百里奚、公子縶、公孫枝等一干人，一直把重耳送到了黃河邊上。在登船的時候，重耳的隨從將所有的行李都搬到了船上，重耳看見後說道：「我這次回去是要當國君的，整個晉國都是我的，還帶著這些破爛幹什麼？」於是命人將那些不值錢的東西都拋到了岸上。

狐毛和狐偃兩兄弟因為父親被害的事情，都十分難受，手捧著秦穆公送的白玉，跪在重耳面前說道：「公子您馬上就要回到晉國去做國君了，只要一回國，國內有很多優秀的大臣在等著輔佐您，國外又有秦國的強大支持。我們就留在秦國做您的外臣吧。」重耳聽後連忙勸說道：「我之所以能夠活下來，全靠你們兄弟和舅舅的幫助，現在好不容易苦盡甘來了，你們怎麼能不跟我回去而留在秦國呢？」狐偃說道：「我們現在身背三大罪狀，實在不敢跟著您回去。古人曾

說過，聖臣可以讓國君保有尊嚴，賢臣可以令國家保持安定。這些我們都做不到，還讓公子被困在了五鹿，這是第一條罪過；到了後來，我們帶著您在曹國、衛國備受歧視，這是第二條罪狀；趁著您喝醉了酒，我們偷偷拉著您離開了齊國，這是第三條罪過。以前因為您一直處於禍患中，我們不敢離開，今天您要重新回國了，我們就像這些破爛一樣，也該被扔掉了。」重耳於是流著淚說道：「你們對我的好，我永遠都不會忘掉的。」說完又命人把扔掉的東西又撿了回來。

重耳回到晉國以後果然做了國君，就是著名的晉文公。那些曾經在晉惠公手下當過官的呂省、邵芮等人，雖然表面上歸順了重耳，但心裡一直對他懷恨在心，密謀早日將他殺掉，再改立別人為君。他們又勾結了勃抵，拉他一起行動。勃抵曾經奉命捉拿過晉文公，他從呂家出來後，就主動到了狐偃家裡要求面見晉文公。

狐偃聽了勃抵的要求後，立刻帶著他來到了晉宮，他讓勃抵在外面等候，自己先進去把情況給晉

文公說了一遍。晉文公說道：「勃抵是想求你替他做人情吧。」狐偃說：「國君您現在剛剛登基，很多事情應該大事化小，小事化了，任用賢能之人，不問出身。」晉文公對勃抵早就懷恨在心，並沒有聽從狐偃的建議，反而派了人到門外把勃抵臭罵了一頓。勃抵被罵了一通後，哈哈大笑道：「獻公是你的父親，惠公是你的兄弟，你們親生父子兄弟之間尚且還互相殘殺，又何況外人呢？既然國君不願意見我，那就算了。」狐偃從勃抵的話裡聽出了玄機，知道肯定有什麼事要發生，於是又對晉文公說：「勃抵一定有重要的事要稟告，您不見他說不定會後悔的。」晉文公不好駁狐偃的面子，只好勉強答應見他一面。

勃抵見到晉文公後，一個勁地向他道喜，搞得晉文公莫名其妙地說道：「我已經即位很多天了，你怎麼現在才來跟我道喜？」勃抵回答道：「我之所以道喜，是因為您選擇接見了我，這就相當於是保住了您的王位。」於是，他就把呂省、邵芮要搞叛變的事情告訴了晉

文公。晉文公聽後立即採取行動，連夜就粉碎了叛亂的陰謀。

在平息了呂省、邵芮二人的叛亂後，晉文公舉行了自己復國後的封賞大典，那些曾經跟著他逃亡在外的人統統都被封官賞爵，一時風光無限。那些曾經同情幫助過他的人也都受到了相應的賞賜。甚至於那些後來歸順的人，晉文公也都做了合適的安排。除此之外，晉文公還下了命令，赦免了呂省、邵芮的族人和僕人。從此以後，晉國結束了動盪不安的政局。

在封賞的人中，唯獨不見曾經跟晉文公一起出逃的介子推。介子推為人十分的耿直，在跟隨晉文公回國後，他只到宮裡見了晉文公一次，從此便一直託病不出，待在家裡編織草鞋，伺候自己年邁的母親。晉文公在封賞之時，竟然把介子推這個人都給忘了。介子推的鄰居張解勸他趕緊過去找晉文公要賞賜，介子推只是笑了笑，並沒有說什麼。他的母親得知消息後也這樣勸他，介子推說道：「我既不想做官，又不想發財，去見他圖什麼呢？」於是帶著母親一起到綿山隱

居去了。

介子推的鄰居張解後來聽說晉文公在找尋那些應該得到封賞卻沒有得到的功臣，就連夜寫了一篇詩文掛在了朝門之上。晉文公看到後，立刻想起來了那個在逃亡路上割肉給自己吃的介子推，於是趕忙派人去找他。結果卻沒有找到。晉文公見找不到介子推，就派人找來了張解，向他詢問介子推的處所。張解把事情原原本本地給他講了一遍，還答應給他帶路去找尋介子推。

於是，晉文公將張解封為了大夫，派他做嚮導，帶領自己和一幫文武大臣到綿山去找尋介子推。這樣找了好幾天，連介子推的人影也沒有發現。有人對晉文公建議說：「介子推這個人最是孝順，如果我們把山燒了，他一定會背著自己的母親出來逃命的。」

晉文公覺得有道理，於是命人開始燒山。大火一連燒了好幾天才滅，可是介子推卻一直沒有出現。晉文公於是下令派人去搜山，結果在一棵大樹下面發現了介子推和母親兩人的屍首。晉文公十分後悔，命人將他們埋在了綿山下面，還為他修了一座祠堂，以便後人可以永遠記住他的功勞。晉文公又命令，將綿山改名為介休來表示對介子推的思念，介休的意思就是介子推休息過的地方。

▌ 文公稱霸

在晉文公登上王座的第二年，也就是西元前635年，周天子突然派了使者到晉國去宣讀詔書，詔書上說道，太叔姬帶已勾結了狄兵，現在已經攻佔了王宮，搶佔了王位，讓秦、晉兩國立刻帶兵前去討伐姬帶。

晉文公收到詔書後，立刻召集文武大臣來商量這件事。狐偃說道：「齊桓公之所以能夠在過去建立霸業，令其他諸侯都俯首稱臣，就是因為他奉行尊王攘夷的政策。

現在您剛剛即位，勢力還不強大，如果想要建立一番霸業，這樣做也不失為一條好的選擇。」於是晉文公便選好了日子，在那天親自披掛上陣，浩浩蕩蕩地向京師進發。

晉軍一路上所向披靡，太叔姬帶知道後，就將軍隊駐紮在了溫地。晉文公將軍隊分為兩路，一路由右將軍邵溱率領去攻打溫地，另一路則由左將軍趙衰率領著去了鄭地竹川，迎接周天子返京。溫地的百姓得知晉軍要來救援的消息後，打開城門來迎接他們。太叔姬帶見大勢已去，想要乘車逃跑，結果被晉國大將魏仇給殺了。晉軍很快就平定了太叔的叛亂，把周天子迎回了朝中。

周天子為了表達對晉文公的感謝，特意在宮殿裡大擺筵席來款待他們一行人，周天子還把溫、原、陽樊、攢茅四塊土地都給了晉文公。晉文公為了真正獲得這四塊土地，將晉軍大部都駐紮在了太行山的南邊，派魏仇去收復陽樊，顛頡去平定攢茅，欒枝前往溫地，他自己則和趙衰到原地去。

晉軍要到原地來的消息傳出後，有一個叫原伯貫的周朝的卿士，四處造謠說晉國人都是些殺人不眨眼的惡魔，所到之處雞犬不寧，民不聊生。原地的百姓一聽，都信以為真，於是關緊城門不放晉軍進來。晉文公帶著士兵在外面包圍了整座城，傳下話說他只等三天，三天後如果城內人還是決定不開門，他就立刻退兵。到了第三天晚上，從城裡跑出一個人對晉文公說：「我們都已經知道晉軍是一支紀律嚴明的正義之師，已經決定明天就開門投降。」晉文公聽後說道：「我說過只等三天，明天一早我們就會離開。」一些大臣說道：「城裡人既然已經決定投降了，再多等一天又有什麼關係？」晉文公嚴肅的回答道：「人無信則不立，信譽是根本，如果為了一時的利益而不顧信譽，那以後還指望誰來相信我們呢？」

天亮以後，晉文公果然帶著軍隊離開了。就在這時候，城裡的百姓忽然都跑了出來追趕晉軍，一直追了三十多里地。就連最開始造謠的那個原伯貫也表示願意投靠晉文公。於是，晉文公重新下令軍隊就

地駐紮下來，自己帶著幾個親信回到了原城。城裡的百姓歡呼雀躍。晉文公又按照周朝的禮節接見了原伯貫。從此以後，原城正式歸到了晉國的地盤，晉文公將趙衰留在了那裡當長官。

西元前633年，楚國聯合了陳國、蔡國、鄭國和許國四個國家一起去攻打宋國。宋國危急，宋成公趕忙派司馬公孫固到晉國去求援。

晉文公收到求救的書信後，趕忙叫來了大臣們商量對策。先軫首先說道：「楚國是大國，國富民強，還曾經幫助過您，如果我們答應了宋國的要求，肯定會得罪楚國，這件事真是不好辦。」晉文公說：「可是宋國也曾經幫助過我們，說什麼也不能見死不救啊！」狐偃說道：「衛國和曹國這兩個國家的關係很好，現在又都歸附了楚國。但這兩個國家都跟我們有仇，如果我們去攻打他們，楚國一定會幫他們，這樣一來，宋國不就安全了嗎？」晉文公採納了狐偃的建議，將這個計畫又告訴了宋使公孫固，囑咐他讓宋成公一定要堅守住城池。

晉文公於是準備發兵攻打曹國和衛國，並任命邵縠做元帥。邵縠對晉文公獻計說：「我建議我們以攻打曹國的名義去向衛國借道，衛國一定不會答應，我們暗中偷襲衛國，再乘勝攻打曹國，這樣肯定能夠取得勝利。」晉文公按照邵縠的計畫執行，命人到衛國去借道，衛國果然沒有答應。晉軍趁機向南渡過了黃河，一直打到五鹿城下，衛國的軍隊紛紛逃散。晉文公兵不血刃地收取了衛地，得意地說道：「當年狐偃曾經說過一句話，得土吉利，今天總算是實現了。」接著，晉軍又聯合了齊軍，力量進一步壯大。衛成公見五鹿已失，料到衛郡也堅持不了多久了，乾脆讓弟弟叔武替自己處理國事，而他卻逃到襄樂享清福去了。晉軍很快就佔領了衛國的國都。

消滅了衛國後，晉文公接著便去攻打曹國。曹共公得到消息後，急忙召集文武大臣一起來商量對策。大夫僖負羈說道：「晉國之所以發兵攻打我們，無非是想報當年的仇。現在晉國剛剛滅了衛國，士氣正旺，硬打是打不過的，我願意

親自前往晉軍軍營裡去議和，以免除百姓的禍患。」大夫于朗聽了這話後怒不可遏，憤憤地說道：「當年晉侯從我們這裡經過的時候，僖負羈就私自給他送去食物，現在又主張求和，這是賣國的表現。必須殺了他，晉軍才可以擊退。」曹共公因為念在僖負羈曾經有過功勞，於是只是罷免了他的官職。曹共公最後想出了一個假投降的計謀來，晉文公果然相信了，立刻就要帶兵進到曹都裡，先軫勸他說：「現在仗還沒有打，竟然就投降了，其中一定有詐。」

晉文公為了試探虛實，在黃昏時分舉辦了一個假的受降儀式，命人裝作自己的樣子去城裡接受投降。等到到了城中央的時候，忽然間萬箭齊發，一行三百人全部死於當場。曹軍都以為晉文公已經死了，心下都鬆了一口氣。誰知道天明以後才發現，殺的是個冒牌貨。為了動搖晉軍的軍心，曹軍將殺害的屍首都吊在城牆上，晉軍久攻不下，再看到屍首，一時都沒了脾氣。這時有人建議道：「曹軍既然都這麼幹了，我們為什麼不把他們的祖墳給挖了？」曹共公一看祖墳都被挖了，只好投降。

晉軍接連打了勝仗，一時名聲大振，那些圍困宋國的諸侯國都紛紛撤兵，宋國安全了。從此以後，晉國更加強大，晉文公的名氣也遠播四海。

晉文公因為對楚國曾經的幫助很是感激，一直都不想跟楚國開戰。楚軍前來挑戰，他按照之前的承諾，下令全軍向後退了三舍，算是報答之前的恩德。楚軍見晉軍不戰自退，都認為他們是害怕了，越發趾高氣揚起來。但是最後，晉文公透過周密的計畫，還是打敗了楚軍。為了保持兩家的友好關係，他下令不要追擊。

晉國打敗了楚國之後，連周襄王都派出了使者去慰問晉軍，還贈給了晉文公象徵諸侯首領的服飾、刀箭等珍貴的物品。從此以後，晉文公就成了春秋時期的霸主。

晉靈公害趙盾

晉文公重耳於翟國避難之時，迎娶了戎族國君的小女季隗為妻，並生有姬伯鯈和姬叔劉兩子；重耳還將她的姐姐叔隗嫁給了謀士趙衰，叔隗生有一個兒子，趙衰為其起名為「盾」。趙盾年幼時便跟隨博學的父親和英明的姨父重耳學習，於是從小就培養了博學多才、通情達理以及溫文爾雅的性格。

重耳在受到晉惠公迫害之後，踏上了流亡他國的漫長之路，而此時趙盾則跟隨母親在翟國相依為命。後來，秦國的秦穆公派遣軍隊護送公子重耳重回晉國，誅殺了晉懷公，並自立為晉文公。在這之後不久，晉文公就再次將自己的女兒孟姬嫁給了趙衰，孟姬生有三個孩子，分別是趙同、趙括和趙嬰齊。趙姬（本姓姬，嫁於趙氏，故史稱趙姬）是個品德極其高尚的人，在她得知趙盾母子還留在翟國後，便設法將他們接回了晉國。在叔隗帶趙盾回到趙家後，趙姬又要求趙衰和趙盾為趙氏宗子，並告誡她的三個兒子趙同、趙括、趙嬰齊以庶子的身分侍奉哥哥趙盾。

西元前622年（晉襄公六年），趙衰去世。晉襄公是個寬厚仁慈的君主，他下令趙衰生前所用的重臣繼續官居原職，並且按照死後子襲父職的規矩，讓趙盾繼承了父親的執政大夫一職，位列賈季（狐偃之子）之下。後來，襄公的老師陽處父向晉襄公建議說：「賈季為人過於自大，不如趙盾賢能。」於是晉襄公下令將賈季貶為中軍佐，輔佐趙盾，而趙盾則被任命為中軍元帥。此時，趙盾在陽處父的協助下，已經集軍政大權於一身，成為正卿，他擔任執政大夫兼中軍元帥，而趙氏家族的勢力也開始急劇膨脹。

就在趙盾成為正卿的幾個月後的西元前621年（晉襄公七年），年輕的晉襄公臥病不起，在其彌留之際將趙盾招到自己的榻前，並將年幼的太子夷皋託付給了趙盾，囑託趙盾輔佐夷皋。晉襄公死後不

久，趙盾卻認為太子夷皋年紀太小，希望能立一個年紀大些的國君，便和其他大臣們一起商議再立國君的事情。趙盾提議：「亂世之中應該立個年長的君主，太子夷皋年幼不能治理國政，不如擁立襄公的弟弟公子雍。公子雍深受文公喜愛，才學兼備，只有他才能讓晉國的霸業得以延續。」

中軍佐賈季卻表達了反對意見，他提議：「公子樂的媽媽辰嬴先後被懷公與文公兩人寵愛，如果我們立她的兒子公子樂，必然能得到晉人的擁護。」趙盾反駁說：「辰嬴地位太過卑賤，排名只是第九，而且他一人侍奉過兩任國君，如果立公子樂恐怕言不正、名不順。而公子雍的母親杜祁因為襄公當了國君，就主動讓逼姞（晉襄公的生母）排名在自己的前面，而且讓季隗也排在自己前面，自己則在內宮排名第四名。文公也因為杜祁的謙讓而異常喜歡她的兒子公子雍，還讓公子雍到秦國去做官，當了亞卿。再者，秦國也比較強大，距離我國又近，遇到戰亂也能成為他的外援。杜祁申明大義，兒子萬

般得寵，這在老百姓心中擁有崇高的威信，立他最合適的。」

其實，此時的趙盾還是一心一意地為晉國的命運著想，試想如果是一個有野心的人，那麼立一個年幼的國君更有利於自己獨攬大權。趙盾提議立賢能的公子雍，說明趙盾是個賢臣。然而其公然在朝會之上背棄先君的遺囑，也可見其權勢之大。

這之後，趙盾派遣先蔑、士會前往秦國迎立公子雍。而此時，對設立國君有意見的賈季也派人前往陳國迎立公子樂。趙盾察覺此事後，便派人在半路將公子樂殺了。賈季感到顏面盡失，於是遷怒於陽處父，認為正是他在晉襄公面前說的話，才使自己的軍權被趙盾竊取，如今鬧到如此地步。於是賈季派續簡鞠居殺死了陽處父。晉襄公安葬後，趙盾立即派人誅殺了續鞠居，賈季也意識到問題的嚴重性，連忙逃亡去翟國，尋求庇護。

此時，秦康公送公子雍（兩人為表兄弟）回到晉國，並且派給公子雍很多步兵守衛。而晉國太子夷皋的母親穆嬴在聽到公子雍要趕

回國內繼承君位的消息時，抱著太子在朝廷上哭泣說：「先君有什麼罪？他的後嗣又有什麼罪？捨棄嫡子而到外面尋找國君，將把這孩子置於何地？」穆嬴還抱著太子夷皋趕到趙盾的住所，向趙盾叩頭說：「先君把夷皋託付給您，如今國君去世，您卻要背棄他，您要我們如何活下去？」趙盾與其他大臣們都憂慮穆嬴的糾纏，萬不得已決定背棄公子姬雍而改立太子夷皋為國君，這就是晉靈公。晉靈公即位後，趙盾還親自率兵打敗了護送公子姬雍的秦軍。

然而，晉靈公卻並不知道珍惜自己的國君之位，更體諒不到母親穆嬴的苦衷。晉靈公長大以後，開始每日過著糜爛的淫逸生活，還為此大量徵收賦稅。有一次，他竟然從高臺上用彈弓射行人，而這僅僅是為了觀看他們躲避彈丸的樣子。他甚至還因為廚師沒有把熊掌燉爛就把廚師殺了，並放在筐裡，讓宮女們用頭頂著經過朝廷。大臣趙盾和士季看見露出的死人手，詢問廚師被殺的原因，得知後深為晉靈公的慘無人道而憂慮。

趙盾和大臣們打算勸說晉靈公，士季對趙盾說：「如果您的進諫國君都不聽，那就沒有人能接著進諫了。不如讓我先去勸勸，要是沒有作用，您再接著去勸。」於是，經過三次的求見，晉靈公才接見了士季，在聽了士季的勸諫之後，靈公虛情假意地說：「我已經知道自己做錯了，以後再也不會這樣了。」士季叩頭回答說：「每個人都會犯錯誤，只要犯了錯誤能夠改正，那就是最好的了。如果您能就此改過，體恤百姓，那麼臣子們就有了依靠，國家也就有了保障。」

然而，這之後晉靈公依舊肆無忌憚，並無任何悔改之意。後來趙盾又多次勸諫，於是晉靈公開始討厭趙盾，進而衍變成憎恨，甚至派鉏麑去刺殺趙盾。而鉏麑也算個忠臣，他一大早去了趙盾的家，看見臥室的門開著，趙盾已經穿戴好禮服準備上朝，而由於時間還早，趙盾正和衣坐著打盹兒。鉏麑感歎地說：「這種時候還不忘記恭敬國君，真是百姓的福祉啊。殺他是不忠；不殺是失信。不如自己去死

吧。」最後鉏麑在一棵槐樹上撞死了。

西元前607年（晉靈公十四年），晉靈公對於殺趙盾仍舊不死心，於是他假借請趙盾喝酒之名，事先埋伏下武士，準備殺掉趙盾。趙盾的車夫提彌明發現了這個陰謀，於是扶起趙盾走下殿堂。此時，晉靈公放出猛犬來咬趙盾，提彌明為了保護趙盾徒手上前搏鬥，最後戰死。而忠心的趙盾因為不忍心弒君，最後自己出逃了。

趙盾的弟弟趙穿知道此事後，找到桃園殺掉了晉靈公。而此時趙盾還沒有走出國境，於是就回來了。趙盾讓趙穿從周京迎來襄公的弟弟黑臀即位，即晉成公。

楚世家

▌ 一鳴驚人

在屈原的《離騷》裡面曾經說過「帝高陽之苗裔兮」，表明楚國的人都是顓頊帝高陽的子孫。火神祝融就是高陽的曾孫之一，而祝融的孫子季連的後代中有一個叫熊鐸。在周成王時期，因為曾經為文王和武王建立過卓越的功勳，所以熊鐸被封為子男爵，他的封地就是現在的楚國。所以說高陽是他們的先祖也是有歷史考證的。

周平王當政時期，周朝王室的力量逐漸衰弱，而楚國的力量則逐漸變得強大。到了東周時期，素以鐵腕手段著稱的熊通將自己的侄子殺死了，並且向天子要求稱王，遭到拒絕之後自己稱王，就是歷史上的楚武王。因為他的鐵腕政策和有所擔當的氣魄，在江漢平原建立了自己穩定的統治，相應的國家機構也逐漸完善了，可以說在楚武王的統治之下，楚國的綜合國力變得非常強盛。而繼他之後，熊貨即位為楚文王，定郢為都城。此後楚國就在這個地方一代代地繁衍下來。

到了楚穆王時期，西元前615年，成嘉接替他哥哥擔任令尹，一直在若敖氏的管理之下的舒國和其附屬國紛紛開始從楚國分離出去。過了一年，楚莊王熊旅即位。莊王因為年少，對政事一竅不通，只知道在宮中玩樂，朝政大事都交給成嘉等若敖氏一族來打理。

楚莊王即位之後第二年，成嘉為了鎮壓舒國等國的叛亂，開始發兵遠征，將公子燮和斗克留守在國都。斗克曾經是秦國的俘虜，後來因為秦楚聯合抵抗晉國，這才被放回來。但是回國之後，他一直沒有施展才能的機會，備受打壓，內心十分抑鬱。而公子燮在競爭令尹的時候輸給了成嘉，內心也很不服氣。就這樣兩個人湊到一塊去了，打算趁著成嘉不在國內就開始謀反。等出征的隊伍到達前線之後，他們就開始在國都戒嚴，還派人刺殺成嘉，結果失敗。成嘉立刻率大軍殺回國都。公子燮和斗克劫持著楚莊王突破重圍，開始逃往廬地，但在廬地被當地大夫戢梁誘殺，這樣叛亂以失敗告終，楚莊王也得以重新返回國都。

莊王有一匹自己的愛馬，他對待這匹馬比對待大夫還要高級，不僅讓它穿著刺繡的衣服，還讓它喝著珍貴的棗脯，馬棚都要比平常的要富麗堂皇得多。就是在這種優厚的待遇之下，這匹馬因為肥胖而死。在馬死後，莊王堅持要用安葬大夫的禮制來安葬這匹馬。眾多大臣認為莊王將馬放在和人同樣的位置上是對他們的一種侮辱，所以紛紛對莊王表示不滿，但是莊王聽不進去任何意見，下令處死再有對這件事情發表議論的人。

優孟聽說了這件事情之後，馬上就痛哭著跑進大殿，莊王感到非常奇怪，問他為什麼要哭。優孟說大王最心愛的馬都死掉了，楚國地大物博，什麼樣的珍寶都有，但是只用安葬大夫的禮制來安葬它，也顯得楚國太小氣了；應該用安葬君王的禮制來安葬這匹馬，才能顯示出楚國的富有。聽到這番話，莊王無話可說，只能放棄用安葬大夫的禮制來安葬馬匹。

僅過了兩年，也就是西元前611年，楚國發生了嚴重的饑荒。就在這時候，楚國外部的環境也不

安寧，周圍的國家都開始反對楚國發動進攻，很多附屬國也開始反叛，這時候楚國可謂是同時面臨著內有外患，情況十分緊急。短短的三年之內，國都收到的告急文書已經不計其數，各地都開始戒嚴，就在這種環境之下，楚莊王仍然只顧著玩樂，大臣不斷進諫，但是都被莊王退回來了，還說誰要是再進諫就處死誰，這讓很多大臣心急如焚。

一天，莊王正在喝酒吃肉、欣賞著歌舞的時候，大夫武舉來觀見莊王。莊王問武舉是想來喝酒、吃肉還是看歌舞，武舉說他只是想來讓莊王幫助解一個謎語，因為他怎麼想都想不出謎底。這一下莊王來了興趣，急忙問武舉到底是什麼謎語那麼難猜。武舉說道：「楚國的國都裡有一隻很大的鳥，一直停留在朝堂上面，三年過去了，從來沒有叫過一聲，也從來沒有飛過一次。這是一隻什麼樣的鳥呢？」莊王一聽就明白了武舉話裡面真正的意思，於是說道：「這肯定不是一隻普通的鳥，三年不叫也不飛就是為了積蓄力量，到時候一飛衝天，

一鳴驚人！」武舉聽了之後很高興地退出來了。

可是幾個月過去了，莊王依然和以前一樣，對國家現在的情況不聞不問，只顧著花天酒地地玩樂。蘇從忍不住了，急忙哭著去拜見莊王。莊王問他為什麼如此傷心，蘇從回答說：「我就要死了，楚國就要滅亡了，所以我才這樣傷心。」莊王不明白蘇從為什麼好端端的就要死了，楚國為什麼要滅亡了。蘇從解釋說：「我想勸您，但是您肯定不會聽，然後就會殺了我；再加上您整天只顧玩樂，不管朝政，楚國的滅亡也不遠了。」莊王聽完之後非常生氣；「我之前就說過，誰進諫就處死誰，你不怕死嗎？」蘇從悲痛地說：「您將我殺死了，我就會得到忠臣的美名。您繼續這樣下去，就會成為楚國的亡國之君。這樣是您更傻呀！」莊王聽完之後非常感動，表示蘇從說的都是正確的，一定會按照他的意見去辦。緊接著，楚莊王就下令解散了樂隊和舞女，從此開始遠離酒色，親自打理政事。

就是在莊王親政的這一年，

他來到了抵抗庸國的前線，親自指揮戰鬥，這樣一來，將士們的士氣高漲，很快就消滅了庸國。這樣莊王就取得了親政之後的第一場勝利。解除了外患之後，莊王迅速回國，平定了國內的叛亂，穩固了對國家的統治。這樣一來，莊王也開始打算北上爭霸了。這時候晉靈公已經親征，但趙盾仍然把持著朝政大權，他們之間的矛盾正在激化，這樣就給了莊王可趁之機來揮師北上。在莊王的統治之下，楚國越來越穩定，實力也在不斷增強，甚至一些中原國家也開始依附於楚國。

在西元前606年的時候，莊王親自率領大軍討伐戎國，趁著這個機會把楚國的主力部隊調集到了洛陽的周圍，並且在那裡舉行了盛大的閱兵儀式。這個舉動讓周定王非常惶恐，趕緊派大夫去慰問楚軍。在接見周大夫的時候，莊王詢問了九個鼎的重量和大小。九鼎代表著王權，莊王問鼎，標誌著楚國進入了歷史的最強階段。

孤獨的楚靈王

楚莊王的英雄一生在西元前591年結束，按照他生前的意願，他死後，年僅十歲的太子審即位為楚王，也就是楚共王。楚共王不像他的父親，沒有做出什麼轟轟烈烈的大事，性情也比較溫和，但是在他的五個兒子中，有三個性格卻是無比兇殘的，差一點就讓楚國陷入滅亡的絕境了。

在將近十年的南征北戰中，楚共王於西元前560年去世，百官擁戴其長子熊昭在西元前559年登上楚王的位置，稱為楚康王。楚康王在位僅僅只有十五年，但這十幾年基本都是在戰爭中度過的，不僅北上中原和晉國爭霸，還要抵禦東面吳國對楚國的侵犯，眾多將士在兩面作戰中疲於奔命，這種局面對楚國來說是非常不利的。為了打破這種局面，在宋國的調和之下，同樣內外交困的晉國和楚國在西元前546年簽訂了停戰協議，建立平分

霸權的盟約。

訂立盟約的第二年，楚康王去世，他的兒子繼承國君之位，為楚郟敖。而康王的弟弟公子圍是當時的令尹，掌管著朝廷大權。但是他並不滿足，在陷害兵馬大元帥之後，掌握了全國的軍權，這樣軍政大權都在他一個人手上，其野心，眾人皆知。之後他不管是自己外出還是接待其他使臣，一律都是採用君王的禮制。

楚郟敖在位的第四年因病臥床，公子圍將其勒死，這是西元前541年的事情。之後公子圍自立為楚王，改名為虔，成為楚靈公。他成為楚王的時候，正是晉楚兩國平分霸權的時候。

西元前538年，楚靈王決定在申地大會諸侯，但是晉、魯、衛都沒來，宋國也只有一個小代表，這惹怒了楚靈王。大臣勸諫靈王說：「已經來參加大會的諸侯王要以禮相待，這時候就可以展示我們雄厚的武力，讓他們對楚國心存敬畏，然後再征討沒有參加的諸侯。」但是靈王根本沒將他的話放在心上，驕縱之心外露，出言侮辱在座的各

諸侯國的使臣，一些下屬更被無辜處死。這樣一場大會為楚國留下了禍根。

在對外政策上，靈公信奉強權，但同時也要為自己博取好聲名。在進攻吳國之後，俘虜了齊國令尹慶封。慶封之前殺死了齊莊王，所以跑到吳國避難。靈王將慶封遊街示眾，說：「慶封弒君，欺壓百姓，還強行讓大夫們都支持他，大家千萬不要向他學習。」但是慶封卻反唇相譏：「靈王殺死自己的姪子，還強行讓諸侯支持他，也是不能學習的。」這樣徹底惹怒了靈王，靈王當即就處死了慶封。

靈王崇尚武力，不斷征戰。借為陳國平叛的機會，他將陳國徹底的消滅了，還殺死了蔡靈侯。他不顧其他諸侯的意見強行攻打蔡國，並殺死其世子祭天。這時候吳國為了報仇，血洗朱方失敗的恥辱，開始興兵攻打楚國，靈王失敗後回到國都，既不整頓軍務，也不理朝政，卻開始大興土木，建造「章華宮」。章華宮建好之後，極盡奢華，還派人請各地的諸侯都來慶賀章華宮的建成。從此之後，靈

王就只顧在章華宮盡情享樂，日夜笙歌，還為所欲為，逐漸失去了民心。

西元前530年冬季，楚靈王開始發兵攻打徐國，在乾溪駐紮。時值冬天，戰士身穿鐵甲在風雪中，十分寒冷。但是靈王卻穿著貂皮大衣，悠閒地觀賞雪景。跟著他的士兵都衣衫單薄地站在寒風中凍得發抖，這樣的對比，讓將士們心都寒透了。

將士們在外面饑寒交迫，但是靈王卻整天待在暖和的帳篷中吃喝玩樂。右尹鄭丹知道長此下去，一定會發生變故，所以勸靈王儘快班師回朝。本來靈王都答應了，但是恰好前方傳來捷報，這樣一來，靈王認為消滅徐國就指日可待。就在這時候，國內出事了。

趁著靈王不在，蔡公棄疾殺掉了靈王的兩個兒子，並且鼓動靈王的三弟和四弟發動叛亂，子比成為了新的楚王，子皙成為令尹，棄疾則成為掌管兵馬的司馬。這時候棄疾派人到乾溪鼓動楚國的官兵：「現在楚國已經換了君主，如果你們願意回去，可以保留原來的官職和土地。如果不願意回去，繼續跟著昏君，抓到之後就會誅滅三族。」靈王身邊的將士們早就不滿了，聽說之後，全部都回去了，只剩下靈王一個人留在乾溪。

靈王聽說自己的兒子被殺死之後，痛哭不已，這時候只有鄭丹在身邊。靈王問他該怎麼辦，鄭丹建議靈王先回到國都，看看人們的反應再作打算。可是靈王卻有自知之明，知道自己回去之後可定會被馬上殺死。

鄭丹又建議他去尋找其他諸侯的幫助，但因為之前靈王將他們都得罪了，靈王知道他們也不會幫助自己。最後鄭丹也沒有其他的辦法來幫他，所以也離開了。

靈王一個人在山裡，想下山討點吃的東西。他一向驕奢淫逸，現在身邊連一個人都沒有，想要點殘羹冷炙都找不到人家，羞憤交加之中，靈王自盡而死。

然而子比不知道靈王究竟是生是死，而棄疾猶在城外造謠說靈王已經率領大軍打回來了，還宣布了他們的罪狀。子比的王位還沒坐穩，就急匆匆逃走了。在棄疾的恐

一次讀完史記故事

嚇之下，子比和子晳雙雙自盡。這樣，在西元前529年，棄疾，也就是楚共王最小的兒子登上王位，就是楚平王。

費無忌亂楚

楚平王成為楚王之後，他讓太子和秦景公的女兒孟嬴，也就是秦哀公的妹妹定親，實現政治上的聯姻，達到聯合秦國來牽制晉國的目的。十三歲的長子建是當時的太子，大夫伍奢是太子的老師，即太子太師，而費無忌則是太子少師。太子比較尊重伍奢，對費無忌很厭惡。這樣費無忌就懷恨在心。他將所有的心思都放在楚平王身上，想方設法的討得平王歡心。

過了兩年，太子長到了十五歲，到了該成家的年紀了。這時候費無忌作為迎親的使者去秦國迎娶孟嬴。費無忌在見到孟嬴非凡的美貌之後，心生歹念。因為他一直對太子尊敬伍奢卻不理自己而懷恨在心，而且在平王去世之後，太子就會成為楚王，自己的地位就會不保，所以現在要千方百計地離間他們父子的感情。他打算先鞏固地

位，再來對付太子。

在迎娶孟嬴回到楚國的路上，費無忌先回到楚國，對楚平王說：「秦女孟嬴是一個傾國傾城的美女，大王可以自己來迎娶她，至於太子，再隨便給他一個媳婦就可以了。」楚平王生性好色，一聽說孟嬴是個美女就馬上同意了。於是費無忌就對護送公主出嫁的使臣說，按照楚國的風俗，新娘要首先拜見公婆，然後才能舉行婚禮。說完就帶著新娘子就進了皇宮。在拜見楚平王的時候，楚平王眼睛都看直了，於是就將孟嬴佔為己有，將孟嬴身邊一個陪嫁的侍女當做秦國公主嫁給了太子。這下高興的不只楚平王，還有費無忌，因為這之後，楚平王就更加信任他了。

孟嬴被留在了楚平王的身邊，楚平王十分寵愛她，不久孟嬴就生下了一個兒子，取名為軫。儘

管費無忌已經取得了楚平王極大的信任，但是還是擔心萬一哪一天太子知道了事情的真相，對自己肯定沒有好處。如果楚平王去世，太子肯定不會放過他。為了避免這種情況，所以他開始不斷在楚平王身邊說太子的壞話。楚平王因為自己搶了兒子的媳婦，看著太子也很不順眼，所以聽了費無忌的話，讓太子離開國都，鎮守城父，這一年是西元前523年。這樣太子就離開了國都，名義上管理著方城以外的事務。然而在太子離開之後，費無忌就更加肆無忌憚地開始彈劾太子。

他對楚平王說：「現在太子已經知道您將他的媳婦搶走了，對您心懷怨恨，大王您要多加小心啊！現在太子在外面鎮守城邦，手裡拿著兵符，對外還可以和諸侯結盟，很有可能會造反啊！」聽了費無忌的這一番話，楚平王心中非常生氣，就把太子的老師伍奢叫過來責備他。伍奢知道費無忌一直在陷害太子，明知道站在太子這一邊會十分危險，但是他天性耿直，即便是遇到危險也不會昧著自己的良心說假話，所以他對楚平王直言不諱地說道；「大王您不相信自己的至親骨肉卻要相信一個小人的讒言嗎？」平王聽了之後，默然無語，讓伍奢退下了。

費無忌知道這件事情之後，也佩服伍奢的厲害，但是又擔心楚平王信了伍奢的話，那麼自己的小命就完了。所以一不做，二不休，乾脆在楚平王面前污蔑太子和伍奢借助齊國和晉國的力量，正準備發動叛亂。楚平王馬上就把伍奢抓起來了，還讓司馬奮揚去城父將太子殺死。但是奮揚知道太子是無辜的，所以派人暗中將這件事情告訴了太子，這才慢吞吞地上路了。等到奮揚到達城父的時候，太子早就逃到了宋國。奮揚讓城父的大夫將自己押送回國都請罪。楚平王問他：「我親自對你下令，這件事情就只有我們兩個人知道，太子怎麼會知道的？」奮揚承認是他偷偷地告訴了太子，他說；「您曾經對我說過，對待太子就要像對待大王您一樣。我沒有什麼才幹，不敢三心二意，所以按照您之前的吩咐來做，不忍心按照您後來的命令來做，所以把太子放跑了，現在追悔莫及。

一次讀完史記故事

我沒有完成您給的使命，如果再次逃跑的話就是第二次違抗您的命令了，所以特地回來請罪。」楚平王聽了之後很無奈，於是讓他去城父做了父母官。

伍奢雖然被關起來了，但是費無忌考慮到他還有兩個兒子，武功都很不錯，如果不斬草除根的話，一定會留下禍害。所以費無忌對楚平王說：「伍奢被關起來了，他的兩個兒子肯定會心懷不滿，殺了他留下兩個兒子肯定是個禍害，但是不殺伍奢，太瓎子得到伍奢就如虎添翼了。倒不如用伍奢把他的兩個兒子騙過來一起殺了。」楚平王同意了費無忌的說法，於是對伍奢說：「你現在馬上讓你的兩個兒子回來。如果他們都回來了，你就可以免除一死；如果他們不來，就等著為你收屍了。」

伍奢知道費無忌想要將他們斬草除根，但是他知道兩個兒子的為人處事是兩種不同的態度，伍尚宅心仁厚，知道自己如果來了能使父親免於一死就一定回來；伍子胥能文能武，聰明有謀略，知道來了會死，是絕對不會來的，所以回覆給楚平王說只有一個會來。楚平王問為什麼只有一個來，伍奢說：「伍尚很孝順，知道來了能免我一死肯定回來，但是伍子胥長於謀略，他知道來了一定會死，所以不會來。如果他不來，一定會引起楚國的一場災禍。」

楚平王卻不聽這些道理，馬上派人讓伍氏兄弟回來。伍尚聽說之後馬上就要回去，但是伍子胥知道這樣並不能救出父親，反而會搭上他們兩兄弟的命，於是就告訴伍尚這是想要對他們一網打盡的計謀。不如現在逃到其他的諸侯那裡，尋找機會報仇。伍尚陷入了左右為難的境地：自己去了父親可以不死，不去就是不孝；但是父親含冤而死無人報仇就是沒有智謀。所以伍尚對伍子胥說：「報仇的事情你比我強，你就先逃吧，我去陪著父親一起死。」自己跟著使者回去了，而伍子胥則逃走。

因為費無忌的迫害，伍子胥家破人亡，最終他實現了要報仇雪恨的誓言。楚平王死後伍子胥還挖開了他的墳墓，鞭打他的屍體，而費無忌也被楚國的王族滅了族。

趙世家

趙氏孤兒

晉靈公極度的昏庸無道，荒淫到了極點，因為大臣趙盾敢於直言進諫，惹怒了晉靈公，所以很想殺掉他。趙盾知道君王想殺掉自己，但是卻不肯背棄君臣之道殺掉晉靈公，所以只好逃了出來。但是不久之後，趙穿，也就是趙盾的弟弟就殺掉了晉靈公。於是趙盾兄弟擁立襄公的弟弟姬黑臀為晉成公，這樣趙盾開始重新手握大權了。一天，趙盾夢見祖先叔帶，並且痛哭不止，然後又開始邊拍手邊大笑，還唱起了歌。隨後趙盾就占卜了一次，開始龜甲上顯示的很不好，但是後邊卻沒事。一位判官聽說了這件事之後，說這個夢是個凶兆，但是壞事在趙盾身上不會應驗，趙盾的兒子就會有危險，到了孫子的時候，趙家就會沒落。趙盾為了保住子孫的富貴，所以開始和晉國聯姻，讓自己的兒子趙朔娶了晉成公的姐姐，成了駙馬。晉景公即位之後，趙盾去世，趙朔繼承了他的爵位。

在晉景公三年的時候，也就是西元前597年，鄭國受到楚國圍困，向晉國求援。晉國派趙朔率兵增援，和楚莊王在黃河交兵。而在趙朔出兵期間，朝政大權就落到了屠岸賈的身上。屠岸賈原本是晉靈公的寵臣，但是當年晉靈公被趙穿所殺的時候，並沒有殺掉屠岸賈，到了景公的時候，屠岸賈就成了司寇。屠岸賈極度的心狠手辣，當年晉靈公死後他的地位一落千丈，為了報仇，他決定滅掉整個趙氏家族，趙朔就成為了頭號目標。

屠岸賈開始實行他的報仇計畫，趁著趙朔不在，召集所有的大臣商量：「當年趙穿殺害君主，是謀逆大罪，趙盾雖然不知道，但是也算是亂臣賊子，這樣的人，他的子孫還在朝中掌管大權，是不合乎法制的，所以應該將他們都殺掉。」大臣韓厥卻說；「先君都認為趙盾在靈公遇害的時候是無罪的，所以趙盾才能留住性命。你現在要誅殺他的後代，就違背了先帝的意願，等同於濫殺，而且此時還隱瞞國君，根本就沒有把國君放在眼裡。」儘管這樣勸說，但是屠岸賈根本就聽不進去。

於是韓厥將屠岸賈的計畫告訴了趙朔，趙朔卻不願意背棄自己的國家，始終不肯逃跑，但是也想保留趙家的一點血脈，所以請求韓厥幫助自己保留趙家的香火，自己就算死了也沒有遺憾。韓厥見趙朔執意如此，就答應了他的要求。

此後趙朔稱病，足不出戶，這樣屠岸賈也沒打算放過他。在晉景公不知情的情況下，屠岸賈率兵將趙朔的府邸包圍了起來，同時在下宮殺死了趙家所有的族人。趙家就這樣滅亡了。但是當時，趙朔的妻子已經懷有身孕，在趙家慘遭滅門的時候，她正好在景公的宮中，於是就在那裡躲了起來。

當時趙朔的門客中，公孫杵臼和程嬰對趙家都很忠心。公孫杵臼想以死來表明自己對趙家的忠心，但是程嬰卻說，趙朔的妻子懷有身孕，如果是男孩，我們可以將他撫養成人，留住趙家最後一條命；如果是女孩就是天要趙家亡，到時候再死也不遲。

不久，趙朔之妻生下一個男孩。屠岸賈知道後馬上派人到宮中

搜查。趙朔的妻子就將嬰兒放在自己寬鬆的褲子中，悄悄祈禱：「如果上天真的不憐憫趙家，要他們遭滅族之火，那麼孩子就放聲大哭；如果有幸可以保留一點血脈，那麼孩子就不要發出任何聲音。」等到屠岸賈搜到這裡，孩子沒有發出任何聲音，躲過了一劫。

為了將男孩救出來，程嬰說：「死很容易，但是扶立遺孤很難啊。屠岸賈第一次沒有搜到，肯定還會再來的，所以要趕快將嬰兒救出來。」恰好程嬰家中有一個剛出生不久的男嬰，於是他們將趙朔的孩子抱到深山裡面藏了起來，公孫杵臼看到程嬰竟然肯捨棄自己的孩子來保護趙家的孩子，很受感動。為了能夠讓程嬰活下去，他決定放棄自己的生命。程嬰假意到屠岸賈面前說他可以告訴屠岸賈趙家的孩子在哪裡，但是必須給他萬兩黃金。屠岸賈馬上就答應了，程嬰得到萬兩黃金之後，帶著屠岸賈的人來到了公孫杵臼的面前。

公孫杵臼假裝非常氣憤地大罵程嬰是個卑鄙小人，為了自己的榮華富貴出賣了朋友；即便是程嬰不

願意撫養遺孤長大成人，他公孫杵臼也可以做到，也不至於要到出賣他們的地步。公孫杵臼抱著嬰兒對屠岸賈說：「嬰兒並沒有罪，希望能夠讓他活下去，他可以以死來補償。」但是屠岸賈並沒有答應，將公孫杵臼和嬰兒都殺死了，這樣屠岸賈才放心了。其實這是程嬰犧牲自己的孩子和公孫杵臼的性命來保全趙氏遺孤的偷樑換柱之計，雖然付出的代價很大，但終究還是保住了趙家最後的血脈。

計畫成功後，程嬰找了個機會把趙氏遺孤接到自己家裡，起名程武，一方面是紀念自己的兒子，另一方面也是保護這個孩子。

在孩子長到十五歲的時候，景公病重，占卜的結果說是因為大業慘遭滅族，他們的神靈不滿，因此景公才會生病。於是景公詢問韓厥為什麼大業的子孫滅亡了神靈會怪罪於他。韓厥因為知道趙氏孤兒的事情，所以說：「大業的子孫都姓嬴，自從叔帶在幽王的時候到達晉國之後，就開始改姓趙了，一直都延續著家族的血脈。但是在您手中，趙家慘遭滅門，所以他們的神

靈怪罪於您。」景公急忙詢問趙家是否還有後代，韓厥將真相如實告訴了景公。之後馬上命令程嬰帶程武進宮，改名為趙武，讓他繼承趙家的爵位。

隨後景公命令韓厥將士兵埋伏起來，大臣們害怕不同意就會遭到殺害，都說同意趙武繼承趙家爵位，並說：「下宮事變是屠岸賈假傳聖命策劃的，現在將爵位歸還給他的後代也顯示您是一個英明的君主，最好趁現在將屠岸賈殺死，就更能顯示出您的英明。」於是景公馬上命令趙武帶兵去誅殺了屠岸賈一家，原來屬於趙家的封地又回到了趙武的手裡。

趙武行了成人禮之後，程嬰要和他告別說：「我的任務使命已經完成，趙家重新恢復了以前的地位，你也已經長大，是時候給你父親和公孫杵臼一個交代的時候了。如果我一天不去覆命，他們就會認為我還沒有完成使命。」儘管趙武痛哭挽留，程嬰還是絕食而死。在他死後，趙武將他奉為先父一樣，守孝三年，以後他的子孫世代都要來祭拜程嬰。

▌趙簡子當權

趙氏孤兒在程嬰的撫養下長到十五歲才得以恢復自己本來的趙姓，儘管將原來趙家的封地重新分給了他，但是趙家被屠岸賈滅門之後，趙家的實力幾乎被清除一空，趙武雖然恢復了姓氏，但是還沒有自己的實力，直到西元前548年，趙武開始掌管朝政大權，趙家才算是重新崛起了。趙武可以說是英年早逝，諡號「趙文子」，之後他的兒子趙成繼承爵位，不過也沒有活太久，就成了「趙景子」。趙成死後，他的兒子趙鞅可是說是晉國歷史上的風雲人物。

趙成病重的時候，趙鞅開始代父上朝，在韓起、魏舒的幫助下開始執政，這時候是西元前525年，韓趙魏三家和范荀成對立之勢，趙

鞅初入政壇的時候是六卿之末，而韓起則位列正卿之首。

周景王於西元前520年去世，之後周朝發動皇位之爭，敬王成功即位。之後王子朝不甘失敗，發動叛亂。敬王不敵，向諸侯國求援。金國派荀躒勤王，結果很長時間都沒有平定下來。三年之後，趙鞅服喪期滿，馬上披掛上陣勤王。他和其他諸侯國的代表商量，首先派兵保護周王，然後用糧草增援軍隊。只用了一年的時間，叛亂就平定了。護送天子回朝之後，趙鞅的威名大振。

西元前514年，韓起去世，魏舒開始執掌政權，但非常軟弱，他位高權重卻只會妥協，國家的穩定和和平在他手中艱難地維持著。這個時候范家的範鞅開始想方設法的籠絡趙鞅，用盡各種手段希望趙氏能夠依附於范氏。范鞅為了能夠拉攏趙氏，鼓動荀寅將自己的姐姐嫁於邯鄲大夫趙勝，趙勝因其祖趙旃封於邯鄲（晉國的東方重鎮），已經被稱為邯鄲氏。

換句話說，邯鄲氏與趙氏同屬於一宗，但血親上已逐步疏遠。趙勝死後，范鞅任命趙勝與荀寅姐姐生的兒子趙午擔任邯鄲大夫。本來兩家的關係早就已經遠到十萬八千里了，但是邯鄲氏因為這種關係還是被范氏一步步拉攏了。

一年之後，范鞅和荀氏一族的人聲稱魏舒命令他們收繳民間的鐵器，要交給國家。在鐵器收上來之後就把它們鑄成了鼎，並將當年范宣子時代的法令刻在鼎上。這件事標誌著晉國諸侯和正卿的威信已經大幅度下降了。

終究還是抵不過時間的力量，範鞅死去的時候，趙鞅還正當壯年。之後荀躒成為正卿，但他只是一個文質彬彬的書生。范鞅的兒子雖然聰慧過人，但是資歷太淺，只剩下一個荀寅再也不能阻攔趙鞅，於是趙鞅的才能、抱負終於有機會施展了。

西元前498年，也就是晉定公十四年的時候，大夫范吉射和荀寅意圖謀反，於是和邯鄲大夫趙午商量。趙鞅見到趙午的時候，要求趙午將之前從衛國分到邯鄲的五百戶人家還給他，以便安置到晉陽去。一開始趙午答應了，但是回去之後

一次讀完史記故事

又反悔了。趙鞅知道後非常生氣，認為趙午和范荀相互勾結，肯定會謀反，所以把他抓到晉陽關了起來，後來還是將他殺了。

殺了趙午之後，他的隨從涉賓被放了出來，但是以後邯鄲家族就要自尋生路了。涉賓回到邯鄲之後，十分悲憤，於是和趙午的兒子趙稷一起發動了叛亂。趙鞅因為他們違抗自己的命令，還興兵造反，所以立刻命令籍秦率兵攻打邯鄲。但是趙鞅不知道的是，籍秦原本是荀氏的家臣，是派來監視趙鞅的。趙午算是荀寅的外甥，所以籍秦將趙鞅要攻打邯鄲的消息告訴荀寅。

得知這個消息之後，荀范兩家開始召開緊急會議，研究怎樣才能解邯鄲之圍。他們決定和邯鄲一同起兵造反，於是開始召集兵馬。

趙鞅的家臣董安于很快就感覺到了荀范兩家的異動，勸說趙鞅早作準備。但是趙鞅很無奈，因為當時晉國的法律規定最先發動叛變的人會被處死，所以只能靜觀其變、後發制人。董安于見趙鞅沒有反應，於是私自調動趙氏的軍隊，準備迎戰。

正如董安於預料的那樣，還不到一個月，荀范兩家就聯合兵力開始討伐趙氏，籍秦這時候正在奉命攻打邯鄲，也不得不停下來，因為他原本就是荀氏的家臣，所以荀寅攻打趙氏，籍秦當時就聯合邯鄲的兵馬一起，給趙氏反戈一擊。就這樣，趙鞅在三方夾擊之下倉皇逃走，回到了趙氏的大後方晉陽。

趙鞅在回到晉陽之後，尋求韓不信和魏侈的幫助，終於戰勝了荀寅和范吉射。荀寅和范吉射在起兵失敗後逃到了朝歌，而趙鞅則在韓不信和魏侈的幫助之下回到了晉國絳城。之後智伯勸趙鞅儘快處罰董安于，因為荀范兩家之所以叛亂，罪魁禍首就是董安于，現在荀寅和范吉射都受到了應有的處罰，但是只有董安於安然無恙，這樣是沒法堵住悠悠之口的。趙鞅很不忍心下令處罰他，但是董安於自己卻說：「我應該早就死的，我死之後，趙氏和晉國都不會有事了。」隨後就自盡身亡。

儘管荀寅和范吉射逃到了朝歌，但是趙鞅並沒有打算放過他們，在晉定公十八年出兵攻打他

們，將朝歌包圍之後，殺了范吉射。在混亂中，荀寅逃到了邯鄲，趙鞅又發兵去邯鄲。隨後荀寅逃到柏人，趙鞅的兵馬又追到柏人，這一次荀寅沒能逃脫，在柏人被殺。

連年的征戰，邯鄲和柏人都歸到了趙氏的名下。張揚雖然還只是晉國的上卿之一，但是他的封地和諸侯已經差不多了，在朝政上也是大權獨攬了。這一年是西元前493年，之後趙鞅就開始了對晉國長達十七年的獨裁統治。他死後，諡號為「趙簡子」，所以在歷史上，將他獨掌政權的時期稱為趙簡子當權。

三家分晉

西元前464年（晉出公十一年），出公派智伯率領軍隊進攻鄭國，此時，趙簡子正好生病了，於是就讓自己的兒子趙毋恤率領軍隊協助智伯進攻鄭國。

智伯名瑤，是智宣子的兒子。智瑤儀錶魁偉，武勇善射，性格剛毅果決，也好喝酒，愛捉弄人。趙毋恤是趙簡子的兒子，在趙家的地位是非常低微的。因為他的母親是小妾，又是翟人，所以有時候就連趙簡子也看不起這個兒子。但是趙毋恤卻很爭氣，從小就很聰明，非常具有膽識。因為他的聰慧，趙鞅的家臣姑布子卿開始注意到了他。

因為子卿很會說話，深得趙鞅的信任，所以很快子卿就向趙鞅推薦了他的小兒子趙毋恤。

一天，趙鞅將所有的兒子都召集起來，並對他們說常山之中有他藏起來的一塊寶符，讓所有的兒子都上山尋找，最先找到人會有重賞。但是幾乎所有的兒子都是空手而回的，只有趙毋恤說他找到了。在向趙鞅解釋的時候，他說道：「常山地勢險要，如果以此去攻打代國，那麼代國就是趙氏的囊中之物了。」這番話正中趙鞅的下懷，所以他非常高興，覺得趙毋恤最能明白他的良苦用心，也是難得的人

才，所以破例立他為太子。

在這次出兵的過程中，智伯因為酒喝多了，將趙毋恤痛打了一頓。當時趙氏的家臣就要和智伯拚命，但是趙毋恤阻止了他們，勸他們以大局為重，不要因為衝動耽誤了進攻鄭國的大事。趙毋恤表面上看沒什麼，但是心裡卻記恨上了智伯。智伯清醒之後，知道將來趙毋恤一定會報復自己，所以在戰事結束回國之後，就立刻勸趙鞅改立太子，但是趙鞅不為所動。在趙鞅去世之後，趙毋恤就繼承了父親的爵位，成了趙襄子。

這時候的晉國由四大卿掌管，智伯是實力最雄厚的，在朝政上他是一手遮天。在晉哀公即位後，智伯就想藉機吞併韓趙魏三家的土地。於是對他們說：「晉國原本是中原的霸主，但是後來吳越先後奪取了霸主之位，為了重振晉國的威風，我們每一家都奉獻出一百里土地和人口。」

其他三家都知道智伯只是利用哀公的名義來謀取私利，藉此剝奪他們的土地。韓庚子本來想拒絕的，但是他的一位家臣認為，如果直接拒絕，那麼智伯肯定會動用武力，因為智伯一向為人陰險，而且剛愎自用。另外他本性貪婪，在韓家得到土地之後，還會向其他兩家索要土地，等到其他人拒絕的時候，就是興兵討伐他最好的時機了。所以韓家將土地和人口都割讓給了智伯。

魏家的魏桓子也很不願意將土地不明不白地交給智伯，但是如同韓家所說的一樣，魏家的謀臣任章也說智伯得到土地之後就會變得驕傲，目中無人，繼而會理所當然地去索要其他人的土地，那麼凡是被他要去土地的人就會聯合成一個大聯盟，一起去反抗智伯，所以沒有必要為了一點土地勢單力薄地反抗智伯，等到事態演變到對智伯不利的時候，再興兵也不遲。在他的建議之下，魏家也將土地和人口交給了智伯。

接著，智伯又去趙家索要土地，但是被趙襄子果斷拒絕了。智伯立馬命令韓魏兩家興兵攻打趙家。於是在西元前455年，智伯的軍隊為中路，韓魏的兵馬分別是右路和左路軍，浩浩蕩蕩地向趙家進

軍了。趙襄子知道自己的實力不能硬拚，所以帶著軍隊退到晉陽。雖然三家軍隊將晉陽城緊緊地包圍了，但是趙襄子還是命令：只許死守，不許出戰。

在智伯查看地勢的時候，看到晉陽城外的晉水。這條晉水是繞著晉陽城向下流的，只需要將水引到西南邊就可以直接水淹晉陽城了。於是智伯命令士兵在晉水的旁邊再挖一條河，朝向晉陽，又在晉水的上游建起了大壩，攔住了晉水。因為正逢雨季，水壩的水很快就滿了，智伯命人在水壩上開了豁口，這樣大水就直接灌到晉陽城了。於是晉陽城馬上就變成了一片汪洋，百姓只能在房頂上避難。儘管條件很艱苦，但是沒有一個人願意投降。

智伯帶著韓庚子和魏桓子去查看水勢的時候非常得意，對他們說：「晉陽這樣子很快就完了。原本還以為晉水能阻擋我們進攻呢，沒想到反而幫了大忙，水也能滅掉一個國家呀。」這些話提醒了韓魏兩家，韓家的封邑平陽和魏家的封邑安邑旁邊都恰好有一條河，現在智伯能用水淹晉陽城，以後也很可能會用大水來湮滅平陽和安邑。這樣，他們兩人開始坐立不安了。

大水淹了晉陽城，雖然老百姓很堅定，但是情況越來越糟糕，水勢再上漲的話，整個晉陽就保不住了。趙襄子找到他的門客張孟談，看有沒有什麼辦法可以解決問題，張孟談對他說：「韓魏兩家雖然割了土地，但是心裡也是不滿的，可以爭取過來。」於是當晚，張孟談就奉趙襄子之命潛出城，先後找到了韓魏兩家，希望能夠聯合起來一起攻打智伯。韓魏兩家本來就已經開始動搖，經他一說很快就答應了。

到了第二天晚上，智伯正在營地休息，猛然喊殺聲大作，他馬上驚醒了，發現兵營裡面全是水。一開始還以為是大壩決口，水淹到自己營地了，趕緊命人去搶修；但是水勢越來越大，淹沒了所有的兵營。正在智伯驚慌不定的時候，韓趙魏三家的士兵駕著小船就衝殺過來了。智家的軍隊被淹死的、砍死的已經數不清了，智伯全軍覆沒，最後被三家的士兵捉住殺死了。

智家被消滅，他之前侵佔的土地都被他們收回了，自己的土地也被三家平分了。後來晉國其他的土地也被平分了。在西元前403年的時候，三家派使者覲見周王，希望能封他們三家為諸侯，這時候周王也只能答應他們的要求。成為諸侯之後，韓趙魏三家就平分了晉國，成為中原的大國。這就是著名的三家分晉，加上秦齊燕楚就共同構成了歷史上的戰國七雄。

趙武靈王胡服騎射

趙雍十五歲的時候就繼承父親趙肅侯的衣缽，成為了趙武靈王，這一年是西元前326年。這時候中原各國處於不斷爭霸的焦灼狀態，短時期內是沒有辦法決出勝負的，所以趙武靈王決定改變他父親向南逐鹿中原的戰略方針，將目光轉移到了北方的胡地。就在這種戰略方針的指導下，他開始準備攻打中山國。

中山國的前身是白狄族，對趙國來說是一個嚴重的威脅。因為中山國正好處於趙國的正中間，只有東北的一小塊是和燕國相鄰的，其他的部分都被趙國包圍著。因為中山國的阻礙，趙國的四大重鎮代郡、邯鄲、上黨和晉陽之間的交通非常不便，對趙國的安全和統一是極大的隱患。

因為中山國特殊的地理位置能夠很好地牽制趙國，所以和趙國毗鄰的齊國和燕國與中山國是一條戰線上的，也正因為如此，趙國也一直沒能除掉中山國這一禍患。儘管趙國的好幾代君王都想成就一番事業，但由於中山國的限制，趙國的大業一直沒有辦法全力施展。趙肅侯在攻打齊、燕、魏時都多次獲勝，但是對於中山國的問題卻一直沒能很好的解決。

趙武靈王登基三年之後，在西元前323年，在中山國的邊境部開始建造城牆。

中山國得知消息後，馬上就用

水淹沒了鄗城，趙國再次失敗。

這次失敗之後，趙武靈王仔細地分析了兩軍的特點，發現胡人在作戰的服飾上和中原地區有很大的差別：他們的衣服袖子都比較窄，而且衣服也很短，這樣不管是打獵還是作戰都很方便。在打仗的時候，胡人是騎馬，利用弓箭來打仗，比中原笨重的兵車和長矛相比要靈活得多。

經過這一番分析之後，趙武靈王不得不感歎：「胡人的騎兵來無影去無蹤，反應的速度是趙國無法比擬的，這樣的軍隊在戰場上獲勝也是應該的。」

為了揚長避短，趙武靈王決定效仿胡人的穿著：穿短裝，紮起皮帶，穿上馬靴，此外還要練習騎射。為了表示自己的決心，他自己最先開始穿起胡服來。

緊接著，他讓趙成也開始穿胡人的衣服，但是趙成並不贊同他這樣的做法。

於是趙武靈王親自去勸說：「趙國的四面八方都有強敵，東有齊和中山，北有燕和東胡，西有秦和韓。如果我們一直使用傳統的

武器，敵人如果發動進攻，我們是沒有辦法能夠抵禦的。中山國仗恃齊國撐腰，侵略我們的土地，捕捉我們人民，決河水灌鄗城，以致鄗城幾乎失守。正是因為這樣，我才會改變戰衣，改進武器，就是為了能夠更好地防禦外敵，加強邊境的防守。但是您卻不願意突破傳統，實在是令人感到意外。」這番話徹底打動了趙成，趙成決心幫助他進行改革，第二天就穿著胡服上朝去了。

在這之後，趙武靈王開始下令全國的民眾都要穿著胡服，並且要經常練習騎射。

其實在之前趙國就有人穿著適合騎射的胡服起兵來打仗的，但只是戰士們自發的行動。而現在是根據整個軍事鬥爭的需要，水到渠成地選擇更加容易且取得勝利的戰爭方法。

自從遊牧民族和中原地區有了聯繫之後，最早的騎兵就已經開始出現了，只是在數量和戰術上還沒有形成規模，對戰爭的勝負起不到決定性的作用罷了。

趙武靈王實行胡服騎射的目的

有兩個。一個是為了適應邊境戰爭的需要，還有一個就是想要解決趙國內部的分裂狀態，因為中山國的阻隔，代郡和邯鄲兩地的文化和政治都有著很大的不同，不利於趙國的統一。

趙武靈王的胡服改革後，迅速建立了一支以騎兵為主的軍隊，這支軍隊的威力很快就顯現出來了。第二年，趙國終於發動了對中山國的進攻，很快就攻破了寧葭。

接著又開始攻打西胡，直到林胡王以貢獻品種優良的馬匹求和為止。趙武靈王命令代郡的趙固專門負責向內地提供騎兵。

隨後，西元前305年，趙國分三路攻打中山國，奪取了很多城池，中山國不得不獻出四座城池來求和，這樣趙國才停止進攻。但是這並不意味趙國就會放過中山國。僅過了一年，趙國再次發兵攻打中山國。

到西元前296年，趙國終於消滅了中山國這個心腹大患。在攻打中山國的同時，趙國還在攻打北方的匈奴、西邊的林胡和樓煩，一直打到了雲中和九原地區，也就是現在內蒙古包頭地區。

滅掉中山國之後的第三年，也就是西元前299年，趙武靈王傳位給了趙何，也就是趙惠王。之後趙武靈王就以「主父」自稱，讓兒子負責打理國家事務，自己就專心地攻打胡地；還打算以九原為據點，進攻秦國。

他扮成使者去拜見秦昭王，沒被人識破。等到秦昭王知道使者就是趙武靈王的時候，非常驚訝。這次入秦行動讓他瞭解到了秦國的地形和秦王的為人，方便做出相應的對策，由此可以看出，他打算直接和強大的秦國對抗。

經過趙武靈王胡服騎射的改革，趙國成為了當時僅次於秦國和齊國的強國。

主父之死

趙武靈王的第一位夫人是韓國公主，生子趙章，立為太子。趙武靈王十六年娶了美女吳娃，在韓夫人死後，吳娃就成了新夫人。

趙何是吳娃的兒子，非常乖巧聰慧，很招趙武靈王的寵愛。儘管吳娃是夫人，但是從來沒有要求趙武靈王為她做過什麼事，所以趙武靈王對她一直都很愧疚。在吳娃死前，希望自己的兒子趙何能成為太子。為了彌補對她的虧欠，趙武靈王立刻就廢掉了趙章的太子之位，改立趙何為太子。而趙章就由太子變成了安陽君。

西元前299年，趙武靈王傳位給了趙何，也就是趙惠王。之後趙武靈王就以「主父」自稱，讓兒子負責打理國家事務，自己就能夠專心的進行軍事鬥爭，這樣就相當於一個國家有兩個君主，只是趙武靈王自己不再以國君自稱。

他這樣做的目的就是考慮到自己常年在外領兵打仗，生命隨時都會遇到危險，如果在戰場上發生不幸，趙國就會發生大亂。

因為之前幾代的君主都是在政變或者反抗政變的過程中即位的，所以他非常希望自己能在生前就將政權交給下一個繼承人。但是他的想法是好的，實際卻是趙國發生內亂的最重要的原因。

在肥義的指導下，趙何很快就適應了趙王這個身分，再加上三年的聽政，他已經熟諳治國之道了。但是趙章每次朝見自己的弟弟時候，都非常萎靡頹廢，這讓趙武靈王非常心痛，因為趙章不管在相貌上還是性格上都更像自己，也非常出色，只是因為自己對一個女人的愧疚，就被無辜地廢掉了，而且還毫無怨言、一如既往地孝敬自己；而他的母親韓夫人賢慧穩重，也深得武靈王的喜愛。所以對於趙章，趙武靈王也是心懷愧疚的。

趙章比趙何大十歲，性格比較強悍，年僅十五歲就能統領軍隊跟隨父親南征北戰，建立無數戰功。在他被廢掉之後，原來齊國的貴族

田不禮成為了他的相國。

為了自己東山再起的欲望，田不禮多次煽動趙章奪回屬於自己的位置。趙章本來已無心於王位，但是田不禮對自己父親廢長立幼的做法的批評是無可厚非的，聯想起父親對自己和母親的無情，在田不禮的鼓吹之下，趙章開始重新渴望奪回原本屬於自己的王位。

趙章經常與趙武靈王一起行軍打仗，衣食住行均與趙武靈王一模一樣，趙何雖有隱憂，但卻不便明言。很多大臣因為趙武靈王重新開始重用趙章，都認為他有新的打算，於是很多人都開始和趙章暗中來往。而趙章看見大臣們的這種態度，奪回王位的欲望就更加的強烈了。

在自己做了四年的主父之後，西元前295年，趙武靈王打算讓趙章也稱王，把代郡劃分給他。之所以有這樣的想法，一方面是因為對趙章的愧疚，另一方面卻是趙武靈王想要重新執掌政權，所以要將趙何的實權收回來。

因為趙武靈王年富力強，在消滅了中山、趕走林胡、消化樓煩

之後，他儼然已經成為了北方的霸主。這樣就增長了他的野心，讓他夢想成為中原的霸主。為了實現這個願望，首先他要做的就是成為趙王，執掌政權。

當趙武靈王提出立趙章為代王的意見之後，肥義很快就知道了趙武靈王的真實目的。而肥義是趙何的老師，所以用「國無二主」這樣很冠冕堂皇的理由拒絕了，同時也暗示趙武靈王重新執政是非常危險的，會給趙國帶來很大的災難。

自從知道趙武靈王產生這樣的想法之後，肥義立刻就向趙何說明整件事情的前因後果。趙何是何等聰明，他當然明白這件事情的嚴重後果，所以立刻和肥義商量對策。肥義首先讓自己的心腹，一個胡人的將領來保護趙何的安全。

公子成和大臣李兌知道趙武靈王想封趙章為代王，遭到了拒絕，所以立刻來見肥義，表示支持趙何。

同時，趙氏的宗族一個很重要的大臣陽文君趙豹也提醒他們要早做準備，肥義就讓公子成和李兌拿著兵符到城外，準備隨時起兵

勤王；同時任命趙豹擔任邯鄲的統領，不准任何外地的兵馬入城。趙王牢牢地控制著兵符，而肥義就負責搜集情報，進行整個戰略的安排。

趙武靈王想讓趙章和趙何互相爭鬥，自己在中間調和，以便重新執掌政權。在這樣的默許之下，趙章也開始行動了。此時，趙何在武靈王的眼中已經不是兒子而是對手了。

隨後，趙武靈王讓趙章和趙何陪同自己前往沙丘選擇墓地。在肥義和信期的陪同下，趙何前往沙丘，自己單獨住，而趙章和趙武靈王則住在一起。

在田不禮的挑唆之下，趙章決定先將趙何殺死，然後控制趙武靈王，接著就聲稱自己是受到趙武靈王的命令才稱王的。所以趙章將趙武靈王的令符拿到手之後，就以主父的名義請趙何來主父宮商量事情。

肥義當時就感覺不對勁，決定自己先去看看，並囑咐趙何、信期要加強防衛，事先準備好使者，如果自己不能回來，那麼就意味著發生了事變。如果發生政變，就馬上通知公子成和李兌來勤王。

因為利用主父的名義都已經無法調動趙何了，趙章在一氣之下就將肥義殺害了，接著又讓使者去請趙何過來議事。

而趙何看肥義沒有跟著一起回來，知道事變已經發生了。在信期的逼問下，使者告訴他們肥義已經被殺害了。於是趙何馬上就殺了這個使者，立刻率兵包圍了主父宮，並通知了李兌和公子成。在他們到來之前，信期和趙章田不禮的軍隊進行了激戰，知道李兌他們到了沙丘之後才快速地鎮壓下去。

這樣，趙何的軍隊很快就控制了整個局面，田不禮趁亂逃往宋國，而趙章則退到了主父宮。

李兌想向趙王請示如何處置他們，但是遭到了公子成的拒絕，他說：「你請示了之後，趙王顧念兄的情分，很難將他們處死。與其這樣留下禍根，還不如不請示，先斬後奏，趙王也會接受結果的。」

於是李兌率兵攻進了主父宮，但是畢竟沒有人敢擔著刺殺主父的罪名，所以李兌將趙武靈王之外的

所有人都殺了，只留下他一個人。

　　而趙武靈王被困在主父宮中，三個月後斷糧斷水，活活餓死了。在這之前，趙何一直對趙武靈王的事情不管不問，直到聽到他被餓死的消息，才大哭了一場，之後就下令將趙武靈王厚葬了。

　　父子之情淡漠到這種程度，是在是讓人心寒不已。

世家

伯夷列傳

伯夷和叔齊

伯夷與叔齊，分別是孤竹國國君的長子和三子。兩人雖生長在帝王之家，卻沒有一般王子那爭風吃醋、嫉兄妒弟的習氣，反而從小互相愛護，關係甚好，而且又都很賢明，所以深受後人景仰。

孤竹國是商王室所封的同姓諸侯國。孤竹原叫墨胎氏氏族，屬商先族的一個旁支，是一個遊牧民族。在商部落南下中原時，孤竹氏逐漸與部落聯盟分離，開始獨立存在。後來，他們又輾轉到了燕山腹地，在今遼寧省朝陽地區定居了下來，開始由純遊牧發展為遊牧、農耕並舉。

商朝建立後，墨胎氏被封為君，其封地西至今唐山市、遷西興城鎮，東達錦西，與渤海相鄰，北抵凌源、朝陽、老哈河，西南到樂亭、唐海等地。

孤竹國從立國到滅亡，一共存在了九百四十多年（約西元前1600年~西元前660年）。它的出現具有劃時代的意義，因為它標誌著今

冀東地區文明史的開端，距今約有三千六百多年的歷史。

商朝中期時，孤竹國的疆域逐漸擴張，已西至灤河，東達錦西，北抵青龍縣北，南到渤海灣。

到了商朝後期，孤竹國君生了三個兒子，其中，長子名允（即伯夷）；三子名智（即叔齊）。孤竹君生前就想立叔齊為儲君，希望他將來能繼承王位。但是後來孤竹君突然死了，而儲君之位還一直空缺著。大臣們一致推薦伯夷當國君，因為按照當時的常禮，王位應該由長子來繼承。但為人清廉正直的伯夷卻堅決不當，他認為應該遵循先父的遺願，讓弟弟叔齊來即位。為了讓叔齊當上國君，伯夷偷偷逃出了孤竹國。大臣們無奈，只得又推舉叔齊當國君。誰知，叔齊也不當，他認為如果現在自己當了國君，那就是對兄弟不仁義，對禮法制度不尊重。於是，他也逃出了孤竹國，並找到了流浪在外的長兄。從此，二人一起生活，再也沒有回過孤竹國。孤竹國人沒有別的辦法，只好讓孤竹君的二兒子當上了國君。

其實，伯夷與叔齊讓位還有另外一個原因，那就是他們十分不滿當時商紂王的暴政，不願意為這麼一個慘無人道的君王做事。他們一同隱居在渤海之濱，希望能早日等來清正平和的世道。

後來，他們聽說西方的周族正在興起，而周文王又是一位德行高尚的人，於是決定一同到周國去。兄弟二人從東夷出發，跋涉了很久，終於到達了周國道的都城岐山（今陝西岐山縣）。但是，那時周文王已死，即位的是他的兒子周武王。周武王一聽有二位賢人到來，便馬上派周公姬旦去迎接他們。周公接到他們後，對他們盟誓道：「武王已答應會給你們發第二等的俸祿，而且還會給你們與之相應的官位。」不料，他們二人相視一笑，說：「怎麼，這裡也沒有我們所追求的那種仁道嗎？」他們很後悔來到了周國，但他們已經無力再返回去了，只好留了下來。

後來，武王用車載著裝有其父周文王的棺木率軍前去討伐商紂王。伯夷、叔齊見狀，不顧性命擋在了武王的馬車前，向武王諫阻

道：「父親死了卻不安葬，大動干戈去打仗，這難道是孝的行為嗎？身為臣子卻要去殺害國君，這難道可以算做仁德嗎？」周武王左右的人要殺掉他們，卻被姜子牙制止了。姜子牙對周武王說：「他們都是講道義人啊，請武王您釋放了他們吧。」周武王同意了，並讓姜子牙將二人扶走了。

西元前1046年，周武王與商紂王在牧野決戰，最後周武王獲勝，商朝滅亡。

隨後，周武王建立新朝周朝，而他自己也成了天下的宗主。伯夷與叔齊因歸順西周而深感羞愧，並以商朝遺民自居。為了表示氣節，他們隱居在首陽山下（今山西永濟西），不願意做周朝的官，也不再吃周朝的糧食，每日僅以山上的野菜為食。周武王曾多次派人請他們下山，並答應以天下相讓，但是都被二人拒絕了。

有一天，伯夷、叔齊二人正在採野菜，碰到一位老人，老人對他們開玩笑道：「你們二位以不食周粟標榜自己對前朝的忠心，但是你們不知道『普天之下，莫非王土；率土之濱，莫非王臣』的道理嗎？你們雖說不食周粟，但是你們吃的野菜不也是周朝的嗎？」老人的話提醒了他們，於是他們就連野菜也不吃了。到了第七天，快要餓死的時候，他們唱了一首歌，歌詞大意是：「登上那首陽山哪，採集野菜充飢。西周用殘暴代替殘暴啊，還不知錯在自己。神農、舜、禹的時代忽然隱沒了，我們的歸宿在哪裡？哎呀，我們快死去了，商朝的命運已經衰息。」最後，他們活活餓死在了首陽山腳下。

伯夷、叔齊二人以賢名流芳於世，而正是因為這個，周武王在立周以後才沒有發兵攻打孤竹國，還將其封為了周王朝的異姓諸侯國。但此後，孤竹國逐漸衰落，到了西周某年，它的版圖已明顯縮小了很多。

周惠王十三年（西元前664年），山戎出兵討伐燕國，燕國向齊國求援。齊桓公在打山戎的時候，趁勢滅掉了孤竹國。從此，孤竹國就在歷史上消失了。

管晏列傳

管仲與晏子

管仲就是管夷吾，齊國潁上（今安徽省潁上縣）人。他的祖先是周朝時的貴族，他的父親管莊曾做過齊國的大夫，後家道中落，等到了管仲這一代已經很窮困了。迫於生計，管仲曾外出經商，到過許多地方，也接觸過很多人。因為見多識廣，社會經驗豐富，他也曾三次做官，但由於沒遇到好機遇，都以失敗告終。

管仲年輕時與鮑叔牙要好。後來鮑叔牙侍奉齊國的公子小白，管仲侍奉公子糾。等到小白成為齊桓公後，殺了公子糾，並把管仲囚禁了起來。鮑叔牙知道管仲很有才幹，於是就向齊桓公推薦他。大度的齊桓公不計前嫌，對管仲委以宰相的重任。從此，管仲開始竭力輔佐齊桓公。管仲上任後推行了一系列改革，使齊國逐漸強大起來，並使齊桓公成為了春秋時期第一個霸主。

管仲無論辦什麼事情，都以百姓的好惡為準則，事事順應民心，

從而使桓公日益深得民心，為齊國的穩定和發展奠定了基礎。他說：「倉庫充實了，人才會知道禮儀和節操；衣食富足了，人才會懂得榮譽和恥辱。如果當君主的能帶頭遵守法度，那麼做百姓的才會家庭和睦。對一個國家來說，如果不能讓禮義廉恥得到伸張，那麼它離滅亡也就不遠了。國家所頒布的政令，要想要暢通得像河流一樣無阻，就必須順應民心。」

管仲處理政事，善於化災難為福利，變失敗為成功。他辦事時能夠把握住輕重緩急，並能權衡出利弊得失。另外，他還十分重視控制物價，並非常謹慎地處理財政。他利用齊國地處海濱的有利條件，大力發展流通貨物之業，為齊國逐漸積聚起了很多財富，從而使齊國變得日益兵強馬壯。

管仲不但具有很高的政治才能，而且也具有很強的軍事才能。當齊桓公南下發兵攻打蔡國的時候，管仲以為這也是征伐楚國的好機會，於是便建議齊桓公以責怪楚國不向周天子進貢包茅為由，順便攻打了楚國；當齊桓公北上攻打山戎時，管仲巧妙地借助這個機會迫使燕國恢復了召公的政令；當到了柯地會盟時，齊桓公本想毀了同曹沫之間的盟約，而管仲卻借助這個盟約建立了齊桓公的信義，使各個諸侯都來歸附齊國。

管仲任齊相以後，自己家也逐漸富裕起來，到了最後，他家的財富和齊國公室不相上下。雖然他家有三座供遊賞用的高臺，堂屋中還設有專門供放置酒器用的土臺，但是在齊國人的眼裡，管仲生活得並不奢侈。

管仲死後，齊國所遵照的政令法規還是依循他制定的，所以齊國一直都比別的諸侯國強大。到了一百多年以後，齊國又出現了一位能人晏子。

晏子就是晏平仲，名嬰，齊國夷維（今山東高密）人，服侍過齊靈公、齊莊公、齊景公三位國君。晏子身材不高、其貌不揚，以生活節儉、勤於政事、謙恭下士著稱。他雖官居齊相，但每頓飯中的肉食只有一樣，他的妻妾也都穿著粗布衣服。他在朝廷上一向謹言慎行、嚴肅辦事。當國君賢明時，他就順

命行事，而當國君昏庸時，他便自己權衡著去辦事。正是由於這樣，他才能在三朝中都聲名遠揚。

齊國有個叫越石父的人，很賢能，但犯了罪被拘禁了起來。晏子外出辦事，在路上遇見了他，就用自己車輛的左馬為他贖了身，並讓他同自己一起坐車回了家。回到家以後，晏子就進內室去了，過了很久都沒有出來。越石父很生氣，就要求與晏子斷交。晏子聽了，十分吃驚，趕緊鄭重地向他道歉，然後問：「我雖冷落了您，但畢竟幫您脫離了困境，您怎能與我斷交呢？」越石父回答說：「我曾聽說過，君子受辱，是因為與不瞭解自己的人待在一起；君子受敬，是因為與知己待在了一起。我被囚禁，是因為那些人不瞭解我。您既然把我贖了出來，就是了解我的，也算是我的知己了。在知己這裡被無禮對待，還不如被囚禁呢。」晏子聽罷，頓覺慚愧，於是立即將越石父請進了內室，奉為上賓。

晏子任齊國的宰相時，有一次外出，從他的車夫家門前經過。車夫的妻子隔著門縫，偷偷看自己的丈夫，發現丈夫在為宰相駕車時，顯得十分得意。車夫的妻子很生氣，等車夫回到家以後，她就對車夫說：「我要離開你。」車夫問她為什麼。妻子說：「晏子身高不足六尺，可他卻當上了宰相，聲名遠揚。而你身高八尺，卻只是個車夫，而且還很心滿意足。我看不慣你這種驕傲無知的人，所以才要離開你。」車夫一聽，自覺羞愧，當即發誓以後一定改過自新，做一個謹慎謙虛的人。此後，這位車夫果真像變了一個人。晏子感到很奇怪，就問他發生了什麼事，車夫如實作了回答。晏子聽後，覺得他是一個可塑之才，就推薦他做了大夫。

有一次，晏子出使到了楚國，楚王知道晏子身材矮小，便想藉此來取笑他，於是命人在城門旁開了一個小門，請晏子從小門進去。晏子很清楚楚王的用意，便嚴詞拒絕道：「我聽說，到了狗國，才從狗門進去，而我現在是到了楚國，不應該走狗門。」聽晏子這麼一說，接待他的出國官員只好請晏子走大門。晏子進去後，就拜見了楚王。

楚王見一計不成，就又想捉弄他，於是故意問：「你們齊國是沒有別人了，所以才派你來的嗎？」晏不慌不忙地答道：「我們齊國在派使節出訪方面是很講究的。如果是出使有德的國家，就派那些精明能幹的人去；如果是出使那些無德的國家，就派那些愚笨無能的人去。我在所有的使臣中，是屬於最愚笨、最無能的人，所以才會被派到楚國來。」聽了晏子的這番話，楚王氣得啞口無言。

但是楚王還是不死心，又一次設計取笑晏子。當楚王正設宴招待晏子時，突然有兩名士兵帶著一個被捆綁著的人來見楚王。楚王故意高聲問道：「此人是什麼人，犯了什麼罪？」士兵回答道：「他是齊國人，犯了盜竊罪。」楚王得意地看著晏子說：「你們齊國人難道天生就喜歡做盜賊嗎？」誰知，晏子還是不慌張，他站起來一本正經地說：「我們大家都知道，橘子長在淮河南邊就是橘子，而長在淮河北邊就變成枳子，這是因為水土不同的緣故。齊人在齊國時是良民，到了楚國反而成了盜賊，難道是因為你們楚國水土的緣故，他才變成了盜賊嗎？」聽了晏子的話，楚王只得苦笑著說：「以前聽說與聖人交談時是不能開玩笑的，否則就會自討沒趣，我一直不信，直到今天終於相信了。」

晏子憑自己的智慧使齊國的國家尊嚴和自己的人格都免受侮辱，從此名聲日益擴大，成為了春秋末期一位著名的外交家。

老子韓非列傳

老子和莊子

老子，又稱老聃，原名李耳，字伯陽，道家始祖。楚國苦縣厲鄉曲仁里（今河南省鹿邑縣太清宮鎮）人。他是我國古代最偉大的思想家和哲學家之一。

老子出生於西元前571年。那年，宋國與楚國交戰，他的父親老佐被宋平王任命為上將軍指揮全軍，後不幸陣亡。當時老子的母親還未生下老子，挺著大肚子由家將護送著逃到了陳國相邑（今河南鹿邑東）。到那後沒不久，老子就出生了。老子的母親見老子生著一雙大耳朵，便將他起名為「聃」。老聃從小就很聰明，且喜歡讀書，愛好靜思。長大後，他因博學多才，被任命為周朝掌管藏書室的史官。春秋時期，為了表示尊敬，人們稱學識淵博者為「子」，所以老聃就被稱為了「老子」。

一次，孔子去拜訪老子，向他請教關於禮的學問。老子說：「其實所謂的禮，就是宣導它的人屍骨都已經腐爛了，而他的言論還存在

於世。君子要品德高尚，更要謙虛謹慎。把你的那些欲望、大志、傲氣都拋掉吧，因為它們對你是有害而無利的。我能跟你說的也只有這些了。」孔子回去後，對他弟子們說：「鳥兒雖然會飛翔，但我們還是可以利用弓箭抓到它們；魚兒雖然會游泳，但我們還是可以利用魚鉤捉到它們；野獸雖然能奔跑，但我們還是可以用陷阱捕獲它們。但是對老子這樣的人，我們是什麼辦法也沒有呀。」

後來老子的母親去世了，老子悲痛欲絕，許多天都不進飲食。經過一番沉思之後，老子這才恍然大悟，他說：「人與人之間之所以和諧而溫暖，是因為人類具有感情；人之所以能明事理，會辦事，是因為人類擁有智慧。如果用感情來駕馭智慧，那麼人就會變得昏庸而做事顛倒；如果用智慧來約束感情，那麼人就會變得聰慧而辦事合理。」

西元前516年，老子辭官歸隱。有一天，他騎著一頭青牛去西方雲遊。到函谷關前時，關尹忽然看見天上紫雲聚集，由東方飄來，便自語道：「紫氣東來，看來是有位聖人西行至此了。」於是，他趕緊命人打開城門，清掃街道，夾道相迎。過了一會，只見一位白髮長耳老者，倒騎青牛而來。關尹連忙奔上前去，跪在青牛前懇求道：「身為聖人，從不把自己的才智據為己有，而是會把讓天下人變得聰明當做自己的責任。您就要隱居了，請給我們寫一本書吧。」老子欣然答應。

於是，老子以王朝興衰、百姓禍福為鑑，追溯它們的原因，著成《道德經》一書。此書分上、下兩篇，共五千字。上篇《道經》說：「道可道，非常道；名可名，非常名……」講的是宇宙本根，含天地變化的玄機，蘊陰陽變幻的奇妙。下篇《德經》說：「上德不德，是以有德；下德不失德，是以無德……」講的是處世之方，含人事進退的藝術，蘊延年益壽的方法。

傳說老子很長壽，有人說他活了一百六十多歲，也有人說他活了兩百多歲，這可能是因為他平日修道養心的原因吧。

莊子，又稱莊周，字子休。

本是楚莊王後裔，後因戰亂遷至宋國蒙（今河南商丘東北），是道家學說的主要創始人，與老子並稱為「老莊」。他們的哲學思想體系被思想學術界尊為「老莊哲學」。

莊子曾做過漆園吏，和梁惠王、齊宣王是同一時代的人。莊子家境窮困，卻鄙視富貴、權勢，追求人格獨立、精神自由。他學識淵博，思想開闊，而他的中心思想卻源於老子學說。他一生一共撰寫了十餘萬字的著作，但大多都是托詞寄意的寓言。主要作品有《漁父》、《盜跖》、《胠篋》、《亢桑子》等。

莊子善於運用比喻、假借等修辭手法，以駁斥儒、墨學說。他善於抒情，文筆華麗，語言豪放，但只適合自己的性情，不能為朝廷所用。所以，自王公大人起，都無法任用他。

後來，楚威王聽說莊子很賢能，就派使臣帶著千金前去拜見他，請他出任宰相。莊周笑著對使臣說：「千金的確是厚禮，卿相也的確是尊貴的高位。但是，難道您沒見過祭祀用的牛嗎？辛辛苦苦餵養牠好幾年，然後給牠披上花綢，把牠牽進太廟，只是為了讓牠去當祭品。這時，它即使想做一頭小豬，難道有那個自由嗎？您還是快走吧，不要玷污了我的名聲。我寧願做小水溝裡一條自由自在的小魚，也不願成為國君的寵物。為了能身心愉快地生活一輩子，我是不會去當官的。」

有一天，莊子與惠子外出遊玩。到了一座橋上時，莊子指著河裡的遊魚說：「您看，魚兒游得多麼從容自在，這就是魚兒的快樂呀。」惠子笑著問道：「你又不是魚兒，怎麼知道魚兒的快樂呢？」莊子也笑反問道：「你也不是我，怎麼知道我不知道魚兒的快樂呢？」惠子說：「我當然不是你，所以不知道你的知道。然而你也不是魚，所以你肯定也不知道魚的快樂。」莊子說：「剛才你問我『您怎麼知道魚兒的快樂呢』，這說明你也知道我是知道魚的快樂的。現在我告訴你：我是在橋上知道魚的快樂的。」於是，兩人一同哈哈大笑起來。

莊子提倡無用，認為大無用就

是大有用，因為他認為自然的比人為的要好。他的這種提倡，是對道家學說中「道法自然」、「無為即是有為」的學術思想的深化。

有一天，莊子與弟子在山腳下散步，見一株大樹聳立在小溪旁，枝繁葉茂，特別顯眼。而旁邊的伐木者對它毫不理睬，只顧砍伐別的樹木。莊子忍不住問伐木者：「請問師傅，這麼好的木材，怎一直無人砍伐以至於它能長這麼大？」伐木者回答說：「這有什麼好奇怪的，這種木材好卻不中用。用它來作船，它會沉入水中；用它來作棺材，它很快就會腐爛；用它來作器具，它又很容易毀壞；用它來作門窗，它脂液不會乾；用它來作柱子，則容易受蟲蝕。這就是不成材的樹木，沒有什麼用處，所以才能長這麼大卻沒有被砍掉。」

聽了此話後，莊子若有所思。回去的路上，他對弟子說：「這棵樹因為不成材才能長這麼大，沒有用才免遭砍伐。長有白額的牛被巫師認為是不祥之物，所以祭河神時才不會把它們投進河裡；殘廢的人不會被徵兵去打仗，所以能活到老。所以說，樹不成材，就可以避免禍事；人不成才，也可以保存自身呀。」最後，莊子還總結道：「那些有用的樹木，原來都是被自己砍伐的呀。人人都想成為有用的人，卻沒有人知道：原來，沒有用才是最有用的呀。」

韓非與《說難》

韓非（約西元前281年~前233年），是韓國王公之子，生活在秦始皇統一中國的那段時間。他是法家思想的集大成者，又是我國古代著名的政論家、哲學家和思想家，被後世稱為「韓子」或「韓非子」。他從小愛好刑名法術的學問，雖有口吃的缺陷，不善於言辭，卻擅長於著書立說。

在戰國七雄中，韓國是最弱小的國家。戰國後期，韓國更是積貧積弱。韓非多次上書韓王，希望改

革法制，振興國家，但是他的建議最終都沒有被採納。韓非對朝廷失去了信心，便隱退，全心著書。他先後寫出了《孤憤》、《五蠹》、《說林》、《說難》等著作，都非常有名。

其中，在《說難》一書中，韓非明確地說出了遊說的困難性。他在這本寫中道：造成進說困難的原因，不在於不能夠闡明意見，而在於不能瞭解進說對象的心理。對那些想要追求美名的進說對象，你如果用厚利去進說，就會顯得節操低下，必然得不到採納；對那些想要追求厚利的進說對象，你如果用美名去進說，就會顯得脫離實際，必定也不會被接受；對那些暗地追求厚利而表面追求美名的進說對象，如果你用美名去進說，就會得到表面上的錄用而實際上的疏遠，但如果你用厚利去進說，你的主張就會暗暗被採納。所以說，在進說之前，您必須先弄懂進說對象的心理。

凡是成功之事，都是因為保密措施做得好；凡是失敗的事情，也都是因為洩密的緣故。如果你洩露了機密，就會惹來殺身之禍；如果君主想藉機辦點別的事，你知道了他的意圖，也會惹來殺身之禍；如果你籌畫了一件讓君主滿意的事，卻被人猜測了出來，君主一定認為是你洩露的，你同樣會惹來殺身之禍。

當君主還沒有完全信任你的時候，雖然你的主張得以實行並獲得成功，但你的功德君主是記不住的；而如果你的主張進行不順利遭到失敗，那麼君主就會對你產生懷疑，而你就會面臨危險。

當君主犯了過錯時，如果進說者言禮義來挑他的毛病，那麼就會面臨危險；當君主的計謀得當他想自以為功時，如果進說者正好也知道這個計謀，那麼也會面臨危險。

如果進說者在君主面前議論大臣，就會被當做是想離間君臣關係；如果在君主面前談論近侍小臣，就被當做是在藉貶低別人來抬高自己。所以，進說者如果和君主談論他喜歡的人，就會被當做是拉關係；如果和君主談論他厭惡的人，就會被當做是搞試探。進說者如果說話直截了當，就被當做是不

聰明；如果談話瑣碎詳盡，就會被當做是太囉嗦。如果簡略陳述意見，就會被當做是怯懦；如果謀事空泛放任，就會被當做是粗野。

這些都是進說的困難，對於進說者來說，是必須知道的。

進說的要領，其實就是要善於對進說對象所自誇的事情加以粉飾，而對他所自恥的事情加以掩蓋。如果君主有些私事需要急辦，那麼進說者一定要鼓勵他去做，並說這是合乎公義的；如果君主產生了某些卑下的想法，那麼進說者一定要讓他去做，並竭力將其粉飾為美好的；如果君主對某事有了過高的企求，而實際上卻辦不到，那麼進說者既要想辦法揭示它的壞處，並讚揚他沒有去做；如果君主想自誇才智，那麼進說者就要幫他列出依據，並假裝不知道他的用意。如果進說者想要進獻與人相安的話，那麼就須用好的名義加以闡述，並暗示它怎麼符合君主的私利；如果進說者想向君主陳述有危害的事，那麼就要名言它的害處，並暗示它對君主有哪些危害。當進說者向君主稱讚與他行為相同的一個人，或者籌畫與君主考慮相同的一件事時，就要對這個人或這件事的好處大加讚賞，而要對其壞處加以粉飾。當君主自誇其強大時，就不要讓他做為難的事情；當君主自以為果斷時，就不要數說它曾經的那些過失；當君主自認為計謀高時，就不要提起他以前的那些敗績。總的來說，進說者要想充分發揮自己的才智，就要懂以下兩點：其一，不要說違背主旨的話；其二，不要用抵觸的言詞。如果能做到這兩點，那麼進說者就能得到君主的親近，而且還能在君主面前暢所欲言。

為了求得君主重用，伊尹曾當過廚師，百里奚曾做過奴隸。這兩個人雖都是聖人，但他們為了求得進用也不得不先做一些低賤的事情。如果能人志士能把我的話看成像廚師和奴隸所講的一樣，採納起來去救濟蒼生，那麼你就不會覺得有什麼羞愧了。在君主身邊待的時間久了，進說者受到君主的恩澤已經很豐厚了，如果不再被君主懷疑了，或者據理力爭也不會被判罪，那麼你就可以向君主明確地剖析利害，直接指出是非，以助他建功立

業。如此，你的進說就成功了。

從前，鄭武公想攻佔胡國，於是就設計了一個計謀。他故意先將自己的女兒嫁給了胡國國君，然後，他向群臣詢問可以攻佔的國家。大夫關其思知道鄭武公早就想攻佔胡國了，於是就回答說可以攻佔胡國。沒想到，鄭武公一聽，大怒不止，當即命人殺了關其思，還說胡國是自己的友邦。這件事很快就傳到了胡國國君那裡。胡國國君誤認為鄭國對自己友好，所以不再對它有任何防備。鄭武公見計謀得逞，便派人偷襲了胡國，並攻佔了它。

還有一件事，宋國有個富人，下雨天他家的院牆被淋塌了，他兒子說不修好的話，夜裡會有盜賊來偷東西的。他家的鄰居的一位老人也這麼說。到了晚上時，果然有盜賊潛進了富人家。富人認為自己的兒子很聰明，卻對鄰居老人起了疑心。關其思和這位老人的話都很恰當，但是結果都沒有好下場，嚴重的被殺了，輕的被人懷疑了。他們不是因為瞭解情況困難，而是因為處理所瞭解的情況很困難。

衛國的法律中有這麼一條規定：私自駕馭國君車子的人，要被判處刖刑。當初，彌子瑕受衛君寵信時，有一次他母親生病了，他急於回家探望，就假託君命駕君車回了趟家。衛君知道後，不但沒有歸罪他，反而稱讚他德行好。可是到了後來，彌子瑕失去了衛君的寵信，衛君這時卻把舊帳翻了出來，以曾偷駕君車治罪捕獲了他。彌子瑕的行為先前被稱賢後來又獲罪的原因，只不過是衛君的愛憎有了變化。所以說，當臣子被君主寵愛時，才智就顯得恰當，從而更受親近；當他被君主憎惡時，才智就顯得不恰當，就會更被疏遠。因此，進說者在進說之前，一定要先查看清楚君主的愛憎。

後來，韓非的書被傳到了秦國，秦王嬴政見了很賞識，便以派兵攻打韓國相威脅，迫使韓王把韓非送到了秦國。韓非到了秦國後，受到了秦王的重用，引起了李斯、姚賈的嫉妒。他們二人常在秦王面前詆毀誣陷韓非，結果韓非終因是韓國人而非秦國人，被投進監獄，最後又被迫自殺。

司馬穰苴列傳

司馬穰苴

司馬穰苴，姓田，名穰苴，是田完的後代子孫。他是春秋時齊國的大夫，官拜大司馬，深通兵法，輯有《司馬穰苴兵法》。

齊景公時，晉國率兵攻打齊國的阿城和甄城，燕國也侵犯齊國在黃河南岸一帶的統治地區。齊國軍隊力不從心，一直吃敗仗。齊景公十分憂愁，每天食不知味，睡不好覺。這天，齊國的大夫晏嬰來到齊景公這裡，向他推薦了一個人。他說：「田穰苴雖然是田門中的偏室所生，在家族中的地位並不高，但是他這個人文武雙全，為人誠信，是一個足智多謀之人。大王不妨藉此機會試一試他。」齊景公便將田穰苴召進來，向他詢問軍事上的事情。一問之下，齊景公覺得他是個不可多得的人才，能夠化解這次的危機也不一定，便封他做了將軍，讓他領兵抵抗晉國和燕國的軍隊。田穰苴卻說：「我的地位很卑微，大王您將我從平民中提拔出來，地位尚在大夫之上，這樣士兵們是不

會服從我的，百姓們也不會相信我的能耐。一個人威望輕微，也就不會樹立起權威了，還望大王能夠派一位您信任的、人民尊重的大臣來做監軍，這樣才可以。」齊景公認為他說的很有道理，便將大臣莊賈任命為他的監軍。

田穰苴拜別了齊景公，就到莊府拜會莊賈，約定了第二天正午時分在營門集合，出發去前線。第二天，田穰苴提前來到了軍營，將用來觀測時間的標杆和滴漏設置好，等待莊賈前來。而此時，莊府裡卻熱鬧非凡，莊賈的朋友們聽說他被任命為監軍，將要出去打仗了，便上門來為他送行，祝願他可以打勝仗，還說有他當監軍，齊國的軍隊一定可以所向披靡，無往不勝，說得莊賈像真的打了勝仗一樣飄飄然起來。莊賈的性格向來驕縱蠻橫，這次他根本就沒把田穰苴放在眼裡，也不在乎約定的出發時間。他在自己的家中和朋友們放肆地喝酒、談笑，下屬幾次來提醒他，他都不以為然。

正午時分，軍營中士兵們已經整齊地列隊，等待出發。田穰苴將標杆推倒，將滴漏中的水放出，站在高臺上不斷眺望，卻看不到莊賈的影子。於是，他只得先到軍隊裡面指揮軍隊先行操練，並派人去看看監軍大人是不是遇到什麼事情耽擱了。派出去的士兵來到莊府，莊賈正和自己的一幫朋友們喝酒，一群人笑成一團。下屬報告，說正午時分已經過了，門口有大人請他趕快趕去軍營，領兵出發。莊賈卻不屑一顧地說道：「平民百姓當了將軍，總喜歡拿著雞毛當令箭。時間過了又怎樣，有那麼重要嗎？」說完仍舊不加理會，繼續喝酒逗樂。

時間一分一秒地過去，軍營裡士兵們已經操練完畢，排列著整齊的隊伍，聽田穰苴申明軍紀，等待著出發的時間。田穰苴眼看太陽都快落下去了，便對自己的副將說：「還是勞煩將軍您親自去一趟莊府吧，一定要當面告訴他，將士們已經等待了他一整個下午了。」副將來到莊府，闖進門去，就看到莊賈一群人已經東倒西歪。看到有人闖進自己的家門，莊賈滿嘴酒氣地質問道：「大膽！什麼人竟敢私闖我的家門！」副將說道：「田穰苴大

人請您快些趕往軍營，將士們已經恭候您多時了。」莊賈皺著眉頭，不耐煩地說道：「我知道了，你告訴他我馬上就到。」

軍營中，忽然有戰報傳來，又有一城失守了。田穰苴再也坐不住了，準備親自到莊府去請莊賈，卻見莊賈騎馬前來，晃晃悠悠地進了軍營。田穰苴快步上前，指責他：「監軍大人為何不按照約定的時間按時前來？」莊賈跟個沒事兒人似的，嬉笑著說：「幾個朋友為我送行，我們多喝了幾杯，所以來晚了。」田穰苴怒火中燒，嚴肅地說道：「監軍大人，您可知道，在大王面前，當您接收這個任命的時刻，您就應該忘掉自己的家庭；在軍隊中，當您聽到宣布軍紀的時候，你就應該忘掉自己的父母；在戰場上，聽到鼓槌敲擊戰鼓的時候，您就應該忘掉自己的性命拚命衝殺。現在敵軍已經深入我國內部，整個國家岌岌可危，生靈塗炭，大王日日吃不香睡不好。就在等待您的這個下午，我們又丟掉了一座城池，而您卻在這個時候還要說什麼送行。」田穰苴再也忍不住

自己心裡的怒氣，問身旁的軍法官：「根據軍法，將軍沒有按照約定的時間到營出征，應該給予怎樣的處罰？」軍法官說道：「回稟將軍，按軍法當斬首。」

莊賈看到田穰苴義正詞嚴的樣子，才知道害怕了。他急忙命人快馬加鞭去向齊景公求助，可是還沒等他派出的人回來，田穰苴就下令將他斬首，並將他的屍身巡行示眾，以警示三軍。將士們無不震驚害怕。

過了一會兒，齊景公的使者帶著齊景公赦免莊賈的命令來到了軍營。田穰苴說：「軍隊有自己的法紀，將帥在軍隊裡面是可以不用接受君王的命令的。」他又問軍法官：「駕車在軍營裡奔馳的，軍法中規定該怎樣處置？」軍法官回答道：「回稟將軍，依法當斬首。」

使者一聽田穰苴要治自己的罪嚇壞了，田穰苴說道：「君王的使者是不能處死他的。」他便命人斬了使者的隨從，並將車左邊的木頭砍斷，殺死了駕車飛奔的馬匹，並巡行示眾。然後他放使者回去向齊景公報告這一切，自己帶著軍隊出

發了。

　　將士們看到了田穰苴說話擲地有聲，嚴格按照軍法治軍，一個個精神振奮起來。到了前線，士兵們安營紮寨、掘井立灶，田穰苴親自過來慰問他們的飲水和吃飯問題，關心他們中間生病的人的醫藥問題。他還把自己專用的物資都拿出來給士兵們用，他和士兵們吃一樣的糧食飯菜。三天後軍隊出征，他將其中病弱的士兵全都挑選出來，重新整理軍隊。這些體弱生病的士兵們卻不依不饒地請求為他戰鬥，非要跟著軍隊上戰場。

　　晉國的軍隊知道了這種情況，畏懼齊軍的戰鬥力，便撤回了自己的軍隊。燕國便也準備撤軍了，在渡過黃河的時候分散了戰鬥力，遭到齊軍的圍追堵截，齊軍追回了自己全部的國土，率兵凱旋。

　　齊景公率領滿朝文武到城外迎接田穰苴的部隊，並按照禮儀慰勞了眾將士，然後他回到寢宮接見了田穰苴。他敬重田穰苴的治軍能力，任命他為大司馬，將齊國的軍政大權交給他掌握。從此，田氏在齊國的地位也一天天高貴起來。

　　後來，朝中的大夫鮑氏、高氏、國氏等一班人嫉妒田穰苴的榮耀高升，便在齊景公面前想方設法誣陷他。齊景公最初並不相信，但是說的人多了，說的次數多了，也對田穰苴心生懷疑，撤去了他的官職。田穰苴鬱悶而終，他的後人田乞、田豹等怨恨那些在齊景公面前詆毀田穰苴的人，到了田常之時，他們誅殺了高氏、國氏家族全部的族人。

　　後來，田常的曾孫田和自立為齊君，為齊威王。他領兵打仗全都效仿田穰苴的做法，勢力慢慢強大起來，使得各個諸侯國都來朝拜他。齊威王經常讓自己朝中的大夫討論古代各種兵法，將田穰苴的兵法也算在裡面，所以叫《司馬穰苴兵法》。

孫子吳起列傳

▌ 孫子練兵

　　孫子是陳完的後代。陳完來到齊國之後，改姓田氏，名為田完。田完的第五世孫田書後來成為齊國的大夫，因為攻打莒國建立戰功，齊景公便將樂安封給了田書，還賜姓為「孫」氏，孫書便是孫子的祖父。西元前532年，齊國發生「四姓之亂」，孫子離開齊國，南下到吳國，在吳國的都城姑蘇隱居起來，從此潛心學習兵法。在此期間，孫子認識了伍子胥，伍子胥對孫子的兵法思想很認同。

　　在眾多諸侯國中，吳國是新興的國家，國君闔閭為了獲得霸主地位，想要攻打南方的楚國。作戰需要優秀將領，闔閭一時間找不到合適的將領。伍子胥適時向闔閭推薦了孫子。伍子胥說：「孫子的兵法精通韜略，有鬼神不測之機，天地包藏之妙，自著兵法十三篇，世人莫知其能。誠得此任為將，雖天下莫敵，何論楚哉！」

　　孫子在吳國長期過著隱居的生活，知道他的人並不多，以至於

吳國國君連孫子這個名字都沒有聽說過。因此，雖然伍子胥多次向吳國國君推薦孫子，但吳國國君始終認為孫子只是一介農夫，未必有伍子胥說的那麼神奇。伍子胥一心想要吳國獲得良將幫助自己報國仇家恨，再三反覆地推薦，吳國國君最終才勉強同意見孫子一面。

孫子見到吳國國君之後，呈上自己所著的兵書十三篇。吳國國君看完，讚不絕口。他對孫子說：「我已經看完了你的十三篇兵法，理論是不錯，不知道實踐怎樣，你能幫我操練一下看看嗎？」孫子同意了。吳國國君問：「你打算用什麼人演練呢？」孫子回答說：「隨大王你的喜好，用什麼樣的人操練都可以。」

吳國國君有意為難孫子，就提出用宮女演練，孫子同意了。吳國國君於是下令宮中一百八十名宮女集結在練兵場，任憑孫子演練。孫子將他們分成左右兩隊，讓吳王最為寵愛的兩位美姬分別做左右隊長。吳國國君又讓自己的駕車人和陪乘擔任軍史，負責監督和執法。

操練開始了，孫子站在指揮臺上，首先對大家宣講操練要領。孫子問大家說：「你們知道自己心口、左手、右手和背的方向分別是什麼嗎？」眾宮女回答：「知道。」孫子又強調了一遍：「心口所向為前方，左手所向為左方，右手所向為右方，背部所向為後方。」然後又命令道：「一切行動，都要以鼓聲為準，大家都明白了嗎？」眾宮女回答：「明白了。」宣布完畢，孫子便讓宮女們拿起斧鉞等兵器正式操練，宮女們在鼓聲的指揮下開始操練。

宮女們從來沒有進行過軍事訓練，所以聽到鼓聲，看到斧鉞，聽著孫子所發的口令，覺得很好玩。當孫子講述軍規的時候，她們雖然口裡答應著，其實心根本不在操練上，很容易出錯。

一出錯，這些美女們就開始哈哈大笑起來，排好的隊形就又亂了。孫子自責道：「這說明我規定得不明確，講述得不清楚，是我這個將領失職。」然後又重複講述規則，用鼓聲指揮她們向左或者向右。但這些女人們依然跟不上口令，很快又亂套，大家又嘻嘻哈哈

笑起來。孫子這時候說：「這說明規定仍然不明確，講述得不清楚，是將領的失職，現在將領已經講清說明，但士兵仍然不按照規定執行，這就是隊長的失職。」然後，就要將左右兩隊的隊長斬首。

正在觀賞的吳國國君見孫子要斬自己的愛妾，嚇了一跳，趕緊命人傳話對孫子說：「我已經知道將軍是一個善於用兵的人了。請不要斬首這兩個女人，她們是我的愛妾，沒有她們我寢食難安。」孫子說：「臣子既然已經受命為將，將在外軍令有所不受。」於是仍舊命令執法人將左右兩隊的隊長斬首，然後命令兩隊的排頭充當隊長，繼續操練。

這次，孫子再擊鼓發令時，宮女們都謹慎地跟著鼓聲左轉右轉，無論進退還是跪、爬、滾、起，全都嚴格跟隨鼓聲，一切都合乎規律，這次的隊形也十分整齊。孫子於是派人對吳國國君彙報：「現在士兵們的陣容已經很整齊了，大王可以下來看看。相信大王想讓她們做什麼，哪怕赴湯蹈火，她們也在所不辭。」吳國國君因為失去愛妾，心中不高興，便找藉口不去。

孫子便親自晉見吳國國君，對他說：「看來大王只是喜歡我的兵法，但卻不能認同兵法的內容，令行禁止、賞罰分明是兵家之常事，也是身為將領應有的職責和權力。對待士兵要嚴格，只有這樣他們才聽從號令，打仗才能戰勝敵人。」吳國國君明白孫子的一番苦心之後，便不再生氣，於是任命孫子為將軍，吳國的軍隊從此就交給孫子訓練。在孫子的嚴格要求下，吳軍的軍事素質提高了許多。

西元前512年，吳國攻打楚國，吳軍在國君、伍子胥、孫子的指揮下打敗了楚軍，攻克了楚國的屬國鐘吾國（今江蘇宿遷東北）、舒國（今安徽廬江縣西）。吳國國君非常高興，想要乘勝追擊，直搗楚都郢（今湖北江陵縣紀南城）。孫子認為不可再追擊，他說：「楚軍與鐘吾國和舒國兩國的軍隊不同，它原本是一支強悍的軍隊。而我軍已經連續滅了兩個國家，人馬疲憊，軍資消耗很大，不如暫且收兵，等大家養好精神，準備好糧草，再選擇好時機攻打楚國。」吳

國國君覺得很有道理，便班師回國。

西元前506年，楚國攻打蔡國，而蔡國是吳國的附屬國，這剛好給吳國一個藉口。於是吳國再次率領精兵，從水路出發，準備與楚軍來一場水戰。楚國正圍攻蔡國，但看到吳軍來勢洶洶，心中膽怯，立刻放棄攻打蔡軍，轉而收縮軍隊，整治主力，準備全力應對吳軍。但沒想到孫子突然放棄水路作戰計畫，改從陸路進攻，吳軍直插楚國縱深。

伍子胥很奇怪，於是問孫子：「吳軍習水性，水戰是我們的強項，為何突然改陸戰了呢？」孫子回答說：「用兵貴在神速，走別人想不到的路，可以打他個措手不及。我們從淮河逆流而上，速度比較慢，楚軍必然已經加強了防備，我們很難一舉擊中。而從陸路卻可以避免這一點。」伍子胥這才恍然大悟。結果，孫子從三萬精兵中選擇了三千五百名身強力壯的士兵，讓他們打頭陣，一鼓作氣衝向楚軍。楚軍果然沒有防備，隊形很快就散了，吳軍士氣大振，迅速攻入楚國的國都郢，楚國國君楚昭王倉皇出逃。這一仗，吳國只出動了三萬兵力，而楚國有二十萬大軍，吳國在孫子的巧妙指揮下獲得大勝。

吳軍在孫子的帶領下，所向披靡，很多諸侯小國聽到吳軍前來，立刻準備投降，這為吳國建立霸主地位奠定了基礎。西元前482年，吳國國君率領數萬精兵由水路北上，到達黃池（今河南封丘縣南），與中原諸侯國會盟。因為有強大的軍事後盾做基礎，晉國、齊國等中原大國不敢輕舉妄動，吳國國君闔閭因此爭得了霸主地位。

▋ 孫臏入齊

孫臏原名孫伯靈，自幼父母雙亡，他跟著叔叔孫喬長大。孫喬曾經侍奉齊康公，後來齊康公被田太公驅逐，孫喬作為舊臣也被驅除，

孫臏就跟著叔叔一起逃亡。在逃亡的過程中，他與叔叔失散，從此過著孤苦伶仃的生活。

少年時候，孫臏有幸結識了鬼谷子，便跟隨鬼谷子學習兵法。鬼谷子又名王詡，他是戰國時代衛國人，善於養生和縱橫術，精通兵法、武術、奇門八卦，曾著有《鬼谷子》兵書十四篇，是當時有名的學者。因為他隱居在清溪鬼谷，常到雲夢山採藥修道，因此自稱「鬼谷子」。

鬼谷子為當世的名人，很多人跟隨他學習。孫臏跟隨他學習兵法的時候認識了很多師兄，其中一個師兄叫做龐涓。龐涓是魏國人，是一個很聰明的人，但為人奸猾，喜歡玩弄權術。孫臏朝夕與龐涓相處，大家彼此同門師兄弟，感情比較好，經常同吃同睡。二人還約好，將來有一個人發達了，另外一個人一定會跟他同享榮華富貴。轉眼幾年過去了，孫臏跟龐涓學習兵法也都有了長足的進步。鬼谷子知道孫臏為人老實，而龐涓比較奸猾，於是將《鬼谷子》兵書十四篇單獨傳授給了孫臏，並且不准他外

傳。龐涓知道這件事之後，非常惱火。

魏國國君魏惠王向天下招賢納士，龐涓不想再繼續待下去了，於是告別鬼谷子，下山應招。下山之前，他特意對孫臏說，一旦自己應招順利，立刻推薦孫臏前去，師兄弟二人共同創出一番事業。孫臏很感動，再三囑託他凡事小心，一路保重，師兄弟訣別。

龐涓到了魏國之後，因為軍事才能出眾，很快贏得魏惠王的賞識，被封為將軍。之後，龐俊率領魏國的軍隊與衛國和宋國開戰，打贏了好幾次戰爭，魏惠王更加寵信他，龐涓一時間成為魏國婦孺皆知的名將。龐涓有此殊榮，最初他的確很開心，但不久就又不高興了。他知道，論兵法，自己遠遠比不上師弟孫臏。他們約好共同富貴，如果此時他將孫臏推薦給魏惠王，孫臏肯定會贏得賞識，並且威望迅速超過自己，如果不遵照當時的約定，那麼孫臏就會到別的國家，他單獨學了《鬼谷子》兵書十四篇，將來如果遇到交戰，自己肯定不是對手。到底該怎麼做呢？龐涓晝夜

難安。

思量再三，龐涓想出一條計謀。他給孫臏寫了一封信，在信中，龐涓首先說明了自己在魏國受到重用，然後提到之前兩人的約定，說自己已經向魏惠王推薦了孫臏的軍事才能，魏惠王聽了很高興，想讓他出山幫助魏國，並且承諾封他為將軍。孫臏看到這封信，喜出望外，於是打點行裝，告別鬼谷子，到了魏國。

龐涓見到孫臏之後，表面上很熱情，每日盛情款待他。但好幾天過去了，始終沒有傳來魏惠王召見的消息。龐涓不提，孫臏自然不好意思多問，就想再多等幾天吧。一天，孫臏正在看書，門外傳來一陣喧嘩聲，很快幾個兵士闖進來，將孫臏捆綁起來，帶到一個做官的面前。這個官人是龐涓安排的，他宣布孫臏犯了私通齊國之罪，奉魏惠王命執行對他的懲罰。

結果，孫臏還沒有明白過來怎麼回事，就被施以臏足、黥臉之刑，孫臏的膝蓋骨被挖去，臉上被刺上犯罪的標誌。

這一切都是龐涓搞的鬼。他根本就沒有在魏惠王面前推薦孫臏，反而在魏惠王面前誣陷孫臏私通齊國，因此孫臏被處以極刑。他以為，失去了膝蓋骨之後的孫臏再也沒有機會為自己爭奪地位了，恐怕一輩子都不能再與自己較量了，心中的大石終於落地。因為失去了膝蓋骨，孫臏從此才改名孫臏。

不過龐涓並沒有完全放心，他將殘廢的孫臏關起來，派專人監視著他。此時孫臏已經知道是龐涓在搞鬼了，但自己有口難言，無人相信自己，不得不自救。

不久，他就瘋了，一會兒哭，一會兒笑，在屋裡不停地嚷嚷，送的飯也被他扔掉了。龐涓不相信孫臏真的瘋了，於是命人將他扔到豬圈裡，然後暗中觀察孫臏的反應。孫臏知道龐涓不會放過自己，他披頭散髮地倒在豬圈裡，渾身都是豬糞，孫臏甚至撿起豬糞塞到嘴裡。直到這時，龐涓才相信孫臏真的瘋了，對他的看守也就鬆懈起來。

其實孫臏是在裝瘋麻痺龐涓，他時刻都在找機會逃出虎口。一天，他聽說齊國派使者來到魏國，便找了個機會偷偷前去拜訪齊國

使者。齊國使者聽著孫臏的談吐以及他在軍事方面的謀略，認為他是一個人才，於是答應幫他逃走。最後，孫臏偷偷藏在齊國使者的車子裡，跟隨齊國使者來到了齊國。

孫臏見到了齊國的大將田忌，向他闡述了自己兵法思想，田忌聽了，也覺得孫臏是一個很有才華的人，於是將他留在自己府中，以接待上賓的禮節款待他。

齊威王喜歡賽馬，田忌經常與齊威王賽馬，不過總是輸。一天，齊威王又與田忌賽馬。馬分上、中、下三等，田忌使之對等競賽，不過又輸給了齊威王。

孫臏知道了，就對田忌說：「下一輪比賽的時候，你用自己的上等馬對齊威王的中等馬，用自己的中等馬對齊威王的下等馬，用自己的下等馬對齊威王的上等馬，肯定能贏得比賽。」田忌照孫臏所說的做，雖然輸了一場，但卻贏了兩場，全域來說是贏了。齊威王從來沒有輸過，當然很驚訝，於是就詢問田忌原因，田忌便將孫臏引薦給齊威王。

齊威王看到孫臏是個殘疾人，臉上有犯罪的標誌，對他並不看重。當孫臏開始闡述自己對兵法的簡介時，齊威王覺得他是一個了不起的人物，於是便問他：「那麼在你看來，如果不用武力，能征服天下嗎？」孫臏回答說：「這當然不可能，只有透過打勝仗，才能讓天下歸附。」於是就舉了很多這方面的例子，如黃帝戰勝蚩尤統一華夏，堯帝伐共工贏得天下，舜帝征三苗獲得四海歸附，武王伐紂而取代商，等等。

有理有據地向齊威王指出：任何一個朝代都是靠武力解決問題的，勝仗是實現天下歸順的基礎。齊威王聽了之後，很受啟發，於是就詢問孫臏關於兵法的事情。這是孫臏最擅長的地方，當然講述得更精彩，齊威王都聽得入迷了，當即尊稱他為「先生」，並敬他為老師。

一次讀完史記故事

增兵減灶

不久，齊、魏兩國發生矛盾，雙方軍隊因此交戰，孫臏在齊國受到重用的消息傳到龐涓耳朵裡。

龐涓掌握著魏國的軍權，他所得到的一切榮耀也都是透過打仗得來的，因此他總想發動戰爭來顯示自己的重要性，並藉以提高自己的威望。孫臏逃走後不久，他就向魏惠王進讒言，然後討伐趙國。

西元前354年，龐涓率領八萬精兵突襲趙國都城邯鄲，趙國無力抵抗，慌忙派使者向齊國求救。齊威王想拜孫臏為大將，但孫臏婉言拒絕了，他說：「我是受過刑的殘疾人，不方便帶兵，不如讓田大夫當將軍，我在旁出出主意吧！」齊威王答應了，田忌被封為大將，孫臏被封為軍師。田忌率兵八萬，孫臏暗中為他出主意，向邯鄲奔去。

田忌原本是想直接奔赴邯鄲，但孫臏制止了他。孫臏說：「我軍千里迢迢為趙國解圍，等趕到邯鄲時，恐怕將士們已經很累了，魏國軍隊以逸待勞，趙國又不是龐涓的對手，這樣我們不容易取勝。不如我們現在直接奔赴魏國的都城襄陵，而且沿途故意宣揚，讓龐涓知道。這樣為了自救，他必定回國，邯鄲之圍就解除了。這下換龐涓千里奔波，我們就可以以逸待勞了。」田忌覺得此計甚妙，便按照他說的做。

且說龐涓正在圍困邯鄲，馬上就要攻陷了，這時候魏國卻傳來齊軍壓境的消息。龐涓顧不上休整軍隊，留下少量兵力駐守在邯鄲城外，率主力軍隊援救大梁。沒想到他的軍隊經過桂陵時，被等候多時的齊軍包圍了。魏軍已經奔波千里，人馬疲憊，如今突然見到齊軍半路殺出來，還沒有應戰，已經開始心慌了。人心不穩，士氣不振，魏軍很快被齊軍打得落花流水，主將龐涓被擒。魏國無奈，只好向齊國求和，將邯鄲還給趙國。而對於罪魁禍首龐涓，孫臏並沒有殺死他，而是對他當年的背叛數落了一番，將他放了。

龐涓原本就不是孫臏的對手，現在有了齊國的支持，龐涓更無法戰勝孫臏。這一點，龐涓本人是非常清楚的，聯想當年自己對孫臏的所作所為，龐涓心中很不安，唯有孫臏徹底消失，他才放心。於是他偷偷派人潛入齊國，用金銀財寶賄賂齊國的相國鄒忌，希望他幫助自己除掉孫臏。鄒忌也擔心齊威王重用孫臏，有一天任命他為相國，於是就向齊威王進讒言，說孫臏聯合田忌謀反，要奪取齊國王位。與此同時，龐涓也派人到齊國造謠，說孫臏聯合田忌謀反。齊威王原本對田忌就有所猜忌，現在聽說田忌與孫臏意圖謀反，勃然大怒，斷然削去田忌兵權，奪取孫臏的軍師之職。龐涓的詭計再次得逞。

西元前342年，龐涓統領十萬大軍、一千輛兵車，分三路進攻韓國。韓國知道自己難以抵抗，只好派使臣向齊國求救。齊威王此時已經去世，他的兒子齊宣王繼承了王位，田忌和孫臏又恢復了職位。

對於韓國的求救，齊宣王一時拿不定注意，於是就召開群臣會議。相國鄒忌主張不救韓國，理由是，兩國互相殘殺，齊國可以坐收漁翁之利。田忌等卻堅持救韓國，理由是，一旦韓國落入魏國手中，魏國實力大增，必定對齊國不利。

孫臏卻一直沒有發表意見，齊宣王就問孫臏。孫臏說：「我覺得這直接救或直接不救都不好。」眾人不知道什麼意思。孫臏說：「如果不救韓國，魏國滅掉韓國之後會危害齊國；如果救韓國，我們必定要與魏軍交戰，韓國卻安然無恙，齊國幫助別人打仗反而傷了自己的元氣。所以直接救或直接不救都不好。我認為，大王應口頭上答應救韓國，讓韓國安心，這樣韓國就會拚死與魏國作戰。等到兩國軍隊交戰的時候，齊國再出兵攻打魏國，這時候魏國很容易就能被我們打敗，而且我們又解救了韓國的困境，他們依然會感激我們。這樣我們以最少的消耗贏得了戰爭，這種結局難道不更好嗎？」大家都覺得這是一個妙計，於是就按照孫臏所說的做。田忌、孫臏依舊統兵，等待出兵的有利時機。

韓魏兩國打了一段時間之後，孫臏沒有讓齊國這時候介入二者的

一次讀完史記故事

戰鬥，而是又採取一個妙招：不救韓國，再次襲擊魏國的首都大梁，龐涓再次腹背受敵。龐涓兩次都栽到同一個地方，氣得暴跳如雷，只罵孫臏詭計多端。想起上次的戰敗之辱，他決定這次無論如何都要與齊軍決一死戰。

孫臏知道龐涓率兵前來，不讓田忌迎敵，田忌奇怪地問：「我們上次不是以逸待勞勝了龐涓嗎？這次為什麼不用了？」孫臏回答說：「這次與上次不同的地方在於龐涓生氣了，魏軍的士氣比上次振奮。如果我們直接迎敵，我軍雖然勝了，但卻無法避其鋒芒，傷亡會比較大。魏軍既然一向自視甚高，基於跟我軍交戰，我們不如誘他們上當。我們可以故意裝作害怕的樣子，用增兵減灶的辦法誘敵深入。」田忌聽完孫臏的完整計畫，再次佩服得五體投地。

當龐涓晝夜兼程趕到魏國後，立刻傳令與齊軍交戰。但齊軍卻不肯交戰，只要魏軍稍微向前，他們便後退。龐涓急於戰勝齊軍，咬緊齊軍不放。不料派去打探敵情的探子卻回來說：從齊軍軍營中的灶跡

來看，齊軍有十萬多人。龐俊一聽齊軍有這麼多人馬，有些吃驚：「想不到齊軍這麼多人，我可不能輕敵。」於是追趕的時候謹慎了一些。追擊了一天之後，探子根據齊軍軍營留下來的灶跡，斷定齊軍只剩下五萬人。龐涓大喜：「齊軍害怕我們了，聞風喪膽，已經逃亡一半了。」於是命令魏軍快追。又追擊了一天，探子根據齊軍軍營留下來的灶跡，斷定齊軍只剩下三萬人。龐涓更開心了，他終於堂堂正正戰勝孫臏了，於是下令魏軍以更快的速度追趕。他甚至披甲執戈，親自率領兩萬輕騎，日夜兼程追趕齊軍。

孫臏得知龐涓只帶了兩萬輕騎上路，高興地說：「龐涓的末日到了。」這時候齊軍剛好經過馬陵道。馬陵道是一個險地，兩邊都是高山，山勢險要，中間有很多茂密的樹木，大軍如果想從此經過，只有中間一條羊腸小徑可走。這個地形剛好可以用來進行伏擊戰。孫臏下令：就地伐樹，將羊腸小徑堵死，然後又命人挑選一棵大樹，刮起外面的樹皮，在樹幹上寫下「龐

涓死於此樹之下」幾個大字。最後安排弓箭手埋伏在附近，並對弓箭手說：「只要看到樹下火把點亮，大家就一起放箭！」安排完畢，單等龐涓前來。

且說龐涓趕到馬陵道已經黃昏了，士兵勘察了一番，回來稟報：前面有谷口，谷口有樹木亂石阻擋。龐涓不知死期將至，反而高興地說：「這說明我們已經快要追上敵軍了。」然後一馬當先向谷口衝去。

龐涓正衝得過癮，突然發現有一棵大樹擋住了去路，隱隱約約看到樹幹上有字，不過看不清楚。

於是龐涓便命人點燃火把，走上前去辨認字跡。當他看到樹幹上「龐涓死於此樹之下」幾個大字時，立刻回過神來，意識到中了孫臏的埋伏，趕緊下令退軍。可是哪裡還來得及，埋伏在山中的齊軍弓箭手萬箭齊發，魏軍死傷無數，隊形大亂。龐涓身負重傷，勉強衝出重圍，但知道無論如何無法挽回慘敗的下場了，不得已拔劍自殺。

馬陵道一戰之後，孫臏的威名被更多人知道，齊國也愈發重視他。孫臏後來將自己知道的兵法知識和作戰經驗記錄下來，寫成《孫臏兵法》八十九篇。

■ 吳起成名

魏文侯七年（西元前440年），吳起出生於衛國左氏一個貴族家庭。成年後，他到了魯國，跟隨曾子學習儒學，後來又與李悝一起向子夏學習儒學。此時天下諸侯之間兼併嚴重，儒學並不受重用，吳起於是棄文從武，成為魯國國君魯穆公的一個武官。

後來，齊國攻打魯國，魯穆公想封吳起為將軍。但是吳起的妻子是齊國人，魯穆公擔心吳起無法全力打仗，對他有些不放心。吳起一心想做出一番事業，當他得知魯穆公的顧慮之後，回家殺了自己的妻子。魯穆公非常感動，於是封他為大將軍。吳起率領魯國軍隊迎擊齊

軍，大勝。

吳起打了勝仗，更被魯穆公所看重，這引起了其他人的不滿。有人詆毀吳起道：「吳起生性殘忍，而且他從不相信任何人。他出身於貴族，從小享受榮華富貴，家裡的錢財多得幾輩子也花不完。他為了做官竟然散盡家財，結果沒有撈得一官半職，同鄉的人都笑話他一輩子都沒有出息了，他竟然將笑話自己的三十多人都殺了。他從衛國逃跑時，與母親訣別，咬著自己的胳膊狠狠地說：『我吳起要是不能成為上國相客卿，我就永遠不回來了。』接著又跟隨曾參學習儒學，這時候他的母親死了，他為了當初自己的誓言竟然不回去奔喪弔孝。這下連曾參也看不起他了，跟他斷絕了師徒關係。不得已，他又與李悝一起向子夏學習。後來李悝做官了，他依舊一無所獲，索性也不學儒學了。他又跟隨別人習武，成為我們魯國一名武將。國君擔心他的妻子是齊國人因此不敢派他與齊國打仗，他就殺掉自己的妻子向國君表示忠心，只是為了求得將軍一職啊！魯國只是一個小國家，吳起這

麼善於打仗，其他國家會認為我國有擴張的野心，就會做出對魯國不利的事。魯國跟衛國原本是兄弟之國，魯國國君現在重用吳起，不就是得罪了衛國嗎？」

這番話說得有鼻子有眼，而且有些事的確是事實，魯穆公聽說了，就對吳起不再重用。吳起沒辦法，只好離開魯國。他聽人說魏國國君魏文侯是一個賢明的君主，於是就投奔魏國。

魏文侯聽說了吳起的名氣，但又不是很瞭解，就問大臣李克說：「你認為吳起這個人怎麼樣？」李克回答：「他不貪戀財物，但是貪圖成名，一心想要擁有名氣做大事。他有一個致命的缺點：愛好女色。不過如果真想用他帶兵打仗的話，那確實是一個難得的人才，恐怕連齊國的司馬穰苴也比不上他。」魏文侯覺得吳起肯定對魏國有用，於是就以上賓之禮招待他，還封他為魏國的上將軍。吳起不負所望，不久就帶兵攻打秦國，一口氣奪得秦國五座城池，魏文侯大喜，更加寵信他。

不得不說，吳起真是一個好

將軍。他帶兵打仗，跟士兵們穿同樣的衣服，吃一樣的飯，睏了就跟大家一樣倒頭就睡，平常行軍也不像其他將軍一樣乘車騎馬，跟大家一樣背負著自己的行李和乾糧。總之，他與眾將士同甘共苦，因而也贏得將士們的愛戴。

有一次，有一個士兵身上長了一個毒瘡，吳起親自幫這個士兵吸出裡面的膿液。這個士兵的母親聽說後大哭起來，大家都問她為什麼，因為她的兒子只是軍隊一個無名小卒，竟然獲得吳起將軍親自替他吸吮膿液，這是莫大的榮耀，應該高興才對。這位母親說：「你們有所不知啊。從前我的丈夫也在吳起將軍手下當兵，也是身上長了個毒瘡，當時也是吳起將軍親自替他吸吮出了毒瘡的毒液。我的丈夫因此很感動，在戰場上拚命殺敵，最後戰死沙場。現在吳起將軍又為我的兒子吸吮毒瘡，恐怕我的兒子也會像他父親一樣不顧生死為他賣命，我的兒子什麼時候會死呢？我是哭我兒子的命啊！」

而對待軍事理論，吳起也毫不含糊。他對於孫子「知己知彼，百戰不殆」的戰略思想非常推崇，總是從戰爭形勢出發，派間諜深入敵後搜集敵方各種情報，然後推測隨時可能會出現的情況，或者選擇其薄弱環節狠狠打擊。此外，他還擅長引誘深入的戰術，總是先派出一支小分隊去佯攻敵人，然後假裝敗退，再用主力軍隊進攻。

吳起既能贏得將士們的喜歡，又善於用兵，加之他廉潔不貪，贏得魏國上下的敬重，魏文侯對他更是禮敬有加。

魏文侯三十八年（西元前409年），吳起率魏軍進攻秦國河西地區的臨晉（今陝西大荔東）、元里（今澄城南）。第二年，魏軍攻取了秦國的至鄭（今華縣）、洛陰（今大荔南）、合陽（今合陽東南），佔領了秦國的河西地區。魏文侯就任命吳起為西河地區的郡守，讓他在這個戰略要地上抵抗秦國和韓國。

西元前389年，秦軍調集五十萬大軍，企圖奪取被魏佔領的河西地區。吳起率領五萬魏軍，一舉擊潰五十萬秦軍──能擊敗十倍於己的兵力，吳起的名聲從此遠播。

商君列傳

衛鞅入秦

歷史上的戰國七雄之中，尤以秦國的實力最為弱小。秦國在政治、經濟、文化等各個方面都要落後於中原的其他諸侯國。與秦國非常臨近的魏國實力就比較雄厚，而且秦國河西一帶就被魏國掠奪了。

西元前361年，秦孝公繼位。秦孝公立志做一個大有作為的國君，一心勵精圖治。首先，秦孝公開始廣泛搜集賢才。為此。秦孝公頒布命令，說：「只要是能讓秦國國富民強的人，我就封他做秦國的大官。無論這個人是秦國人還是別的國家來的客人。」聽說秦孝公廣納賢才，許多有才之士紛紛來投靠。其中有一個叫公孫鞅的人也來到了秦國。公孫鞅是衛國（今河南濮陽）的貴族，但卻得不到重用，於是也來到了秦國。

公孫鞅是衛國國君的後裔，承襲公孫氏，故此稱為公孫鞅（也稱衛鞅）。而且，公孫鞅一直喜愛研究刑名法術的學問。魏國的國相公叔座得知公孫鞅非常有才能，就

派人把公孫鞅找來。然後，公叔座就讓公孫鞅擔任了中庶子的職務，並想把他引薦給魏惠王。當時恰逢公叔座身患重病，魏惠王親自前來探望公叔座。魏惠王對公叔座說：「如果國相您的病難以治癒的話，你認為什麼人可以擔當國相的重任呢？」公叔座就說：「大王，我認為我的中庶子公孫鞅可以擔此重任。儘管公孫鞅年輕，但他非常有才幹。把魏國的朝政交給他掌管，我認為是十分妥當的。」哪知，魏惠王聽了以後什麼話也沒有說。公叔座就知道魏惠王不想重用公孫鞅。因此，公叔座叫旁邊的人都退下，並對魏惠王說：「大王，如果您不打算重用公孫鞅的話，就一定要殺死他。否則，公孫鞅到了哪個國家，哪個國家就會很快強大起來的。」魏惠王聽了以後，就同意了公叔座的建議。

然後，公叔座又派人叫來公孫鞅，並對他面帶歉意地說：「剛剛魏王問我什麼人能夠擔當國相的重任，我向大王舉薦了你。不過，我從大王的表情中覺得大王好像不是很樂意。作為魏王的臣子，我首先應該盡忠國君。於是我就向魏王建議假如不想重用你，就要殺死你。魏王同意了我的建議。因此，或許不久魏王就要派人殺你了，你還是趕緊逃走吧。」公孫鞅聽了以後，就對公叔座說：「如果魏王沒有聽從您的建議而對我委以重任的話，我想魏王也不會聽從您的建議殺死我的。」因此，公孫鞅並沒有立即離開魏國。

再說魏惠王離開國相府以後，對身邊的人說：「國相病得不輕啊，真令人難過。但是我問他誰可以擔當國相的時候，公叔座卻要我把國相的位子交給公孫鞅。難道公叔座是病的犯迷糊了嗎？而且，公叔座還說，如果不重用公孫鞅，就要殺掉公孫鞅。我覺得事情沒有那麼誇張啊。」就這樣，魏惠王並沒有把這件事放在心上，果真沒有重用公孫鞅，也沒有殺掉公孫鞅。

沒過多久，魏國國相公叔座就去世了，公孫鞅也打算另謀出路。這時，恰好秦孝公打算重振秦穆公時的威風，東進收復失地，成就一番事業，並頒布了法令遍訪全國有才能的人。公孫鞅知道了以後，就

一次讀完史記故事

改名為衛鞅並來到了秦國。隨後，衛鞅透過秦孝公的親信景監的引薦，去拜見秦孝公。

於是秦孝公就接見了衛鞅，並與衛鞅暢談了許久的國事。但是，秦孝公覺得衛鞅講的內容非常枯燥，就邊聽邊打瞌睡。衛鞅走後，秦孝公就斥責景監說：「你怎麼找來一個這樣說大話的門人呢？這種人是不能被重用的。」於是，受到秦孝公斥責的景監就訓斥衛鞅。衛鞅卻對景監說：「我一直用古代堯舜的治國之道來進諫秦王，只是大王一直沒有領悟啊。」

幾天之後，景監再次請求秦孝公接見衛鞅。就這樣，衛鞅再一次見到秦孝公。衛鞅將自己的治國方略說得頭頭是道，卻仍然沒有說到秦孝公的心坎裡去。於是，秦孝公再一次怪景監不該引薦這樣的人。而且，景監也訓斥了衛鞅。衛鞅就說：「這一次，我是用夏禹、商湯、周文王以及周武王的治國之道進諫大王的，只是大王仍然不滿意，也沒有領悟這些道理。現在，我求您再讓大王接見我一次吧！」

不多久，秦孝公就接見了衛鞅。這一次，秦孝公對衛鞅的印象很好，只是並沒有重用衛鞅。事後，秦孝公對景監說：「你的門人很好，我現在可以很好地和他交談了。」景監把這些話告訴了衛鞅，衛鞅就說：「這一次，我是用春秋時期五位霸主的治國方略來勸說大王的，應該能符合大王的心意了。如果大王再次接見我的話，我就知道怎麼和大王交談了。」

果然不久之後，秦孝公又召見了衛鞅。這一次，兩人相談甚歡。而且交談的時候，秦孝公不自覺地向前挪動膝蓋，一直談了好幾天都沒有感覺到疲憊。景監就問衛鞅：「你用什麼辦法讓大王那麼高興呢？」衛鞅回答道：「我曾經勸說大王採納古代帝王的治國方略，成就夏商周那樣的霸業。不料，大王卻認為那樣需要很久的時間，自己沒有那麼多的時間等待。大王說：『所有的君主都希望在位的時候能夠受天下人的尊敬和愛戴，我也做不到等到幾十年甚至更久的時間以後才成就霸業的。』」衛鞅接著說：「於是我就用富國強兵的治國方略來說服大王。果然，大王非常

高興。只不過，這樣也就不能與殷周那樣的美德相提並論了。」

從此，秦孝公就重用了衛鞅，並聽從衛鞅的建議，決定改變秦國的法令。但是，秦孝公卻害怕百姓們指責自己修改法令。衛鞅就勸諫說：「做事的時候千萬不要瞻前顧後。如果不能做到果決，那麼很容易把事情搞砸。何況，超越一般人的行為，大多會遭到人們的議論的。大凡有遠見有卓識的人，極容易被普通人所不齒。因此，即便很多事情成功了以後，有一些愚笨的人仍然無法理解；而有些智慧超常的人在事情成功之前就能預料到結果。所以，成就大事的人，往往不能與凡夫俗子策劃新生事物，而只能與他們一起享受成果。也就是說，一個人若想研究道德的最高境界，就不能與世俗同流合污；如果一個人想要成就一番大事，就不能與一般人一起籌畫。故此，聖明的君主只要能使國家強大就好，不必在意是否按照古制；聖明的君主只要能使百姓安居樂業就是真正的明君，不必在意是否依照以前的禮制。」

聽到衛鞅這樣說，秦孝公非常高興，就決定實行變法。不過，這一決定卻遭到了秦國的其他貴族和大臣們的極力反對。大臣甘龍對秦孝公說：「衛鞅說的並不對啊。聖明的君主往往按照舊有的禮法治理國家，並對百姓進行教化；睿智的人也常常不變更國家的法制，從而將國家治理得很好。因此，只有順應百姓的習俗並對百姓進行教化，這樣不用耗費多少精力就能教化百姓；依據以前的法令治理國家，臣民都會得到很好的教化，這樣國家也會穩定。」衛鞅反駁說：「大王，甘龍說的話是世俗人所持的觀點。普通人常常會有因循守舊的思想，而書生更是照搬書卷中的逸聞軼事。這兩種人雖說都是奉公守法的人，但卻不能被用來探討舊法以外的事情。夏商周三個朝代的禮法制度並不相同，卻分別成就了一番霸業；春秋五霸所採用的治國之道也不一樣，但都能成為一方霸主。這說明，有智慧的人制定禮法制度，愚笨的人只能遵守禮制；賢德的人變革禮法，普通人只能受到禮法的制約。」

一次讀完史記故事

這時候，秦國的大臣杜摯站出來說：「假如不能獲得上百倍的利益，我們就不能變革舊法；假如不能收到十倍的效用，我們就不可以變更現有禮制。因此，沿襲古代的法令，就不會犯錯；依照舊有的禮制，也不會出現任何的差錯。」衛鞅就反駁說：「自古以來，治理朝政就沒有任何固定不變的法制。只要新法能夠造福於國家，我們就不能因循守舊。因此，商朝的周武王因為沒有依循舊法而稱王，夏桀和殷紂只是因循古制而導致了亡國。也就是說，我們不應該苛責變法的人，也不讚賞因循守舊的人。」聽到這兒，秦孝公就說：「衛鞅講得非常好。」

於是西元前359年，衛鞅被任命為左庶長（官名），掌管秦國的變法。

立木為信

衛鞅擔任左庶長不久之後，就草擬了一份變革的法令。法令規定，十家為一什，五什為一伍。而且，大家互相監督。只要有一家觸犯了法令，那麼這十家都要受到牽連。對於奸邪之徒，告發他們的人就會受到和殺死敵人一樣的獎賞；不告發他們的人就會被處以腰斬；藏匿他們的人就會受到和賣國投敵一樣的處罰。同時，家中有兩個以上的壯丁的話，必須分開居住；否則，就要加倍收取賦稅。對於軍隊，衛鞅也制定了一定的制度，實行論功行賞。對於滋生是非的人，視其情節輕重進行處罰。從事農作物耕種的人，如果能夠使作物豐收與布帛產量增加，國家就會免去他們的勞役與賦稅。但是，如果有人因為經商而導致傾家蕩產的，國家就會把他們的妻子兒女貶為官府的奴婢。對於沒有在軍營中立功的王族，家族的名冊中就不會記載他們的名字。整個國家的等級要嚴格區分，尊卑固定。每個人按照等級的高低來決定擁有土地和房屋的多少。對於侯爵家中的家臣和僕人們

所穿的衣服，要根據侯爵的等級來決定。因此，立軍功的人就會官居顯赫，沒有立功的人即便很有錢也不能光宗耀祖。

一切準備妥當之後，衛鞅擔心有人不相信自己的變法，也擔心有的人不遵照新法做事，於是衛鞅就對秦孝公說：「如果哪個國家想要變得強大，就必須重視農業生產，並犒賞軍隊。如果國君向要使國家政治清明，就要賞罰分明。這樣，朝廷的威嚴和信用就會深入民心。那麼，所有的變革也就是很容易的事情了。」秦孝公覺得很有道理，就對衛鞅說：「很好，我非常相信你的能力，變革的事情就由你全權負責吧。」

為了取信於民，衛鞅就命人在都城的南門附近立了一塊高達三丈的木頭。衛鞅說：「能夠把這塊木頭扛到北門的人就可以得到十兩金子。」不大一會，南門就聚集了很多人，大夥都議論這件事情。其中有人說：「誰都可以搬得動這塊木頭，至於賞賜十兩金子嗎？」也有人說：「這可能是左庶長和大家說笑呢。」於是，這群人面面相覷，

但仍然沒有人上前搬這塊木頭。

衛鞅明白大家還是在懷疑他的命令，就命人把賞賜提高到了五十兩金子。哪知賞金越高，大家就越覺得不可思議，依然沒有人搬木頭。就在這時，突然有一個人衝出人群，並大聲說：「左庶長，我來試一下。」說完，這個人果真把木頭搬到了北門。然後，衛鞅也信守承諾，派人上給了那個搬木頭的人五十兩金子。很快，全國都知道了這件事情，一時間引起了人們的議論。百姓們都說：「看來左庶長的命令是千真萬確的，一點都沒有騙我們啊。」於是，全國知道了衛鞅言出必行、信守承諾的為人。

這時，衛鞅明白自己的命令有了一定的效用了。於是，衛鞅就在全國公布了已經草擬好的新法令。新法沒有實施多久，太子就違反了法令。大臣們都認為，太子是未來的國君，即便犯了錯也不能進行懲罰。衛鞅就對秦孝公說：「其實，新法令實行得順利與否，關鍵看上層的達官貴人們是否可以遵守。全國的臣民都要遵守國家法令，如果國家的上層人士沒有遵守法令，那

麼下層的人也就不會信任朝廷了。既然太子觸犯了法令，那麼他的師父就要受到懲罰。」就這樣，太子的兩個師傅公孫虔和公孫賈都受到了懲罰，一個被割掉了鼻子，另一個人臉上被刻了字。

衛鞅的這個變革規模很大，在全國引起了強烈的反響，也遭到了許多人的極力反對。其中，許多達官貴族們都極力抵制新法，紛紛議論新法的頒布與實施。衛鞅就說：「這些反對新法的人也是干擾國家教化的人啊。」於是，衛鞅就命人把這些人放逐到了邊疆地區。從這以後，再也沒有人敢議論新法令了，百姓都遵守新法令了。

新法令頒布的第二年，衛鞅下令廢除井田制度，實行開墾阡陌的制度。於是，衛鞅命人鏟平比較寬闊的阡陌地區，並且種植農作物。過去被用來劃定疆界的土堆、荒地、樹林、溝地等，也被開墾出來了。衛鞅還規定，開墾的土地屬於開墾者擁有。而且，朝廷允許土地買賣。同時，衛鞅還下令統一全國的度量衡。

新法實施的第三年，衛鞅規定，不准百姓中的父子兄弟們住在一個大家庭裡。而且，衛鞅下令將零散的鄉村合併成縣，並設立縣丞與縣令管轄這些縣。全國共有三十一個縣，這些縣的官員由朝廷統一派遣。這樣一來就加強了秦國的中央集權。因為衛鞅變革有功，秦孝公就讓他擔任了大良造的職位。也就是在這一年，太傅公子虔觸犯了新法令，被衛鞅施以割鼻之刑。

新法實施後的第四年，衛鞅勸秦孝公在咸陽建造宮闕。不久，為了進一步向東發展國土，秦國就把都城由雍城（今陝西鳳翔縣）遷往渭水北面的咸陽（今陝西咸陽市東北）。在這一年中，齊國與魏國在馬陵展開激戰，魏國戰敗。魏國的太子申被俘，將軍龐涓被射死。

新法實施後的第五年，衛鞅就對秦孝公說：「秦國和魏國的關係，好比人患了心腹疾病一樣。要麼是魏國佔領秦國，要麼是秦國佔領了魏國。原因是這樣的，魏國和秦國以黃河為界，魏國都城在安邑，全國處於群山地勢險隘的西面，佔據著崤山以東的地方。如果

局勢對魏國有利，魏國就會西進侵擾秦國，若形勢不利，魏國就可以向東發展實力。秦國因為有了聖明的君主才得以國富民強，但現在的魏國則剛剛被齊國戰敗，許多諸侯也不再依附它了，大王可以藉此機會攻打魏國。以魏國現在的實力，必定抵擋不住大王的，肯定會向東後撤。一旦魏國東撤，秦國就可以佔領黃河和崤山的有利地形。這樣，秦國向東就可以牢牢掌控所有的諸侯國了，這是您一統天下的時機啊。」

聽了衛鞅的話，秦孝公覺得很有道理。於是，秦孝公就命衛鞅帶兵進攻魏國。魏國派出公子昂迎敵，雙方形成對峙局面。衛鞅就讓人送了一封信給公子昂，衛鞅在信裡說：「我和公子曾經相談甚歡，現在我們卻成了敵對的人。我不想看到我們互相殘殺，想和公子當面交談並簽訂盟約。我們可以盡情地喝酒，然後相約退兵。秦國和魏國都能得到安寧，這樣不是很好

嗎？」公子昂覺得有道理，就同意了。兩軍會盟的時候，公子昂被衛鞅事先埋伏好的將士抓住了。同時，衛鞅又命秦軍乘勝進攻魏國的軍隊，魏國慘敗。魏國接連遭到齊國和秦國的侵擾，國勢漸衰。為此，魏惠王十分後悔沒有聽從公叔座的建議。不久，衛鞅帶兵攻打魏國西部，從河西一直攻到河東，最後魏國都城安邑也被攻陷了。所以，魏國只好把河西割讓給秦國，並遷都大梁（今河南開封）。

衛鞅打敗魏軍以後，秦孝公就把於、商等地的十五個邑賞賜給了他，稱他為商君。從這以後，衛鞅就被稱為商鞅。

經過商鞅變法，秦國的實力大增，農業生產日漸增加，軍事力量逐漸增強，社會安定，百姓安居樂業。秦國的臣民勇於為國獻身，也沒有惹是生非的人。為此，周朝天子派人送來祭肉賜給秦孝公，並封秦孝公為「方伯」。而且，中原的許多諸侯國也都來祝賀秦孝公。

作法自斃

西元前338年，趙良前去拜見商鞅。商鞅對趙良說：「我們是透過孟蘭皋的介紹才得以相見的，我們做朋友，好嗎？」趙良卻說：「我從沒有奢求能和您成為朋友。孔子曾經說：『人們喜歡投奔引薦賢才並受百姓愛戴的人。如果一個人結交狐朋狗友，即便能讓國君成就霸業，人們也不會投奔他。』我沒有才能，所以不敢和你做朋友。我還聽人說過：『佔有不應該擁有的位置稱為貪位，擁有不應該擁有的名聲稱為貪名。』如果我和您結交，那麼我不但貪名，而且貪位了。因此，請原諒我不能聽從您的建議。」

商鞅就問趙良說：「難道是您對我的所作所為不滿意嗎？是我沒有將秦國治理好嗎？」趙良回答說：「聰指善於採納別人的建議，明指善於自我反省，強指善於自我控制。虞舜曾經說：『自謙的人就能夠得到別人的敬重。』您只需要按照虞舜的說法去做，根本不用詢問我。」

商鞅就說：「秦國的居住習俗曾經和戎狄一樣，父子同住，男女老幼也住在一起。現在，我讓他們懂得男女之別並分開居住，改善了秦國的教化。同時，我建議大王建造宮室，就像魯國和魏國那樣華麗。您覺得我和五羖大夫相比，誰比較有才能呢？」趙良回答說：「即使是一千張羊皮，也不如一領狐腋金貴。即便是一千個人同時附和，也不如一個人的仗義執言有用。周武王曾經允許朝廷大臣大膽進諫，因而國家能夠繁榮昌盛。紂王則不允許大臣們進諫，最終導致亡國。假如您同意武王的做法，就請讓我直言相告而不受責備，可以嗎？」

商鞅就說：「古語說，表面上中聽的話語好像是花兒，而真正至誠的話語則是果實。極力勸解卻中聽的話是治療疾病的良藥，而阿諛奉承則是惱人的病痛。假如您能夠每天勸誡我，那對我是再好不過

了。並且我打算奉您為我的老師，您怎麼不答應和我做朋友呢？」

趙良回答說：「您也知道，五羖大夫曾經是楚國偏遠地方的鄉里人。他聽說秦穆公是一位明君，就想去拜見。但是他卻沒有去秦國的路費，只好把自己賣給一個秦國人。就這樣，他每天穿著粗布衣服給秦人餵牛。一年之後，秦穆公聽說了這件事情，就給了他很高的官職，凌駕於萬人之上。然而，秦國人沒有一個人抱有怨言。五羖大夫擔任秦國相共有六年，曾經東討鄭國，三次擁護晉國國君，一次出兵援救楚國。而且，五羖大夫在管轄範圍內對百姓實行教化，巴國向秦國進貢；對各個諸侯施行仁政，周邊的少數民族都朝見秦國。有個叫由余的人聽說了以後，就去拜見並投靠五羖大夫。五羖大夫擔任國相的時候，再怎麼疲憊也不坐馬車，再炎熱的天氣也不撐傘。而且，五羖大夫遍訪全國，卻不讓隨從跟隨。所以，五羖大夫的英名永載史冊，保藏在府庫之中；五羖大夫的仁義德行也永遠被後人記住了。因此五羖大夫去世的時候，秦國上下

一片哀痛之聲，兒童也不唱歡快的歌了，正舂米的人也由於悲傷過度而發不出任何的聲音了。所以，這些都彰顯了五羖大夫的美德。但是，您是因為秦孝公的親信景監才被召見的，所以說也就沒有什麼聲名了。您作為秦國的國相，不但沒有為百姓謀福，反而建議大王大肆修築宮殿，這也不是什麼豐功偉績啊。而且，您懲罰太子的師傅，對百姓施以嚴酷的刑罰，這其實是在積聚災禍啊。您應該知道，教化百姓的作用要大大地超過命令百姓的作用，百姓也會極為迅速地仿效上層人士的行為。況且，您現在被封為商君，掌管商於之地，卻經常用新法令對付秦國的貴族們。《詩經》裡說：『相鼠尚且還懂禮貌，為什麼人卻不能講求禮儀呢？人既然不講求禮儀，為什麼不趕緊死去呢？』這樣說的話，我實在不好恭維您什麼了。在公子虔閉門八年以後，您又命人殺掉了祝歡，並把公孫賈處以墨刑。《詩經》裡說：『得到民心，國家就會發達興旺；喪失民心，國家就會滅亡。』您做的這些事，都不得民心啊。每當您

一次讀完史記故事

外出的時候，您就會派數十輛車跟在後面。而且，車上站滿了穿著盔甲的士兵。您身邊都是一些健壯的護衛，他們手持矛戟緊緊跟著您。您的外出，必定少不了他們，否則恐怕您就不敢外出了。《尚書》中說：『依靠仁政，國家就會繁榮；依靠武力，國家就會滅亡。』您現在面臨的情形好比是晨露，有馬上消失的危險。您還想著長命百歲嗎？那麼就把商於等十五個封邑歸還給秦國。同時，您要勸諫秦孝公任用那些隱居的賢人，侍奉老人，照顧孤兒，使兄弟相親相愛，社會等級分明，敬重德才兼備的人，只有這樣，國家才可以長治久安啊。而且，您要親自到偏遠的地區耕種。假如您繼續貪圖商於的財富，仍然獨攬朝政，那麼您只會繼續增加百姓對您的仇恨。如果有一天，秦國規定禁止外來的賓客執掌朝政，那麼將會有很多人等著抓您。那時，您被殺的日子就好比人們抬腳那樣迅速地到來啊。」然而，商鞅並沒有聽取趙良的建議。

五個月以後，秦孝公去世了，太子贏駟繼位，即秦惠文王。公子虔等人就對秦惠文王說：「商鞅想弒君篡位。」而且，秦惠文王還是太子的時候曾因觸犯新法而被商鞅懲罰了自己的師傅，秦惠文王心裡非常不滿，就下令逮捕商鞅。

商鞅無奈之下，只好逃到邊境，打算投宿。客棧的老闆並不知道他是商鞅，就對商鞅說：「商君有命令，如果店主讓沒有證件的人住宿的話，店主和住宿的人要一起受到懲治。」所以，這個老闆堅決不讓商鞅住宿。商鞅就感歎地說：「沒想到新法的禍端竟然到了如此的地步。」於是商鞅就決定離開秦國而去魏國。

但是商鞅曾經用計策騙過魏國公子昂以及戰敗魏國，因此，魏國百姓十分痛恨他，更不願意讓商鞅待在魏國。商鞅又想投奔其他國家，但被魏人抓住了。魏國人認為，商鞅既然是強大的秦國的逃犯，那麼我們抓到後，就應該送給秦國。就這樣，商鞅被送回了秦國。

商鞅一回到秦國，就偷偷地跑到了商於。同時，商鞅與手下的將士密謀，北攻鄭國來謀求出路。

秦國派兵討伐商鞅，並在鄭國的黽池逮捕了商鞅。秦惠文王就問大臣們：「按照商鞅的法令，應該怎麼懲治謀反的商鞅呢？」

大臣們都說：「處以車裂，誅殺全家。」於是秦惠文王就將商鞅五馬分屍，並誅殺了他的全家。

商鞅變法使秦國強大富足起來，為以後秦始皇統一中國奠定了基礎。

但是商鞅的變法過於苛刻，比如實行連坐、肉刑等嚴酷的刑罰，而且，商鞅的論軍功行賞制度遭到了貴族的不滿，許多達官貴人都憎恨他。最終，商鞅死於自己的車裂法，人們都說這是作法自斃。

孟嘗君列傳

▍相門有相

　　孟嘗君，姓田，名文，父親是靖郭君田嬰。

　　田嬰是齊威王的小兒子、齊宣王的弟弟，從齊威王開始，他就開始任職當權了。西元前318年（齊宣王二年），田嬰和孫臏與田忌三人帶兵為救援韓國而去攻伐魏國，在馬陵打敗了魏國軍隊，俘虜了魏國太子申，還殺了魏國將軍龐涓。西元前313年（齊宣王七年），田嬰被派出使韓國和魏國，說服韓昭候和魏惠王在東阿與齊宣王會盟，逼韓國和魏國臣服於齊國。西元前311（齊宣王九年），齊宣王任用田嬰為齊國宰相。這一年，齊宣王與魏襄王經過了徐州盟會，互相稱對方為王。

　　楚威王知道了這件事情以後，他以為是田嬰策劃出來的，因此他十分憤怒，於是就下令出兵攻打齊國。在徐州齊國軍隊被打敗，楚威王派人追捕田嬰。田嬰派張醜去遊說楚威王，楚威王才算善罷甘休。田嬰在齊國任宰相的第十一年，齊

宣王去世，齊閔王繼承王位。西元前299年（齊閔王三年），齊閔王賜薛邑為田嬰的封地。

田嬰有四十多個兒子，田文是田嬰的小妾所生。田文是五月五日出生的，田嬰認為五月五日出生的孩子對父母非常不利，就讓田文的母親將他遺棄，但是田文的母親不忍心，就偷偷將他撫養長大。

田文長大成人後，他母親就讓他的哥哥將他帶到田嬰面前。當田嬰知道他就是那個五月五日出生的孩子後，十分生氣，對他母親說：「我不是讓你把這個孩子扔掉嗎？你竟敢偷偷將他養大了，豈有此理，這是為何啊？」

田文的母親看到田嬰生氣了，十分害怕，不知該如何回答他。此時，田文卻叩頭大拜田嬰，然後反問他說：「為何您不讓撫養五月五日出生的孩子呢？」田嬰回答說：「凡是五月出生的孩子，會長得跟門戶一樣高，對父母非常不利。」田文問：「照這樣說，人的命運是上天安排的呢，還是門戶安排的呢？」田嬰聽了之後，一時不知該如何回答，就沉默了。於是，田文

就說：「如果人的命運是上天安排的，您自然不必擔憂。假如真是門戶安排的，您只需要加高門戶不就行了！」田嬰自然是無言以對。

過了不久，田文問他父親說：「父親，兒子的兒子應當如何稱呼？」田嬰回答說：「叫孫子。」田文繼續問：「那麼，孫子的孫子該如何稱呼？」田嬰回答說：「叫玄孫。」田文又問：「那麼，玄孫的玄孫該如何稱呼呢？」田嬰說：「我不知道。」田文說：「如今，您擔任宰相執掌著齊國的大權，並且經歷了威王、宣王、閔王三代君王，但是，齊國的領土卻沒有任何的增加，您個人卻積累了萬金的財富，而且門下連一位賢能的人都沒有。我聽說，將軍門下出將軍，宰相門下出宰相。

如今，您看您的姬妾的綾羅綢緞都穿不完，被踩在腳底下，但是那些賢士們連粗布短衣都沒得穿；您的男僕女奴的飯食肉羹都吃不完，但是賢士們卻連裹腹的糠菜都不足。但是，您卻仍然在不斷累積財富，你要這麼多財富有何用呢？你難道不想將這些留給那些忘

一次讀完史記故事

記國家已經一天天衰弱的人嗎？我非常奇怪，您從來沒有考慮過這些嗎？」

田嬰聽了田文的話，對他的態度大大改變，非常器重他，命他主持家政、接待賓客。從此，田家的賓客絡繹不絕，越來越多，田文的名聲也逐漸在各諸侯中傳了開來。各諸侯國十分敬佩田文的賢德，於是紛紛派人到田嬰那裡要求立田文為世子，田嬰對兒子田文也是十分喜歡，於是就答應了。田嬰去世後，田文就繼承了田嬰的爵位，即世人所稱的孟嘗君。

孟嘗君依舊在薛邑居住，他廣招賢士，很多人都歸附了他。孟嘗君是一個非常尊重賢士的人，他寧願將家業放棄也會給予他們豐厚的待遇，因此，天下的賢士都欣然前往。最後，他門下的食客多達幾千人，但是他卻不分貴賤，一律平等對待。

孟嘗君在接待賓客的時候，總會安排侍史在屏風後記錄他們的談話內容，當他們離去後，他就會根據記載的賓客親戚的住處，派人到賓客的親戚家裡送上禮物以示慰問。有一次，孟嘗君請賓客前來吃晚飯，但是，有個人卻無意將燈光蓋住了，於是，那個賓客十分生氣，認為他吃的飯食品質肯定和孟嘗君不一樣，於是，他將碗筷放下就向他辭別要離開。孟嘗君看到後，就立刻將自己的飯食給他看，自然飯食是一樣的，並沒有絲毫差別。那個賓客看到後感到十分慚愧，就向孟嘗君自殺謝罪了。

秦昭王聽說孟嘗君十分賢能，希望孟嘗君到秦國，就派涇陽君到齊國當人質想要互換。於是，孟嘗君就打算去秦國，賓客們知道後紛紛阻攔他。但是孟嘗君卻主意已定，其中一個叫蘇代的賓客說：「今天早上，我在外面時看見一個木人和一個土人在交談。木人說：『天上如果下雨，你就會坍毀。』土人回答說：『我是泥土做的，即使坍毀也是到泥土中罷了。但是如果真的下雨了，水就不知會將你沖到哪裡。』如今的秦國是個十分貪婪凶狠的國家，您要執意前往，如果將來回不來，恐怕土人也會嘲笑您吧？」孟嘗君聽後知道自己錯了，就取消了行程。

西元前299（齊閔王二十五年），齊閔王又提出讓孟嘗君出使秦國，因為他一直得不到齊閔王的重用，所以他就欣然前往了。孟嘗君到了秦國，就被秦昭王任命為秦國的宰相。這正是他所說的「相門有相」啊！

雞鳴狗盜

秦昭王讓孟嘗君擔任秦國宰相之後，因為孟嘗君的威信聲望很高，秦昭王對孟嘗君又十分信任，這引起了秦國一些大臣的不滿。

於是，就有大臣僚勸說秦昭王道：「孟嘗君是一個賢能的人，大家都認同。但是他是齊王的同宗，如今到秦國擔任宰相，他要考慮的事情肯定會替齊國先打算，然後才是秦國，這樣下去秦國可就難免會出現危險呀。」秦昭王聽後認為不無道理，就將孟嘗君罷免了，而且軟禁了起來，想要殺掉他。

孟嘗君的門客得知這一情況後，就趕緊向秦昭王最寵愛的妃子請求幫助。那個妃子答應幫他，但是有個條件，想要孟嘗君來秦國時帶的那件白色狐皮裘。孟嘗君來秦國的時候，確實帶著一件白色狐皮裘，天下無雙，很珍貴，價值千金，但是已經給了王后，如今到哪裡去找一件這樣的皮裘呢？

孟嘗君知道了以後，很焦慮，但是也不知道該如何是好。他只好向他的門客們詢問辦法。其中一個擅長偷盜的門客說：「我可以將那件白色狐皮裘拿到。」於是，他就在晚上化裝潛入了秦宮的倉庫，將那件狐白裘偷了出來，獻給了秦昭王的寵妃。秦昭王的寵妃妾得到了夢寐以求的白色狐皮裘，心裡自然十分開心，於是，就向秦昭王替孟嘗君求情，最後孟嘗君被釋放了。孟嘗君獲釋後，料到秦昭王可能會反悔，就立刻將出境證件偷改了姓名，逃出了秦國都城。他們一路快馬加鞭，到達函谷關的時候已經半夜了。

果然不出所料，秦昭王沒多久就後悔了，他派人去找孟嘗君，發現他逃走了，於是馬上派人前去追捕他。當時，孟嘗君已經到了函谷關，不過是半夜，城門已經關了，不能過去。按照當時的規定，雞叫的時候才會開門。孟嘗君心中十分焦急，如果追兵趕到了他就完了。此時，他門客中有一個會雞叫的人對他說：「別擔心，我可以讓城門開。」接著，他就開始學雞叫，他一叫，附近的雞聽到後也就跟著叫了起來，一時到處都是雞鳴。守城軍聽到雞叫後就將城門打開了，孟嘗君順利出關。孟嘗君出關不久，追兵就趕到了，但是孟嘗君早已走遠，他們也追不上了。

當初，孟嘗君接收擅長偷盜的那個人和學雞叫的人時，其他的賓客都感到非常的羞恥，覺得他們兩個沒有其他才能，是到這裡胡吃騙喝的。同時，還指責孟嘗君接收門客不分人，什麼都收留。如今，孟嘗君和大家都遭難了，卻是依靠這兩個人才得以被解救。此後，大家再也不埋怨孟嘗君了，反而認為孟嘗君不分人等的做法非常明智。

孟嘗君在秦國遭到了這麼大的劫難，齊閔王認為是自己派他而去造成的，心裡也十分愧疚，於是，當孟嘗君回到齊國後，齊泯王就讓他當了齊國宰相。

孟嘗君因此對秦國產生了怨恨，他想到齊國曾經幫助韓國、魏國攻打過楚國，於是，他就想要聯合韓國、魏國前去攻打秦國，所以他就向西周提出要借兵器和軍糧。

蘇代出面對孟嘗君說：「齊國當時用了九年的時間幫助韓、魏攻打楚國，最後取得了宛、葉以北的地區，結果呢？韓、魏兩國越來越強大。如果現在去攻打秦國，那麼也就只會讓韓、魏的力量更加強大。韓、魏如果沒有楚、秦的威脅，那麼齊國的處境就非常危險了。韓、魏強盛肯定不會把齊國放在眼中，這樣的形勢連我都有危機感。與其這樣，還不如讓西周與秦國交好，你只要把軍隊行進到函谷關但是不要進攻，西周則將你的情況告知秦昭王說：『孟嘗君肯定不會攻打秦國來增強韓、魏的勢力，他不過是想借助大王的力量讓楚國將東國給予齊國，並請求可以把楚

懷王釋放出來。」這個辦法不僅可以避免秦國被攻破，而且還可以用楚國的地盤保護自己，秦國有什麼不願意的呢？楚王被放了出來，這也是齊國的功勞，他肯定會感謝你。而齊國得到了東國，也勢必會越來越強大。薛邑今後的世世代代將沒有憂患了。秦國是一個強國，作為韓國、魏國的西鄰，韓、魏也一定會憂慮而依重齊國啊。」孟嘗君採納了他的意見，因此，齊、韓、魏三國都避免了戰爭。

馮諼客孟嘗君

孟嘗君喜歡廣招門客，門下有食客三千，但是並不是每個都是賢士，也有很多在這裡專門吃閒飯的人。其中有一個人叫做馮諼，他實在是沒有了出路，就來找孟嘗君，想要在他門下得到一口飯吃。於是，孟嘗君問他說：「不知您有何愛好？」馮諼搖頭說沒有。又問：「你有何才能呢？」馮諼再次搖頭說沒有。孟嘗君聽後沒說什麼，只是笑了笑，讓他待在自己門下。

馮諼一無是處，自然被用人們看不起，於是，他每天得到的只是粗茶淡飯。幾天後，馮諼不滿意，抱怨說沒有魚吃，於是，孟嘗君就給了他魚吃。又過幾天，馮諼不滿地說沒有車用，於是孟嘗君給了他車。後來幾天，馮諼不滿地說沒有錢財養家，孟嘗君知道他家中有一老母後，就讓人按時給他母親吃穿的費用。從此，馮諼就不再有什麼不滿的了。

孟嘗君的門下的食客多達三千人，但是他食邑的賦稅根本就養活不了這麼多的人，於是，他就命人到封地薛邑放債來增加收益。但是，因為年景不好，很多借債的人都拿不出利息，孟嘗君府中的用度成了問題。

無奈之下，孟嘗君只好派人去催收利息，但是去了幾個人都沒有收到。由於收不到利息，孟嘗君十分焦慮，他就向左右的人：「誰可以去薛邑收債呢？」其他的門

客都不願意去，因為這個差事並不好處理，就都說：「不如讓馮老先生前去吧，他是一個長者，而且看上去十分聰慧精明，肯定能夠將利息收回來。」於是，孟嘗君就找來了馮諼，對他說：「如今，我門下有三千多食客，但是我的食邑卻不能夠供養這麼多的人，因此我為了增加收入，就在薛邑放了點債。但是，薛邑今年收成不好，很多人的利息都沒有付，這樣一來賓客連飯都會吃不上了，我希望先生可以代我到那裡去討要債務，不知如何啊？」馮諼聽了孟嘗君的話，就到薛邑去收債了。

到薛邑後，馮諼將借錢的人集合到一起，收到了利息十萬錢。但是他卻沒有將錢送回去，而是擅自釀造了很多酒，買了牛。他將那些欠債的人又集中起來，並將契據帶來要核對一下。大家來了之後，他就將牛殺掉燉肉辦酒席，讓大家吃。當大家吃肉喝酒正高興的時候，馮諼就開始和他們核對契據，如果此人有能力付利息，那麼他就給這個人定下一個還款期限；如果此人實在太窮沒有能力付利息，那

麼他就當場將契據燒掉了。做完這些後，他對大家說：「孟嘗君向大家貸款，是想要給沒有資本的人提供資本讓他能夠生產；現在他向大家要債，是因為他沒有錢財可以供養那些賓客了。現在有錢的要在約定期限還上債，沒錢的就將契據燒掉不用償還了。」在場的人對他很感激，都紛紛站起來向他連行了兩次跪拜大禮。

孟嘗君正在等著馮諼討要回來的債務，沒想到卻得到了他燒毀契據的消息，因此他十分生氣。於是他就將馮諼叫來，說：「如今賓客連飯都沒有得吃了，先生卻將收到的錢就辦酒席，還把契據燒了，這是為何？」馮諼回答說：「您以前問過我您缺什麼，我看了一下您宮中缺的不過是『仁義』，於是我就用債款給您把『仁義』買回來了。」孟嘗君不解，問：「買仁義？這又是怎麼回事？」馮諼回答說：「您現在只不過擁有小小的一個薛地而已，如果不懂得愛百姓，卻用商賈的方法向百姓要利益，怎麼可以呢？所以我就替您做主，將債款賞給了百姓，百姓聽到後就大

呼您『萬歲』，這不就是為您買『仁義』嗎？」孟嘗君聽後非常不爽快，只是說：「好了，你下去吧！」

沒過多久，齊閔王聽了秦國和楚國散佈的謠言，認為孟嘗君名聲過大已經超過自己，想要獨霸齊國大權，就將孟嘗君罷免了。那些門客看到孟嘗君被罷免了，就紛紛離他而去了。

孟嘗君此時只能到他的領地薛。在距離薛還有百里的地方，薛地百姓就全都到路上迎接他了，孟嘗君看到這個情況就對馮諼說：「先生為我買的『仁義』，我今天總算看到了。」

馮諼繼續為他出謀劃策說：「俗話說：兔有三窟才可以免遭災禍。如今，您才只有這一個洞，肯定還是不行的，我願意再為您挖出兩個洞。請給我一輛車子，我會讓您得到更加顯貴的地位，得到更多的食邑。」孟嘗君答應了他，給他準備車子，還有黃金以及禮物。

馮諼來到魏國，對魏惠王說：「天下的人到魏來，都是想要魏強大起來而削弱齊國；天下的人到齊國，都是先要想齊國強大而削弱魏國。如今，可以讓齊國得到天下尊敬的人是孟嘗君。但是，齊國國君卻因謠言將孟嘗君罷免了，孟嘗君肯定十分恨他，必會遠離齊國。如果他來到魏國，那麼魏國就相當於掌握了齊國從上到下的國情啊！如此一來，您將得到整個齊國的土地還不是輕而易舉？現在，您應該立刻帶著厚禮暗中去迎接孟嘗君，千萬不要錯過良機！假如齊王反應過來，重新用孟嘗君，將來誰是強者就不一定了。」魏惠王認為很有道理，就立刻派了十輛馬車帶著百鎰黃金去迎接孟嘗君了。

馮諼辭別魏惠王，趕緊在魏國使者之前趕回齊國，對齊閔王說：「大王，我聽說魏國已經派出使者帶著百鎰黃金前來迎接孟嘗君了。如果孟嘗君到魏國當宰相，那麼天下恐怕就是魏國的了，這樣臨淄、即墨就危險了。大王應當在魏國使者來之前向孟嘗君道歉，恢復他的官位，增加他的封邑。這樣一來，孟嘗君肯定很高興，願意回來。即使魏國再強大，也不能搶他國的宰相呀！如此一來，魏國的陰謀就不

一次讀完史記故事

能得逞了，稱強稱霸的計畫也就實行不了了。」

孟嘗君自然沒有答應魏國的使者。齊閔王聽了馮諼的話，也將孟嘗君官復原職，繼續任宰相，還增加了他的封邑。馮諼對孟嘗君說：「如今，你三個洞都已經建造好了，你也可以高枕無憂了。」果然，孟嘗君在齊當了幾十年宰相，沒有任何的禍患降臨，不得不說都是馮諼的功勞啊！

平原君虞卿列傳

毛遂自薦

毛遂，戰國時期薛國（齊國公子孟嘗君田文的封邑，今山東省棗莊市）人，年輕時遊趙國，成為趙國公子平原君趙勝的門客。平原君趙勝的父親是趙武靈王，哥哥是惠文王。趙勝是諸多公子中最有賢德、最有才能的人，禮賢下士，喜歡廣招門客，因此，在他的門下有幾千賓客。毛遂在平原君那裡待了三年也沒有機會得以展露鋒芒。但是，在趙孝成王九年，他自己推薦自己出使楚國，最後成功說服楚

國前來救援趙。從此，他就聲威大振，獲得了「三寸之舌，強於百萬之師」的盛譽。

西元前257年（趙孝成王九年），長平之戰結束後，秦昭王就派兵將趙國都城邯鄲圍住了。趙孝成王派平原君去楚國求援，準備推舉楚國為盟主，訂立合縱盟約聯兵抗秦。平原君於是就從門客中挑選出來了二十個有勇有謀、文武兼備的人跟隨自己前往。平原君吩咐說：「如果我們能夠和楚國順利談

判成功，那自然再好不過了。但是楚國如果不同意，我們也要威脅楚王將盟約訂立下來，只有取得了合縱盟約我們才可以回國。我們帶二十個文武之士前去，這些人就從我的門客中挑選吧。」最後，他們從中選了十九個人，竟然再也選不出來了。可是還差一個人呢。

此時，門客中有一個叫毛遂的人就來到了平原君的面前，對他說：「我聽說您要去楚國，要讓楚國做各國的盟主並且訂下合縱盟約。你想要從門客中找二十個人一起去，但是現在還差一個人。如果可以，我希望能夠補足您這一個人的名額，不知您答應不答應？」平原君看到面前的人，居然沒有一點印象，就問他說：「不知道先生在我的門下寄居幾年了？」毛遂回答說：「已經整整三年了。」平原君聽了後說：「世上有才能的賢士，就好比是在口袋裡的錐子一樣，口袋是掩藏不住它的鋒尖的，即使再鈍也會顯露出來。先生在我門下已經三年了，但是，卻從來沒有人對我說起過你，也沒有稱讚、推薦過你，看來，先生肯定沒有太大的才

能，還是好好留在這裡吧。」毛遂沒有放棄，依舊說：「給我一個機會吧，就當是我今天才放在口袋中。如果我早在口袋中放著，那麼，我露出來的不僅僅會是一個鋒尖，而是整個錐鋒。」平原君聽他這麼說，就欣然同意讓他前去。其餘的十九個人看到毛遂如此自不量力，都互相看了一眼，心中對他十分不屑，甚至還暗暗嘲笑他。

在前去楚國的路上，那十九個人想要嘲笑毛遂，但是毛遂在同他們談論、爭議天下局勢後，他們都不做聲了，並且對其刮目相看、無比佩服。

平原君帶著眾人到了楚國，開始和楚王談判。他們一再向楚王表明利害關係，但是，談判從早晨持續到中午，楚王還是沒有答應下來。此時，那十九個人按耐不住，就支持毛遂前去支援平原君說服楚王。毛遂也毫不客氣，手中緊緊握著劍柄，一路來到了殿堂上。他對平原君說：「合縱說的不是『利』即是『害』，也就兩句話的事情，為何從早晨到現在談這麼久，還是沒有定下來呢？」楚王看見毛遂

公然來到了殿堂上，就問平原君說：「這是何人？」平原君回答說：「哦，他是我的家臣。」楚王聽了後，就高聲訓斥毛遂說：「你到這裡幹什麼？還不趕緊下去，我在和你的主人談判，你到這裡幹嗎！」

毛遂聽了楚王的訓斥，沒有絲毫的畏懼，反而緊握手中的劍柄走到楚王面前說道：「大王，你敢如此訓斥我，只不過是依靠你們楚國人多勢眾罷了。現在我不過距離你十步之遠，在這樣的距離裡，即使你們楚國有再多的人，你也是依靠不了的，可以說，大王您的性命已經被我掌握在手裡了。你當著我主人的面這樣訓斥我，是為何呢？我聽說，從前商湯僅憑藉著七十里大小的地方就將天下統治了，周文王則憑藉著百里大小的地方就讓天下的諸侯臣服了，這是為何？是因為他們士兵眾多？不是的，只是因為他們善於把握天下的勢，以此來發揚自身的權威而已。現在，楚國有著縱橫五千里的領土，士兵多達百萬，這樣的勢力如果爭王稱霸也是沒有問題的。楚國如此強大的勢力，天下的任何一個諸侯也是比不了的。秦國雖然強大起來了，在您面前也不過是一個區區小國而已。秦國僅以幾萬人的兵力同楚國作戰，第一次就將鄢城郢都攻克了，第二戰則攻下了夷陵，第三戰就讓大王的先祖蒙受了極大的侮辱。這些對楚國來講，應當是百世的仇恨，我們趙王都為此感到恥辱。可是你呢，卻沒有絲毫的羞愧。我們現在提出合縱盟約，並不是為了趙國，而是為了楚國，為了您！但是你卻在我的主人面前如此呵斥我！」

毛遂的這番話讓楚王無言以對，馬上轉變了態度，連連說：「是，先生說的十分有理。我一定會盡全力去履行合縱盟約。」毛遂聽後，接著問：「您確定要實行合縱盟約了？」楚王回答說：「確定。」然後，毛遂就用命令的口氣對楚王的左右吩咐道：「將雞、狗、馬的血拿來。」毛遂親自捧著銅盤在楚王面前跪下說：「大王，請您先吮血表示對合縱盟約的誠懇確認，然後我的主人同樣會吮血，最後輪到我。」就這樣，楚國的合

縱盟約成功了。

平原君完成了合縱盟約的簽訂回到趙國後，說道：「我自認為是一個識才的人，觀察的人少說有上千，今後我再也不會單純依靠觀察來識別人才了。現在我竟然將毛先生給遺漏了，差點讓我錯失人才啊！毛先生到了楚國，使得趙國獲得了比九鼎大呂的傳國之寶還要尊貴的地位。毛先生依靠著那能言善辯的嘴，竟然比百萬大軍的還要有威力。此後，我一定要認真挑選人才，不能剛愎自用了。」於是毛遂被平原君尊為了上客。

解邯鄲之圍

長平之戰可以說是趙國最黑暗的時刻，對於平原君來說，是他一生最大的敗筆。但是，在他的主張下，一定要接手上黨地區，而且他還贊成任用趙括，結果，在戰爭中趙國損失了四十萬精兵，從此趙國也就開始了衰敗之路。但是，就當時的形勢而言，如果上黨地區被秦國佔領了，那麼趙國的處境也就非常危險了，等於失去了一個屏障，直接向秦國打開了大門。秦國攻打趙國也不過早晚的事情，以此為藉口罷了。

長平之戰失敗了，可是平原君並沒有迷失方向，不知所措，在秦軍包圍邯鄲後，平原君一邊讓人到魏國請信陵君前來救助，一邊親自到楚國請求支援。在出使楚國的時候，他憑藉著門客毛遂的智慧，最終說服了楚王讓春申君前來救趙。

魏國的信陵君魏無忌說服魏安釐王出兵救趙，魏安釐王同意後，派將軍晉鄙領兵十萬救趙。但是，秦王卻威脅魏王說：「如果誰敢救趙國，那麼在攻下趙國後，就第一個打誰！」魏安釐王聽到後，感到害怕了，於是就命令將軍晉鄙在鄴停止了前進，就地築壁壘。雖然說是要救趙，但是卻沒有實際行動，只是在觀望形勢而已。平原君看到後，十分生氣，就寫信責怪信陵君。信中說：「當初和魏國結

親，就是因為看到信陵君具有高尚的道義，可以幫助他人，所以依託魏國的。但是，現在邯鄲已經陷入危機，恐怕就要被秦國佔領，但是魏國卻遲遲不願意出兵相救。信陵君如此這般怎麼可以說是能幫助別人擺脫危難呢？即使信陵君不重視我趙勝，那麼，你就不顧念你的姐姐？」平原君的夫人就是信陵君的姐姐。信陵君看到平原君的信，心中自然很愧疚，就請求魏王出兵，但是魏王始終都不同意。最後，他只好採用了偷兵符的辦法前去救援趙國了。

雖然楚國已經派出春申君帶兵前來救援趙國，魏國的信陵君也已經成功奪得軍權向趙國趕去，但是此時邯鄲的情況已經十分危急了，眼看就要被攻破，可是援軍還沒有到達。平原君看到這樣的情景，心中十分焦慮。

此時，邯鄲一個小官員的兒子李同問平原君說：「您是不是在擔心趙國會滅亡呀？」平原君回答說：「那是自然，如果趙國滅亡了，我就要成為俘虜了，怎麼能夠不擔心國家危亡呢！」李同說：

「如今的邯鄲城確實已經到了最危急的時刻，你看城中的百姓都將人的骨頭當柴燒了，買賣孩子換取糧食吃。但是您的後宮卻有數百的姬妾侍女，個個都穿著絲綢繡衣，宮中的飯菜都吃不完，而百姓則是衣不蔽體，即使連酒渣果皮都沒有得吃。百姓如今貧困，就連兵器都沒有，人們只能將木頭當做長矛使用，但是您看您的珍寶玩器、銅鐘玉磬依舊沒有任何的損失。如果秦軍真的攻入了邯鄲城，那麼您恐怕也不會再擁有這些東西了吧？不如，您現在將夫人以下的人編排到士兵中，將家中的東西分給士兵用。士兵看到您這樣做，肯定會十分感激的。」

平原君聽後，認為很有道理，就按照他說的做了，編排出了一個忠於他的三千人的隊伍。此時趙國的軍隊因為在長平之戰中大大受損，國內已經沒有太多的軍事力量，大家都很氣憤，一個個士氣都很高。這三千人的隊伍也是信誓旦旦，想要和秦軍決一死戰。秦軍則被擊退了三十里。巧的是，楚、魏救兵也正好到達，秦軍看到自己兵

力不敵，就撤走了，邯鄲城終於得到解圍。

平原君的門客虞卿認為平原君在這次的解圍中為趙國立下了很大的功勞，因此，建議平原君以此為由，向趙孝成王請求增加自己的封邑。公孫龍知道了這件事情後，就連夜趕到平原君處，對他說：「我聽說，虞卿建議您向趙孝成王提出增加封邑，是這樣的嗎？」平原君回答說：「是啊，有這麼回事。」公孫龍說：「我認為您這樣做是不應該的。您之所以可以擔任宰相，不是因為您的聰明才智是趙國其他人不能比的；您得到了東武城的賞封，也不是因為您之前立下了什麼功勞，這些全都是因為您是國君的近親。您在被任命宰相的時候沒有因為自己沒有才能而推辭，在得到封邑的時候也沒有因為自己沒有功勞而拒絕，因為您是國君的近親，所以您坦然接受。如今，您為保衛邯鄲立下了功勞，卻和普通人一樣地論功行賞，顯然是很不妥當的。虞卿他對您如此建議，無論事情成功與否，他都有著主動權。成功了，那麼，您就要對他十分感激，給他一定的報償；不成功，那麼，您還要感激他，因為他一心為您著想、為您爭功求封了呀。因此，我認為您還是不要聽從他的建議。」於是，平原君就果斷拒絕了虞卿的建議。

西元前251年（趙孝成王十五年），平原君去世，他的後代子孫承襲著他的封爵，直到趙國覆滅。

虞卿說趙王

虞卿是一個十分有才之人，他擅長遊說他人，他想遊說趙孝成王，於是他就穿著草鞋、打著雨傘來到了趙國的都城。他第一次見到趙王，趙王就很賞識他，賜給了他黃金百鎰、白璧一對；後來，他再次拜見趙王，趙王封他為上卿，因此他被人稱作了虞卿。

當秦趙兩國在長平展開戰爭的時候，形勢非常不利於趙國。

趙王十分著急，於是就將樓昌和虞卿召來商量對策，他說：「現在戰爭對我們不利，我想要上前線和秦軍決戰，你們覺得如何？」樓昌說：「這樣做不妥，不如派人去求和。」虞卿說：「樓昌認為如果我們不求和，肯定失敗，因此主張求和。但是，現在擁有主動權的是秦國，大王您想，秦國攻打我們是想要勝利還是不勝呢？」趙王回答說：「秦國現在基本拿出了全部力量，肯定是必勝無疑啊！」虞卿說：「大王，如果想要和談，我們應該這樣做：讓使臣帶著貴重的珍寶到楚魏去，楚魏看到如此貴重的珍寶肯定會接待我們的使臣。秦國看到了，肯定會以為天下的諸侯要聯合起來抗秦，自然會有所畏懼。這樣的情況下，和談對我們才有利啊！」雖然虞卿的意見很中肯，可是，趙王依舊沒有採納，而是讓平陽君趙豹去求和，並且派了鄭朱到秦國聯絡，秦國也接待了他。此時趙王又問虞卿如何，虞卿則認為和談不成。結果，秦國果然沒有答應和談。趙軍被秦軍打敗，邯鄲被圍困，遭到了天下人恥笑。

秦國最後因為兵力匱乏，撤離了邯鄲，解除了對其的包圍，但是此時趙王卻想要到秦國去訪問，還事先派趙郝到秦國以去割六個縣的條件訂立盟約。虞卿知道後，就對趙王說：「大王，秦國如今撤兵了，他為何走了呢？他們是憐惜大王不忍心進攻嗎？還是因為軍隊感到疲乏了呢？」趙王回答說：「秦國在攻打我國時拿出了全部的力量，如今不攻而走，必定是因為過於疲乏，否則不會輕易撤離。」虞卿說：「秦國想要獲得他想要的土地，結果因為軍隊疲乏而不得不撤離。如今他走了，您卻將他不能得到的土地拱手相讓，這樣的做法是不是幫助秦國攻打自己國家呢？如果秦國明年還要進攻趙國，那麼，大王該如何自救呢？」

趙王將虞卿說的告訴了趙郝，趙郝說：「虞卿瞭解秦國的真正兵力嗎？他知道秦國今年就不會進攻我國了？如果現在不將這塊小地方給秦國，那麼，如果明年秦國再次攻打我們，難道我們要割讓更大的土地給它嗎？」趙王聽了後，思考片刻說：「如果我聽了你的話將

一次讀完元史記 故事

六縣割讓給了秦國，你就能肯定秦國明年將不會再來進攻我國嗎？」趙郝回答說：「從前的時候，韓、趙、魏三國和秦國友好交往，如今秦國對韓、魏依舊十分親善，但是卻唯獨攻打您，這樣看來，肯定是大王對秦國的侍奉不如韓、魏兩國盡心的原因。如果現在我們和秦國進一步友好交往，將關卡開放，貿易再次來往，我們侍奉秦國和韓、魏兩國一樣盡心，如果我們這樣做了到明年秦國還是唯獨攻打大王，這肯定是我們還是不如韓、魏兩國。無論如何，這些都不是我所能決定和承擔的事情啊。」

趙王再次召來虞卿，將趙郝所說告訴了他。虞卿聽後，說：「即使秦國再強大，十分擅長打仗，但想要獲得六個縣也不是輕而易舉的；我們趙國再弱小，兵力再不濟，但對於六座城的防守也是有一定實力的。秦國如今因為兵力疲乏而撤走了，他的軍隊肯定是疲憊不堪。如果我用那六座城來收買天下諸侯，然後趁機去攻打疲憊不堪的秦軍，那麼，我雖然失去了六座城，但是在秦國會挽回損失的。這樣的做法，我國不僅沒有損失，還能有所收穫，與其白白將六縣給了秦國，還不如這樣做，您認為呢？」

趙王聽了他兩人的建議，一時拿不定主意，猶豫不決，不知道該聽誰的。此時，樓緩從秦國回到了趙國，於是趙王就接見了樓緩，想要聽聽他的意見，他問說：「你認為該不該給秦國土地呢？」樓緩並沒有直接回答，而是謙虛地回答說：「大王，這件事情我並不知道啊！」趙王說：「沒關係，你就對我說說你心中的想法就可以了！」樓緩回答說：「我才剛從秦國回到趙國，如果說不給他，必定不是最好的辦法；但是如果給，那麼，我擔心大王會以為我偏袒秦國，因此我不能輕易回答啊。我是真的為大王著想，我認為還是給比較妥當。虞卿的建議也很好，但是他不知道其他事。秦趙兩國打仗，天下的諸侯看到後都非常高興，為何呢？現在趙國的軍隊還在秦軍的圍困之下，秦國現在肯定聚集著很多前來祝賀的諸侯各國的人。假如我們不儘快將土地割讓給秦國，天下的人

就會懷疑秦、趙已經結為友好。各國諸侯可能會趁此機會將趙國瓜分掉。趙國眼看就要不保了，圖謀秦有何用呢？大王認真考慮一下，還是給它吧！」

虞卿聽到了這件事情後，立刻對趙王說：「依臣看，樓緩是在偏袒秦國，為其說話。這樣的做法只會讓天下諸侯對我們的懷疑加深！這樣的做法無疑就是讓趙國在天下人面前示弱，讓天下人認為趙國可以人人欺負！他為何不考慮這一點呢？我向大王建議的不給，不是對秦國頑強抵抗，而是讓大王將六個縣給齊國。齊國和秦國向來是仇敵，如果他得到大王的六個城邑，必定會和我們聯合抗秦。雖然大王同樣丟失了六個城邑，可是卻可以在抗秦中得到補償，齊國和趙國都可以報仇雪恨了。並且這樣做，天下的諸侯也會認為趙王是個有作為的君王。如果秦王得到了齊趙結盟的消息，我們的軍隊還沒有出發，秦國就會派人帶著貴重的禮物來向您求和了。如果秦王和我們講和了，韓魏兩國知道後，也一定會十分敬重大王，給大王送來很多珍貴的禮物。大王的這個做法，就可以同時結交到韓、魏、齊三個國家，而且同秦國的關係也改變了！」

趙王此時終於決定聽從虞卿的建議，派他到齊國。虞卿從齊國回來，還沒有到達趙國，秦國就已經派出使臣到趙國了。樓緩知道了後，趕緊逃走了。趙王為了獎賞虞卿，封給了他一座城邑。

魏公子列傳

■ 賢能的信陵君

武王立周之後，封他的異母弟弟姬高於畢地（今陝西咸陽西北），於是就以畢為姓，人稱畢高，他的後代中有個叫畢萬的為晉獻公作事。西元前661年（晉獻公十六年），畢萬為車右護衛跟隨晉獻公前去征討霍、耿、魏，將其都滅掉了。於是，晉獻公就將魏封給了畢萬，後來，畢萬的子孫就改為了魏氏。到了西元前424年（魏文侯元年），畢萬的後代魏斯為文侯，文侯二十二年（西元前403年），魏國和趙國、韓國被周王室承認為諸侯。

西元前276年，魏昭王去世，魏圉即位，即魏安釐王。為牽制孟嘗君田文，魏安釐王封自己的異母弟弟魏公子無忌為信陵君（今河南寧陵）。信陵君是一個寬厚慈愛之人，十分尊敬士人，善於禮賢下士，無論有無才能，他都一律平等對待，謙恭有禮，從來不會怠慢任何人，也從來不輕視任何人。因此方圓數千里的士人都紛紛前來依附

於他，他的府上食客多達三千人。

當時，侯嬴是著名的隱士，僅為大梁夷門的一個守門人。信陵君為了結交他，親自前往，降低自己魏國公子的身分。這樣地禮賢下士，可以看出他對士人的尊敬之意。

當時，侯嬴已經七十歲了，家裡很窮困，便在大梁城東大門看門為生。信陵君聽說他後，就派人前去拜見他，想要送給他一份貴重禮物。可是，侯嬴卻拒絕了，並說：「我活了幾十年，一直都是修身養性，堅持自己的操行，我不會因為貧困就接受信陵君的貴重禮物。」

後來，信陵君在大擺酒席、宴飲賓客的時候，當大家都來到坐好了之後，信陵君就親自帶著車馬和隨從到東城門迎接侯嬴，而且空出了一個尊貴的位置給他。侯嬴看見信陵君來了，就稍微將破舊的衣帽整理了一下，就毫不客氣地上車坐在那個位子上。他是故意這個樣子的，想要看一下信陵君有什麼反應。但是，信陵君沒有絲毫的不悅，反而雙手緊緊握著馬韁繩，表現得更加恭敬了。此時侯嬴又說：

「我想要到街市的屠宰場看一個朋友，不知公子可否能夠載我前去呢！」信陵君聽到後，立刻將車駛入了街市，侯嬴則下車去會見他的朋友朱亥。

在和朱亥交談的時候，他偷偷觀察信陵君的反應，而且刻意在那裡拖延時間，可是，信陵君不但沒有不耐煩，反而更加和悅了。

此時，在信陵君的府上，一群人正在等著他開始宴席，這裡有魏國的將軍、宰相、宗室大臣以及貴賓等。但是，信陵君卻在街市上手握著韁繩替侯嬴駕車。信陵君的隨從對此十分不服氣，在心裡暗自咒罵侯嬴的不恭敬。

侯嬴看到信陵君始終沒有出現不悅的表現，才告別朋友上了車。到了府上之後，信陵君帶著侯嬴就坐在了上位，而且對全體賓客大大讚揚了侯嬴，滿堂賓客對此十分驚訝。在宴席中，信陵君走到侯嬴面前舉杯祝福他，侯嬴此時十分恭敬地對他說：「我不過是城東門的一個看門人而已，但是信陵君卻可以屈尊為了駕車，在眾目睽睽之下前來迎接我，其實我不應該去拜訪

朋友，但是，您竟然願意陪著我前去拜訪。我故意讓信陵君在街市停留，並且偷偷觀察了您，但是您卻更加謙恭了。這樣一來，信陵君的名聲就更大了，街市上的人都認為我是個小人，信陵君則是禮賢下士的賢明之人啊！」

宴會結束後，侯嬴對信陵君說他去拜訪的屠夫朱亥是個很賢能的人，是屠夫中的隱士。因此，信陵君多次前去拜見朱亥，朱亥則從來沒有答謝他，信陵君雖然覺得他很奇怪，但是他對侯嬴和朱亥還是十分尊敬。後來信陵君在救趙的時候，採用了侯嬴的計謀以及得到了朱亥的相助，才能得以成功！

後來，信陵君竊符救趙成功以後，趙孝成王感激信陵君保住了趙國，就與平原君商量，準備封賞給信陵君五座城邑。信陵君知道後，感覺非常自豪，就顯露出了驕傲自大的情緒，有些居功自滿。其中有個門客中就勸說信陵君道：「人們對於發生的事情，有些是不能忘記的，但是有些是不能不忘記的。他人對信陵君有恩，那麼信陵君千萬不能忘掉；如果信陵君對他人有

恩，那麼，還是請信陵君將它忘記吧。」信陵君聽到門客的話，深深責備了自己，同時也拒絕了趙王賞封的五座城池。

信陵君在趙國期間，他聽說趙國有兩個有才德的人，一個是藏在賭徒中間的毛公，另一個是藏在酒店做夥計的薛公。信陵君十分想見這兩個人，但是他們都躲著他不肯見。於是，信陵君就偷偷打探到了他們的藏身之處，隱藏身分暗地裡和他們結交了，他們都十分欣賞信陵君，想要和他結交。

平原君知道這件事情後，對他夫人說：「以前，我聽說夫人的弟弟是個天下少有的大賢人，但是他現在怎麼也如此胡作非為呢？竟然和賭徒、酒店的夥計混到了一起，我看呀，信陵君也不過是一個徒有虛名的人而已。」信陵君的姐姐就將平原君的話告訴了弟弟，信陵君聽完之後，就準備告辭離開趙國返回魏國。信陵君說：「我從前聽到人們都說平原君趙勝是一個十分賢德的人，因此我才會背叛哥哥前來救趙國的，全是為了平原君的賢德。但是如今平原君和人交往的

時候，他看的是人家的富貴啊，他並不是真的想要獲得賢士。以前我在魏國都城都大梁的時候，就經常聽到有人說這兩人的賢能才德，如今到了趙國我就迫不及待想要見他們，他們還不願意和我交往呢！平原君竟然將和他們交往當做是恥辱，如此看來，平原君也不是我值得交往的人。」於是，他就準備離開。夫人將信陵君的話告訴了平原君，平原君感到十分慚愧，就親自向信陵君道歉，把信陵君留了下來。

信陵君不愧是一個賢德之人，府上賓客眾多，各國諸侯也對他十分敬佩，魏國連續十幾年都沒有遭到其他國家的侵犯！

▌竊符救趙

西元前257年（魏安釐王二十年），秦軍在長平之戰大敗趙國軍隊後，接著進兵圍攻邯鄲。信陵君的姐姐是趙惠文王弟弟平原君的夫人，平原君趙勝和夫人多次給魏安釐王和信陵君送信來向魏國請求救兵。魏安釐王派將軍晉鄙帶領十萬之眾的部隊去救趙國。秦昭王知道後就派人警告魏安釐王說：「攻下趙國對我來說是肯定的，如果誰要去救趙國，在攻下趙國後，我就先攻打誰。」魏安釐王自然十分害怕，就沒有再讓軍隊前進，而是在鄴城紮營駐守。魏國說是去救趙國，但是實際上卻採取的觀望態度，並沒有太多的實際行動。

平原君卻等不及了，不斷派使臣前來魏國，並且責怪魏信陵君說：「當初和魏國結親，就是因為看到信陵君具有高尚的道義，可以幫助他人，所以以此依託魏國的。但是，現在邯鄲已經陷入危機，恐怕就要被秦國佔領，但是魏國卻遲遲不願意出兵相救。信陵君如此這般，怎麼可以說是能幫助別人擺脫危難呢？即使信陵君不重視我趙勝，那麼，你就不顧念你的姐姐？」信陵君為這件事憂慮萬分，

屢次請求魏安釐王趕快出兵，賓客辯士們也是不斷勸說魏安釐王。但是魏安釐王還是畏懼秦國，不願意出兵。信陵君看到魏安釐王是不會同意了，於是就自己將賓客召集起來，聚集了一百多輛戰車，決定前去趙國救援，和趙國人同生死。

信陵君出發前去見了侯嬴，將自己的打算告訴了他。他向侯嬴說過之後，就打算告辭上路了。走之前侯嬴對他說：「公子你去救趙國吧，老臣我是不能和你一起去了。」信陵君轉頭就走了，可是還沒走多遠，越想心裡越不舒服，他自認為待侯嬴是非常周到的人，如今他就要去面對生死了，侯嬴為何都沒有一言半語對自己說呢？想到這裡，他就返回想要問一下侯嬴，弄明白是怎麼回事。侯嬴看見信陵君回來了，就笑著對他說：「我正在等你，我知道您肯定會返回的。信陵君是一個好客聞名天下的人，對我向來是禮遇的，如今您去和秦軍對抗，我去不送行，您必定會生氣而返回的。」

信陵君對侯嬴施禮後，問他有何對策，侯嬴單獨和信陵君交談

說：「能調動晉鄙的兵符在魏王那裡。魏王的妻妾中如姬最受寵愛，我聽說當年如姬的父親被人殺死了，如姬想要報仇，但是三年也沒有完成這個心願。後來如姬就對您說了這件事，您就派門客將那個人殺死，把那個人的頭獻給了如姬。她想要報答您但是沒有機會，現在如果您讓她幫忙，她必定會答應的。如姬想要竊得虎符是輕而易舉的，如果您有了虎符就可以將晉鄙的軍權拿到手中，可以調動軍隊，那麼，救趙就不在話下了！」信陵君聽了侯嬴的計謀，如願拿到了兵符。

信陵君拿兵符後就打算出發，侯嬴又囑咐他說：「俗話說『將在外，君命有所不受。』到了晉鄙那裡，如果他不願意將兵權交給您，要請示魏王，那麼您就十分危險了。我請求讓我的朋友屠夫朱亥跟隨您一同前去吧！如果晉鄙不聽您的話，就讓朱亥殺死他。」信陵君擔憂地說：「晉鄙是一員猛將，而且經驗豐富，他必定不會聽從我的命令，看來必須先殺他。但是朱亥可以嗎？」於是，侯嬴就將朱亥帶

來面見信陵君，朱亥對他說：「我不過是市場上的屠夫而已，但是公子卻多次到我家來問候我，我以前沒有答謝您，是因為沒有到危難時刻。如今公子有難，我定當全力以赴。」於是，信陵君就帶著他一起出發了。

信陵君到了鄴城後，就將兵符拿出來，假傳魏安釐王的命令要晉鄙讓出兵權。晉鄙看到兵符無誤，可是心中還是不相信這件事情，就對信陵君說道：「我奉魏王的命令帶著十萬大軍駐紮在這裡，軍隊關乎國家命運，如今你一個人前來取代我，其中是何原因呢？」看到他起了疑心，朱亥就將藏在衣袖裡的鐵椎拿出來，將晉鄙砸死了！信陵君順利統帥了軍隊。

信陵君掌握了軍隊後，立刻進行了整頓，父子同在的，兒子回家去；兄弟同在軍隊的，弟弟回家去；如果是獨生子則也回家去。經過整頓，他得到了五萬人的精兵，然後就開始進攻秦軍，解救趙國。最後，信陵君獲得勝利，成功解圍了邯鄲。

勝利後，趙孝成王和平原君一同到郊界迎接信陵君，趙王對他感激不盡，稱讚他說：「自古以來沒有一個賢人可以比得上信陵君。」平原君也自愧不如。

信陵君知道自己的做法肯定讓魏安釐王十分憤怒，於是，他就讓部將帶著軍隊返回了魏國，自己則和門客留在了趙國。後來，趙孝成王將鄗邑封給了信陵君，魏安釐王也將信陵邑給了信陵君，但是信陵君還是沒有回魏國，依舊留在了趙國。

▌終不得信任

魏安釐王剛剛即位的時候，為牽制孟嘗君田文，封自己的異母弟弟魏公子無忌為信陵君。有一天，魏安釐王跟信陵君正在下棋，北邊邊境發來警報說：「趙國發兵進犯，馬上就將進入邊境。」魏安

釐王立刻將棋子放下，想要召集大臣們商量對策。信陵君勸阻魏安釐王說：「這是趙王打獵罷了，並不是進犯邊境，王兄不要驚慌，我們還是繼續下棋吧。」看到弟弟不慌不忙的樣子，魏安釐王只好故作鎮定地一面下棋，一面讓人再去打探消息。信陵君跟魏安釐王下棋就如同沒發生什麼事一樣，可是魏安釐王驚恐，心思全沒放在下棋上。過了一會兒，探子從北邊傳來消息說：「趙王只是打獵，不是進犯邊境。」魏安釐王聽後大感驚詫，問道：「弟弟是如何知道的？」

信陵君回答說：「在我的食客中有一個人，他可以深入底裡打探趙王的行蹤，如果趙王有行動，他就會馬上報告我，因此我知道這件事情。」從此以後，魏安釐王畏懼信陵君賢能，不敢任用信陵君處理國家大事。

後來信陵君因為假傳魏安釐王的命令擊殺晉鄙，奪了兵符。救趙成功以後，信陵君也知道魏安釐王一定會惱怒他，自己回國也不會有什麼好結果，就留在了趙國。誰知，這一住就長達十年之久。

秦國聽說信陵君在趙國居住，就開始不斷發兵攻打魏國。魏安釐王看到後，十分焦慮擔憂，就派出使臣前請信陵君回國。但是信陵君還是怕魏安釐王生自己的氣，就對門客說：「如果有人敢替魏王的使臣通報，那麼就立刻處死。」賓客們大多也是跟著信陵君背叛了魏國到趙的，因此，也沒有人勸信陵君回魏國。這時，只有信陵君在趙國結識的毛公和薛公兩人去見信陵君說：「公子，您為何能夠受到趙國的尊重，在諸侯之間有如此的名聲？還不是因為有魏國在。你看，魏國現在正在遭受秦國的進攻，處於危難之中，公子卻絲毫不掛念。如果秦國攻破大梁，將您先祖的宗廟毀滅，公子您還有什麼理由留在這世上呢？」信陵君聽到他們的話，立刻趕回去救魏國了。

西元前247年（魏安釐王三十年），魏安釐王見到信陵君，兄弟兩人相對不禁淚流滿面，魏安釐王將上將軍的大印交給信陵君，讓他做軍隊的最高統帥。信陵君將自己擔任上將軍的消息發給了各諸侯國，諸侯們得到消息後，就紛紛派

兵前來魏國救援。信陵君自己帶領著五個諸侯國聯合軍隊將秦軍打敗了。後來，他將秦軍緊緊壓制在函谷關中，他們再也不敢出來了。

信陵君進攻管城（今河南鄭州市），沒有打下來。一打聽秦國派來鎮守管城的是安陵（今河南鄢陵縣西北）人縮高的兒子。就派人對安陵君說：「請你把縮高派來，讓他去招撫他的兒子投降。」安陵君聽了使者的話，說：「安陵是個小地方，縮高不一定會聽從我的話，還是您自己去請他吧。」就派官吏引導使者到了縮高的住所。

縮高知道後，不同意說：「我去攻打管城，不就是去打兒子嗎？如果兒子看到我投降了，那是對主人的背叛；如果見到我不投降，那是不顧父子親情，這個仗我不能去打。」

信陵君大怒，派使者對安陵君說：「管城攻不下來，安陵一樣會受到秦的進攻。縮高願意來最好，不來你綁也得給我綁來，否則，我將領兵十萬到安陵城下，你看著辦吧。」縮高聽到後心想：安陵君的先君成侯是接受魏襄王的命令守安

陵的，像這種父殺子、臣弒君的事他是不會做的，要不上次他就把我送去了。信陵君真要領兵十萬到安陵城下，那對安陵的老百姓是一場災難，不如我死吧。於是他就自刎而死了。信陵君聽說縮高自殺了，十分後悔，就穿上了白色衣服表示對他的哀悼。

同時，他派出使者向安陵君謝罪說：「無忌是一個道德低下的小人，做事沒有考慮周全，還懇請您可以原諒！」

秦王擔心信陵君會再次威脅到秦國，於是，他拿出了萬斤黃金派人到魏國收買人。

他找到原來那些不喜歡信陵君的門客，讓他們在魏安釐王前詆毀信陵君說：「信陵君在外流亡了長達十年之久，如今他是魏國的大將，但是諸侯國卻聽他的指揮。諸侯們都知道魏國有信陵君，但是卻不知道魏安釐王您的名聲。信陵君知道自己的勢力很大，也想要趁機稱王呢！諸侯們對他也是十分畏懼，想要擁立他為王。」

魏安釐王這些話聽得多了，心中也起了疑心，後來他還是將

一次讀完史記故事

信陵君的上將軍罷免了。信陵君知道自己是被他人誣謗的，心中十分不爽，於是，他就假稱有疾而不上朝，在家中通宵達旦地飲酒，和女人享樂。就這樣過了四年，信陵君終因飲酒過度而身患重病去世了。同年，魏安釐王也去世了。

信陵君死後，秦王立刻派蒙驁進攻魏國，接連攻佔了魏國的二十座城池，並且設立了東郡。此後，秦國一點點將魏國的土地侵佔了，直到十八年後，俘虜了魏王假，毀掉了大梁城。

列傳

春申君列傳

黃歇封相

西元前302年（秦昭襄王五年），當時還是太子的熊橫在秦國作人質。熊橫在一次私鬥中殺了人逃回楚國，使得秦國和楚國的關係開始惡化。三年後，秦國伐楚，楚懷王到秦國求和，卻反被秦昭王強行扣留，最後死在秦國。

西元前298年（秦昭襄王九年），看到父親懷王返回無望，熊橫即位，就是楚頃襄王。秦昭王根本就看不起他，準備滅掉楚國。秦將白起攻打楚國，先後奪下了巫郡、黔中郡，打下楚都鄢郢（今湖北江陵），向東直打到竟陵（今湖北潛江），楚頃襄王被迫把都城向東遷往陳縣（今河南淮陽）。

西元前272年，楚頃襄王想要趕緊同秦國求和，於是，他派遣出了辯才出眾的黃歇出使秦國。黃歇曾經到處拜師遊學，見多識廣，而且善於辯才，楚頃襄王很賞識他。

黃歇上書一封對秦昭王勸說道：「大王您現在要征討楚國，這樣的做法就好比是兩隻兇猛的老虎

互相搏鬥。兩虎相鬥，那麼就會讓獵狗趁機得到好處。與其這樣，不如和楚國交好。請大王不要生氣，我有自己的理由：我聽說物極必反，凡事到了一定程度就會向反面發展，冬夏變化即是如此；物體如果累積到一定高度就會有危險，好比堆棋子一樣。如今，秦國佔據天下西、北兩方，這樣的面積即使天子也沒有過。但是，秦國從文王、莊王到大王，三代的君王都致力於將秦國土地同齊國的連接起來，這樣可以切斷其他各國結盟。大王你若想要保持現在的功績，維持自己的權威，那麼，就不要再有討伐他國的想法了，要施行仁義之道才可以，否則您會有禍患。如此，您的功績就可以和三王並稱，您的權威也可以和五霸並舉。如果大王依仗著自己國家強大，想要滅掉魏國的權威，用武力來讓天下的諸侯屈服於您，我認為您肯定會有後禍的。

秦國已經接連殺死了韓魏國君的父子兄弟將近十代人了。現在，韓魏的國土殘缺不全，國家一片破敗，宗廟也被焚毀。軍隊從將領到士卒，大都身首異處，橫屍遍野。

父子老弱也成為了他人的俘虜。百姓的生活無法繼續，很多人流亡其他國家成為奴隸。假如韓、魏不滅亡，也是秦國最大的隱患，如今大王卻同他們一起攻打楚國，是不是不合適呢？再說大王到楚國，如何行軍呢？向韓、魏借路嗎？如果這樣出兵了，大王的軍隊返回的機會有多大呢？如果大王不向韓、魏借路，就一定要先將隨水右邊的地區攻下。但是，你看隨水右邊的地區，皆是高山深水基本都是無人區，您佔有了和沒佔有有什麼區別？最後，大王沒有得到好處卻落下一個滅楚的惡名！

所有人都想要有好的開頭，但是很少人能有好的結局。如今，大王十分恨楚國，但是卻忘記如果楚國滅亡了，韓、魏兩國就會強大起來，這對秦國來說是很不利的。秦楚一旦交戰，戰禍就會不斷，韓、趙、魏、齊必將聯合起來對付秦國。韓、魏兩國壯大了起來，也會讓齊國更加強大，齊魏即使不能稱帝，當您稱帝時卻是可以阻止您的。這樣，大王您還不如同楚國友善結交。如果秦楚結交，韓肯定不

敢輕舉妄動。大王再利用黃河環繞的有利條件，韓國就必定成為秦國的臣屬。然後，大王將十萬兵力駐守在鄭地，魏國肯定也會畏懼，自然就成為了秦國的臣屬。齊國右邊濟州一帶的廣大地區就成為您的了。大王的土地就可以縱橫東、西兩海，將天下諸侯控制住，燕國、趙國沒有了齊國、楚國的依託，齊國、楚國沒有了燕國、趙國的依靠。接著，您可以威脅燕、趙兩國，齊、楚兩國也會非常害怕，如此四個國家你不必攻打就可以將其制服了。」

秦昭王認真讀了黃歇的上書，也非常贊同他其中的觀點，就立刻停止了對楚的進攻。秦楚互相結盟，楚頃王則派遣黃歇和太子完到秦國作為人質。

幾年後，楚頃王病了，秦國卻不讓太子熊完回去。黃歇對秦國相應侯說：「現在，楚王可能病情很嚴重了，假如不讓太子回去繼承王位，那他在咸陽城裡不過就是一個普通人罷了；如果楚國改立他人為太子，那麼或許會和秦國的關係破裂。這並不是一個好現象，希望您可以認真考慮一下。」

應侯將黃歇的話說給了秦王聽，秦王考慮了一下，吩咐說：「那就讓楚國太子的師父先回國，看一下楚王的病情到底如何，等他回來我們再做打算吧。」黃歇這時候對楚國太子說：「秦國之所以扣留你，就是想要得到好處，但是您現在沒有能力給予他好處。如果大王去世時您不在楚國，那麼或許陽文君的兒子會被立為繼承人，您就失去了繼承的權力。太子現在應該逃離回國，我留下來，如果有事情了我會負責。」於是，楚太子聽從了黃歇的建議，逃回了楚國。

黃歇自己在秦國留守，對外說太子有病不見客。等到太子走遠，秦國即使追也來不及了，黃歇就主動對秦昭王說：「我已經幫楚國太子回國了，我這是死罪，請您殺了我吧。」秦昭王自然十分生氣，當即要殺黃歇。應侯忙阻攔說：「如果楚國太子成為了楚王，黃歇必定會被重用，不如放他一條生路讓他回國，也可以以此來表示秦國對楚國的親善。」秦王答應了，將黃歇送回了國。

西元前262年，黃歇回到楚國僅三個月楚頃襄王就去世了，太子熊完繼承楚王位，即楚考烈王，黃歇被任為宰相，封春申君，賞賜淮北地區十二個縣。

當斷不斷，反受其亂

春申君是楚國的宰相，他當任的第四年，秦國打敗了趙國的將軍趙括，並且將趙國在長平的四十多萬人駐軍坑殺了。次年，秦國將趙國都城邯鄲包圍了。邯鄲告急，於是向楚國發出了求援，幫助自己解圍。楚國得到消息後，就派遣春申君帶兵到邯鄲去救援，秦軍撤退後，春申君回楚國。春申君擔任宰相的第八年，他率兵向北征戰，將魯國滅掉了，荀卿被任命擔任蘭陵縣令。楚國開始強大起來了。

此時，楚有春申君，齊有孟嘗君，趙有平原君，魏有信陵君，大家為了爭奪士人的幫助，都紛紛相互競相，廣招天下的賢士來輔助君王。

春申君擔任宰相的第二十二年，秦國對其他國家的攻戰征伐越來越多，各國的諸侯都十分恐慌，於是，大家就想要聯合起來一起去征討秦國。諸侯推舉出楚國的國君做六國盟約的首長，春申君則為當權的主事。當六國的聯軍抵達函谷關後，秦軍就派兵出關迎戰了，強悍的秦軍將六國聯軍打得落花流水，六國慘敗而歸。

此次戰爭的失敗，楚考烈王認為是春申君的過錯，因此春申君被國君漸漸疏遠了。

春申君的門客中有一個叫朱英的觀津人，對春申君說：「大家都以為楚國原來是個非常強大國家，是您的治理使得它變弱了，但我不這樣認為。先帝在位時同秦國友好二十年。秦國一直沒有攻打楚國，是因為秦國需要越過黽隘是非常不便利的；如果從西周、東周攻打的話，背對韓魏兩國同樣也不行。但是，如今的形勢改變了，魏國朝不

保夕，將許和鄢陵兩城給了秦國。秦國現在距離楚國都城僅一百六十里路，依我看，秦楚兩國交兵是必然了。」春申君認為他說的很有道理，於是，他規勸楚王將都城遷到壽春。楚考烈王聽了後，思考了片刻認為非常有理，就將城從陳遷往了壽春。而春申君又得到了信任，在封地吳依舊是宰相的職務。秦國則將附屬的衛元君自濮陽遷往野王，將那設置為東郡。

楚考烈王沒有兒子，春申君十分擔憂，就尋找了很多婦女獻給楚王，但是，卻始終沒有如願生兒子。趙國李園想要將他的妹妹獻給楚王，但是，聽說楚王沒有生兒子，害怕妹妹進宮後長時間得不到寵幸。於是，他就找了一個機會成為了春申君的侍從，沒過多久，他又找了藉口回家，可是又沒有按時返回。回來後，他前去拜見春申君，春申君自然問他為何遲到，他回答說：「齊王派人來想要娶我的妹妹李環，我因為和那個使臣喝酒，耽誤了時間。」

春申君問他：「齊王送訂婚禮物了嗎？」李園回答說：「還沒有。」春申君又問：「可否讓我見一下你的妹妹李環？」李園回答說：「可以。」於是，李園就順水推舟將妹妹李環獻給了春申君。李環是個聰明漂亮的人，而且能歌善舞、善於辭令，春申君十分寵愛她。

後來李園知道了他的妹妹李環懷了身孕，就同他妹妹李環商量了進一步的打算。李環就找機會勸說春申君說：「楚王對您如此尊重寵信，就是兄弟也不會這樣。現在你做了宰相有二十多年了，但是大王沒有兒子，將來必定會立兄弟為王，那麼您到時候恐怕會失寵！而且，您執掌了這麼多年的政事，在這過程中也難免會對楚王的兄弟們有些不妥的做法，楚王兄弟如果當上了國君，恐怕您會有災禍呀！我現在已經懷孕了，但是沒人知道，如果此時我能進宮服侍楚王，楚王肯定會寵幸我的，如果我能生個兒子，那麼將來您的兒子就是楚王了。到時候，楚國就是您的了，您也不必遭遇殃禍了，您認為怎麼樣呢？」

春申君聽了她的話，認為也

很有道理。於是，就設計將李環獻給了楚王。楚王果然很寵幸她，沒過多久她就生了個兒子，名叫熊悍，被立為了太子，李環則被封為王后。李園也因此得到了楚王的器重。李園因為妹妹是王后，非常驕橫，但是，他擔心春申君將這個秘密說出去，因此就想暗中殺死春申君滅口。

春申君擔任宰相的二十五年，楚考烈王患了重病。朱英對春申君說：「世界上有不期而至的福分，也有不期而至的災禍。現在您生活在生死無常的世界上，侍奉著喜怒無常的君主，怎麼可能沒有不期而至的人呢？」

春申君問：「什麼是不期而至的福分？」朱英回答說：「您擔任楚國宰相已經二十多年了，雖然是宰相，但是權力就好比是楚王。現在楚王病重，你可以像從前的伊尹、周公一樣輔佐幼主，當幼主長大後將政權還給他。要不然就自己當國君。這就是不期而至的福分。」

春申君又問道：「那什麼是不期而至的災禍呢？」朱英回答說：「李園他沒有管兵的權力卻豢養著刺客，楚王一去世，他肯定立刻殺您滅口。這就是不期而至的災禍。」

春申君又道：「那什麼是不期而至的人？」朱英回答說：「這個人可以是我啊。您可以事先將我安排做郎中，楚王去世後，李園進入宮中，我會將他殺掉。」

春申君聽了他的話並不贊同，說：「您不要這麼想了。李園根本不是這樣的人，我如此對他，他怎麼會做出這樣的事情呢！」朱英看到自己得不到春申君的信任，恐怕會有災禍，就逃走了。

僅十七天，楚考烈王就去世，李園果然進入宮中，將春申君殺死了。李環的兒子，也即春申君的兒子熊悍被立為楚王，即楚幽王。俗話說：「當斷不斷，反受其亂。」說的就是春申君，如果他聽取朱英的話，也不會落得如此下場！

廉頗藺相如列傳

完璧歸趙

趙惠文王當政時期，趙國有幸得到了楚國的珍寶——和氏璧。秦昭王聽到之後，就想要據為己有，於是他就派人給趙王送去一封信，信中說自己願意拿十五座城池來換得趙王的和氏璧。趙王接到信後，就和大將軍廉頗還有眾大臣一起商量，他想要將寶玉給秦國換城池，但是，他又怕秦國不守信用，白白損失寶玉又得不到城池；但是不給吧，他又怕秦國以此為藉口出兵攻打。趙王十分猶豫，不知該如何是好。他想派個人到秦國去回覆，但是又沒有合適的人選。

這時，宦官繆賢建議說：「我有一個門客，叫做藺相如，如果讓他出使秦國，一定能完成這個任務。」趙王一聽說有人能去，就高興地問：「您憑什麼知道他可以出使呢？」繆賢回答說：「我原來犯下了罪，本來我先要躲避逃到燕國。但是，我的門客藺相如卻攔住了我，問我說為什麼知道燕王會收留我。我就對他說，曾經大王和燕

王在邊境相會，我隨從，燕王在私底下對我說想和我交朋友，因此我想要到他那裡去。藺相如卻說，那個時候趙國強大，燕國弱小，我又得到了大王的寵幸，因此燕王想要和我交朋友。但是，此一時彼一時，我現在是逃到燕國，燕王肯定害怕惹怒趙國，所以一定不會收留我，反而會將我送回趙國。我不知該怎麼辦，就問他。他說讓我袒胸露臂，趴在斧子上來向大王請罪，或許可以得到您的赦免。於是，我聽從了他的建議，果然大王您赦免了我。我認為藺相如是一個不一般的勇士，有勇有謀，是一個可以讓你差遣的人。」

於是趙王就將藺相如召來，問他說：「現在秦王想要拿十五座城換我的和氏璧，你認為可以給他嗎？」藺相如回答說：「秦國比趙國強大，趙國處於劣勢，是不能輕易違反他的要求的。」趙王說：「如果他將我的和氏璧拿去了卻沒有給我城池，那該如何是好？」藺相如說：「大王，如果秦王想用城換璧，但是趙國卻沒有答應，那麼就是趙國理虧；趙國將璧給了秦

國，但是秦國卻沒有遵守諾言給趙國城池，那麼就是秦國理虧。這兩種結果，我們寧可答應秦也不能做理虧的事情，讓他抓住把柄。」趙王又問：「你認為可以派誰去秦國呢？」藺相如回答說：「大王，如果您實在沒有合適的人選，那麼我願意出使秦國。如果秦國給我城，我就把和氏璧給秦國；如果秦國不給我城，那麼我肯定將和氏璧完整帶回趙國。」於是，藺相如就帶著和氏璧前去秦國了。

秦王得知趙國的使臣帶著和氏璧來到了秦國，非常高興，就在章台宮接見藺相如。藺相如將和氏璧呈獻給了秦王。秦王看到後很開心，就將和氏璧傳給妃嬪及左右侍從人員觀看，大家都紛紛稱讚，但是卻沒有人理會藺相如。藺相如認為秦王壓根就沒有給趙國城池的意思，就對秦王說：「大王，這個璧上有一個小瑕疵，我指給您看一下。」於是，秦王就將和氏璧給了藺相如。

藺相如拿到和氏璧，立刻向後退了幾步，站到了柱子旁邊，怒髮衝冠，大聲對秦王說道：「大王您

想要和氏璧，就讓人給趙王送信，趙王召來所有大臣商議此事，大家都說秦國十分貪婪，肯定不會給趙國城池的。本來是不想給您和氏璧的。可是，我卻覺得平民之間尚且不會如此欺騙，更何況是大國之間呢！再說，不過是一塊璧，讓您不高興也太不應該了。於是，趙王齋戒五天後，讓我給你送來了！但是，我到這裡，大王只在一般的宮殿接見我，怠慢就不說了；您拿到璧，只是傳給妃嬪們看，這不是戲弄我嗎？我看大王根本就不想給趙國十五座城，因此，我將和氏璧拿到手中。如果您逼我，我就與和氏璧一起撞在柱子上！」藺相如手中拿著和氏璧，看著柱子，做出要撞柱子的樣子。

秦王看他這個樣子，生怕他將和氏璧撞碎，就趕緊道歉，要他千萬不要撞碎和氏璧，而且立刻命人拿出地圖，要規劃十五座城給趙國。藺相如知道秦王肯定不會輕易給趙國城池，不過是個緩和的手段而已，就說：「和氏璧是天下大家公認的珍貴寶物，趙王對您敬畏，因此才會獻出來。趙王在讓我送璧前，還特意齋戒了五天。如今，大王也應該仿照趙王齋戒五天，在朝堂上安以「九賓」的禮節接待我，我才可以獻出和氏璧。」秦王看到藺相如很執著，就答應了，將他安排在廣成賓館居住。

藺相如知道秦王即使齋戒也不會守約。於是，他讓隨從喬裝打扮從小道帶著和氏璧逃走，將和氏璧安全送回了趙國。

五天過後，秦王果然在朝堂上設了「九賓」禮儀，請藺相如前來。藺相如來到後，就對秦王說：「秦國一向是大國，從秦穆公開始的二十多個國君，從來沒有一個是信守承諾的。我害怕大王欺騙我就對不起趙國了，所以我已經派人將璧送回去了。秦國比趙國要強大得多，大王您只要派出使臣，趙國就會立刻將璧給您送來。如今，您如此強大，要割十五座城給趙國，我們弱小的趙國是不敢得罪大王你的。欺騙大王是我的罪過，按理要處死，我要求給我湯鑊的刑罰。請大王考慮一下。」

秦王和眾大臣們都十分驚訝，沒有想到藺相如這麼大膽，有的侍

一次讀完史記故事

從想要將藺相如處斬。但是秦王卻說：「如果殺了藺相如，肯定也得不到和氏璧，反而斷送了秦趙的友誼。算了，好好招待他，然後讓他回去吧。趙王也不會因為區區一塊璧就欺騙我呀！」藺相如受到了秦國的禮遇，結束後，他就回國了。

藺相如回國後，被任命為上大夫。此後，秦國沒有給趙國城池的意思，趙國也就沒有將和氏璧送給秦國。

將相和

藺相如在完璧歸趙之後就被趙王任命為了大夫，廉頗是趙國十分出色的將領。

趙惠文王十六年，廉頗被任命為趙國的大將，前去攻打齊國，將齊軍打敗，攻佔了陽晉一地，隨之被任命為上卿。廉頗憑藉他的勇猛善戰而在諸侯各國聞名。這一文一武成了趙國的兩大能臣。

後來，秦軍派兵攻打趙國，佔取了石城。次年，秦軍再次出兵攻打趙國，殺死趙國兩萬餘人。然後，秦王就派來使者，告訴趙王想要與其和好，希望趙王可以在西河外的澠池與其相會。秦國已經取得了勝利，此時來向趙王說要和好，其中肯定會有陰謀。趙王自己如果去和親王相會，可能會被親王作為人質扣留下來，以此來要脅趙國，因此，趙王自然就不想到澠池去。

廉頗和藺相如知道趙王的意思後，就一起商議，告訴趙王說：「大王，您如果不去的話，那麼就會讓秦國和其他的諸侯國恥笑大王您膽怯，顯得趙國既軟弱又怯懦，也正好給了秦國進一步攻打趙國的藉口。」趙王無奈，只好動身前去赴會，讓藺相如隨行。

廉頗率領軍隊將趙王送到趙國的邊境就辭別了趙王，他說：「大王，您此次的澠池之行，我估算行程和會見禮節結束回國最多不過三十天。如果到了三十天我還沒有看見您回來，那麼，請允許我將

太子立為王，這樣就可以防止秦國拿您來挾我們趙國了。」趙王同意了。

趙王和秦王如約在澠池相見了。他們在喝酒的時候，秦王喝到高興之處對他說道：「我聽人說，趙王十分喜歡音樂，不知趙王可否為我彈彈瑟呢？」於是，趙王就為他彈了瑟。彈完之後，秦國的史官就立刻將此事記錄在案：某年某月某日，秦王同趙王相會喝酒，命令趙王彈瑟。藺相如看到這樣的情景，就走到秦王面前，說道：「趙王聽人說秦王十分擅長演奏秦地的樂曲，請秦王為我們敲一敲盆缶，助助興吧！」秦王聽後，十分憤怒，自然不肯。此時，藺相如拿著一個瓦缶執意走到秦王面前，要求他敲擊。秦王並不理睬他，不肯敲擊。藺相如說道：「如果大王還是不肯敲缶的話，那麼，在五步之內，我就會將自己脖子中的血灑到您身上！」秦王身邊的衛士聽到後，拿起刀就要將藺相如殺死，但是藺相如並不畏懼他們，反而瞪大眼睛狠狠怒視他們，他們全都被藺相如的樣子嚇到了，只好後退。秦

王知道藺相如是不會善罷甘休的，於是，十分生氣地敲了一下瓦缶。他敲完後，藺相如立刻讓趙國史官記錄下：「某年某月某日，秦王為趙王擊缶。」席間，秦國的大臣紛紛說：「趙王您應該將趙國的十五座城拿來作為禮物獻給秦王。」藺相如回擊他們說：「那麼，這樣說來，秦王應當將秦國的都城咸陽作為禮物送給趙王。」只要秦國稍有不敬，藺相如就會立刻反擊，因此直到酒宴結束，秦王都沒有佔上風。而此時，趙國又在邊境佈置了大量的軍事力量，秦軍看到後，也不敢再造次，沒有再妄加行動。

澠池之會結束回到趙國後，藺相如因為立下了不少功勞，趙王就將他任命為上卿，這一來藺相如就比廉頗的官位要高了。為此，廉頗心中很是不服氣，就對其他人說：「我作為趙國的大將軍，為趙國出力打仗，攻下了不少城池，立下很多戰功，但是藺相如僅僅憑藉這幾句話立下了一些功勞，如今他卻居於我的職位之上。藺相如原來不過是一個低賤之人，我怎麼可以甘於在他之下，對我來說就是羞恥！」

不僅這樣，他還說：「如果我遇見了藺相如，一定好好侮辱他一番。」藺相如得知了廉頗對自己有意見，就刻意躲避著他，盡量不和他會面，就連上朝的時候，他也常常以有疾而不去，他不想和廉頗因為地位和高下而產生爭執。

有一次，藺相如在路上的時候，很遠就看見了廉頗，於是，他趕緊調轉車子避免遇見他。他的門客看見這種的情景，十分不解，就勸解他說：「大人，我們到了您的門下，來侍奉您，就是因為您有著高尚的品德，讓我們敬仰不已。如今您和廉頗是同朝的官員，而且您的官位比廉將軍還要高，按照常理來說是他看見了要回避的。可是，廉將軍現在到處對你您進行攻擊，說您的壞話，您卻躲避著他，這麼害怕他，您不認為您這樣做是膽小懦弱的表現嗎？如果是一個普通人對此也會感到羞恥的，更不要說您貴為將相了？請准許我們離開這裡，我們沒有才能再侍奉您了！」

藺相如聽了門客的話，只是面帶笑容挽留他們，並問他們說：「我問你們，廉將軍和秦王哪個比較厲害呢？」門客們回答說：「當然是秦王厲害了。」藺相如又說：「秦王如此厲害的人物，我藺相如都不畏懼，敢在秦朝的地盤上呵斥他，和他臣子們對抗。雖然我沒有多大的才能，但是我就偏偏害怕廉將軍嗎？要知道啊，我這樣做是為了國家啊！秦國如此強大，為何對趙國還有所忌諱，不敢輕易侵犯呢？還不是因為趙國有我們兩個人嗎？如果現在我們兩個人出現了矛盾，相互鬥爭話恐怕兩人都不會有好結果，能不能活下來還是一回事呢！我之所以避讓他，哪裡是害怕他呢？」

後來廉頗從門客那裡聽到了這些話，他非常慚愧，於是他自己解開上衣，赤裸著脊背，背著荊條，讓自己的門客帶路來到藺相如家門請罪。藺相如在家裡聽說廉頗將軍負荊請罪來了，急忙迎出了門外，廉頗一見到藺相如，倒地就拜，感慨的說：「我這個粗陋卑賤的人，不知道將軍寬容我到這樣的地步啊，還請大人原諒我先前的過錯。」從此以後，藺相如和廉頗成為同患難共生死的好朋友。

西元前278年（趙惠文王二十年），廉頗帶兵攻打齊國，取得了勝利。西元前276年（趙惠文王二十二年），廉頗再次帶兵攻打齊國，一連攻佔齊國九城。第二年，廉頗帶兵攻打魏國，攻陷了防陵（今河南安陽南二十里）、安陽城（今河南安陽縣西南四十三里）。由於廉藺將相的交好，才會讓趙國的內部上下團結一心，全都為國家的利益著想，因此，趙國才可以保持著強盛的局面，秦國此後的十年都沒有敢前去攻打趙國。

趙奢鬥勇

趙奢原來是趙國徵收田租的一個官吏。在徵收租稅時，趙國的國相平原君趙勝的家裡不肯繳納，趙奢依照法律徵收租稅，根本就不懼怕這些藐視王法的囂張之人，他十分平和而又嚴肅地說：「繳納租稅是國家的明文法令規定，如果堅持不繳是觸犯法律的事情，應當受到懲罰的。平原君乃是一個制定法令的人，平原君的家人當然就要積極納稅，以身試法，否則必將受到法律嚴懲。」於是趙奢帶著手下的人來到了平原君的府上。趙奢才走到門口，就有一群家丁將他攔住了。趙奢對他們說了自己前來的目的，可是家丁怎麼也不讓他進門。平原君府上的人因為平原君的權威，誰也不將趙奢放在眼裡，而且還對趙奢說一些狂言。趙奢只是想收回稅款，並不想惹事生非，就多次警告、規勸他們，但是卻沒有任何的效果，於是，趙奢無奈就依法處置他們，將平原君家中的九個當權管事的奴才殺死了。

平原君知道以後十分生氣，對手下的人說一定要將趙奢革職查辦，並且還要將他治成死罪。很多人知道後就規勸趙奢逃走，保住性命最重要。但是趙奢卻一口拒絕了，他認為自己秉公執法，為什麼還要逃跑呢？他不僅沒有逃跑，而且還要就事論事說出了道理來。於

一次讀完史記故事

是他就前來找平原君，對他說：「您身為相國，在趙國是貴公子，現在要是縱容您家裡人犯法而不遵奉國家的法令，您想過後果嗎？如果滿朝的文武百官都和您一樣不顧國家的法令，那麼百姓就會對此十分憤怒，國家也會跟著衰敗的。國家如果出現衰敗的景象，那麼其他的諸侯就會趁機出兵侵犯我們，到時候，趙國可能就要被滅了，既然國家都已經不存在了，那麼您還可能會有這些財富嗎？您是地位尊貴的人，如果您可以奉公守法，那麼國家上下就會一派公平的景象；上下實現了公平，那麼國家自然就會強盛；國家強盛了，那麼趙國的政權自然會穩固。您作為趙國的貴族，這樣難道會被天下人看不起嗎？」

平原君聽了趙奢的這些話，對他的才能十分敬佩，知道他是一個頗有才幹之人，於是就推舉他到朝廷之上參與政事。趙王任命他掌管全國的賦稅。自從趙奢開始掌管全國的賦稅以後，國家的賦稅就十分公平合理，沒有再出現徇私舞弊的現象，因此，百姓生活逐漸富裕，國庫也充實起來了。

西元前280年（趙惠文王十九年），國家任命趙奢為將軍，他從此開始了他的軍事生涯。他治軍非常嚴格，對部下非常和氣，同時也非常的嚴厲。他帶兵攻下了齊因的麥丘（今山東商河縣西北）一地，趙王因為得了城池十分高興，給了趙奢很多的賞賜，趙奢都把賞賜分給了部屬，所以趙奢和士兵之間有著很深的感情，戰士皆願為之效命。在作戰的過程中，他一向奉公執法、賞罰分明，再加上他非凡的軍事才能，用兵自如，因此很快就將軍隊訓練成為了一支所向無敵的勁旅。

海鴿 文化出版圖書有限公司
Seadove Publishing Company Ltd.

作者	劉曼麗
美術構成	騾賴耙工作室
封面設計	斐類設計工作室
發行人	羅清維
企畫執行	林義傑、張緯倫
責任行政	陳淑貞

古學今用 138
一本書讀懂
史記故事

出版	海鴿文化出版圖書有限公司
出版登記	行政院新聞局局版北市業字第780號
發行部	台北市信義區林口街54-4號1樓
電話	02-27273008
傳真	02-27270603
e‐mail	seadove.book@msa.hinet.net

總經銷	創智文化有限公司
住址	新北市土城區忠承路89號6樓
電話	02-22683489
傳真	02-22696560
網址	www.booknews.com.tw

香港總經銷	和平圖書有限公司
住址	香港柴灣嘉業街12號百樂門大廈17樓
電話	（852）2804-6687
傳真	（852）2804-6409

出版日期	2020年08月01日　二版一刷
定價	380元
郵政劃撥	18989626戶名：海鴿文化出版圖書有限公司

國家圖書館出版品預行編目資料

一本書讀懂史記故事／劉曼麗著--
二版,--臺北市 ： 海鴿文化，2020.08
面 ； 公分. －－（古學今用；138）
ISBN 978-986-392-323-7（平裝）

1. 史記　2. 歷史故事

610.11　　　　　　　　　　　　　109010307